无锡传统历史建筑

史明／著

Traditional Historic
Architecture
of Wuxi

中国建筑工业出版社

图书在版编目（CIP）数据

无锡传统历史建筑／史明著．—北京：中国建筑工业出版社，2019.9
 ISBN 978-7-112-23926-9

Ⅰ.①无… Ⅱ.①史… Ⅲ.①古建筑－介绍－无锡 Ⅳ.①K928.71
 中国版本图书馆CIP数据核字（2019）第131498号

本书得到江苏省社科基金项目（《无锡历史街区建筑艺术遗产保护研究》项目编号：12LSB005）、江南大学产品创意与文化研究中心、中央高校基本科研业务费专项资金（项目编号：2019JDZD02）专项资助

责任编辑：贺　伟　吴　绫　李东禧
责任校对：王　烨

无锡传统历史建筑
史明　著

*
中国建筑工业出版社出版、发行（北京海淀三里河路9号）
各地新华书店、建筑书店经销
北京锋尚制版有限公司制版
北京富诚彩色印刷有限公司印刷
*
开本：787×1092毫米　1/16　印张：21½　字数：406千字
2019年9月第一版　2019年9月第一次印刷
定价：78.00元
ISBN 978 - 7 - 112 - 23926 - 9
　　　（34234）

版权所有　翻印必究
如有印装质量问题，可寄本社退换
（邮政编码100037）

序

　　史明老师所著的《无锡传统历史建筑》终于付梓。史明老师是我所带领的建筑艺术遗产保护与再生研究团队的骨干成员，她诚恳地邀请我为《无锡传统历史建筑》的正式出版写一些话，作为书的引子。我作为团队负责人责无旁贷。遵嘱写下以下的话，权作序言。

　　首先，对史明老师出版《无锡传统历史建筑》一书表示祝贺，因为研究一个改革开放以来城市面貌变化巨大的城市中的传统历史建筑十分不易。好在史明老师带领研究团队经过数年的准备与积累，完成了与无锡传统历史建筑有关的、大量的文献梳爬、实地调研、建筑测绘的实证考据，还原了这些传统历史建筑的基本面貌，并对其作出了新阐释。其次，对史明老师表示感谢，《无锡传统历史建筑》的正式出版，使研究团队关于江苏城市传统历史建筑系列研究著作的出版工作又有了新的推进。

　　史明三十年前毕业于国内著名的东南大学建筑学专业，受业于钟训正、孙钟阳、郑光复和王文卿等多位享誉国内建筑杏坛的教学名师，耳濡目染，四年系统与严格的学习，打下了坚实的建筑设计与研究的基础，养成了敬业、执着、追求高远的从业、治学精神。毕业后，她又曾长期在无锡建筑设计与规划管理部门从事设计与设计管理工作，历练了"锱铢必较"的优秀职业素养。作为国家一级注册建筑师，史明曾主持、参与众多重要项目并多次获得国家级、省部级各类设计奖，具有丰富的建筑与规划的实践经验，同时对无锡的城市建设情况亦十分熟悉。这些前期的经历是其写作《无锡传统历史建筑》的基础，即所谓的"因"吧。

　　在新千年开始之际，史明来到中国设计名校——江南大学设计学院担任教职。从教近20年来，她在认真教学的同时，努力发挥自己的专业特长与优势，积极开展研究工作，主持与参与了多项省部级课题项目，作为主要成员获得多个教育部与江苏省社科研究成果奖项，亦曾出版国家级规划教材和建筑艺术遗产研究方面的专著，并在国内重要期刊与国际会议上发表了关于无锡传统历史建筑研究的系列论文,科研成果卓著,进一步为其系统研究与写作《无锡传统历史建筑》夯实了基础。同时,史明对科研的理念与理解,并不是简单的为科研而科研,而以求科研对教学的支撑与反哺,即所谓的"问题导向"与"知识产出"。这种科研主张产生的教学成效,在旁人看来似乎是"顺风顺水",教学荣誉不断。尤其是史明老师所指导的毕业设计作品,百余件在国内包括"人居奖"、"环艺学年奖"等重要设计竞赛中获奖,其中金奖、银奖等高等级奖项众多,成为业内称道的"金牌教练"。其中大量的获奖设计作品,聚焦在城市与乡村建设中的新旧结合问题上,并提出了具有一定创见的、不同策略的设计解决的路径。当然,这些设计提案均建立在对设计基地环境中传统历史建筑的充分解析与认知的基础上。经年的积累,集腋成裘,这些具有启迪性的真知灼见,逐步走向对传统历史建筑认知与价值判断的方法论。这些获得好评的设计提案,可以说是史明从理论结合实践方面系统认知传统历史建筑的一种映射。由此可见,史明研究传统历史建筑有其独到的认识基础。《无锡传统历史建筑》的出版,可谓是水到渠成。

值得称道的是,史明对待学问的态度认真而慎重,在写作《无锡传统历史建筑》的过程中,广览群书,广为查考。对一些存有疑问的传统历史建筑,则反复去进行现场踏勘,比对有关资料与文献,并拜访相关人员,直至水落石出。修订了部分涉及无锡传统历史建筑的既往文献中存在的谬误,还原了历史的真实,以纠前人之失。这些似乎在旁人来看是笨办法,但在学术研究中,是需要倡导的,是一种学术的担当。

具体对于《无锡传统历史建筑》的研究而言,我有着如下几点认识与看法:

从著作的选题来看,尽管研究对象的地理位置上的城市——无锡,并非国内外均耳熟能详的大城市,如邻近无锡的上海、南京等,但是选择无锡的传统历史建筑进行研究,意义重大,可以在一定程度上补白区域性传统历史建筑的研究体系,使原本关于中国传统历史建筑的研究从若干显示度高的"点"逐步走向覆盖整个区域的

"面",有助于推进区域间城市传统历史建筑的共性及区域间不同城市传统历史建筑的个性以及不同城市传统历史建筑的关系研究。

当然,就其本身而言,无锡亦有着五千年人类活动的记载史,三千年城市的建造史,自农耕时期以来就一直被冠以"鱼米之乡"之称;在近代时期,又是江南地区的工商业名城,以"米码头"、"布码头"、"丝码头"和"钱码头"等四大码头享誉近代时期的中国;在当代,无锡是"苏南模式"的发祥地、"万亿GDP"城市,是国家历史文化名城。同时,无锡"惠山古镇"已列入国家关于江浙两省14个江南水乡古镇联合申报世界文化遗产的正式名单中。

更为重要的是,因无锡独特的历史发展背景,自农耕时期至近代末期,无锡地区建筑样式从"传统本土式样"到"中西合璧",直至"早期现代主义"等三种截然不同的风格的发展脉络较为清晰。更为难得的是,无锡至今仍留存有包括近代中西合璧建筑、近代宅园、近代工商建筑等在内的一批珍贵的传统历史建筑遗产。同时,亦留存有相对完整的小娄巷、荣巷、清名桥和惠山等四个历史街区。上述传统历史建筑类型丰富,风格多样,有着很高的历史、文化和艺术价值。以上这些均为《无锡传统历史建筑》的研究展开奠定了重要基础。总而言之,《无锡传统历史建筑》的选题具有较高的学术价值,为无锡乃至江苏传统建筑艺术遗产在现代化语境中的保护与特色传承设计提供了重要的理论依据。

从著作的研究内容来看,《无锡传统历史建筑》以明末至民国为时间界限,以无锡城区中的传统历史街区、近代中西合璧建筑、近代宅园等为主体的建筑遗产作为研究对象。在广泛的田野调查、实地测绘和文献研究的基础上,主要对无锡传统历史建筑进行了"还原"与"解释"两方面的研究工作。

其中"还原"部分的工作,以共时性与历时性结合的方式,分别对上述建筑遗产的物质形态特征进行了整理归纳,并对其特征的形成过程及其演变进行了较为系统充分的分析和探讨,"还原"了无锡传统历史建筑在三个不同层面的基本面貌:一是在宏观层面，厘清了明末至民国时期无锡地区的建筑发展的基本脉络；二是在中观层面，比较系统地总结了以小娄巷、荣巷、清名桥和惠山等四个历史街区为代表的自明末至民国时期的无锡建筑空间形态的演变方式与基本特征；三是在微观层面，较为系统地分析了无锡近代中西合璧建筑与近代宅园的产生与发展及其主要设计特征，并总结了无锡传统历史建筑的建造技艺与装饰特征。

"解释"部分的工作，借鉴历史学、历史地理学、社会学等相关理论和研究方法，总结了社会、经济、文化等非物质形态因素对物质形态特征及其形成、演化的作用和影响。尤其是在无锡近代宅园的章节，尽管引证文献最为丰富，但是并不拘泥于说古，专著在论述中不乏自己的独到见解。总体而言，《无锡传统历史建筑》深入细致，材料丰富，考证充分，观点新颖。

从著作的研究成果来看，《无锡传统历史建筑》系统地梳理了明末至民国时期无锡地区建筑在功能、类型、样式、空间形态乃至建造理念与方式等方面发展的基本脉络，重点解析了小娄巷、荣巷、清名桥和惠山等四个历史街区遗存建筑空间形态的演变，以窥无锡自明末至民国时期建筑空间演变历程，提出了这种演变方式是包括城市、街区和建筑群在内的建筑空间的整体性演变，即从单一的水衍型逐步走向水衍型与陆衍型并存的过程，并指出了街区和建筑群布局具有从舒朗走向紧凑、建筑单体具有从内向走向开放等设计特征。较为详尽地分析了无锡近代中西合璧建筑的发展历程，总结了不同类别中西合璧建筑的设计特征，指出了无锡中西合璧建筑的局限性以及近代西方建筑在无锡地区本土化和地域化的方式。创造性地把无锡近代宅园分为私享型和半公共型两类进行探讨，总结与归纳了其设计特征，尤其提出了无锡近代半公共型宅园呈现为自然山水园的必然。专著还对无锡传统历史建筑的建造技艺与装饰特征进行了归纳、分析与总结，指出了无锡本土式样建筑与近代建筑在建造技艺上的差异与存在的传承渊源。

可以预见，在所有涉及无锡地方建筑与文化研究的著作中，《无锡传统历史建筑》会占有不容忽视的一席之地，其不啻是一部江南名城无锡的传统建筑史。

又是人间四月天，静谧的校园已到处洋溢着春色，各色花卉次第开放。《无锡传统历史建筑》是其中之一，名副其实。同时，亦期待史明老师的科研与教学结出更多成果。

过伟敏
2019年春于蠡湖无用堂

目 录

序

第一章　无锡传统历史建筑概述

002	第一节	无锡自然人文背景
002		一、地理环境
002		二、气候特征
003		三、文化变迁
003	第二节	无锡城市建设沿革
003		一、明代之前的无锡城市发展沿革
004		二、明至民国的城市发展沿革
007	第二节	无锡历史街区及传统历史建筑保存与保护的现状
007		一、无锡历史街区概况
009		二、无锡近代中西合璧建筑的保存现状
013		三、无锡近代宅园的保存现状

第二章　无锡传统历史建筑空间形态特征

016	第一节	明至清中期的建筑空间形态特征
016		一、相对单一的建筑功能类型
017		二、内向性的合院式布局
021		三、遵循礼制、等级分明的空间构成

| 024 | 四、对外封闭、对内通透而灵活的空间造型特征
| 027 | 五、特征形成原因

| 028 | **第二节　晚清时期的建筑空间形态特征**
| 029 | 一、以商辅农引发建筑类型与形式的变革
| 030 | 二、由合院向天井式的院落布局转变
| 034 | 三、封闭性和内向性的空间构成
| 036 | 四、内向性与外显性并存的空间造型特征
| 040 | 五、特征形成原因

| 041 | **第三节　民国时期的建筑空间形态特征**
| 041 | 一、建筑类型的完善
| 044 | 二、由天井式向多元化的布局转变
| 051 | 三、"宗族性"与"功能性"并存的空间构成
| 053 | 四、多元化的空间造型特征
| 057 | 五、特征形成原因

| 058 | **第四节　明以来无锡建筑空间形态演变特征及成因**
| 058 | 一、建筑空间形态的演变特征
| 060 | 二、空间形态特征演变的成因

第三章　无锡近代中西合璧建筑

| 064 | **第一节　无锡近代中西合璧建筑及发展脉络**
| 064 | 一、近代无锡的地方经济与产业
| 066 | 二、近代无锡的社会文化特质
| 068 | 三、无锡近代中西合璧建筑的发展沿革

| 080 | **第二节　无锡近代中西合璧建筑类型与形态**
| 080 | 一、无锡近代中西合璧建筑的类型及分布
| 093 | 二、各类中西合璧建筑的形态特征
| 104 | 三、从产业、公共到居住的中西合璧建筑发展路径

105	第三节　无锡近代中西合璧建筑的空间形态与造型特征
106	一、由内趋外的空间特征
113	二、折中西化的造型特征

134	第四节　无锡近代中西合璧建筑的成因及其文化内涵
134	一、无锡近代中西合璧建筑的形成原因
137	二、无锡近代中西合璧建筑体现的文化内涵

第四章　无锡近代宅园

142	第一节　近代前无锡园林与近代宅园的产生
142	一、近代前的无锡园林概况
144	二、无锡近代宅园的产生

146	第二节　无锡近代宅园的发展阶段及其特点
146	一、蛰伏期（1840～1894年）：古典私家园林的延续时期
150	二、萌芽期（1895～1911年）：宅园转变的起步时期
153	三、发展期（1912～1930年）：宅园发展的繁荣时期
158	四、缓滞期（1931～1949年）：宅园建设收缩、停滞时期

161	第三节　无锡近代宅园的分布特点与设计特征
161	一、无锡近代宅园的分布特点及缘由
165	二、半公共型宅园的设计特征
182	三、私享型宅园的设计特征

196	第四节　关于无锡近代宅园的近代性发展特征及其成因
196	一、无锡近代宅园的近代性发展特征
197	二、无锡近代宅园发展特征的主要成因

第五章　无锡传统历史建筑的建造技艺

- 200　第一节　主要建造材料
- 200　　一、传统建造材料
- 202　　二、近代建造材料

- 206　第二节　建筑结构与围护体系特点
- 206　　一、建筑结构形式与特点
- 208　　二、建筑围护体系的形式与特点

- 210　第三节　建筑重点部位做法
- 210　　一、建筑屋脊
- 218　　二、建筑入口造型及装饰
- 222　　三、装折的特色
- 226　　四、装饰题材与饰纹

- 233　第四节　主要部位工艺
- 234　　一、屋顶
- 237　　二、墙体
- 243　　三、地面

附　录　无锡传统历史建筑（部分）现场测绘图

参考文献

后　记

第一章

无锡传统历史建筑概述

第一节　无锡自然人文背景

一、地理环境

无锡，位于江苏省的东南部，地处长江三角洲腹地，南依浩森的太湖，北邻长江[①]，东邻苏州，与上海相距128公里，西接常州，与南京相距183公里。在漫长的地质时期，无锡经历多次"沧海桑田"的变迁[②]，今日锡山、惠山、马迹山等均为昔日海中孤岛，无锡沉睡于一片汪洋之中。由于太湖湖盆的形成，无锡与海水脱离，以其陆地面貌呈现于太湖平原之上[③]。现今无锡境内呈现出以平原为主，地势低平，间有残丘散布，水网稠密，湖荡众多的水乡地貌特征。

无锡自古就有"江南水乡"之称，古运河穿城而过，河海相通，江湖相连。境内河道纵横，水运便捷，是太湖流域重要的交通枢纽。历史上，无锡的交通运输一直以水运为主，公元前334年，春申君对苏州、无锡水道进行整治，形成了江南运河的雏形。隋代建成贯通南北的京杭大运河，成为我国一条重要的水上运输大动脉。江南古运河则位于京杭大运河南段，自西北向东南穿越无锡城乡，与锡溧漕河、锡澄运河、梁溪河、伯渎港等河道相通[④]，便利的水路运输，促进了无锡工商经济的发展。

二、气候特征

无锡地处亚洲大陆东岸中纬度地带，属于亚热带季风气候，受季风环流影响，其特点为夏冬季长，春秋季短，具体表现为春暖秋凉，气候宜人，但春季冷暖交替多变，夏季炎热多雨，冬季寒冷少雨。总体上，无锡全年呈现出四季分明、温暖多雨、日照充足的气候特征。[⑤]

无锡全年降水量大于蒸发量，空气湿度较大，春、夏、秋三季平均相对湿度大于冬季，尤其逢梅雨季节，湿度最为突出，物品容易发霉腐朽，地面常因潮湿出现凝结水，不宜放置物品。为了便于排水与避雨，无锡本土式样的建筑多采用坡屋顶，檐口较深，侧面山墙如若开窗，则设置窗檐，建筑之间多采用连廊或在屋外设

---

① 无锡市地方志编纂委员会. 无锡市志（第一册）[M]. 南京：江苏人民出版社，1995：1.
② 王赓唐，冯炬. 无锡史话[M]. 南京：江苏古籍出版社出版，1988：7.
③ 无锡市地方志编纂委员会. 无锡市志（第一册）[M]. 南京：江苏人民出版社，1995：246.
④ 宗菊如，周解清. 无锡通史[M]. 南京：江苏人民出版社，2003：12.
⑤ 无锡市地方志编纂委员会. 无锡市志（第一册）[M]. 南京：江苏人民出版社，1995：250.

置外廊，这些均为江南地区多雨的气候特征在建筑样貌上的映射。

三、文化变迁

泰伯奔吴，无锡成为吴文化发祥地之一，礼让之德行和开拓创新是吴文化的内涵。秦汉时期，儒家文化成为无锡封建社会的主导文化，以儒家的"修身、齐家、治国、平天下"作为价值取向。[1]唐宋时期，无锡地区崇尚文教之风兴起。唐兴科举，宋抑武尚文，兴办官学和学宫，宋代兴办东林书院，无锡成为名人辈出之地。明代以顾宪成为代表的东林党人，在学术上推崇宋朱理学，反对王阳明的"心学"，体现了东林党人反对腐败政治的节气和探讨学术、讲求经世致用的思想。[2]进入近代后，无锡人热心办学，培养爱国主义和致用本领，亦多受前人影响，更多地表现在对中国传统文化继承的基础上，对来自西方的文化的取舍和融合上。

第二节　无锡城市建设沿革

一、明代之前的无锡城市发展沿革

（一）史前时期

史前时期，无锡是太湖流域最早先民聚居地之一。先民将聚落建造在地势较高的高岗土墩上，以避免水患。据考古发现，聚落最早出现于马家浜文化时期，居住建筑以地面式房屋为主，房屋地基分为长方形和圆形，地基高出地面利于散水，并在房屋周围挖洞，立木柱做框架，木柱间以草束为筋，涂泥成墙，再以草束盖顶。[3]良渚文化时期，太湖平原上遗址分布密集，聚落呈中心式发展。此时，建筑沿用马家浜及崧泽文化时期的地面式房屋建筑形式，而靠近太湖之滨的低洼沼泽地带，则采用干阑式建筑形式。[4]

---

[1] 郁有满. 郁有满地方史研究文集 [M]. 哈尔滨：哈尔滨出版社，2010：2.
[2] 郁有满. 郁有满地方史研究文集 [M]. 哈尔滨：哈尔滨出版社，2010：3-4.
[3] 宗菊如，周解清. 无锡通史 [M]. 南京：江苏人民出版社，2003：17.
[4] 宗菊如，周解清. 无锡通史 [M]. 南京：江苏人民出版社，2003：23.

（二）先秦时期

先秦时期，泰伯奔吴，建立自己的国都，标志着江南古城的出现，与此同时，泰伯将中原文化与江南文化相融合，使无锡成为吴文化发源地之一。泰伯奔吴后，定都梅里。古代梅里地势高爽，泰伯在此地建造了一座土城，城内建造宫室住宅，城外开辟农田，提倡农耕与养蚕，同时带领当地居民兴修水利，开凿伯渎河。

（三）秦汉至六朝时期

公元前221年，秦并六国，统一中国。受秦汉至六朝历代统治者的施政影响，无锡城市发展缓慢。公元前202年，即汉高祖五年，无锡设县，建造城邑，城墙采用夯土建筑。汉代城郊十分萧索荒凉，城西锡惠山麓与城西南仙蠡墩皆为汉代无锡居民丛葬之所。春秋战国之后，佛教逐渐在江南地区盛行。无锡县城内所建的第一座佛教寺院，即为东晋时建造的兴宁寺。相传其原为王羲之住宅，之后改为寺院。宋代，此寺更名为崇安寺。

（四）隋唐宋元时期

隋唐宋元时期，南北大运河的开凿推动了无锡社会经济的发展和人口增长。公元777年（唐大历十二年），无锡升为满四千户的望县[①]，水路的通达使无锡成为交通要冲，起到货运集散与中转站的作用。各类店肆、仓储密布在河道两岸，各式桥梁跨河而建，民居建筑错落有致地分布在街（河）道两侧，并形成繁荣的商业街市。唐宋时期，无锡逐渐成为全国的经济重心之一。与此同时，素以"名山胜泉"著称的无锡惠山业已蜚声于世，其山形绮丽，风景优美，吸引了大批文人墨客汇聚于此。加之，无锡兴建了大量的寺庙与道观，著名的有惠山寺、南禅寺、崇安寺等。一时，寺院道观成为民间活动与交流的重要公共场所。另外，无锡民间祠堂建筑发展亦在宋代发轫，直至明清，无锡祠堂建筑进入空前的繁荣与鼎盛期。

二、明至民国的城市发展沿革

根据无锡历史上发生的重要事件，自明至民国的城市发展沿革可划分为明至清中期（1366~1839年）、清末时期（1840~1911年）、民国时期（1912~1949年）三

---

① 宗菊如，周解清. 无锡通史［M］. 南京：江苏人民出版社，2003：88.

个阶段。

（一）明至清中期（1366~1839年）

北宋时曾重修无锡县城，扩大城区，城墙用土夯筑，奠定了明代无锡城墙的基础。明嘉靖年间，为防倭寇侵略，时任无锡知县王其勤率领民众将其改建为坚固的砖石城垣，为之后的抗倭胜利打下了坚实的基础。①

这一时期，无锡城建发展受米市繁荣、砖瓦业兴盛和造船业发达的影响较大。

其一，米市繁荣。明清时期，漕运畅通，无锡以农耕经济为基础，同时传统手工业商品贸易发展迅速。当时，无锡主要以棉布与粮食贸易为经济发展中心。无锡米市兴于明朝，盛于清代，并闻名于全国，成为全国四大米市之一。清代中期，无锡曾被指定为江苏各县官粮集中转运地。②

其二，砖瓦业兴盛。明清时期，无锡的砖瓦业在全国享有盛誉，无锡南门外伯渎河的东南侧沿河（即南下塘）有砖窑密布，称为"洪武窑"，窑群之多有"横十里，竖十里"的夸张说法，至清代已超过一百余座。③

其三，造船业发达。依托水运的便利和商品经济交易的频繁，船只需求量的增长，使无锡手工造船业得到较快的发展，并形成了独立的手工业工场。明清时期，无锡造船业发达，共有五姓13家，世代以造船为业。清代，还建造了乾隆御船与战船。

明清时期，无锡园林艺术与祠堂文化盛行。明中期，兵部尚书秦金在惠山寺北侧造园建屋，使宅园与惠山余脉浑然一体，独揽山水名胜，并成为江南园林的典型代表（即今日所存寄畅园前身，亦称秦园）。同时，宗教建筑、书院建筑和山居园林群也先后在惠山地区形成。另外，自明代始，惠山山麓以及上下河塘两岸建造了许多祠堂建筑，奠定了现今所见的惠山祠堂建筑群的基本格局。

（二）清末时期（1840~1911年）

清末期间，无锡分别经历了1840年的鸦片战争和1860年的太平天国运动以及1861~1895年的洋务运动，这一时期，无锡城建发展主要受米市与布码头并行、民族工商业的兴起和交通运输多元的影响。

其一，米市与布码头并行。鸦片战争之后，无锡成为漕运汇集的中转站之一，

---

① 宗菊如，周解清. 无锡通史 [M]. 南京：江苏人民出版社，2003：143.
② 宗菊如，周解清. 无锡通史 [M]. 南京：江苏人民出版社，2003：187.
③ 宗菊如，周解清. 无锡通史 [M]. 南京：江苏人民出版社，2003：188.

从而进一步促进了米市的发展。至1883年（清光绪九年），北塘、三里桥、北栅口、黄泥桥、伯渎桥、南上塘、黄泥垮、西塘等地形成了"八段米市"共有80家米行[①]，其中北塘成为无锡米市的中心。无锡亦逐步发展为全国四大米市之一。及至清末，棉纺织业成为无锡经济的又一支柱产业，锡澄两地的布商在北塘莲蓉桥两端及沿运河一线形成了兴盛的布市，故无锡又获得闻名海内外的"布码头"之称。

其二，民族工商业的兴起。1894年甲午战争之后，受洋务运动和"实业救国"思想的影响，一些无锡民族资本家开始在家乡创办工厂。1895年（清光绪二十一年），随着杨宗濂、杨宗瀚兄弟创建业勤纱厂，以机器生产为标志，揭开了无锡纺织工业近代化发展的序幕。[②]

1883年（清光绪九年），英国商人在城外许舍开设无锡最早的外商茧行。[③]随后的1887年（清光绪十三年），无锡石塘湾人孙伯瑜与上海外商买办顾勉夫开设了无锡第一家国人自己的茧行。1903年（清光绪二十九年），无锡民族资本家薛南溟、周舜卿等创办了无锡第一家裕昌机器缫丝厂。

随着民族工商业的兴起，米市与丝市的兴盛，无锡的金融业亦随之获得发展，1897年无锡已有钱庄达20多家。1899年成立了锡金钱丝两业公所，钱庄成为独立的行业，无锡继"米码头"、"布码头"和"丝码头"之后，又有了"钱码头"之誉。

其三，交通运输变得多元。在沪宁铁路出现之前，无锡的交通运输多依赖水路。1905年（清光绪三十一年）无锡公茂轮船局成立，为无锡历史上第一家机动轮船公司。[④]之后，日本商户开办戴生昌"洋船局"。同时，无锡设立轮船局，开辟上海至苏州至无锡的新航线。

1906年（清光绪三十二年）沪宁铁路通车[⑤]，打破了无锡单一的水路运输结构。因火车站设于城北，带动了无锡商市重心的转移。在无锡城北和北塘沿河地区，新建了大量的商业建筑。

（三）民国时期（1912~1949年）

民国时期，无锡经历了民国成立和1937年（民国二十六年）抗日战争爆发及随后的内战。该时期的无锡城建发展受民族工商业的兴盛和城市规模扩大的影响较大。

[①] 无锡市地方志编纂委员会. 无锡市志（第三册）[M]. 南京：江苏人民出版社，1995：1752.
[②] 宗菊如，周解清. 无锡通史[M]. 南京：江苏人民出版社，2003：348.
[③] 王赓唐，冯炬. 无锡史话[M]. 南京：江苏古籍出版社出版，1988：107.
[④] 无锡市地方志编纂委员会. 无锡市志（第一册）[M]. 南京：江苏人民出版社，1995：643.
[⑤] 同上.

其一，无锡民族工商业的兴盛。在1936年（民国25年），无锡已成为当时全国六大工业城市之一，也是唯一没有租界和外资的工商城市。民国期间，无锡还形成了杨氏、荣氏、周氏、薛氏、唐蔡、唐程等六大民族资本集团，先后开设了纱厂、丝厂、面粉厂、碾米厂、榨油厂、电灯厂、铁工厂等。其时，北塘、三里桥、莲蓉桥、公运桥、西门桥以至南门清名桥沿河一带，两侧工厂、仓库、码头、堆栈、商店、旅馆、戏院、茶楼、酒肆等鳞次栉比，无锡城市人口突破30万大关，并享有"小上海"之称。[①]其后的1937年（民国26年），抗日战争爆发，日军侵占无锡，四处掠夺焚烧，火势延续三日三夜。火车站、北大街、大市桥、清名桥一带，南市桥以及南门至黄泥坝，所有繁华街道均被付之一炬。许多工厂、商店、民宅建筑被烧毁，无锡经济遭受重创。

其二，城市规模逐步扩大。1921年，无锡设埠后，遂引进国外城市建设的规划理论。1921年、1927年和1929年县当局曾先后提出城市规划意见和方案，开始兴建道路、桥梁、下水道等市政公共设施，并且于1927年设立县建设局，实施城市规划建设和建设管理。[②]城市公共交通由原来水路交通的船、桥逐渐向陆路交通的人力车、汽车等转变，同时亦促进城市由水路衍生型逐渐趋向陆地衍生型发展，城市规模不断扩大。

第三节　无锡历史街区及传统历史建筑保存与保护的现状

一、无锡历史街区概况

无锡于2007年被列为国家文化历史名城。因地区经济发展较快，城市建设的力度亦大，故老城区（环城河内）范围内现存的成片传统历史建筑不多，仅保留了小娄巷历史街区。目前无锡主要有四大历史街区，即惠山祠堂建筑群（亦称惠山古镇）、小娄巷历史街区、清名桥历史街区和荣巷历史街区。

（一）惠山祠堂建筑群

惠山祠堂建筑群依托锡山、惠山而建，距离无锡市中心2.5公里，东邻京杭大运河，南面遥望锡山龙光塔，西面背倚惠山。惠山祠堂群主体由锡山北麓坡积带、惠

---

① 无锡市地方志编纂委员会. 无锡近百年经济概览［G］. 1986：410-411.
② 无锡市地方志编纂委员会. 无锡近百年经济概览［G］. 1986：418-419.

山东麓与东北部古芙蓉湖塘组成，形成了东北低、西南高，山水环抱之地势。惠山山麓曾是无锡原始先民的生活聚集地。泰伯时期，先祖们聚族而居于惠山脚下，修建房屋及墓所。先秦时期，惠山脚下是山泉溪流之畔，唐宋时期，大量围垦造田。南朝，随着惠山寺的建成，聚落雏形已经形成。及至明代，惠山祠堂建筑群的格局基本形成。明清时期，由于全国祭祀礼制的改革，无锡惠山祠堂的发展达到空前的鼎盛与繁荣。明代无锡书画三杰之一浦长源，曾有"出郭楼台三四里，游人不得见山容"的诗句[1]，描绘惠山祠堂五步一楼、十步一阁的盛况。民国时期，无锡民族工商业的崛起，使惠山祠堂群新建的祠堂建筑亦出现中西合璧式样的建筑风格，为晚期祠堂建筑的发展增添了新的色彩。

（二）小娄巷历史街区

小娄巷是无锡城内最古老的街巷。因年代久远，小娄巷现存的传统历史建筑多为清末至民国时期所建造。小娄巷始建于南宋时期，为谈氏始居之地。谈氏祖先谈信在北宋时期官至翰林院，后随从高宗南下江南，遂定居于无锡。相传南宋以来，谈氏宅第所在地最初被称作"鸣珂里"，到明代则被称为戴墓巷，清康熙年间更名为小娄巷。[2]明清时期，小娄巷名人辈出，除谈氏在此地建房造屋外，还有秦氏、孙氏等，均为名门望族，逐步形成了现今留存的街区格局。

（三）清名桥历史街区

泰伯奔吴，带领民众开凿中国首条人工运河——伯渎河，江南运河历经隋、唐、宋的拓宽与延展，在元代与京杭大运河汇聚。无锡成为唯一古运河穿城而过的城市。南长古运河是伯渎河与古运河的交汇处，孕育了锡城"水弄堂"的古运河文化。以清名桥为界，其桥西为南上塘，桥东为南下塘，在"水弄堂"两侧形成了繁荣的商市。自宋至清代，运河及南上塘、南下塘均为驿道，随着漕运官道运输的开通，窑业、造船业、冶铸业等手工业日趋繁荣，米市亦逐步形成。明清时期，随着商品经济的发展，清名桥古运河又成为棉布与蚕丝货物集散地。清末至民国初期，民族资本家纷纷在此兴办工厂。

（四）荣巷历史街区

荣巷位于无锡城西郊梁溪河畔，是梁溪荣氏聚族而居之地。明代，梁溪荣氏水

---

[1] 夏泉生，罗根兄. 无锡惠山祠堂群[M]. 长春：时代文艺出版社，2003：10.
[2] 刘健华. 小娄巷历史街区[M]. 苏州：古吴轩出版社，2008：1-4.

濂公荣清带领族人始迁至无锡，定居荣巷。原址为沼泽芦苇之荒芜地带，荣清定居后率领子孙筑塘坝河，建立家园。清康熙年间，荣氏在此建荣氏宗祠，修房造屋，逐渐形成自然村落。太平天国时，荣巷地区基本毁于一旦。战争带来灾难的同时也带来了机遇，为寻求出路，大量荣氏族人赴上海经商，为之后荣氏民族工商业的发展及荣巷的建设打下了基础。随着荣氏家族在民族工商业中的崛起，荣巷地区发展进入鼎盛时期，同时伴随西方文化的影响，荣巷地区产生了一批风格各异的中西合璧建筑。

二、无锡近代中西合璧建筑的保存现状

作者率团队主要通过查阅大量的文献资料和实地调研以及访谈考证来厘清无锡近代中西合璧建筑的历史及现存状况。

（一）实地调研

调研围绕无锡所辖的崇安区、北塘区、南长区、滨湖区、惠山区、锡山区（无锡城区原崇安区、北塘区、南长区三区目前已合并为梁溪区，为明确地理位置，本文仍沿用旧称）和新区展开，并分别对中西合璧建筑较为集中的几大片区进行实地调研，如图1-3-1所示的崇安区的老城区，南长区的清名桥，北塘区的惠山，滨湖区的梅园、荣巷和蠡湖、太湖沿岸，锡山区的荡口等。调研后发现，无锡近代中西合璧建筑（指已毁的和现存的所有中西合璧建筑）主要集中在崇安区的老城区内（包括沿运河带、小娄巷历史街区），清名桥、荣巷、惠山等三大历史街区，荡口古镇以及沿蠡湖、太湖一带，如图1-3-2所示。

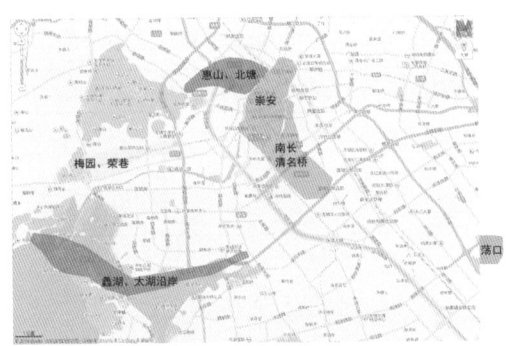

图1-3-1 无锡近代中西合璧建筑分布区域图
图片来源：作者自绘；地图来源：百度地图

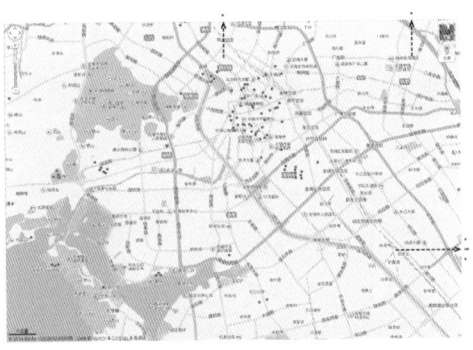

图1-3-2 无锡近代中西合璧建筑分布位置图
（注：图中的点不代表数量，仅代表区域位置）
图片来源：作者自绘；地图来源：百度地图

（二）相关保护措施及保护名录

1. 保护措施

无锡市于2007年9月被列为国家级历史文化名城。早在2004年1月，经无锡市人民政府令第70号颁布了《无锡市历史街区保护办法》，并于2007年9月经市政府令第91号进行了修订、完善。2006年4月，中国工业遗产保护论坛通过《无锡建议——注重经济高速发展时期的工业遗产保护》，拉开了无锡工业遗产保护的序幕。2006年12月，颁布了《无锡市历史文化名城保护办法》，其中第八条规定："注重保护和延续城市传统建筑风貌、城市格局和空间环境，保护城市的文物古迹、工业遗产、历史街区、传统村落等历史文化区域，保护和传承非物质文化遗产。"[1] 2009年11月，无锡市人大又颁布了《无锡市历史文化遗产保护条例》。

至今，虽无专门针对无锡近代中西合璧建筑的保护措施，但因其大多数分属国家级、省级、市级文物保护单位以及无锡市第一、二批工业遗产名录，所以对文保单位、工业遗产的保护，其实就是对相当部分中西合璧建筑的保护。而中西合璧建筑又多集中在上述惠山古镇、小娄巷、清名桥、荣巷等四大历史文化街区和荡口古镇内，《惠山古镇保护性修复工程》、《荣巷历史街区保护性修复工程》、《清名桥历史街区保护性修复工程》、《小娄巷历史街区保护性修复工程》及《荡口古镇保护性修复工程》项目任务责任书的下达，对包括中西合璧建筑在内的历史街区保护列出了目标和要求。自2009年以来，无锡市人民政府经过三年时间已基本完成清名桥、惠山古镇、荣巷、小娄巷等四大历史文化街区的保护性修复工程，在上述历史街区中的无锡近代中西合璧建筑也得到了一定的保护性修复。

2. 保护名录（表1-3-1）

无锡市区含有近代中西合璧建筑的各类文物保护单位名单[2]　　表1-3-1

级别	保护单位	公布时间	级别	保护单位	公布时间
国家	薛福成故居	2001年	江苏省	薛汇东住宅	1995年
	荣氏梅园	2006年		无锡县图书馆旧址	2002年
	杨藕芳祠	2006年		陆定一故居	2002年
	茂新面粉厂旧址	2013年		荣巷近代建筑群	2002年
	小娄巷建筑群	2013年		无锡天主教堂	2006年
	无锡县商会旧址	2013年		七十二峰山馆	2006年

---

[1] 无锡市历史文化名城保护办法. http://www.wuxi.gov.cn/doc/2011/10/28/547006.shtml, 2011.
[2] 表格来源：无锡规划网［EB/OL］. http://gh.wuxi.gov.cn/.

续表

级别	保护单位	公布时间	级别	保护单位	公布时间
江苏省	振新纱厂	2006年	无锡市	鸿模小学	2003年
	荣德生旧居	2006年		匡村中学旧址	2003年
	薛南溟旧宅	2006年		公益中学旧址	2003年
	永泰丝厂	2006年		南六救熄会	2003年
	北仓门蚕丝仓库	2006年		坎宫救熄会	2003年
	缪公馆	2011年		海宁救熄会	2003年
	张闻天旧居	2011年		锡金钱丝两业公所	2003年
	蔡鸿生旧宅	2011年		云薖园	2003年
无锡市	荣氏兄弟宅	1986年		黄浩庆旧宅	2003年
	茹经堂	1986年		陈氏旧宅	2003年
	诸水本私宅	1988年		纸业公所	2003年
	无锡师范	1994年		王禹卿旧宅	2003年
	鼎昌丝厂	1994年		锦园	2003年
	泰伯图书馆	2003年			

（三）保存现状概况

无锡在抗日战争时期遭受日军侵略，许多中西合璧的工业建筑被焚毁，中西合璧公共建筑与住宅也被日军侵占，破坏严重。近20年，为加快城市化进程，无锡城区内大拆大建屡见不鲜，许多位于周山浜、北塘、东大街等地区的中西合璧住宅被完全拆除，只能靠相关文字和图片记载来还原。虽然在社会各界的全力挽救下，部分中西合璧建筑得以幸存，但它们的未来仍令人堪忧。无锡近代中西合璧建筑按保存状况可分为以下四类：第一类为保存相对完好，所占比例较大；第二类为经过保护性修复（或修复中），所占比例最大；第三类为部分损坏，但仍在使用中，所占比例最小；第四类为破坏严重，荒置或待拆毁，此类建筑多无人管理，有的已被列入拆迁名单，所占比例较小（表1-3-2）。

无锡在城市化建设中未能避免国内大多数城市改造的通病，即粗放型的拆旧建新。传统历史建筑修复的速度远远赶不上建筑拆除的速度，导致城市"失忆"情况的出现。在表1-3-2中，虽然经过保护性修复的中西合璧建筑比例较大，也能看出社会各界对它们的重视程度，但这批建筑多为文物保护单位，其中很多还为抢救性修复。然而中西合璧住宅的保护往往被忽视，如位于清名桥地区的钱氏老宅虽然被列为传统历史建筑，但在调研中发现，其精美的西式装饰、线脚等损坏严重，房屋空置荒废，未采取任何保护措施（图1-3-3）。同样，东门万寿里的陈大明宅也难逃即将拆迁的厄运。

此外，在对建筑的保护方法上，也存在一些不足之处。虽然部分建筑做到了修旧如旧，尽量保证其原真性，但由于未对其建筑材料、施工等作深入的考究，以致修复后变成不伦不类的"假古董"，缺乏"纪实性"和"可读性"。另外，有些做法是仅保护建筑单体本身，而忽略其周围历史环境，从而将传统历史建筑孤立于新的环境中，失去了该有的历史韵味。如张卓贤旧居所在的南桥头，仅存其孤立的一座历史建筑，其周边建筑均被拆除（图1-3-4）。

无锡近代中西合璧建筑保存现状　　　　　　　　　　　　表1-3-2

序号	保存类型	建筑名单
1	保存相对完好	复庐、薛汇东住宅、鼎昌丝厂、丽新纺织印染厂、三五馆蚕种场、张卓贤旧居、陈氏旧宅、缪公馆、荣月泉宅、荣安国宅、荣裕发宅、东浜57号、张惠臣宅、荣泉生宅、荣南生宅、荣星光宅、荣子清宅、大张巷8号、大张巷9号、南市桥巷80、南市桥巷82号、大窑路60号、大窑路77号、大窑路180号、黄氏老宅、章宅、黄氏旧宅、张家弄1号
2	经过保护性修复或尚在修复中	大公图书馆、无锡县图书馆旧址、泰伯图书馆、无锡师范、杨藕芳祠、梅园、锦园、蠡园、公益中学、鸿模小学、无锡天主教堂、无锡佛教居士林、荡口教堂、坎宫救熄会、海宁救熄会、九丰面粉厂、北仓门蚕丝仓库、泰昌丝厂、永泰丝厂茧库、冯盛昌砖瓦制造所、无锡县商会、锡金钱丝两业公所、纸业公所、储业公所、中国银行无锡分行、荣德生旧居、王禹卿旧宅、张闻天旧居、荣氏兄弟宅、严裕昆旧宅、太湖别墅、茹经堂、厚德堂、来鹤楼、徐梅初宅、朱永锡堂、孙国璋故居、薛福成故居、云薖园、薛南溟旧宅、蔡鸿德堂、诸水本私宅、荣梅春宅、荣尧昌宅、小娄巷19号
3	部分损坏，但仍在使用	南六救熄会、窑业公所、解放新村53号、陆定一故居、勤学路52号、大窑路81号
4	破坏严重，荒置或待拆毁	振新纱厂、庆丰纺织厂、陈大明宅、黄浩庆旧宅、荣巷街197号、钱氏老宅、清名桥历史建筑41号

图1-3-3　钱氏老宅

图1-3-4　张卓贤旧居

三、无锡近代宅园的保存现状

相对于无锡其他传统历史建筑而言,无锡近代宅园的保存状况相对较好。近代中国,时局多动荡,部分无锡近代宅园亦遭破坏甚至无迹可寻。中华人民共和国成立后,人民政府对近代宅园的保护较为重视,并逐步地整修和规划扩建,使得一批无锡近代宅园得以重新与游人见面。当然,其形式和内容与近代园主建设之初相比已有了较大的改变。

根据无锡近代宅园的保存状况,可将其分为三类:其一,保存较为完好,经过修复对外开放或归属私人,如梅园、锦园、蠡园等。其二,改建他用,尚有遗迹,如陆庄、郑家花园、镇山园等。其三,完全毁坏,无迹可寻。如子宽别墅、避尘庐、蓉湖花园等(表1-3-3)。

无锡近代宅园保存现状　　　　　　　表1-3-3

保存较为完好,经过修复对外开放或归属私人	潜庐、钦使第、云薖园、梅园、杨园、万顷堂、桃园、横云山庄、退庐、何家别墅、若圃、蠡园、太湖别墅、佚园、锦园、孙揆均故居、孙国璋故居、缪公馆、张闻天旧居
改建他用,尚有遗迹	陆庄、郑家花园、镇山园、王禹卿旧宅、荣德生旧居
完全毁坏,无迹可寻	高氏花园、随寓别墅、子宽别墅、避尘庐、蓉湖花园、王家园、于胥乐花园、香草居、辟疆园、小蓬莱山馆、芝兰草堂

第二章

无锡传统历史建筑空间形态特征

因年代久远，加之历史上曾经的战乱破坏以及不间断的城市更新建设活动，迄今无锡市区相对完整且有一定规模的历史街区主要有惠山祠堂建筑群（又称为惠山古镇）、小娄巷历史街区、清明桥历史街区和荣巷历史街区。以上四大历史街区主要形成于明代以来的不同时期，其中，由于小娄巷和清名桥历史街区地处老城厢和城郊接合部，人口密集，建筑密度相对较大，故其传统历史建筑的空间形态相对稳定；而惠山祠堂建筑群和荣巷历史街区则因地处郊外，地广人稀，其在不同历史时期的空间形态变化特征相对明显，基本能反映无锡传统历史建筑受不同时期政治、经济、社会文化的影响所致的建筑空间形态演化发展的脉络，更具代表性和典型性。

以下将以惠山祠堂建筑群和荣巷历史街区为主，小娄巷和清名桥历史街区等地区传统历史建筑为辅，来解析与梳理、总结无锡传统历史建筑空间形态在不同时期的基本特征。

第一节　明至清中期的建筑空间形态特征

明至清中期，无锡因地处长江三角洲腹地，非兵家必争之地，故而受战争影响较少，社会相对稳定。加之便利的水路运输和畅通的漕运，促进了商品经济贸易的发展，使无锡成为了"布码头"和全国四大米市之一。经济的繁荣，带来了大批外来人口的涌入，他们在无锡老城厢外择地开荒建造家园，一时间使得无锡地区人口数量增多，建造活动也趋于频繁，伴随着老城厢中原有街区的建造和发展，城外的街区在此期间亦渐成规模与格局。该时期的主要建筑类型是祠堂建筑与居住建筑，但从目前的建筑遗存来看，该时期所建居住建筑或因战乱，或因年代久远，后人翻建，或因城市更新，几乎难觅踪迹，无锡地区留存至今的明至清中期建筑以祠堂建筑居多，主要聚集在惠山地区。好在祠堂建筑本与居住建筑同源，故本节将依据关于当时民居建筑的相关研究和史料，着重从无锡惠山地区祠堂建筑的空间形制、空间功能构成及造型特征等方面研究其空间形态特征，并分析其形成的原因，以期达到窥斑见豹之功，有助于了解当时无锡传统历史建筑的背景、特征和规律，更有助于理解和厘清之后无锡城市建设发展的脉络。

一、相对单一的建筑功能类型

明至清中期，无锡地区，尤其是惠山与荣巷地区的建筑功能类型相对单一，按照空间使用功能主要分为居住建筑和祠堂建筑。

（一）合院式的民居建筑

无锡地区民居建筑主要采用合院式院落空间布局，即以建筑和院墙围合庭院而成，根据户主的经济条件和文化修养，在庭院中配置适当的花草树木，形成合院式院落空间形态，这些庭院不仅为人们创造了户外交流空间，也为住宅的通风、日照和排水功能提供了便利。此外，由于该时期无锡地区人口少、建筑用地相对宽裕，且多为独幢住宅，户与户之间并不相连，宅与宅周围常留有较大空地以耕作农产品，街区的整体布局较为稀疏，建筑密度较低，农耕时代的特色比较明显。如荣巷以居住建筑为主，以无锡的自然地理条件为基础，建造房屋于梁溪河畔，同姓聚族而居，形成了上荣、中荣、下荣三大部分，逐步融合成一个整体。该时期荣巷地区整体布局相对舒朗，多以独幢的合院式居住建筑为主。

（二）园林式与合院式并存的祠堂建筑

明至清中期，无锡地区经济的繁荣带动了园林文化与祠堂文化的兴盛，除了修建佛教寺庙和道观外，供奉圣贤先祖的祠堂也如雨后春笋般涌现，其中以惠山祠堂群最为典型。无锡惠山山环水抱的自然环境，加之毗邻经济贸易繁茂之地黄埠墩，促使商人、文人及政客会聚于此，建造山居园林别墅及家族宗祠。这些家祠数量多，分布广，密度高，逐步形成了惠山地区的祠堂群落。与居住建筑相比，祠堂建筑的规格较高，其建筑造型与装饰较为精细，并沿袭了典型的传统建筑砖木结构的造型特征，体现了无锡传统历史建筑的建造艺术与文化内涵。该时期的祠堂建筑以合院式与园林式的建筑布局为主。其中合院式祠堂的布局特征与居住建筑相类，与园林式祠堂布局相比，其占地有限，院落较小，具有一定的内聚性。园林式布局的祠堂如邵文庄公祠、华孝子祠、顾洞阳先生祠、尤文简公祠、秦双孝祠等，其占地具一定规模，建筑布局因地制宜，自由灵活，注重祠、园结合，形式丰富多变，且与周围山水完美融合，展现出了江南山清水秀、人杰地灵的自然人文特征（图2-1-1）。

二、内向性的合院式布局

（一）传统合院的单元类型

明至清中期，无锡传统历史建筑按照建筑平面布局来看，可分为园林式不规则

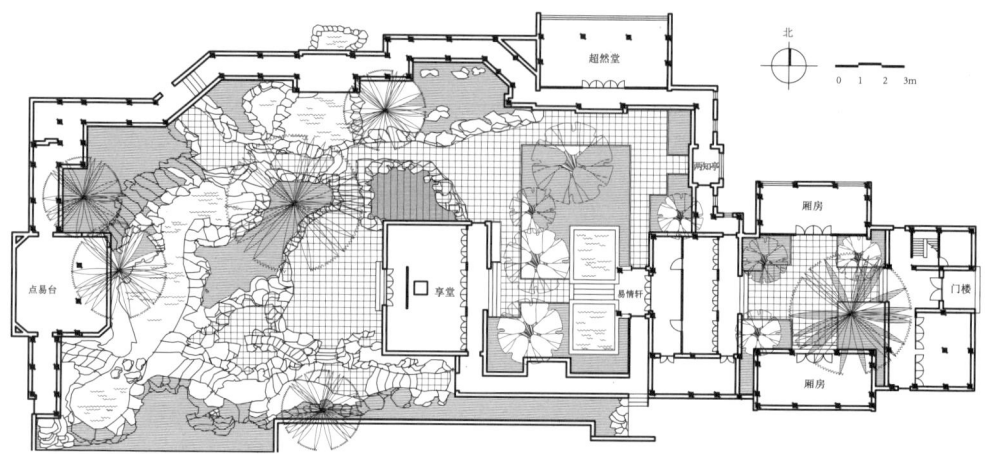

(a)邵文庄公祠总平面图

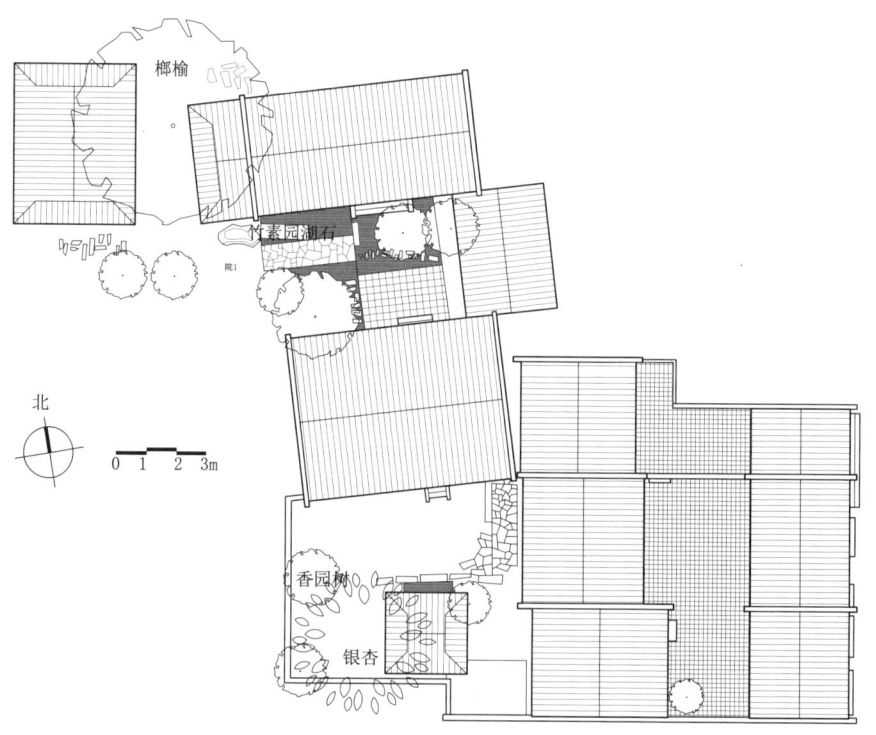

(b)顾洞阳先生祠总平面图

图2-1-1 园林式祠堂建筑实例

(a)图片来源:吴惠良. 惠山古镇祠堂建筑图录[M]. 上海:科学技术出版社,2004:32.

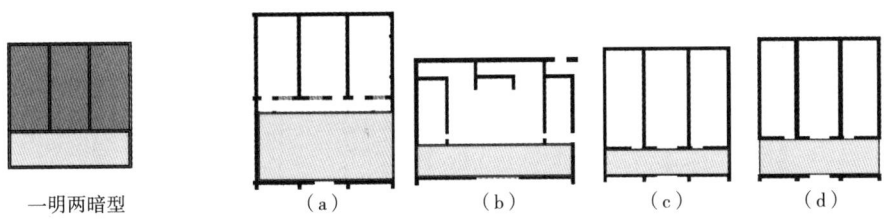

图2-1-2 "一明两暗型"基本单元实例
（a）陆忠宣公祠；（b）先贤荣子祠堂；（c）叶司空祠；（d）周文恪公祠

院落和合院式规则院落。其中园林式不规则院落布局较为自由灵活，将在第四章中专题讨论，故不在本章作讨论。合院式院落变化多样，极大地丰富了建筑的空间形态。规模较大的祠堂或住宅一般由不同形式的院落单元组合而成，通过研究发现，其建筑空间单元形式及组合方式具有一定的规律性，可分为"一明两暗型"、"三间两厢型"和"'回'字形"等三种单元类型。

1. 类型一："一明两暗型"

"一明两暗型"基本构成特征为：平面呈中轴对称，横向三开间，中间为明间，其余两间为次间。除单体建筑外，三面有围墙围合形成院落空间，院落空间具有明确的方向性，其方向为三开间单体建筑的朝向。"一明两暗型"是中国建筑史上最早出现的合院建筑类型，也是最基本的组合方式。无锡传统历史建筑中，较少以"一明两暗型"院落空间形式独立存在，多以该单元类型作为院落组合中的一个构成单元（图2-1-2）。

2. 类型二："三间两厢型"

"三间两厢"型即为"三合院"式。它是由类型一演化而来的，即在朝向院落方向的正间前增加对称的厢房或厢廊，作为连接前后的过渡空间，或作为厨房、杂物间等使用，从而形成三个界面均有建筑，呈"凹"字形态的空间布局。此类型有明确的方向和内聚性。例如先贤荣子祠堂，建筑面阔三间，三进深，第二进正厅为三乐房，次间为厢房，厢房前部加设桐荫西轩，并面向天井院内形成三合院式的空间单元类型。整个院落具有较强的内聚性，并可容纳较大型的祭祀活动（图2-1-3）。

3. 类型三："回"字形

"回"字形的院落类型类似于北方四合院，但相较于北方四合院又有不同之处，其建筑布局更加紧凑。"回"字形单元类型是在三间或多间两厢的正房对面设有三间或多间房屋，形成四面都由建筑围合而成的"回"字形态院落。它一般出现在规

 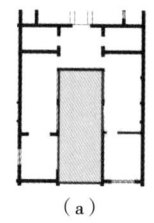 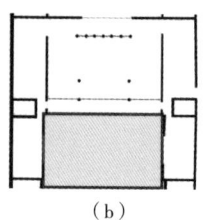

三间两厢型　　　　　　（a）　　　　　　　（b）

图2-1-3 "三间两厢型"基本单元实例
（a）陆忠宣公祠；（b）先贤荣子祠堂

模较大的祠堂或住宅内，具有较强的内向性与封闭性。例如徽国文公祠，此祠为大型会馆式祠堂，建筑面阔八间，二进深，第二进为享堂，两厢各三间，内侧设有厦廊，环绕形成院落（图2-1-4）。

明至清中期，无锡传统历史建筑院落空间的构成方式以上述三

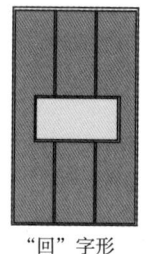 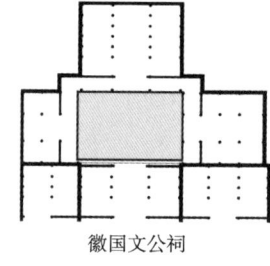

"回"字形　　　　　徽国文公祠

图2-1-4 "回"字形基本单元实例——徽国文公祠

种基本类型单元组合而成。对比分析这三种类型之间的关系，可以发现"一明两暗"的单元类型是无锡传统建筑平面布局的原型，其他单元类型均是在其基础上转换演化而来，无锡传统历史建筑平面多呈现为矩形形态，格局规整。因主人的经济条件、社会地位、使用要求和宅基地的具体地形地貌及营造者的设计等多方面的不同，无锡传统历史建筑的院落组合布局可产生形式多样的变体，具有丰富多彩的平面空间形态。

（二）传统合院单元的组合模式

无锡传统历史建筑中，由一个院落单元组成的并不多见，大多是由两个以上院落单元组合而成。因地形、功能以及土地使用权等因素的制约，传统合院单元之间形成的不同组合方式，造就了具有差异性、多样性的建筑群落。这些不同的组合方式中存在一定的规律性。通过研究与分析，传统合院单元的组合模式主要可分为单院型和串联型两种。

1. 单院型

顾名思义，该类型仅由一个院落单元独立构成，其平面一般呈中轴对称的矩

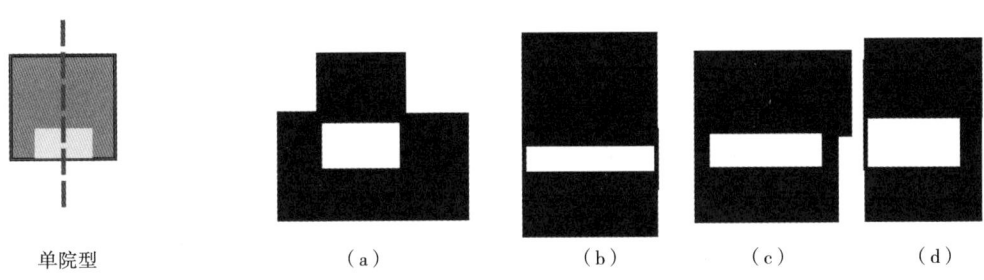

图2-1-5 明至清中期的单院型单元组合模式实例
（a）徽国文公祠；（b）叶司空祠；（c）蔡孝友祠；（d）周濂溪先生祠

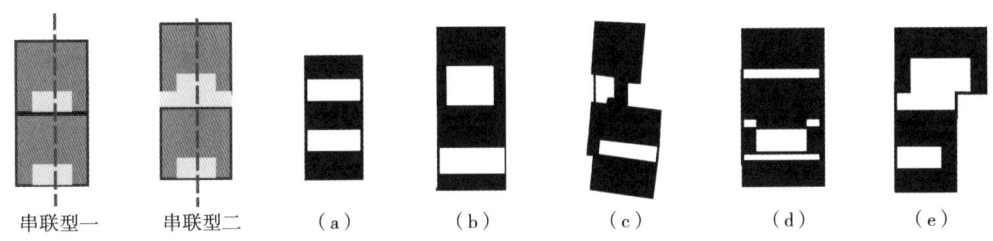

图2-1-6 明至清中期的串联型单元组合模式实例
（a）周文恪公祠；（b）陆忠宣公祠；（c）小娄巷48号谈氏宗祠；（d）先贤荣子祠堂；
（e）陈文范先生祠

形，建筑的等级较低、规模较小，如惠山地区的徽国文公祠、叶司空祠、蔡孝友祠以及周濂溪先生祠均为单院型（图2-1-5）。

2. 串联型

该类型多由两个及以上的合院单元模式以纵向直接串联或院落间接串联而成，形成多进、纵深生长的院落空间形态。建筑内部前后进贯穿，内部空间使用较为便利，其中的院落或者天井可满足建筑内部的采光和通风需求，通过这种模式组合而成的建筑，具有较强的内向性，如城中小娄巷48号的谈氏宗祠、惠山地区的先贤荣子祠、陈文范先生祠等（图2-1-6）。

三、遵循礼制、等级分明的空间构成

（一）礼制决定建筑的功能构成

明清时期，统治者为了巩固政权，选择儒家思想作为维系宗法专制的统治思想，使得儒家成为经典文化正统，其纲常伦理、尊卑有序的思想在建筑中得以体现。惠山祠堂群建筑作为该时期历史的产物，礼制决定了其建筑的功能构成。祠堂受建筑规制的影响，常见的格局多为三进两院式，其轴线上建筑空间的序列一般为：祠门——享堂——寝堂。祠门与享堂、享堂与寝堂之间分别形成天井（或庭院）空间。其空间功能布局则根据祠堂的等级及经济条件而定，等级高或经济条件较为富裕的祠主所建的祠堂，会设有辕门、祠桥、牌坊、照壁、亭台、楼阁、廊庑、戏台及花草树木等。

1. 祠门

祠门也称为头门、头座等，是祠堂建筑最重要的单体建筑，也是进入祠堂内部的礼仪性入口和空间序列上的首座建筑物。一般以门廊或门楼作为祠堂大门。惠山地区的祠堂的祠门多为单檐平屋，少部分采用双面砖雕门楼，如邵文庄公祠、华孝子祠等。另外，等级较高的祠堂，在祠门前还会设有辕门（又称圈门）作为前导空间，并布置华美的牌坊或照壁，起到避邪、聚气、趋吉的作用，以华孝子祠为代表（图2-1-7）。

2. 享堂

也称作中厅或祭堂，主要是举行祭祖仪式和宗族议事等公共活动的单体建筑，故建筑空间大多较高大宽敞。由于受明清祠堂建筑规制的影响，享堂多为面阔三间的单檐硬山建筑。个别享堂建筑为扩大厅堂的进深，前后加设翻轩，从而丰富了建筑的空间形态，如张中丞祠（图2-1-8）。

(a) （b）

图2-1-7　华孝子祠门楼
（a）外立面现状实景；（b）内立面现状实景

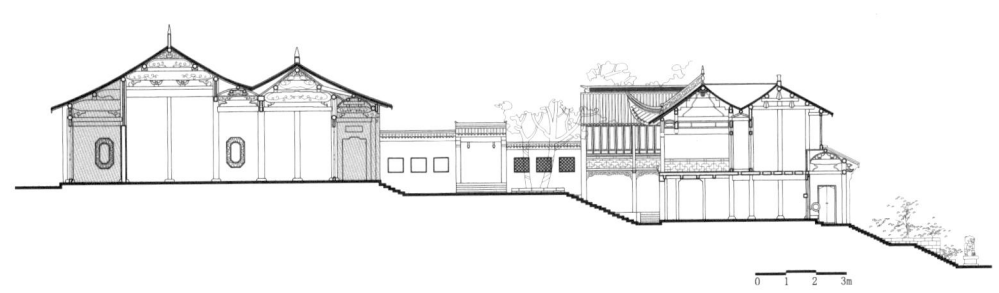

图2-1-8 张中丞祠加设翻轩分析图

图片来源：吴惠良. 惠山古镇祠堂建筑图录[M]. 上海：科学技术出版社，2004：70-71.

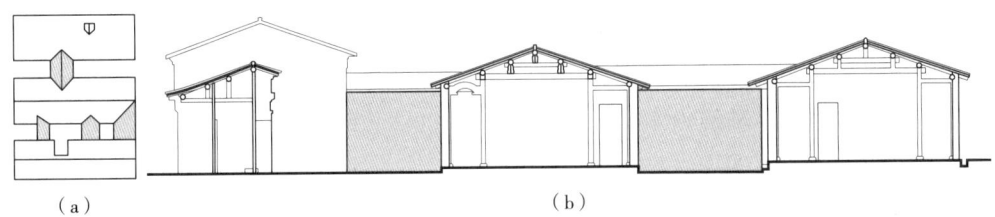

图2-1-9 浦长源先生祠分析图
（a）浦长源先生祠平面图；（b）浦长源先生祠剖面图

3. 寝堂

又称为寝殿或后殿，是安放祖先牌位的场所。因是神灵安寝之处，故称为寝堂。寝堂是祠堂中最重要的建筑物，其建筑形式庄重，但体量略小于享堂。惠山地区的祠堂中部分寝堂采用楼屋的建筑形式，其建筑地坪一般高于享堂。另外，在享堂与寝堂之间多用廊道连接，如浦长源先生祠，偏中轴设置工字连廊，方便多雨季节时人们的使用，具有典型的江南建筑特征（图2-1-9）。

（二）等级分明、多样化的空间序列

由于地形和宅基地面积等因素的不同，惠山地区的祠堂建筑因地制宜地结合空间功能、序列进行巧妙布局，并形成了中轴对称和轴线转折两种空间序列。

1. 中轴对称的空间序列

采用中轴对称空间序列方式的祠堂，多运用直接串联型的院落空间组合模式。受封建等级、礼仪制度的影响，其空间序列由多进深沿纵深方向逐级展开，等级分明，空间节奏富有韵律。同样以华孝子祠为例，该祠是惠山祠堂群建筑中保存完好、规格最高的祠堂。该祠始建于东晋，原祠为华宝在华坡山居守孝的舍宅，后华氏将其

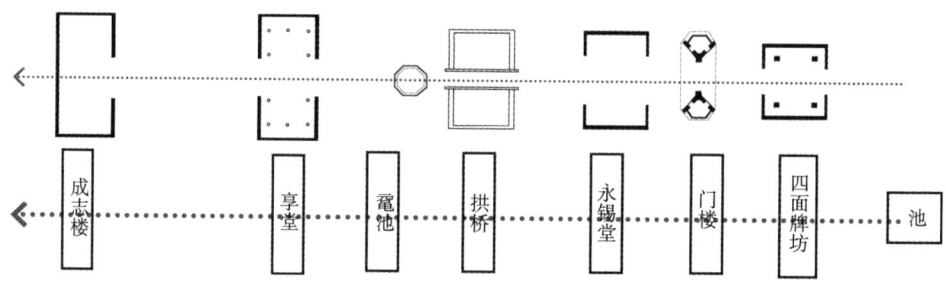

图2-1-10 华孝子祠的空间序列

改为祠堂。此祠面东,东西向轴线进深百米,共四进。其空间序列完整,层层递进。轴线由东向西依次为假山莲池、四面牌坊、门楼、永锡堂(已毁)、溯源桥与承泽池、享堂、成志楼。该祠虽然经历多次修造,但仍然保留着许多明清时期的建筑特征(图2-1-10)。

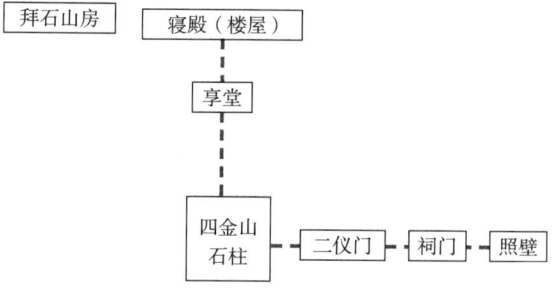

图2-1-11 顾洞阳先生祠轴线转折的空间序列

2. 轴线转折的空间序列

由于基地的地形和道路等自然环境因素的制约,惠山地区的祠堂建筑大多因地制宜地建造,并运用园林式布局和院落串联的组合模式,形成多进深、轴线转折的不规则空间序列。这些祠堂建筑整体布局相对灵活自由,视线多变。如顾洞阳先生祠,该祠占地面积较大,采用园林式空间布局,空间序列为:照壁—祠门—二仪门—四金山石柱(转折点)—享堂—寝殿(图2-1-11)。

四、对外封闭、对内通透而灵活的空间造型特征

惠山地区祠堂建筑之空间界面的形成与平面形态、使用功能、地形以及材料、建造技术等有关。由于惠山地区的祠堂建筑大多采用合院串联式的纵深布局方式,尽管其单体建筑外观沿袭了我国传统建筑的造型特点,但整个祠堂建筑的山墙因多进深的纵深布局,表现出了整体上高低错落、丰富多变的形态特征。对比祠堂建筑的内外界面,发现其具有对外封闭、对内通透而灵活的空间造型特征。

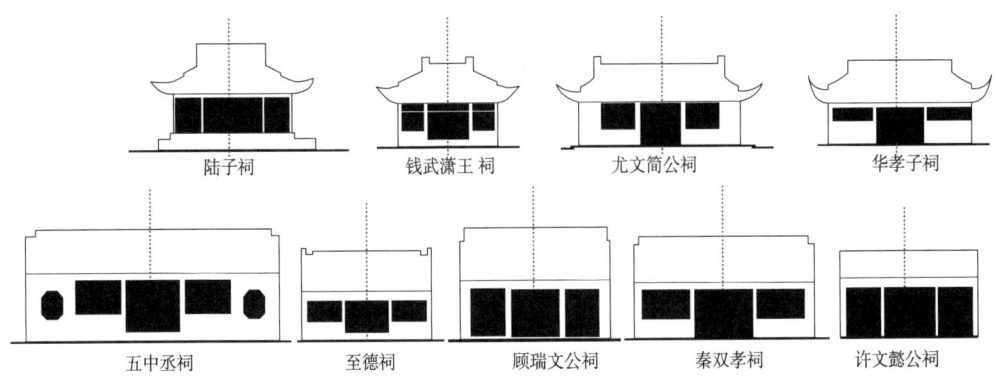

图2-1-12 祠堂建筑外观实例

（一）对称均衡的主体建筑外观

这里的主体建筑外观是指祠堂中享堂、寝殿等主要建筑的外观。总体而言，明清时期的惠山地区的祠堂建筑沿袭了前朝宋代的建筑规制，并具有江南地区传统建筑"粉墙黛瓦"的风格特征。其中等级高的祠堂建筑采用歇山式屋顶形式，普通祠堂建筑则采用硬山式屋顶形式。祠堂中的主要建筑外观主立面采用大面积的木质门扇，与庭院（天井）两侧大面积的实体山墙形成强烈的虚实对比。通过主要建筑的墙身上立柱外露，可以直接看出建筑的"间"数。主要建筑多呈中轴对称，展现出均衡与规律之美（图2-1-12）。

（二）丰富的山墙造型

惠山地区的祠堂建筑在山墙处理上多采用人字硬山、观音兜以及马头墙等形式，从而形成了多姿多彩的山墙形态。山墙作为建筑物垂直方向上的围合界面，在一定程度上体现出了建筑整体造型上的特色。惠山地区的祠堂建筑一方面由于基地地形及面积等因素制约，另一方面大多以多进深院落纵向组合模式生长，形成了冗长的或规则、或不规则的空间序列，其整体建筑山墙亦呈现出或有规律、或无规律的组合形态。

1. 有规律的山墙组合形态

有规律的山墙组合形态是指由一种或由同一类型的山墙基本形式，以重复的手法组合在一起。该形态多出现在"单院型"空间组合模式中。尽管其形态较为规则和单一，但具有一定的韵律感和均衡感，如周濂溪先生祠和陆忠宣公祠（图2-1-13）。

2. 无规律的山墙组合形态

无规律的山墙组合形态主要是由不同类型的山墙基本形式形成的组合。该形态

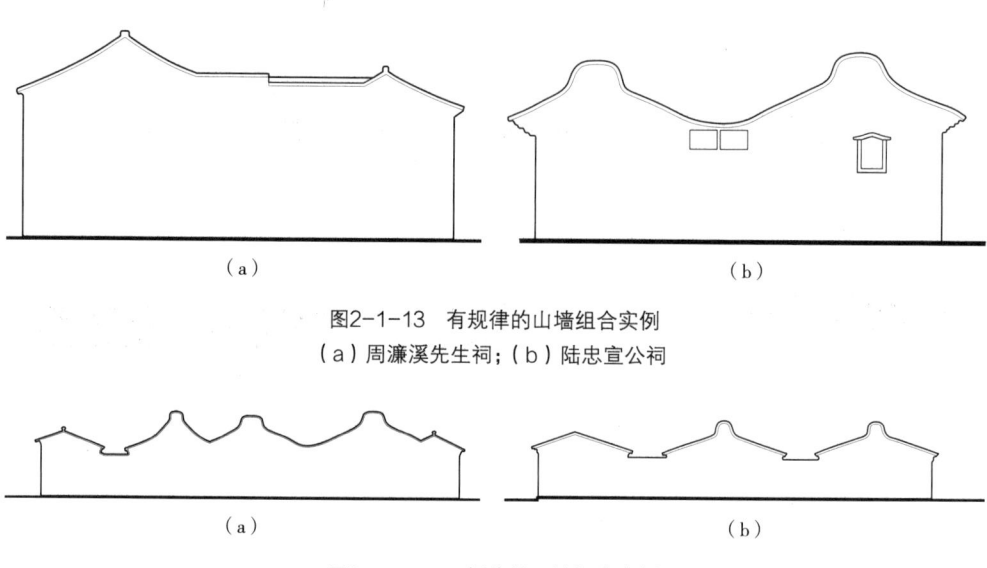

图2-1-13 有规律的山墙组合实例
（a）周濂溪先生祠；（b）陆忠宣公祠

图2-1-14 无规律的山墙组合实例
（a）倪云林祠；（b）周文恪公祠

的山墙随建筑基地的地形高低与建筑的布局变化而变化，可展现出自由活泼的趣味，具有质朴的自然美感，如倪云林祠和周文恪公祠（图2-1-14）。

（三）因地制宜的灵活的建筑空间结构

因地制宜，善借"天巧"，鲜用"人巧"是惠山祠堂建筑的重要特征。

明至清中期，惠山地区的绝大部分祠堂建筑规制相对较低，整体上亦没有官式建筑的华丽，多采用普通的砖、木、瓦、石等建筑材料进行建造，仅在祠堂建筑的重要部位，如檐部、入口等处采用木雕、石雕、砖雕等形式对构件的表面进行一定的装饰处理。整体上显示出鲜用"人巧"的质朴气息。

惠山地区祠堂建筑占尽山水形胜的自然环境之利，善借"天巧"、因地制宜的建筑空间结构是其最大的亮点。主要表现在两个方面：其一是与基地的充分融合。惠山地区的祠堂建筑主要采用穿斗式或抬梁式的中国传统木结构形式。因其地形复杂多变，建筑在布局及空间结构上因地制宜，充分利用场地与环境的特点，就地势而造，如陆忠宣公祠（图2-1-15）。该祠面阔三间，三进深（门间现已毁），后进楼屋就地势砌筑高台，逐级而上。院内引泉水溢满院落，形成水院，成为惠山地区祠堂中最为独特的祠堂建筑。其二是与当地自然气候的融合。由于江南地区温润多雨，惠山地区的祠堂建筑的屋面均采用坡屋顶形式，且存在着沿街（巷）的单体建筑屋顶面向街（巷）的坡长小于面向内院的坡长的设计现象，在一定程度上，加强了祠

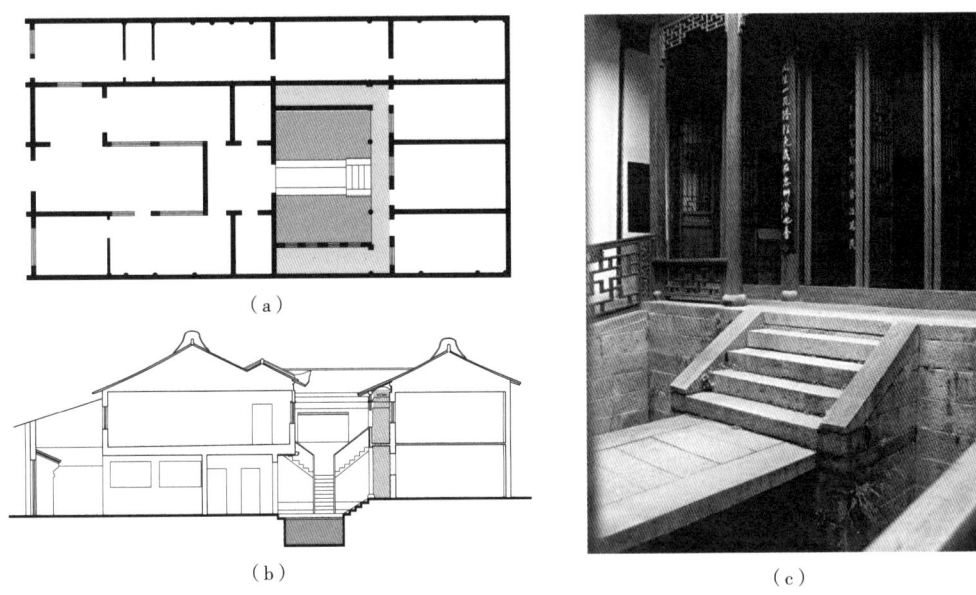

图2-1-15 陆忠宣公祠
（a）陆忠宣公祠平面图；（b）陆忠宣公祠剖面图；（c）陆忠宣公祠水院现状实景

图2-1-16 因地制宜内敛的空间结构实例
（a）陈文范先生祠；（b）叶司空祠

堂建筑空间的内向性。同时，建筑单体之间采用连廊或厢房相连接，或在内院一侧或两侧，设置过廊以避雨（图2-1-16），更是对江南自然气候特征的物化映射。

五、特征形成原因

（一）运河经济发展促进锡城的繁荣

元明时期京杭大运河的开凿促进了沿线城市的发展。运河不仅是水路交通运输的通道，是漕运的命脉，更是带动其沿线与周边城市建设变化发展的动因。无锡老城区的发展与运河有着不解之缘。明清时期的无锡城区，其城市结构仍主要以水衍的方式生成与发展，古运河穿城而过，城镇街区如清名桥地区等多邻水而生。同时，锡城经济依托漕运得到了新的繁荣，开始从农耕时期自给自足的传统经济模式向手工业及商品经济贸易的经济结构方式转变。另外，商品贸易带来了一些外来商贾及流宦的关注，他们纷纷涌向无锡地区寻求新的生存发展空间，或开荒建造自己的家园，或建立各自家族的宗庙家祠，故而形成了惠山、荣巷等地区的建筑空间格局。

（二）移民迁徙、家族聚居的社会背景

清代统一的政治局面使无锡地区的经济得到了恢复与发展。清初至清中叶，无锡出现了移民入迁的现象，如水濂公带领家族成员在荣巷择地垦荒兴宅，形成了聚居于梁溪河畔的家族式街区，荣氏族人亦形成了农耕渔织、耕读传家的生活方式。

（三）山水形胜的自然环境

无锡老城区形似龟背，运河穿城而过，城中水网密布，形成水绕城池的城市空间格局，而城厢外多见丘陵山地，在城市扩张的过程中，城厢外的建筑大多适应独特的自然环境，并最终形成了因地制宜的建筑布局与空间形态。其中惠山地区的祠堂建筑尤为突出，其园林式自由灵活的布局和丰富多彩的合院式空间使其建筑外观呈现出高低错落、形态优美的整体造型特征。

（四）充足的建造材料

无锡地区建筑材料的生产有着悠久的历史，尤其是砖瓦业十分兴盛。1368年（明洪武元年），无锡南门外伯渎港地区的"洪武窑"已经有356家。[1]充足的建筑材料供给，在一定程度上亦促进了建筑业和建造活动的繁荣。明清时期，无锡地区建筑主要沿袭了中国传统的木构体系，并采用砖砌墙体作围护与分隔之用。同时，砖雕工艺也逐步繁荣，在建筑物的重点部位有所运用。

第二节　晚清时期的建筑空间形态特征

晚清时期是无锡传统历史建筑发展的转折期。1840年鸦片战争后，近邻上海的开埠

---

[1] 无锡市地方志编纂委员会. 无锡近百年经济概览［G］. 1986：154.

通商间接地带动了无锡商品经济的发展。无锡开始出现百货商店、义庄等新型功能的建筑类型。1859年无锡受太平天国运动的影响，城市中许多建筑遭到毁坏，其中荣巷地区最为严重，基本被夷为平地，导致荣氏族人纷纷迁徙至上海谋生，这亦为后来荣巷地区建筑的重建活动奠定了重要的经济基础。另外，随着19世纪末无锡民族工商业的崛起，在城市经济实力得到进一步提升的同时，修缮和改扩建旧建筑以及新的建造活动逐步增多，无锡城厢内的街市再度呈现繁荣的景象。现今无锡惠山祠堂群、小娄巷、清名桥、荣巷等历史街区中所遗存的年代较早的传统历史建筑大多为这一时期所建造。

一、以商辅农引发建筑类型与形式的变革

晚清时期，无锡的经济结构由农耕经济向以商辅农转型，使得建筑功能类型，尤其是建筑形式产生了新的变革。当时，荣巷、小娄巷、清名桥以及惠山等地区的建筑，依其功能类型与形式主要可分为三类，即多功能组合、充分利用基地以及紧凑型布局。具体表现如下：

（一）商住结合的建筑

漕运的畅通以及鸦片战争后上海的开埠通商，进一步推动了无锡地区的商品贸易活动。在荣巷等地区亦开始出现新式的商店建筑。如荣氏族人荣安国就在荣巷东街开设了杂货店，并成为荣巷地区新式商业建筑发展的起点。[①]同期荣巷的商店多为商住结合的建筑，体现了多功能的组合。商住结合的建筑主立面临街道布置。因户主经济条件、土地使用面积以及基地地形的不同等因素的影响，这些建筑的开间、进深与层高等都不尽相同。总的来说，商住结合的建筑单体，一般采用前店后宅，或下店上宅，商住结合的布局方式。临街首进部分多为二层，正立面一层多为可拆卸的木门板，二层下半部分是木栏板，与其上部的木质槅扇窗户相组合。

（二）"斜屋"式的居住建筑

太平天国运动结束后，因社会局势安定，人们开始大规模地建造新宅和修复旧宅。随着人口的增多，土地变得稀缺，故当时新建的住宅开间相较于清中期以前的尺寸要小。尽管新宅同样采用院落式纵深布局的方式，但总体空间格局更加紧凑。无锡传统民居建筑一般讲究平面端正规整，无尖角，不偏不斜。而无锡民间又有

---

① 荣敬本，荣勉韧等. 梁溪荣氏家族史［M］. 北京：中央编译出版社，1995：28.

"斜屋可聚财"之说。因为房屋基地的不方整，为充分利用场地以及取其聚财的美意，所以该时期许多工商业者常常将住宅平面建造成近乎平行四边形或梯形的"斜屋"形式。这种形式的居住建筑在小娄巷与荣巷地区较为常见，如小娄巷19号和荣巷宝庆堂等（图2-2-1）。

（三）布局紧凑的祠堂建筑

晚清时期，由于政府的闭关锁国以及战争带来的影响，无锡地区祠堂建筑发展亦受到制约。该时期大部分新建祠堂的建筑规模不大，院落相对狭小，建筑布局趋于紧凑严整，并延续传统中轴对称的布局，沿纵深递进，同时注重建筑的装饰。大部分士绅阶层仍将祠堂建于惠山地区，当然，亦有少部分士绅将祠堂设立在族人的集居点，如荣巷地区的荣氏宗祠、春益公支祠、上荣继先公支祠、荣鄂生家祠，小娄巷地区的福寿堂等。更有甚者，由于经济条件的限制，出现了在住宅内直接设置享堂，形成宅祠合一的情形。

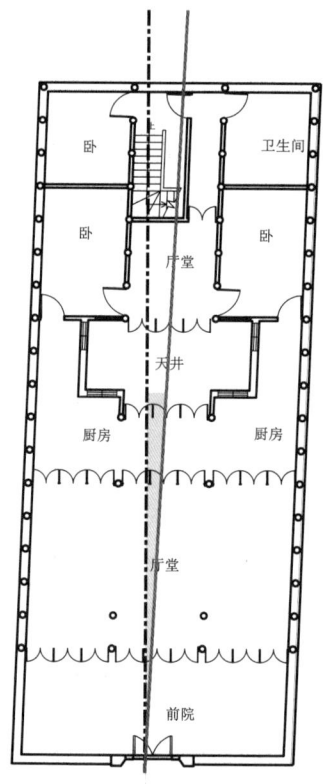

图2-2-1 "斜屋"住宅实例——荣巷宝庆堂一层平面图

二、由合院向天井式的院落布局转变

（一）院落单元的基本类型

从平面布局的类型来看，该时期的院落单元主要有"一明两暗型"、"一明两暗+一厢型"、"三间两厢型"、"对合二进型"等四种类型。

1. 类型一："一明两暗型"

该时期大量新建的建筑依然沿用无锡传统历史建筑的基本原型，即"一明两暗型"。因经济的发展，加上居住条件的改善，该单元类型，极少以独立的建筑存在，多与其他单元类型相组合而成院落。

2. 类型二："一明两暗+一厢型"

该类型是在"一明两暗"的基本原型上增加一个厢房，厢房一般作为厨房或者卧

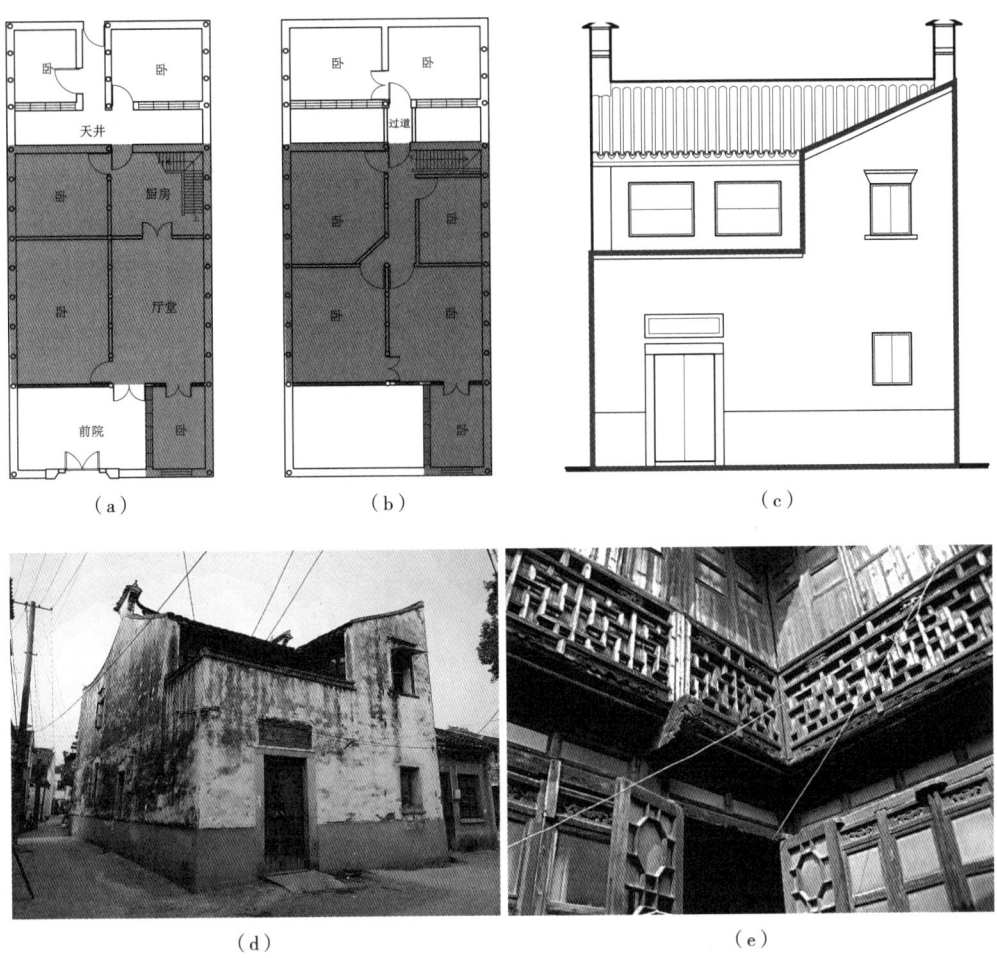

图2-2-2 荣巷西浜42号
(a) 一层平面图；(b) 二层平面图；(c) 南立面图；(d) 建筑外观实景；(e) 内院实景

室来使用，也可作为廊道连接前后建筑，其建筑平面呈现为"L"形，若该单元类型独立成为建筑或作为多进深院落的首进单元，则其建筑外立面上亦多呈现出"L"或反"L"的形状，如荣巷地区的西浜42号。住宅首进为典型的"一明两暗+一厢"型，两进深两层的楼屋，空间布局紧凑，整体感强。从大门进入后是一个天井空间，天井正对正屋，东侧则布置有一个二层的厢房，正屋与厢房垂直相连接，建筑平面为"L"的形状。其独特之处在于正房与厢房二层平面向天井内出挑少许，形成了二层外观似廊非廊之感。此为无锡传统历史建筑中十分典型的住宅设计手法（图2-2-2）。这种模式亦是无锡旧时小康之家的住宅形式，除荣巷地区外，在小娄巷和清名桥地区亦多见。

3. 类型三："三间两厢型"

"三间两厢"的类型，顾名思义，是在"一明两暗"的基础上，左右各增加一个厢房，其建筑平面表现为"凹"字形。如荣巷地区的荣瑞鑫花厅（图2-2-3），该建筑主要用于处理涉及荣氏家族的公共事务，是荣巷地区的一处家族式的公共"客厅"。该建筑等级较高，层层递进，平面整体呈现出倒梯形形状，蕴有聚财之意。各进建筑均在左右设置厢房，并作为廊道贯穿整个建筑物的前后，形成左右两条纵深幽长的备弄。南北贯通的备弄保证了交通流线的主次分离，可避免仆人走入正厅，同时也解决了江南地区多雨而带来的不便。

4. 类型四："对合二进型"

"对合二进型"由两个"三间两厢"的单元对合组成，中间形成天井空间。该类型单元一般会与其他类型单元组合而成多进深天井式院落，具有较强的内向性。也有少部分以此单元作为独立的建筑存在的情况，如位于荣巷地区西浜的宝庆堂。

（二）院落单元的组合模式

虽然该时期荣巷等地区的建筑大多为太平天国运动后新建的，但是其院落单元的组合模式仍沿用了明至清中期的传统合院单元的组合方式，同样有单院型和串联型两种。

1. 单院型

单院型的建筑满足不了较大家庭的日常起居之需求，故仅以一个院落单元独立成宅的情况在荣巷、清名桥等地区中罕见，但在惠山地区的祠堂中，有较多单路、单进的祠堂建筑，亦即单院型的建筑，如史光禄祠（图2-2-4）。

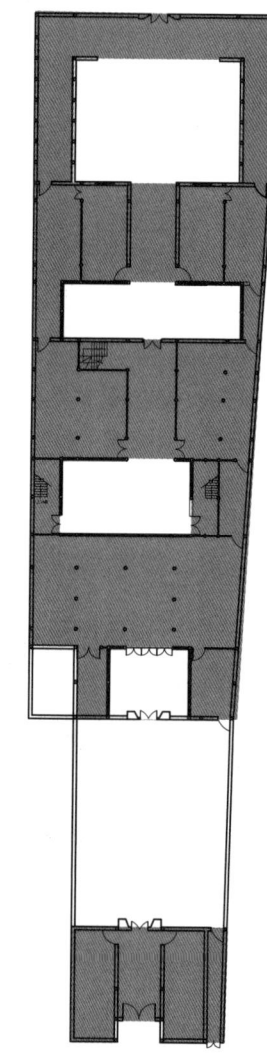

图2-2-3 荣巷荣瑞鑫花厅院落平面图

图2-2-4 晚清时期单院型单元组合模式实例——史光禄祠

2. 串联型

串联型即由两个或以上的院落单元沿纵深方向直接或间接串联在一起，形成多进深、天井式的院落布局（图2-2-5）。其特点主要是空间层次丰富。运用该组合模式的建筑，大部分有两到三进深，如清名桥地区的许氏旧宅，原三进深，现存二进深，两进均为楼房，中间为天井。此外，部分规模较大的建筑则达到六至七进深，如清名桥地区的王绍先老宅，该宅面阔七间，五进，加后花园，前后长达80余米，给人以庭院深深的感受。

在该时期，还建有许多呈倒梯形或平行四边形平面布局的住宅。一方面，充分利用了基地，另一方面，意在"聚财"。另外，与明至清中期相比较，因用地紧张的

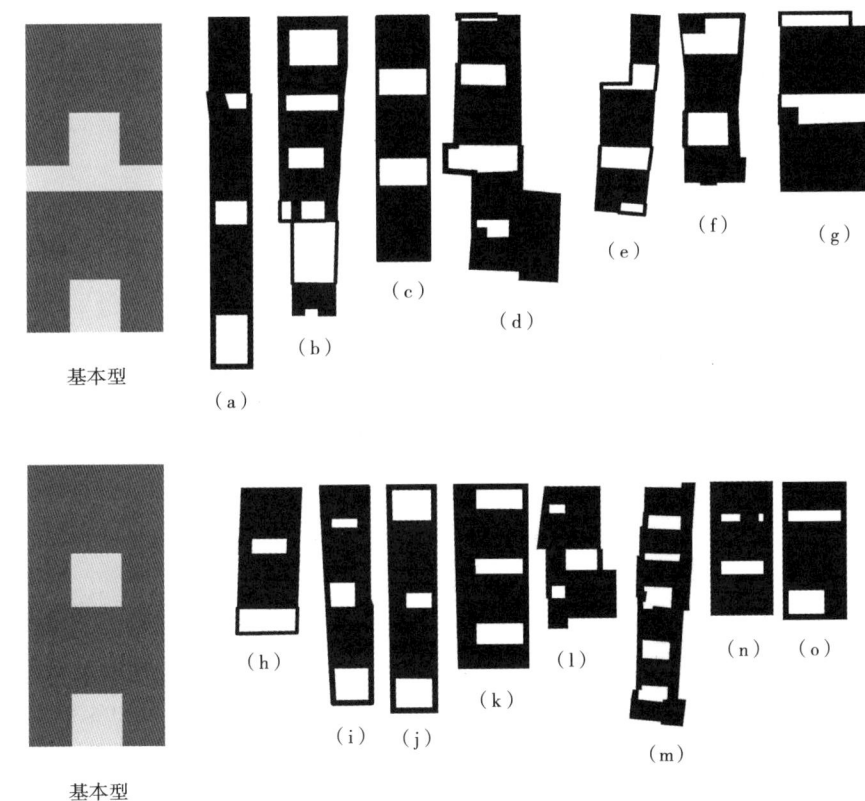

图2-2-5 晚清时期纵深串联型单元组合模式实例
（a）西浜72号荣泉生；（b）荣瑞馨花厅；（c）老街111号平面（花圈店）；（d）小娄巷46号秦氏修俭堂；（e）小娄巷34号张宅；（f）龚氏家祠；（g）小娄巷38号于同隗宅；（h）西浜107号宝庆堂；（i）西浜72号；（j）中荣82号；（k）西浜212号；（l）薛三义祠；（m）小娄巷50号福寿堂前六进；（n）薛中丞祠；（o）西浜42号

缘故，该时期新建建筑的开间有所缩小，院落空间的面积逐步减少，由较为宽敞的庭院蜕变为窄小的天井。

三、封闭性和内向性的空间构成

明至清中期的无锡传统历史建筑，可供考证的资料有限，在本章第一节主要分析的是祠堂类建筑的空间构成；而至晚清时期，无锡地区建筑遗存的类型相对丰富，其中以居住建筑为主，商住结合的建筑和祠堂建筑为辅。晚清时期无锡地区的建筑主要呈现出封闭性和内向性的空间构成特征。

（一）家庭生活模式决定单体建筑的功能结构

晚清时期无锡地区建筑类型的主体为居住建筑。一般而言，人们的日常家庭生活模式与住宅的空间组织结构具有一定的对应关系。由"一明两暗"的院落单元类型为基础而形成的"一明两暗+一厢"和"三间两厢"等院落单元类型，成为无锡晚清时期住宅的典型布局，这种布局十分适合家族聚居的生活模式。采用上述两种单元类型的住宅多为二层建筑，一层主要为接待客人的厅堂、厨房、厢房等，二层则为家庭成员的卧室。这种住宅的主要功能空间为正房、厢房和厅堂。以下对其布局方式和功能作简要的论述。

1. 正房

正房是单院型住宅中的主体建筑，亦常作为最后一进的建筑出现在串联型、多进深院落的布局中。由"一明两暗"组成的正房，中间为明间，一般作为厅堂用来会客，或供家庭成员聚会使用，两边的次间则用作主人卧室或者书房。

2. 厢房

厢房多出现在"一明两暗+一厢"、"三间两厢"的院落单元模式中，其功能使用比较灵活多变，一般可作卧室、厨房或杂物间等功能使用，亦有作为过廊的情形。另外，在一些等级较高的住宅中，厢房所在部位则作为贯通前后建筑的备弄。

3. 厅堂

厅堂在串联型多进深的院落布局中才专门设置，它将正房中的明间的公共功能专门独立出来，一般设置在第一进。厅堂通常为三开间的面宽，多采用抬梁式的木结构，使其内部空间显得宽敞明亮。在规模较大的宅院中，会设置多个厅堂，如正厅、中厅等。正厅、中厅作家族议事或举行婚丧仪式之用，两者的空间形式大抵相同。在串联型多进深的院落中，第一进为大厅主要出入口及东、西两侧的门厅、轿厅，门厅一般由仆人值守或用于临时接待普通客人，轿厅则是入口空间通向建筑内部空间的过渡区域，亦是仆人进入建筑内部过廊的入口。此外，正厅和中厅，两者在多进深院落建筑中等级最高，其建造工艺多考究。

(二) 等级与层次分明的空间序列

串联型多进深院落式住宅空间序列主要由如下三至四个部分组合而成，其中大多数住宅由前三个部分组成。首先是负责建筑内外过渡的入口及前院空间，即空间序列的起始，主要由大门、天井等构成。若为规模较大的住宅，则由大门、门厅、轿厅、天井或庭院等组成。其次是接待客人或举行重大婚丧仪式的内院，即穿过大门，进入前院，然后进入内院部分，是整栋住宅建筑中包括天井或庭院和厅堂等的半开放的空间。之后进入住宅的最后部分，通常是户主日常起居的地方，主要包括卧室、厢房、厨房、储物间等使用功能，即正房部分。另外，规模较大的住宅则会设有后院，作为户外休憩空间使用。

该时期无锡地区新建居住建筑多以串联型院落组合方式为主，按照其空间组织关系，依次为：前院部分、内院部分、正房部分。以荣巷地区西浜107号宝庆堂为例，其建筑基本形制是由两个"三间两厢"型单元对合形成两进深的院落布局。其空间序列为：前院—厅堂—天井—正房（即生活后勤等内容），以厅堂为中心，结合厢房、庭院与天井组成布局合理、主次分明、分区明确的宅院空间（图2-2-6）。此外，规模较大的住宅则等级与层次更加分明，如同样位于荣巷地区的荣瑞鑫花厅（图2-2-7），由"一明两暗"型和多个"三间两厢"型的院落单元通过串联形成面

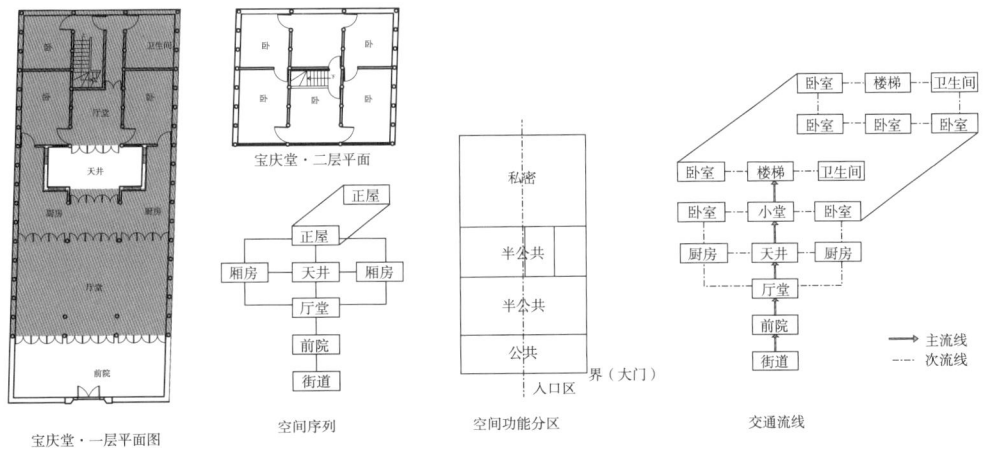

图2-2-6　荣巷宝庆堂空间序列分析

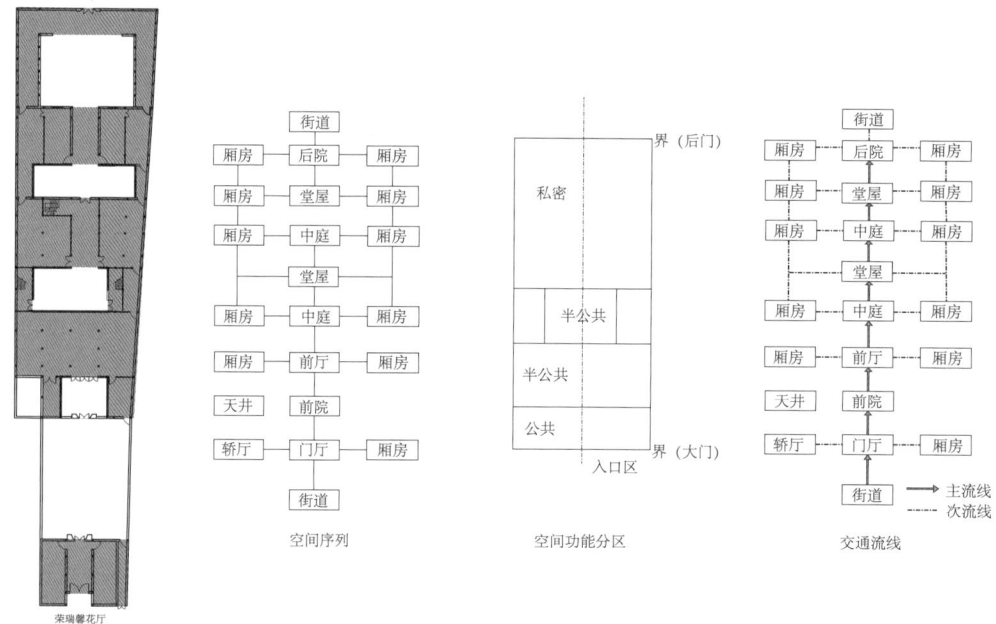

图2-2-7　荣巷荣瑞馨花厅空间序列分析

阔三间、五进深的宅院空间。整个住宅的空间序列为：门厅—前院—天井—厅堂—庭院—堂屋—庭院—堂屋—后院。同时，通过在两边的厢房设置备弄，以区分主人和仆人的交通流线，使整个住宅的空间等级得以强化和体现。

可以看到，户主的财力和地位的不同，主要体现在住宅建筑的空间序列层次的多寡和单体建筑的尺度大小以及主次交通流线是否分隔等方面。其中，经济实力较为雄厚的户主多采用串联型多进深院落式住宅，主要设计特征为：其一，以内院作为住宅建筑的中心空间，居于中轴上的厅堂一般严格对称，两侧的厢房则自由布置；其二，空间序列较长、层次丰富，同时厅堂的开间、层高、进深的尺寸较大；其三，通过备弄有效地区分主次流线，同时设有后院或后花园，以上述荣瑞鑫花厅和小娄巷的福寿堂、清名桥地区的王绍先旧宅等最为典型。同时，多进院落式住宅，从空间功能分区来看，其与外界联系较弱，相对封闭，具有明显的内向性的空间特征。

四、内向性与外显性并存的空间造型特征

晚清时期，无锡地区建筑在空间造型方面呈现出内向性与外显性并存的特征。

该时期建造的建筑基本延续了清中期以前无锡本土式样的建筑外观和建造方式。尽管在19世纪末，由于无锡民族工商业的崛起，士绅阶层较多地接触了西方文化，且有新建筑材料和技术出现，但在该时期无锡地区的新建住宅和祠堂建筑在整体面貌上未产生实质性的改变，仅是在建筑材料与装饰上有一定的变化。

（一）无锡本土式样的建筑立面

1. 外显性的商铺沿街界面

在荣巷地区与清名桥地区，尤其是沿街部分，有许多商住结合的商铺建筑。这些商铺建筑主要有上宅下店和前店后宅两种形式。由于使用功能的需求，其一层多为可拆卸的木门板，形成外向开放的特征，二层木栏板上是可开启的木质窗扇。从整体上看，这些商铺的沿街界面虚大于实，呈现出商业建筑的基本特点（图2-2-8）。

2. 内向性的住宅沿街界面

无锡地区的住宅建筑可分为士绅阶层的大宅和普通住宅两种类型。其中，大宅一般面阔三间，进深至少三进。普通住宅在无锡荣巷、小娄巷和清名桥地区建筑中占大多数，这类住宅的首进基本为平屋和二层楼房两种形式，至多为二进深。该时期，无锡地区的住宅建筑在沿街界面上与商铺建筑完全不同。总体而言，这些住宅建筑的沿街立面，除门洞以外，开窗面积较小，以白石灰抹面的实体墙面为主，其界面实大于虚，具有明显的内敛性特征，体现出无锡地区民众"经世致用"的理念和"财不外露"的心理（图2-2-9）。

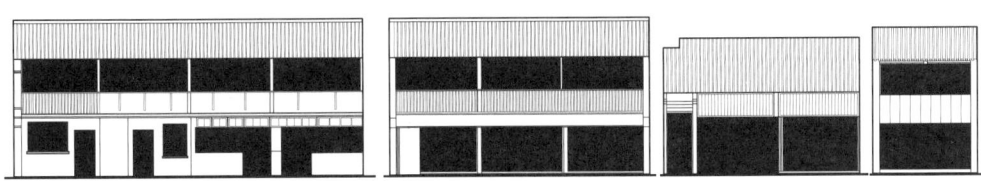

图2-2-8　外显性的商铺建筑沿街立面图

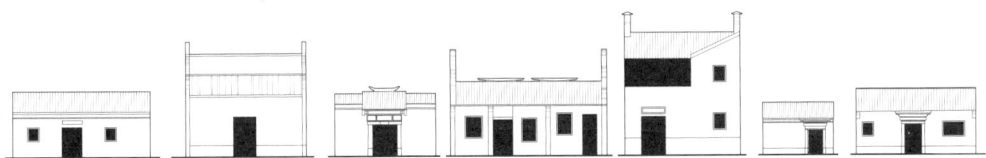

图2-2-9　内向性的住宅沿街立面图

(二)无锡本土式样为底、融入新元素的建筑外观

在19世纪末的无锡,开始出现一种以无锡本土式样为底、融入个别新元素的建筑外观,并在惠山地区的祠堂和荣巷地区的住宅中有所表现。主要是部分经商或留学归来的士绅阶层将西方文化带入了无锡,并反映到一些新建建筑的建筑形式和建造方式中。这些建筑外观上仍然沿用无锡本土建筑式样,但在建筑材料和局部装饰上有了新的变化,或使用新材料,或融入了新的元素。

如惠山地区建造于清末的荣氏祠堂,采用当时的新材料——钢筋混凝土,仿造了传统木构建筑的单檐歇山屋顶。该祠与同处在惠山地区的建于清中期的钱武萧王祠相比,其外观失却了传统单檐歇山屋顶的华丽与轻盈之感(图2-2-10)。

另外,在住宅建筑装饰上也出现了一些来自西方古典建筑的装饰元素,如图2-2-11所示实例中的住宅外墙漏窗,采用西方古典柱式作为漏窗的格栅,与无锡本土建筑外墙的漏窗多运用瓦片构形的方式截然不同。

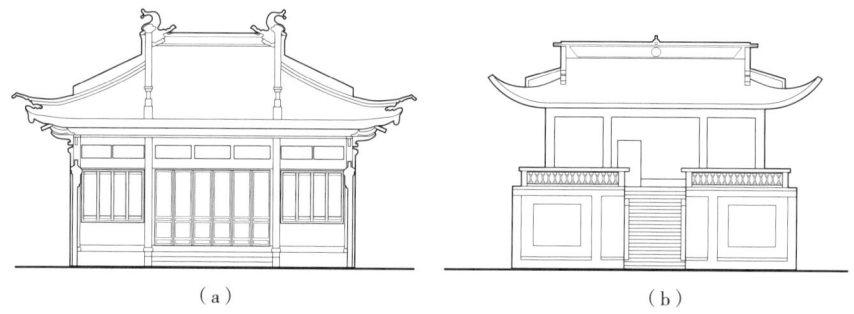

图2-2-10 建筑外观变异实例1
(a)钱武萧王祠主体建筑立面图;(b)荣氏祠堂主体建筑立面图

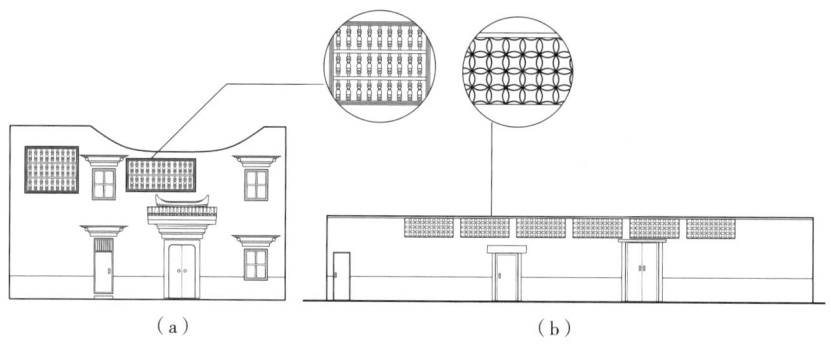

图2-2-11 建筑外观变异实例2
(a)融入新元素的式样;(b)传统式样

（三）组合自由，更为多变的建筑山墙

晚清时期的无锡地区新建建筑的山墙同明至清中期的建筑山墙类型相同，主要有硬山、观音兜及马头墙等三种基本形式，但与明至清中期相比，因串联型多进深院落式住宅以及二进深的普通住宅的建造量较大，故其建筑山墙的造型处理显得更为自由。

当然，这些住宅建筑山墙的整体形态受制于建筑平面组合及建筑空间尺度，即依托于建筑内部空间结构关系。由于建筑进深与建筑尺度的不同，其建筑山墙的高度与形态也随之而变化（图2-2-12）。该时期无锡荣巷、小娄巷、清名桥等地区的住宅建筑山墙按不同的院落单元组合模式，可分为单院型建筑山墙和串联型建筑山墙两种。

1. 单院型建筑山墙

单院型建筑山墙形式较为简单，其山墙的形态直接表现为单体建筑的山墙外观与院墙的结合，其单体建筑的山墙以人字硬山、观音兜和马头墙等形式为主。

2. 串联型建筑山墙

串联型多进深的建筑，其建筑山墙在纵向上反映出多进深的空间组合方式，表现为串联型建筑山墙。串联型建筑山墙可分为有规律和无规律两种形式。其中，有规律的串联型建筑山墙以一种或类似的山墙单元形式重复组合，而无规律的串联型建筑山墙则是由两种及以上山墙单元形式自由组合而成。

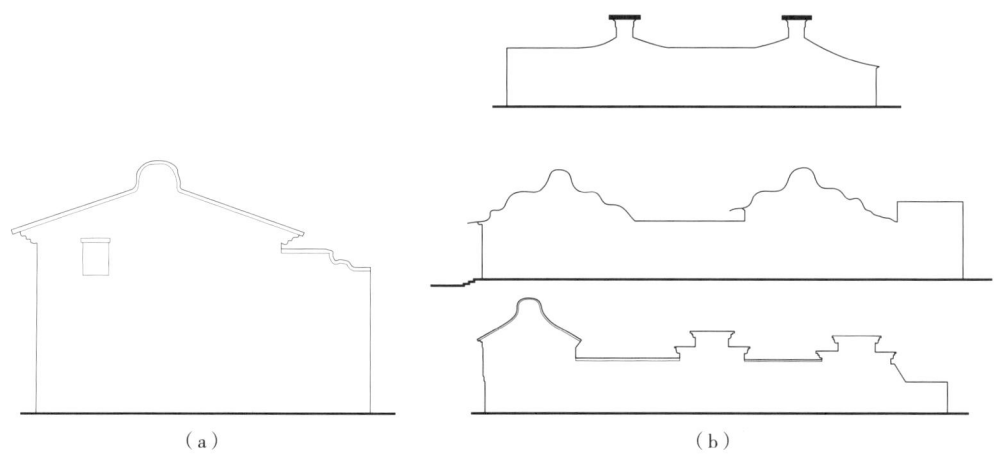

图2-2-12　组合自由的建筑山墙
（a）单院型；（b）串联型

（四）内向性的空间结构

据前所述，清中期及以前无锡地区的建筑大多以合院式建筑布局为主，无论是建筑中的庭院还是建筑的户外空间，相对都较为开阔疏朗。及至晚清时期，因人口增长、土地供应有限等因素影响，包括荣巷、小娄巷、清名桥等地区新建造的建筑多采用向纵深发展的方式，形成了多进深、天井式院落布局的方式。住宅中狭窄的天井空间成为住户生活和交流的户外场所，无论是二进还是二进以上的住宅建筑，在整体上多呈现出内向性的特点。此外，由于财力、建筑材料等因素的影响，一些开间较小的多进深住宅的空间布局更加紧凑，室内采光亦较弱，给人以局促和压抑感（图2-2-13）。

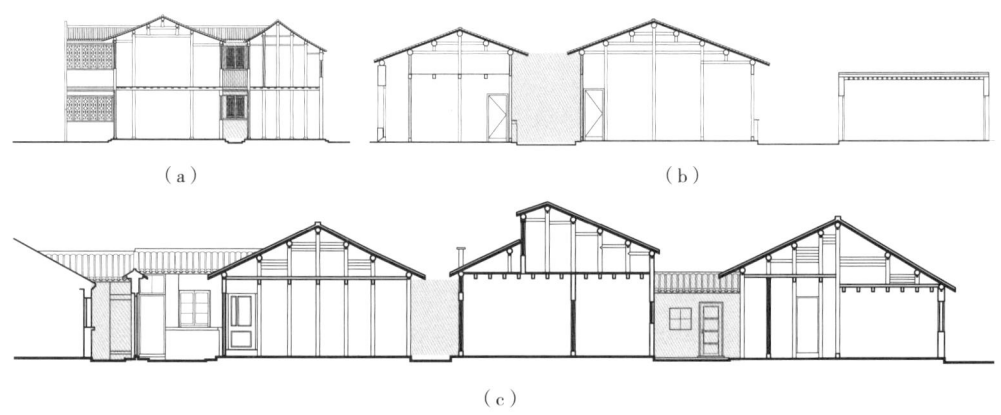

图2-2-13　合院式向天井式转变
（a）荣巷西浜13-14号剖面图；（b）小娄巷34号剖面图；（c）小娄巷50号福寿堂四、五、六进剖面图

五、特征形成原因

（一）人口增长引发土地矛盾

晚清时期人口与耕地之间的矛盾加剧，一方面，建筑物的密度较清中期及以前有明显的增加，另一方面亦促使人们去寻求新的方式来节约用地，具体表现在建筑的空间布局上。明至清中期的无锡，惠山地区的新建祠堂以园林式布局或独立合院式布局为主；荣巷地区的住宅建筑，其建筑周边有多余空地用来耕作。及至晚清时期，中小型的建筑，尤其是新建住宅则多为联排式，单层或者双层，彼此共用山墙（或者左右两户相邻山墙紧贴），建筑密度较高，并采用天井式院落布局，形成布局

紧凑、开间小、多进深、各户并排建造的空间格局，以求提高土地的利用率。

（二）经济结构由传统农耕向以农辅商的转变

清末以来，无锡便利的水路交通与邻近上海的优势，进一步推动无锡地区从自然经济模式向手工业经济转变。随着人口的涌入与集聚，在无锡老城厢（环城河）外围地区逐步形成村落等集居点，城市的扩张在一定程度上带动了荣巷、清名桥等地区商贸的发展，使无锡荣巷、清名桥等地区出现了大量商住功能结合的建筑。

（三）民族工商业兴起而带来的新变化

19世纪末，无锡的士绅阶层引入西方的工业生产方式，实施实业救国，开始兴建民族企业，一方面形成了无锡民族工商业的雏形，另一方面传播了西方文化，在建筑建造上表现出了中国传统文化与西方文化的相融。但就整体而言，该时期无锡荣巷、小娄巷、清名桥和惠山地区的建筑仍然延续了无锡本土建筑式样。

第三节　民国时期的建筑空间形态特征

民国时期无锡的发展折射出中国近代社会经济的变革，伴随近代中国社会的转型，无锡的经济结构从手工业经济向近代工业经济转变，无锡地区人们的生活方式和建筑建造方式均随之发生了变化。首先，在无锡近郊地区，池塘和农田不再是人们生存唯一的生产资料。其次，一些经济实力丰厚的士绅阶层通过购置土地，修建新宅，建造公益建筑，修筑道路，完善既有街区的社会性功能等。同时，交通运输的改变促使无锡地区街区的发育由水衍型向水衍型、陆衍型并举的方式转变，如荣巷地区就是无锡地区街区陆衍生长的典型。再者，民国时期无锡民族资本集团的崛起带动了包括荣巷、小娄巷、清名桥和惠山地区新建中西合璧建筑的兴盛。

一、建筑类型的完善

（一）中西融合的公共建筑

公共建筑是民国时期无锡荣巷、小娄巷、清名桥等地区建设的一大亮点，这些公共建筑主要包括工厂、学校、图书馆等。作为新的建筑类型，这些建筑物或多或少地

图2-3-1 荣巷晴雨操场

图2-3-2 荣巷大公图书馆

图2-3-3 永泰缫丝厂

图2-3-4 荣德生故居转盘楼

采用了新的建筑结构技术和建筑材料以及新的设计理念，并呈现出与无锡本土建筑式样具有明显差异的新型的中西合璧的建筑风格。如位于荣巷地区西南邻水处的新建学校，其校园总体布局尽管采用传统合院式院落空间格局，但校园中的重要单体建筑——晴雨操场（即室内操场）则采用中西融合的建筑样式（图2-3-1）。中西融合的公共建筑不仅在外观上采用西方的元素，而且在建造方式上还采用西方的新技术与新材料，如运用钢筋混凝土、桁架结构等新的结构取代传统的砖木结构，使得建筑物内部空间最大化。更为重要的是，中西融合的公共建筑带来了新的设计理念与设计方法，如荣巷地区的大公图书馆（图2-3-2）、清名桥地区的永泰缫丝厂（图2-3-3）、荣巷地区的荣德生故居转盘楼（图2-3-4）等。

（二）多元化的祠堂建筑

祠堂建筑是无锡荣巷、小娄巷、清名桥地区，尤其是惠山地区最为重要的建筑

图2-3-5　惠山杨藕芳祠
（a）外观实景；（b）中西融合的建筑装饰；（c）内院实景

类型。在民国以前，无锡地区的祠堂建筑，其建筑平面形制与布局、建筑风格及材料大抵与住宅建筑相似，仅是在建筑规制及建筑工艺上有一定的差别，表现为强调等级和做工更为精细考究。及至民国时期，无锡地区的祠堂建筑伴随无锡民族工商业的勃兴，新建祠堂建筑数量逐渐增多，并深受西方文化的影响，开始走向多元化，尤其在建筑造型、材料及装饰方面发生了变革。这些变革表现为：新建祠堂大多运用水泥、机制砖等新型建筑材料，建筑装饰上将无锡本土元素与西方古典装饰元素相互融合。此外，空间院落形制上也出现了新的变化。如民族工商业家族杨氏在惠山地区建造的杨藕芳祠（图2-3-5），是典型中西合璧式样的祠堂建筑，其建筑外观、建筑材料及建筑装饰均体现了中西建筑风格的融合。另外，该祠主立面二层的内阳台与内院落四周环通的敞廊设计，显示了无锡地区传统院落空间的式微。

（三）商业性街道的完善

民国时期，随着无锡工商业的繁荣，各类商店不断增加。在荣巷与清名桥地区的主要街道，从清末时期的零星商铺，到民国时期的商铺云集，最后形成了今日所见比较完整的商业性街道。这些商业性街道中的商铺，呈线性分布，仍然是商业和居住功能并存，前店后宅或下店上宅的空间格局，且大多为二层建筑。底层临街立面采用可拆卸的木板，方便营业，二层木栏杆（或木裙板）上为可开启窗扇，每家

图2-3-6　荣巷老街

商铺1~3个开间不等。建筑高度不一（图2-3-6）。在清名桥地区甚至有三层的商铺，且沿河的商铺会设有"地屋"（无锡民间俗称，即地下室），便于使用码头。

（四）形式多样的居住建筑

民国时期，居住建筑在无锡荣巷、小娄巷、清名桥等地区仍占主导地位。这个时期，新建的住宅开始走向多样，主要有三种形式：其一，仍然是采用串联型多进深、纵向布局方式的无锡本土式样的住宅；其二，为建筑外观质朴简洁、具有现代主义风格特点，但仍有天井院落的新式住宅；其三，是带户外花园，具有中西合璧建筑特征的独立式住宅（俗称花园洋房）。关于无锡中西合璧建筑，在本书第三章将作专题论述，这里就不再赘述。

二、由天井式向多元化的布局转变

（一）单元平面的基本类型

民国时期，除天井式平面布置外，亦大量出现了集中式布局的住宅。荣巷、小娄巷、清名桥地区和惠山地区的住宅和祠堂等建筑主要有"一明两暗"、"一明两暗+一厢"、"三间两厢"、"回"字形（又称"转盘楼式"）等四种天井式布局以及"中走廊"与"集中式"等两种无内院的布局方式。其中"一明两暗"、"一明两暗+一厢"以及"三间两厢"是无锡地区的传统布局方式，而"回"字形、"中走廊"以及"集中式"等三种基本类型,是民国期间才出现的新的布局方式。

1. 类型一:"一明两暗"型

在民国时期,采用这种类型的建筑以"一明两暗"的方式形成独立宅院建筑,或与其他单元类型通过串联组合形成多进深的宅院空间(图2-3-7)。如城中福田巷鸳鸯楼、澄观楼以及荣巷地区具有中西合璧外观的作为家祠的复庐均是典型的"一明两暗"型。

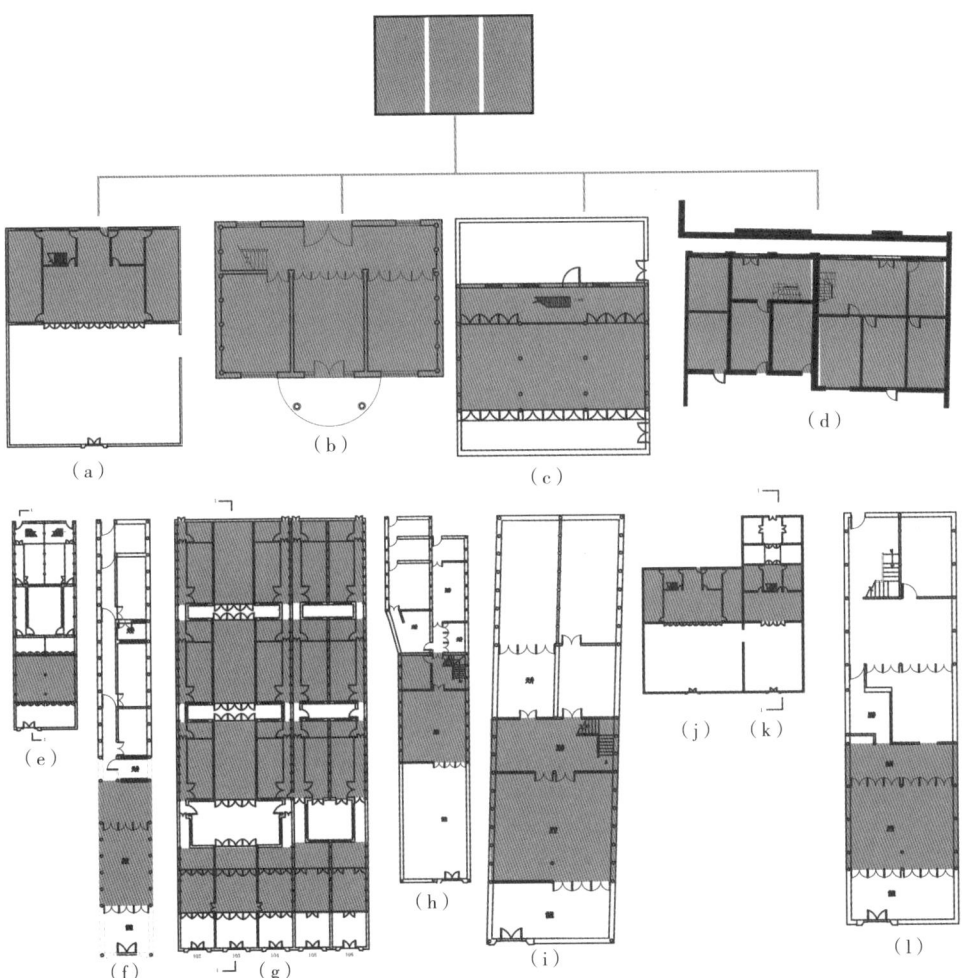

图2-3-7 采用"一明两暗"单元类型的建筑实例

(a)荣巷街181号;(b)荣巷复庐;(c)荣巷街197号第一进、前院已毁;(d)福田巷鸳鸯楼、澄观楼;(e)荣巷街149、151号;(f)西浜203号;(g)西浜102-106号;(h)西浜73号;(i)中荣29号;(j)荣巷街181号;(k)荣巷街183号;(l)中荣83号荣泉根宅

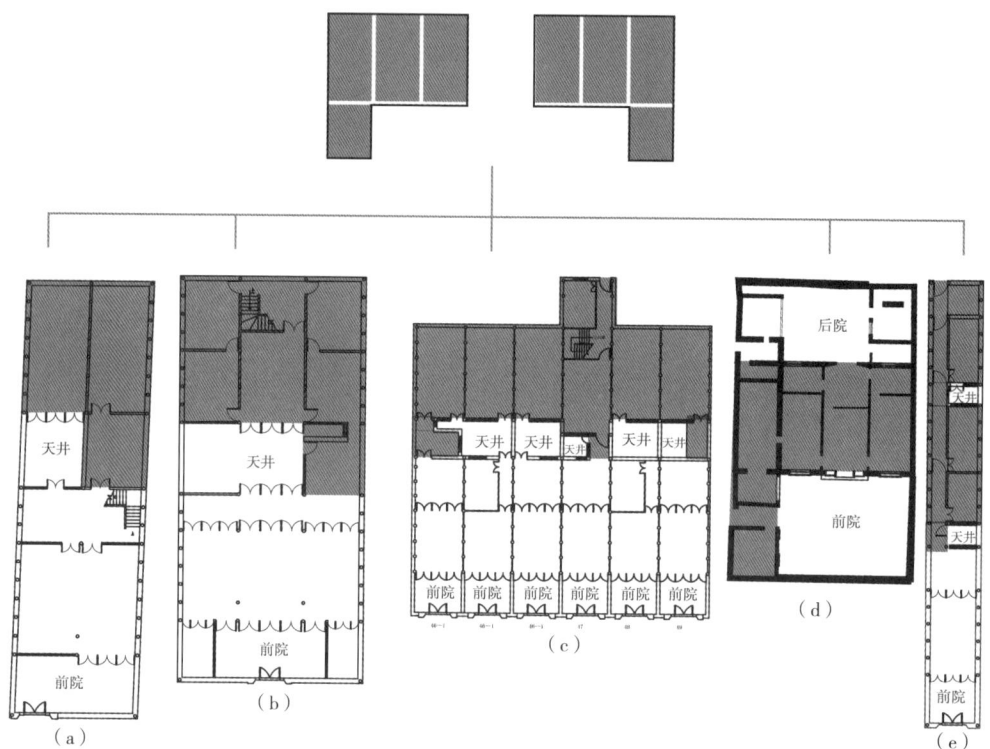

图2-3-8 采用"一明两暗+一厢"单元类型的建筑实例
(a)中荣29号；(b)西浜176号；(c)东浜中荣46—49号；(d)小娄巷少宰第13号来鹤楼；(e)西浜203号

2. 类型二："一明两暗+一厢"型

该类型是在"一明两暗"的单元平面基础上，在一侧再增加一个房间，而形成"L"形的单元平面形式。清末时期无锡荣巷、清名桥地区的建筑采用这种布局类型的已较为常见，但是民国时期采用这种布局的建筑与清末时期有着明显的不同。作为一个单元平面类型，其较少出现于建筑物的前部，而多运用于建筑物的后部。这个增加的房间多设在前后两进建筑之间，成为前后建筑的室内空间连接体（图2-3-8）。

3. 类型三："三间两厢"型

"三间两厢"型亦属传统单元类型，便于提高土地利用率。民国时期无锡地区土地供给愈发紧张，人们为了拥有更多的房屋面积，更多住宅采用了这种在"一明两暗"型的基础上，在其两侧各加设一间厢房的单元平面，此举进一步缩小了院落面积（图2-3-9）。

图2-3-9 采用"三间两厢"单元类型的建筑实例
(a)东浜44号；(b)西浜176号；(c)中荣87号荣子清宅；(d)东浜96、98、100号；(e)东浜131号荣源泉宅

4. 类型四："回"字形（或称"转盘楼"式）

"回"字形单元平面，其主要特点在于所有房间都面向院落空间进行布置，形成四周环通的"回"字形平面，又称"转盘楼"式，类似于现今的中庭空间，如荣巷地区的荣德生故居、荣梅春旧居，小娄巷42号的张孟肃宅（图2-3-10）以及惠山地区的杨藕芳祠等。其中，荣巷地区的荣梅春旧居（图

图2-3-10 "回"字形单元实例——小娄巷42号张孟肃宅转盘楼实景

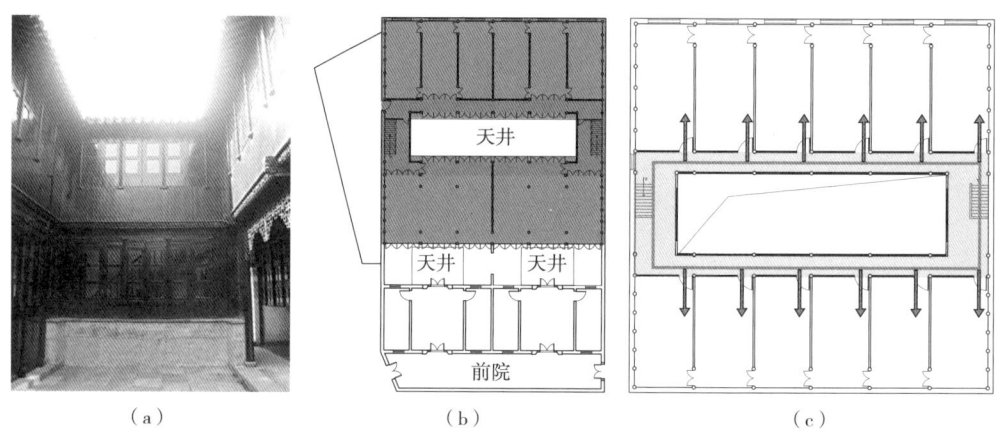

图2-3-11 "回"字形——荣梅春故居
（a）天井实景；（b）一层平面图；（c）二层平面图

2-3-11）建筑体量较大，面阔为六开间，进深为三进，主入口位于西南方向，大门为石库门样式，大门上方采用欧式拱券及立柱组合作为装饰。该宅采用传统砖木结构，其中"转盘楼"式单元位于住宅的第二进与第三进之间，四周房间（其中东、西两侧为上下楼梯）围绕天井布置，形成一个"回"字形的环形交通廊道，通过廊道可以到达每间房间。"转盘楼"所在天井的尺度较大，开敞透亮。整栋住宅布局以"转盘楼"为核心，通过前一进较小尺度天井院落的铺垫，烘托出"转盘楼"所处空间的重要地位。

5. 类型五："中走廊"型

该平面类型是在西方设计理念和方法进入中国后而产生的，有别于中国传统建筑以开间、进深及庭园来组织空间的方式。"中走廊"型，顾名思义，即在建筑内部设置一条走道贯穿东西，通过走道来划分与组织空间，讲究效率，合理规整，具有线性生长特点。同时，走道两侧的空间均具有良好的采光条件。这种布局类型较多出现在无锡近代时期所建造的公共建筑中，如学校、厂房等。也有民居建筑采用这种布局方式的情况，如荣巷地区的荣巷街181号（图2-3-12）。

采用"中走廊"型和"回"字型（"转盘楼"式）布局方式的建筑有一定的相似之处，即两者都具有交通流线独立、各个房间的私密性较强的特点。

6. 类型六：集中式

该类型是民国时期无锡小娄巷等地区建筑中的一种新的单元平面布局方式，完全有别于前述的五种类型。许多新建的中西合璧建筑采用该布局方式。其建筑规模一般不大，主要是住宅及个别工厂的办公楼。"集中式"的平面布局方式主要是围绕楼梯这一连接上下层建筑空间的垂直交通元素来展开，楼梯常被布置在建筑中较为

第二章／无锡传统历史建筑空间形态特征

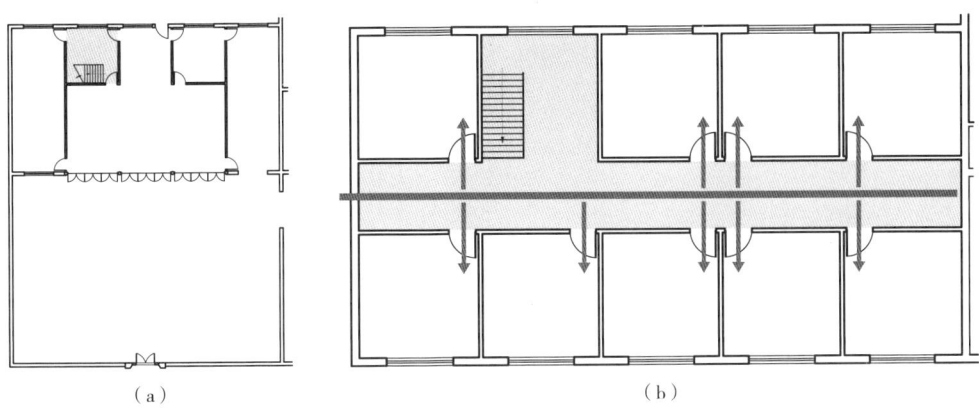

图2-3-12 "中走廊"型——荣巷街181号
（a）一层平面图；（b）二层平面图

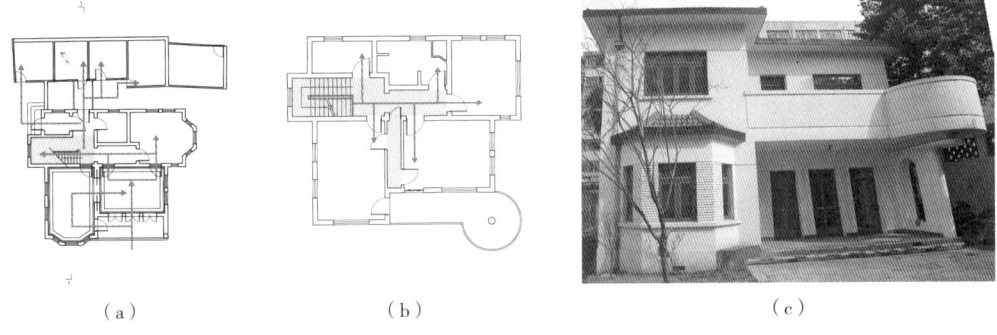

图2-3-13 集中式——小娄巷21号朱永锡堂
（a）一层平面图；（b）二层平面图；（c）外观实景

显眼或重要的位置，有别于无锡本土式样建筑将楼梯设置于隐蔽处或者厢房内的处理方式。这种以垂直交通为核心的"集中式"布局方式，减少了交通面积，使建筑功能布局更加合理紧凑，如小娄巷地区的朱永锡堂（图2-3-13）。

（二）单元平面的组合模式

民国时期，无锡地区街区已从单一的水衍型发展成水衍型与陆衍型并举的形式，其中荣巷、小娄巷、清名桥等地区多通过陆路衍生得以进一步发展。总体而言，该时期建筑单元平面的组合模式可分为"单院型"、"纵深串联型"和"纵横串并联型"等三种类型。其中"单院型"、"纵深串联型"两种类型基本上延续了无锡地区民国初期以前的（传统合院）平面单元的组合模式。

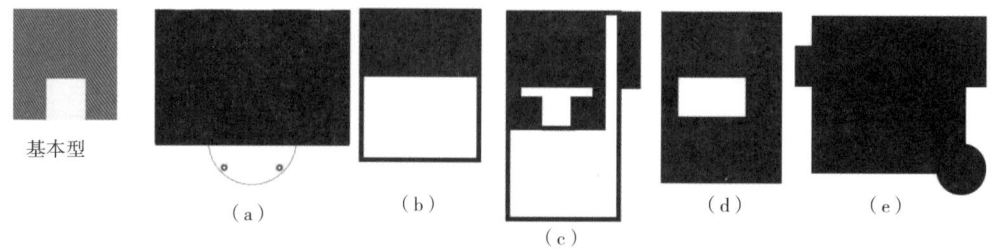

图2-3-14 民国时期的"单院型"组合模式建筑实例
（a）荣巷复庐；（b）荣巷街181号；（c）东浜44号；（d）杨藕芳祠；（e）小娄巷21号朱永锡堂

1. 单院型

该模式建筑仅有一个院落空间，具有较强的独立性与整体性，如惠山地区的杨藕芳祠、荣巷地区的中荣181号等（图2-3-14）。另外，若仅以单院为标准，上述采用集中式单元平面布局的住宅中，仅有一院者，亦可纳入该组合模式中，如小娄巷21号朱永锡堂。

2. 纵深串联型

该类组合模式是无锡荣巷、小娄巷、清名桥等地区建筑中的主体，主要是将一种或多种类型的单元平面直接串联，或者间接串联（即前后院建筑物之间不直接相接，而是通过院落相连的方式）前后两进建筑物，形成多进深的整体空间布局（图2-3-15）。

3. 纵横串并联型

该类组合模式在无锡荣巷地区较为多见。因为血缘关系，建造房屋时，兄弟数人的住宅会左右相连建造，如荣巷地区的五

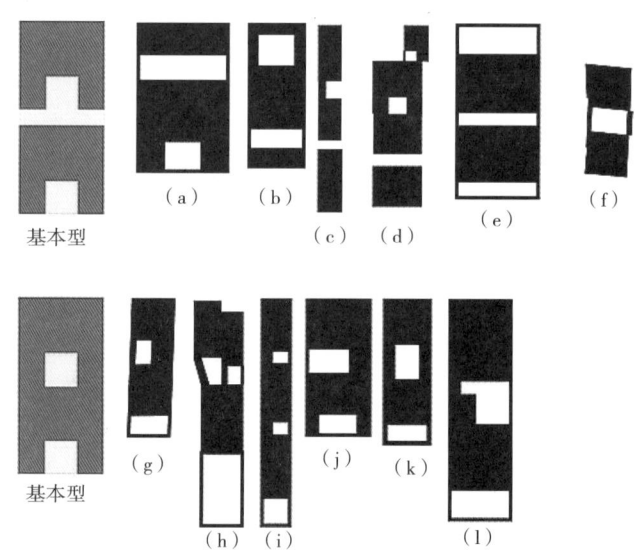

图2-3-15 民国时期的"纵深串联型"组合模式建筑实例
（a）中荣87号荣子清宅；（b）东浜13号荣月泉宅；（c）东浜37号；（d）东浜96、98、100号；（e）荣巷街197号；（f）小娄巷42号张孟肃宅；（g）中荣20号；（h）西浜73号；（i）西浜203号；（j）西浜176号；（k）荣巷街149、151号；（l）中荣83号荣泉根宅

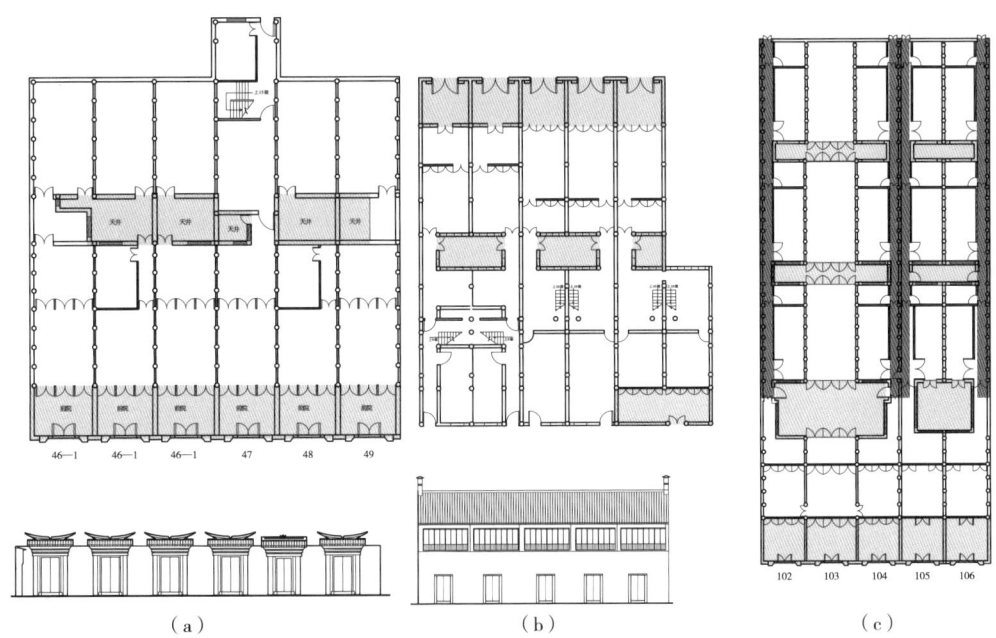

图2-3-16 民国时期的"纵横串并联型"组合模式建筑实例
（a）中荣46-49号；（b）五连门；（c）西浜102-106号平面图

连门、东浜70～74号、西浜102～106号、中荣46～49号等（图2-3-16），该类组合模式是由多个"纵深串联型"的建筑通过左右并联而成的。它在纵向上通过"纵深串联型"的布局方式可独立成户，并在沿街外立面上呈现出多个住宅入口。同时，户与户之间通过横向上的并联，形成一个体量较大的建筑整体，在内部，部分左右空间会相通。这种通过"纵横串并联型"组合而成的多户住宅，其各户建筑的首进一般各自独立、互不干扰，第二进开始会有左右两两之间或三者之间合用天井，使本来单户较小的天井空间通过组合形成较大的庭院空间，方便家族内人员日常生活之间的交流。另外，个别案例如荣巷西浜102～106号还会在共用的山墙体上开设小门，设置前后沟通的备弄。

三、"宗族性"与"功能性"并存的空间构成

民国时期，无锡地区随着经济结构的转变和西方文化的融入，建筑的建造理念和风格、建造方式和建筑材料等方面均发生了变革。其中，建筑空间布局与组织的变化较为明显。建筑空间由原先重视礼制等级逐步转变为关注实用功能，形成"宗族性"与"功能性"并存的空间组合方式。这一设计现象在荣巷、小娄巷、清名桥

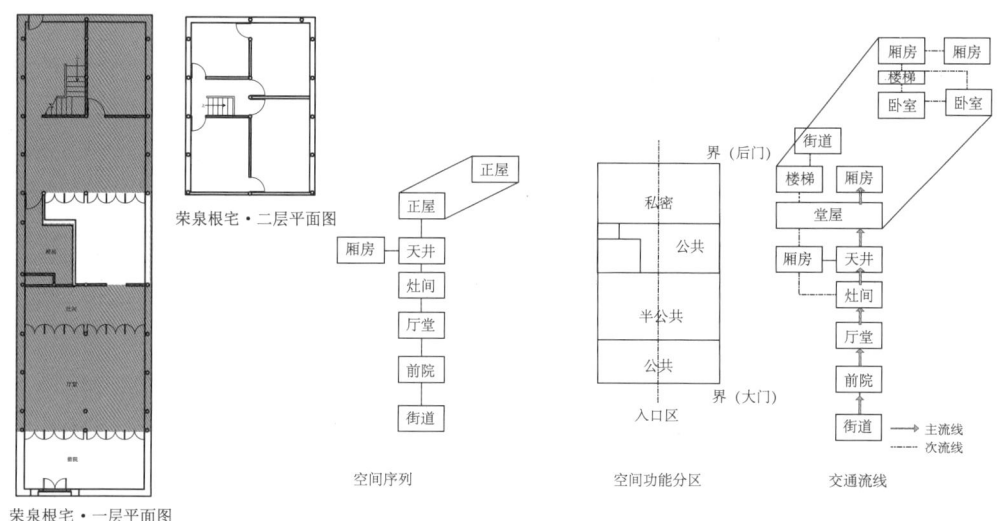

图2-3-17 荣泉根宅空间序列分析

等地区的新建建筑中均有一定程度的表现。

（一）反映传统礼制的空间序列组织关系

尽管在民国时期，西方文化与西方设计理念及方法已影响无锡地区的建造活动，但仍有许多新建建筑依然遵循着传统礼制，具体表现在建筑空间的组织上，即仍然保持着明清时期常见的、强调等级的空间序列安排，在以"一明两暗"型、"一明两暗+一厢"型以及"三间两厢"型等单元平面类型进行串联式组合的住宅建筑中，仍然保持着"前院—内院—正房"的空间序列关系，等级分明、层层递进，表现出内向性和本土性的空间特性。如荣巷的中荣83号荣泉根宅，尽管外观采用了具有现代主义意味的新风格，但其空间组织仍然沿袭了反映传统礼制的空间序列（图2-3-17）。该宅从大门进入后是一个前院空间，通过庭院进入厅堂，穿过厅堂是一个天井空间，即内院，然后是住宅的正房。其中内院主要供居住者日常生活使用。

（二）强调功能性的空间序列组织关系

受西方文化的影响，无锡地区的士绅阶层新建的住宅，从外观来看多为中西合璧的建筑式样，从空间布局和组织来看，则注重建筑使用的功能性，而非传统礼制的、强调等级化的序列组织关系。在民国期间，这些强调功能性的新式住宅建筑多采用"回"字形（或称"转盘楼"式）、"中走廊"型及集中式等单元平面类型来组

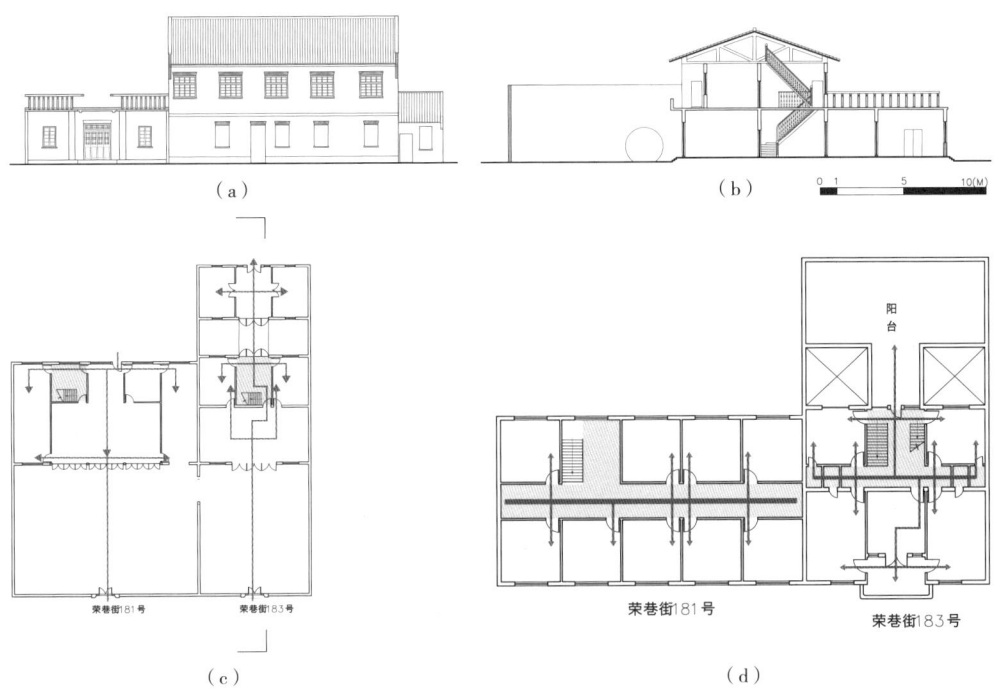

图2-3-18 荣巷街181、183号空间流线分析
（a）荣巷街181、183号北立面图；（b）183号1-1剖面图；（c）181、183号一层平面图；（d）181、183号二层平面图

织空间布局。此外，这些建筑中均有阳台的应用。阳台成为连接室外与室内空间的纽带，并打破了无锡本土式样建筑外观封闭、整体上表现为内向性的空间结构。

可以看到，这些新式住宅建筑空间的组织是以其功能使用的更合理化为目标的，强调功能性的空间序列组织关系。当然，这些住宅的实现有赖于当时新的结构技术。如荣巷地区的荣巷街181～183号，其空间组织通过"集中式"与"中走廊"式两种单元平面类型来进行不同功能空间的合理布局，并采用桁架结构创造了一个较大跨度的室内空间（图2-3-18）。

四、多元化的空间造型特征

（一）建筑外观由传统趋于西化

民国时期，无锡荣巷、小娄巷、清名桥和惠山地区的新建建筑，受西方文化与

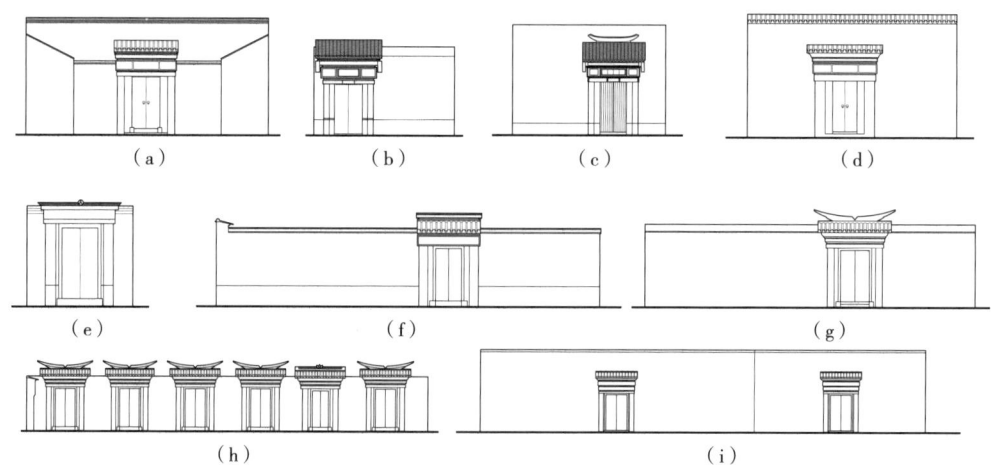

图2-3-19 无锡本土式样建筑外观
(a)西浜176号;(b)中荣83号荣泉根宅;(c)中荣29号;(d)东浜131号荣源泉宅;(e)荣巷105号;(f)东浜84-87号荣梅春故居;(g)东浜96、98、100号;(h)东浜中路46-49号;(i)荣巷街181、183号

来自西方的设计理念及社会时尚等诸因素的影响,不仅在建筑平面形态和空间结构上发生了变化,而且在建筑外观上也发生了重要的变化。上述地区新建建筑的外观不再是单一的无锡本土式样,还有大量的中西合璧式以及个别具有现代主义风格意味的建筑外观。

1. 无锡本土式样的建筑外观

该时期一部分新建建筑沿袭了晚清时期无锡建筑的外观,即无锡本土式样建筑外观的特点,这些建筑仍为砖木结构,外墙采用石灰泥抹面。其中,商铺(或商住结合)建筑沿街立面较为开放,而住宅建筑沿街立面较为封闭。与晚清的同类建筑基本上大同小异(图2-3-19)。

2. 西化的建筑外观

无锡地区出现的西化的建筑外观,主要包括中西合璧和早期现代主义风格的建筑外观两种。其中中西合璧的建筑外观较多,而具有现代主义风格意味的建筑外观则较少,均与当时社会的审美和时尚有关。

上述西化的建筑外观有别于无锡本土式样的建筑外观,具体表现在建筑造型及建筑材料的运用上,当然,其本质在于设计理念的差异。其中,中西合璧建筑外观大多采用西方古典建筑立面的比例划分方法;在建筑装饰上,采用折中主义的手法,将中西方装饰元素进行拼贴,形成多元混杂的中西融合的处理方式。而早

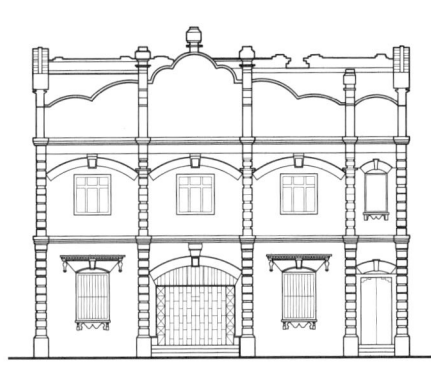 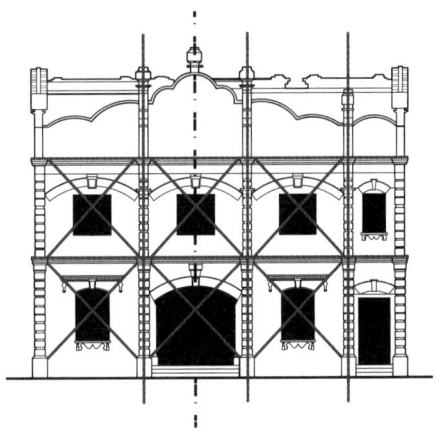

图2-3-20　杨藕芳祠建筑外观

期现代主义风格的建筑外观，受功能主义的影响，强调简洁与功能性，基本抛弃了外表的装饰。此外，两者在建筑外墙材料上，常运用清水砖式砌体或水泥抹面等做法。

惠山地区的杨藕芳祠、荣巷地区的中荣87号荣子清宅为中西合璧建筑外观的实例，两者均采用清水砖砌筑建筑外墙，入口立面左右对称。不同之处在于前者属于祠堂建筑，后者为居住建筑，前者比后者在建筑装饰上更加精美。其中，杨藕芳祠建筑外观是典型的折中式建筑风格，其建筑立面的纵横划分均采用西式手法，整体纵横比接近正方形，展现出了西方古典建筑立面处理的严谨性和逻辑性（图2-3-20）。建筑正立面饰有西式的壁柱。在建筑装饰上，尤其是砖饰上，均融入了西方元素。中荣87号荣子清宅，其首进为"一明两暗"型的单元平面类型，主立面呈现出"M"形，入口大门位于立面中央，采用了仿石库门的做法，大门两边设置了圆拱形的窗洞，正上方模仿西式阳台的栏杆做法，为整个建筑外观增添了西方古典的意趣（图2-3-21）。

另外，荣巷地区的复庐亦是中西合璧建筑外观的实例（图2-3-22）。复庐原为家祠，该建筑入口外观采用西方古典建筑中的拱券形式，大门上题有"复庐"二字，门及院墙上附有装饰精美的山花样式，具有较强的视觉效果。而复庐中的单体建筑则采用西式建筑形式，从主体建筑外观上看，其西方古典建筑特征主要在于平面呈半圆形的阳台设计以及阳台下方的白泥灰抹面的折中式立柱。

此外，小娄巷21号朱永锡堂是一座民国后期建造的独立式别墅，亦是早期现代主义风格的建筑外观的实例。该宅平面布局采用不规则的形态，外观简洁，无装饰，立面处理反映其内部使用功能的真实性。

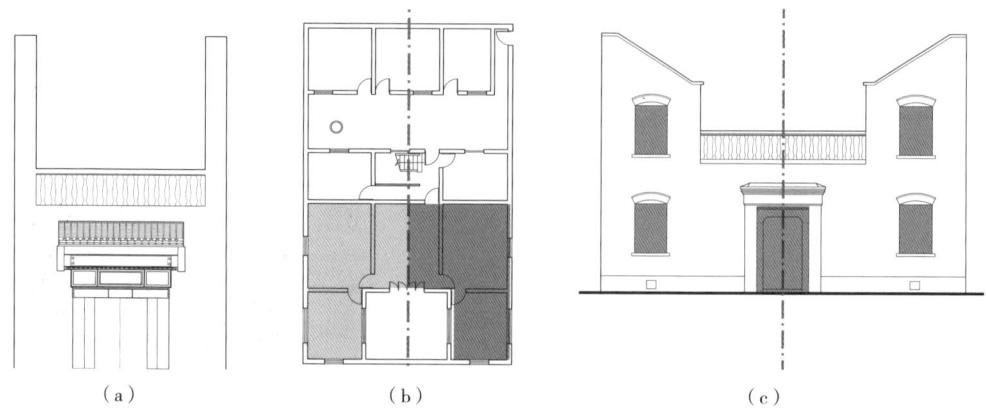

图2-3-21 中荣87号荣子清宅
（a）内侧门头立面图；（b）平面图；（c）南立面图

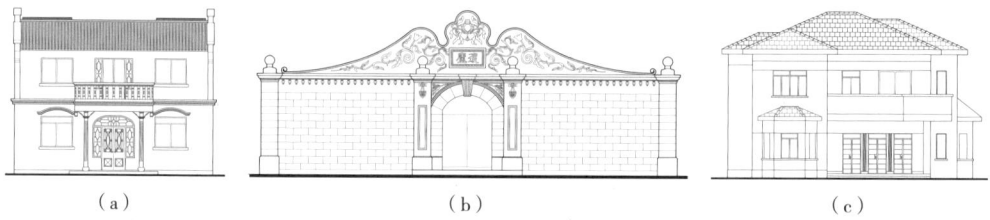

图2-3-22 西化的建筑外观
（a）荣巷复庐主体建筑南立面图；（b）复庐院门；（c）小娄巷21号朱永锡堂南立面图

（二）趋向理性的建筑山墙

在民国时期，无锡棠巷、小娄巷、清名桥等地区的新建住宅建筑，部分高达三层，且多进深的较多，故整体上其建筑山墙要比以往的山墙更高大且更冗长。山墙之中仍有马头墙、观音兜等形式，但因受西方文化和设计理念的影响，简洁的人字形硬山墙在新建建筑中占有较高的比例。民国时期，无锡新建建筑的山墙，整体上趋向于理性，当然亦不失变化（图2-3-23）。

（三）新结构体系与材料的应用

伴随着以桁架结构为代表的新结构在工业建筑中的应用，这一新型的建筑结构亦逐步在无锡地区的住宅建筑中有所应用。如前文提及的荣巷地区的荣巷街96号、荣巷街183号的住宅以及小娄巷36号徐梅初宅均使用了木桁架结构，以获得较为完整的室内空间。同时，民国时期无锡地区新建建筑开始大量使用机制砖这一有别于手

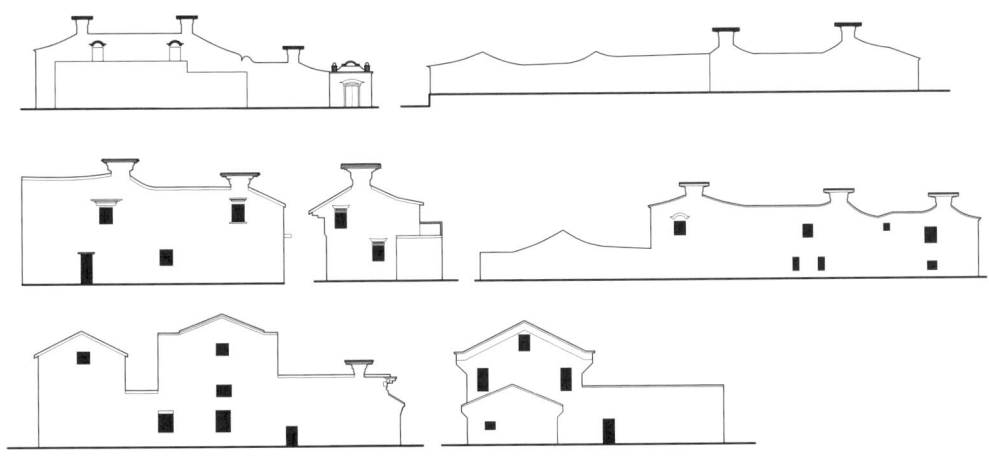

图2-3-23 趋向理性的建筑山墙

工砖的建筑材料。运用新结构体系和新材料的建筑主要是中西合璧建筑和早期现代主义风格的建筑。当然,许多同期建造的无锡本土式样的建筑仍然采用中国传统的木结构体系。

五、特征形成原因

(一)经济结构转变促使街区功能完善多样

缘于民族工商业的崛起,机器化的生产方式得以大量运用,商业贸易兴盛,民国时期无锡从传统农耕社会向近代工业社会转型。无锡社会的转型,直接促进了街区功能的日趋完善和多样,亦促进无锡荣巷、小娄巷、清名桥和惠山地区的建筑在较为单一的居住、祭祀功能类型的基础上,又不断增加了如教育、商业等其他功能类型。

此外,伴随西方工业文明及生产方式的引进,无锡民族企业在生产管理模式、厂房的建筑设计、建筑材料和装饰等方面,都受到西方文化的深刻影响。大量出现的中西合璧样式的建筑,影响到了民国时期无锡地区包括住宅和祠堂在内的建筑的建造方式和风格特征,使同期建造的居住建筑和祠堂建筑在建筑风格、建筑装饰和材料以及建筑结构选型等方面均呈现出多样化的局面。

(二)木材危机刺激民居寻求新的建造手段

从历史来看,无锡地区的建设活动主要依靠本地的建筑材料,如自明代以来一直兴盛的砖瓦业所产的各色砖瓦。木材是传统木结构建筑的主要材料，无锡地区的建筑所用木材多来自外地。在抗日战争后，国民政府禁止木材转运，导致无锡地区木材的存储量减少，一时价格上扬。这对采用砖木结构的传统建造方式影响较大，于是，无锡地区的匠人及业主纷纷通过节省木材和寻求新的结构形式和建筑材料来解决木材短缺的问题。具体的措施和表现是：为了节约建筑所用木料，建筑的开间尺寸被缩小，原本较为宽敞的庭院变成狭小的天井，建筑装饰得以简化。此外，有财力的士绅阶层，还采用以桁架结构、混凝土、机制砖等为代表的新的建筑结构和材料，并以新的建造方式来取代传统建造方式，由此成就了无锡地区的中西合璧建筑等新式建筑。

（三）本地工匠技能提高和新的建筑公司出现

在民国初年，无锡地区的建筑设计以来自上海的外籍事务所（如马勒兄弟、伍达克等建筑事务所）为主，建筑施工中主导的工种亦以来自上海的"申帮"工匠为主。[①]在"申帮"的带领下，无锡地区的建筑工匠逐步掌握了新的来自西方的建筑施工技术，建造技能得以提高。民国期间，不断成熟的无锡本地建筑工匠群体以及营造厂和建筑设计公司，带动了无锡建筑设计及施工技术逐步走向近现代化。无锡本地的建筑从业人员，业已能够自行承担无锡本土样式、中西合璧样式和早期现代主义风格等多种不同风格建筑的设计和建造，并完成了当时大量重要的建设项目。

第四节　明以来无锡建筑空间形态演变特征及成因

一、建筑空间形态的演变特征

（一）整体性演变

明至民国时期，无锡荣巷、小娄巷、清名桥和惠山地区建筑的演变，呈现出整体性演变的特征。

宏观层面上，无锡荣巷、小娄巷、清名桥和惠山地区建筑的演变不只是建筑单体的演化，也是城市、街道和建筑群的空间形态的演变，即从原先的水衍型生长逐

---

① 无锡市地方志编纂委员会. 无锡市志（第一册）[M]. 南京：江苏人民出版社，1995：777.

步向水衍型与陆衍型并存生长演变，其中荣巷地区最为典型。

中观层面上，单体建筑类型、风格和建筑结构也呈现出不同时段的共性特征。主要表现为：建筑类型方面，伴随经济结构的不断转型，建筑类型也逐步多样。荣巷、小娄巷、清名桥和惠山地区从明至清中期，主要为居住建筑与祠堂建筑；清末至民国初期，出现了商住结合的建筑以及工业建筑；民国时期出现学校、图书馆等公共建筑以及商业性街道。建筑风格方面，荣巷、小娄巷、清名桥和惠山地区在明清时期，其建筑大多采用无锡本土式样的风格，及至民国时期，则呈现出无锡本土式样、中西合璧式样、早期现代主义风格三者并存的现象。建筑结构方面，荣巷、小娄巷、清名桥和惠山地区的建筑从明清时期传统木构、砖木结构为主，向民国时期传统木构、砖木结构、桁架结构、砖混结构、部分钢筋混凝土框架结构等多种结构方式并存转变。

微观层面上，上述建筑平面形态、建筑造型也发生了整体性的演变。主要表现为：荣巷、小娄巷、清名桥和惠山地区的建筑，在明至清中期，建筑平面布局主要为灵活自由的园林式和舒朗有致的合院式；晚清时期，建筑平面布局以多进深紧凑天井式空间组织为主；及至民国时期，建筑平面布局主要是紧凑天井式内向性空间组织与强调功能性的集中式空间布局并存。

（二）建筑外观由内向性趋向开放性

明以来无锡荣巷、小娄巷、清名桥和惠山地区的建筑外观演变的基本轨迹是：从内向性逐步趋向开放性。其中建筑平面形态的演变与建筑立面处理的不同方式是重要表征。

建筑平面形态的演变在一定程度上反映出建筑空间形态的转变。荣巷、小娄巷、清名桥和惠山地区的建筑在明清时期多以"一明两暗"型的、内向性特征明显的院落单元类型为主，组成串联型多进深、天井式的院落空间布局，这种空间布局方式在整体上呈现出对外封闭、对内开放的建筑空间特征。及至民国时期，伴随建筑类型的多样化和西方新设计理念的传入，一部分建筑强调功能性，采用"回"字形（或称"转盘楼"式）、"中走廊"型和集中式等新的单元平面类型并运用阳台等外向性的附属空间，使建筑空间形态具有开放性的形态特征。

另外，在建筑外观界面上，在明清时期，荣巷、小娄巷、清名桥和惠山地区的无锡本土式样的建筑山墙面较少或基本不设窗洞，主要靠院落以及面向天井的建筑界面来通风采光，具有较为封闭的外观形式。而在民国时期，新出现的中西合璧样式、早期现代主义风格的建筑，更加强调建筑的功能性，其建筑界面的处理，大多按需开设窗与门，使建筑外观具有较强的开放性。

（三）建筑布局方式由单一形态趋向多元化形态

明末以来，无锡荣巷、小娄巷、清名桥和惠山地区的建筑布局方式呈现出由较为单一趋向多元的演变特征。明清时期，上述地区建筑布局方式总体上由合院式向天井式院落布局转变，但均以"一明两暗"型的院落单元类型为基础，形成串联型多进深的院落空间。空间布局形式较为单一，期间最大的变化是从较为宽敞的庭院变成狭小的天井。随着民国时期"回"字形、"中走廊"型和集中式等布局方式的引入，上述地区在建筑布局方式上呈现出兼容并蓄、多元化的特征。当然，其时新的建筑结构和技术的出现与应用以及职业建筑师和新的建筑建造体系的出现为建筑布局方式的多元化提供了重要的支撑。

（四）建筑空间秩序由强调传统礼制和等级走向强调实用功能

明末以来，无锡荣巷、小娄巷、清名桥和惠山地区的建筑空间秩序组织由反映传统礼制和等级走向强调实用性和功能性。在上述地区，明清时期的居住建筑、祠堂建筑在建筑空间的序列组织上大多呈现出等级分明、层层递进的空间序列特点，以反映传统礼制和等级观念。到了民国时期，大量出现的新式居住建筑，包括学校、图书馆等公共建筑，其空间序列组织关系则突出建筑布局和使用上的实用功能要求。

二、空间形态特征演变的成因

（一）社会经济结构的转变

近代无锡民族工商业的崛起和经济结构的转型，是无锡荣巷、小娄巷、清名桥和惠山地区的建筑演变的根本动力所在。自明至清中期的农耕经济为主，到晚清时期的以商辅农、手工业经济的发展，再到民国时期的近代工业的兴盛，无锡地区的经济结构发生了巨大的变化。与之并行的是无锡地区的人们自明以来的生活工作方式的改变：明至清中期，人们通常邻水择地，以农耕渔织为主；晚清时期，人们采用聚族而居的农耕为主、手工业商品交换为辅的方式；民国时期，民族工商业的兴盛，使得无锡上述地区的聚居者在近代基本脱离农耕田园生活，大量的劳动力涌向民族资本家创办的工厂。例如荣巷地区的荣氏族人，出现了荣宗敬、荣德生等一批享誉实业界的"面粉大王"和"棉纱大王"。他们开设企业，为族人提供了工作就业的机会。同时，还在荣巷地区建设公益学校、图书馆以及一定数量的住宅和商铺等，进一步完善了荣巷地区的街区功能，并使荣巷地区成为了无锡地区陆衍型生长街区的典型。

（二）对西方文化的汲取和融合

近代无锡的士绅阶层，他们通过创办企业，实施实业救国。清末，随着工业化生产方式在无锡的新式工厂中出现，西方文化也随之被传播。民国期间，一些源自西方古典建筑的式样，甚至现代主义风格的建筑出现在荣巷、小娄巷、清名桥和惠山地区，使这些地区中的建筑类型与风格呈现出多元化的特征，例如前面提及的荣巷地区的复庐、荣梅春故居，惠山地区的杨藕芳祠、小娄巷孙国璋故居等建筑均为中西合璧式样的建筑。这些建筑的出现，反映了无锡地区的人们对西方文化的汲取和融合，尤其是对外来文化中的合理成分的接受度。其中包括来自西方的设计强调实用功能性的特点、适应工业化的建造方式等。

（三）社会政治与制度的影响

明至民国时期的各历史阶段的政治因素，亦是促进无锡荣巷、小娄巷、清名桥和惠山地区建筑空间演变的重要因素。如太平天国运动使无锡人口增长，从而引发土地矛盾，导致建筑空间布局由舒朗的合院式布局向紧凑的天井式院落布局转变，同时建筑装饰亦得以简化。在民国期间，无锡所经历的木材危机，带动了新的建造手法、建筑新技术与新材料的运用，并直接导致了无锡荣巷、小娄巷、清名桥和惠山地区新建建筑的开间及建筑规模都较清中期以前有所缩减。

（四）建筑材料及建筑技术的发展

明代以来，尤其是民国时期出现的新材料与技术以及新的建筑建造体系，是无锡荣巷、小娄巷、清名桥和惠山地区建筑空间演变的重要基础。明清时期，无锡荣巷、小娄巷、清名桥和惠山地区建筑的材料主要有手工砖瓦、石灰及木材三大类，建筑多采用传统木结构或砖木结构。至民国时期，出现了新的建筑材料和技术，尤其是桁架结构和部分钢筋混凝土框架结构以及机制砖、水泥等新材料的运用，从而形成了中西融合式等多样化的建筑风格。此外，在无锡地区，本土建筑工匠施工技术和能力的提升以及本土的专业建筑公司和职业建筑师的出现，都对上述地区建筑空间的演变起到了重要的作用。

第三章

无锡近代中西合璧建筑

尽管无锡在近代中国历史长河中仅是一个非条约通商口岸的县城，但是无锡在近代产生了一大批涉及居住、商业、工业、学校、宗教等多个建筑功能类型的中西合璧建筑。无锡近代中西合璧建筑的产生与发展，离不开其独特的自然地理环境和地域人文环境以及社会经济环境，亦与当时中国社会大的环境背景息息相关。

第一节　无锡近代中西合璧建筑及发展脉络

一、近代无锡的地方经济与产业

无锡虽曾仅仅作为一个县城存在，但凭借其优越的自然地理环境及相对安定的内部环境，自古以来一直是经济比较发达的地区。

（一）近代前以农业、手工业为主

近代前，无锡的经济结构是以农业与手工业为主，商贸为辅。商朝末年，泰伯和仲雍鼓励民众兴修水利、犁田耕作、栽桑养蚕，青铜器农具有了初步发展，至春秋时期，开始形成"朝市粗立，舟车攘攘"的商市。公元前202年（汉高祖五年）始置无锡县后，无锡凭借天时地利之宜，农业与手工业得到较快发展。至魏晋南北朝，商业贸易初步形成。隋唐至宋元，稻麦农业、桑蚕业较为成熟，城中始设米、油、钱等作坊。陶瓷业、丝织业、制茶业、造纸业等亦相继兴起，运河中商船往返不绝，经济发展迅速。明清时期，无锡经济更趋繁荣兴盛，粮食产量逐年递增，米市日渐兴盛；手工业也随之发展，纺纱织布成为农村主要副业，土布成为大宗贸易商品之一，无锡成为驰名国内的"布码头"。砖瓦业、造船业、酿造业等也有新的发展。

（二）近代以民族工商业为主

1840年鸦片战争爆发，中国进入近代社会。随着封建自然经济的逐步解体、商品生产的发展、商品销售市场的扩大、商业资本的积累以及水陆交通的日趋便捷，无锡经济得到空前的发展。在东至常熟，南至苏州，西至宜兴，北至靖江的地方性经济区域内，无锡逐步发展为经济中心。1883年（清光绪九年），米市日盛，粮行增至80户，无锡形成北、南、西水运要道的"八段米市"：北有北塘、三里桥、黄泥桥、北栅口等四段；南有伯渎港、南上塘、黄泥垡等三段；西有西塘段。[①]1888

---

① 无锡市地方志编纂委员会. 无锡市志（第一册）[M]. 南京：江苏人民出版社，1995：25.

（清光绪十四年），南漕北移，无锡成为江苏各县的漕粮转运中心，粮行增至140户，粮食年吞吐量达700万石左右，跃居全国四大米市之首①，北塘三里桥一带成为米稻交易中心，无锡又以"米码头"闻名。虽然无锡土布业随着洋布的大量倾销而逐年衰落，但随着桑蚕业的发展，土丝贸易迅速兴起，丝茧市场出现"甲于东南"的盛况。1880年（清光绪六年），无锡输出生丝近10万公斤，继"布码头"、"米码头"之后，又被冠以"丝码头"之誉。②布、米、丝等大宗贸易的繁盛，在一定程度上促进了银钱业等金融业的发展，钱庄、银行等新金融服务应运而生。同时，银钱业对粮行、茧行、堆栈等实行发放贷款，进一步带动经济发展。1899年成立的"锡金钱丝两业公所"见证着无锡"钱码头"与"丝码头"的繁盛历史。

可以看到，一方面，从传统农业、手工业的发展到明清大宗商品的兴盛，无锡历史上商品经济的孕育和积淀业已成为近代民族工商经济发展的直接源头；另一方面，洋务运动以及沿海商埠城市的经济活动是无锡民族资本集团形成的外部力量。在清末民初期间，无锡的有识之士便积极引进西方生产技术，设厂自救，兴办近代第一批民族工商业。1895年，士绅官僚出身的杨宗濂、杨宗瀚兄弟在无锡东门外兴隆桥创办国内最早的商办纱厂——业勤纱厂，至此，以机器生产为标志的无锡近代工业拉开序幕。1900年荣宗敬、荣德生兄弟与朱仲甫合资在西门外太保墩创办无锡第一家机制面粉厂——保兴面粉厂；1904年周舜卿在其家乡东?创办无锡第一家机械缫丝厂——裕昌丝厂；1910年唐保谦、蔡缄三等9人合资开办无锡第二家大型面粉厂——九丰面粉厂；1912年薛南溟租办锦记缫丝厂；1920年唐骧庭、程敬堂创办丽新纺织厂。③此后，以杨氏、荣氏、周氏、薛氏、唐蔡、唐程为主的六大民族资本集团，互相竞争又相互影响，左右着无锡近代民族工商业的发展。在"一战"期间，无锡民族工商业得以快速发展。至1915年，无锡工厂增至129家。"至1929年，无锡工厂增至131家，并在资本构成中，棉纺织业占61.58%、缫丝业占12.23%、面粉加工业占10.60%"④，成为无锡近代工业的主体。"至1936年，无锡有315家工厂，资本总额达1407万元，年总产值7726万元，工人数63760人，跻身全国六大工业城市之一。"⑤经济的快速发展，使无锡成为沪宁线上仅次于上海的工商城市，并享有"小上

---

① 无锡市地方志编纂委员会编. 无锡市志（第一册）[M]. 南京：江苏人民出版社，1995：3.
② 同②
③ 无锡商报. 探寻无锡工商基因之义利并举. http://www.wxrb.com/zhuanti_center/2016/jxzm/lscc/201604/t20160421_1185111_2.shtml.2016
④ 无锡市地方志编纂委员会编. 无锡市志（第二册）[M]. 南京：江苏人民出版社，1995：854.
⑤ 无锡市地方志编纂委员会编. 无锡市志（第一册）[M]. 南京：江苏人民出版社，1995：4.

海"的美誉。同时，无锡在全国六大工业城市中是唯一一个既没有租界也没有外资的近代工商业城市。1937年11月25日，无锡被日军侵占，大批建筑焚毁殆尽，其中北塘地区371家商户全毁，水陆交通几乎全断，无锡经济遭受巨大的损失，甚至出现严重倒退。虽然抗日战争胜利后，无锡经济有所复苏，但由于国共内战造成物价飞涨、通货膨胀，加之洋货倾销，无锡经济陷入奄奄一息的困境。"1949年，无锡工业总产值仅一亿三千万元。"[①]

总体而言，无锡明清及民国时期较为发达的经济环境为房产业、建筑业的发展提供了优良的背景条件。无锡近代中西合璧产业建筑的兴起更是与民族工商经济的发展息息相关。拥有一定经济基础的民族实业家又对中西合璧公共建筑与居住建筑的建设起到一定的引领作用。

二、近代无锡的社会文化特质

无锡历史悠久，文化源远流长。商朝末年，泰伯带着先进的中原文化奔吴，融入无锡本地文化，开启吴文化的新篇章。吴文化是黄河文明与长江文明的融合，主要为一种开放融合、刚柔并济的文化，并注重礼让德行与开拓创新。近代以来，无锡同整个中国一样，经历着中西文化的碰撞以及新旧思想的交锋。除此之外，随着民族工商经济发展而来的民族工商文化，也逐渐成为无锡近代文化的主要组成。

无锡近代时期的社会文化特质主要为以下四种文化形态交融并存作用的结果：

（一）传统文化

中国近代虽然是半殖民地半封建社会，但仍难以摆脱根深蒂固的传统思想，无锡不断革新的传统文化在近代仍占有重要的地位。无锡虽曾为吴国都城，是吴文化的发源地之一，但也曾作为县城隶属于常州府，乡土文化通俗、平实。从"吴歌"到"摊簧"（锡剧）、从"琵琶谱"到"二胡曲"的跨层互动，让吴文化与乡土文化雅俗共赏。

（二）西方文化

1840年开始，帝国主义带着西方文化入侵中国，与数千年的传统文化产生了冲突与矛盾，两种异质文化的碰撞与交融无疑成为了无锡近代文化的主旋律，对中西合璧建筑

---

① 无锡地方志编纂委员会办公室，无锡县志编纂委员办公室编. 无锡地方资料汇编（第一辑）[G]. 1982: 3.

的形成更是有直接的因果关系。由于两种文化的民族性与时代性差异，在近代百年时间里，无锡在器物、制度与精神三个层面进行中西文化的嬗变。[①]首先，鸦片战争后，无锡积极响应"中学为体，西学为用"的洋务运动，主张"实业救国"、"科学救国"与"教育救国"，在器物层面向西方学习。"实业救国"兴起了民族工商文化，孕育了大批民族实业家，影响了无锡几代人。"科学救国"与"教育救国"造就了无锡著名的外交家、思想家薛福成、化学家徐寿、徐建寅父子，数学家华蘅芳、华世芳兄弟和教育家唐文治等，他们对近代中西文化交融与发展均作出巨大贡献。另外，一些新式的知识分子在清末掀起了留学深造热潮，无锡有近115人去日本、欧美留学，所修专业以工科为主，倾向于科技实用。[②]他们回国后，积极传播西方先进文化与科学技术，成为各项新事物的启蒙者。其次，甲午战争后，思想先行者们通过戊戌变法、辛亥革命等改革社会制度，推翻清王朝的专制统治，文化嬗变开始步入制度层面。体现在教育制度方面的是1905年废科举，兴学堂，办新学，如无锡"东林书院"改为"东林学堂"。至1911年，无锡有各类学堂120多所，采用新式教育内容和方法，增添格致之学与技艺之术，为新文化运动打下基础。[③]再次，1915年新文化运动以及1919年五四爱国运动的爆发，使中西文化交融上升到深层精神层面。新文化运动中展开了激烈的中西文化之争，无论是激进西化还是固守传统，在当时看来都是为了救亡图存，振兴中华。无锡虽为中小城市，但仍高举民主与科学旗帜，积极开展新文学、新青年、新话剧、新教育等运动，反对封建思想，传播西方先进文化。综上所述，中西文化从接触、碰撞到最后交融，传统文化从外至内层层嬗变，最终形成了相辅相成的中西合璧文化形态。

（三）民族工商文化

无锡近代民族工商文化是随着民族工商业发展而兴起的文化形态，它虽不同于农业、手工业相伴的传统文化，但历史上商品经济的兴盛、生产结构、经营观念等都是民族工商文化的源头。无锡商人精敏聪慧，勇于进取，经营的门类因地制宜，实用质朴，因而"经世致用、开放务实"是民族工商文化最突出的特征，"智慧灵动、开放创新、刚柔相济、奋发进取"为其基本内容。[④]无锡近代民族工商业孕育出一大批民族实业家，如"纺织先驱"杨氏兄弟、"面粉大王"荣氏兄弟、"丝茧大王"薛氏父子、"电气大王"祝大椿、"煤铁大王"周舜卿等。这批有识之士在致富

---

① 杨秉德. 中国近代中西建筑文化交融史［M］. 武汉：湖北教育出版社，2002：2.
② 黄胜平，汤可可. 吴地文脉渊源［M］. 北京：中国社会出版社，2007：40.
③ 黄胜平，汤可可. 吴地文脉渊源［M］. 北京：中国社会出版社，2007：40-41.
④ 黄胜平，汤可可. 吴地文脉渊源［M］. 北京：中国社会出版社，2007：52-54.

后,热衷于兴办文化教育事业,建设学堂、图书馆等,形成了无锡近代良好的文化氛围,亦培育出众多优秀人才。民族工商业的兴起孕育了民族工商文化,而民族工商文化的弘扬又促进了民族工商业的发展,两者相辅相成。

(四)地缘文化

无锡位于民国首都——南京与近代中国第一大都市——上海之间。锡沪两地联系尤为紧密。无锡长期受海派文化的影响,不仅在工商经济上表现为"小上海",在文化活动上也表现为"小上海"。无锡众多的民族实业家为此做出较大贡献,他们一方面由上海采办机器设备或在上海经商办企业,另一方面亦将来自上海的新的知识理念传播到无锡,在促使无锡地区人们的价值观念改变的同时,又丰富了本土文化内涵。当时,无锡许多新兴的文化活动和时尚审美观念,几乎都来自上海。锡沪两地交往密切,亦构成了无锡特色的地缘文化。

无锡历史文化作为经济社会发展的软实力,其内在特质可归纳为开放包容、创新进取以及务实致用。建筑既是科学与艺术的抽象结合,又是文化的外在表现。无锡近代的多元交融的文化特质成为塑造中西合璧建筑空间形态、造型特征乃至建造方式的重要隐性因素。

三、无锡近代中西合璧建筑的发展沿革

无锡是一个人口密度非常高,但地域面积狭小的县城,历史上曾被称为"狭乡"。1131年(宋绍兴元年),全县人口约10.56万人,至1911年,锡金两县人口增至79.83万人,1912~1948年,全县人口由82.93万增至111.08万人。[①]从行业情况来看,明清开始,无锡就有从事各行手工业的人士,1895年业勤纱厂创办后,无锡工人及商人队伍随着民族工商业的发展而不断壮大,至1933年,工人占全县人口的12%,商人占21%。[②]近代人口增长促进了建筑业的发展,特别是工商人口的增长预示着大量产业建筑和居住建筑的潜在需求。

无锡近代中西合璧建筑的生成和发展与当时国内社会背景以及无锡的自然地理、地域人文息息相关。中西两种异质文化从早期的接触、碰撞到后期的交融汇合,都是通过"建筑"这一实体要素呈现出来的。换言之,无锡中西合璧建筑是传

---

① 无锡市地方志编纂委员会编. 无锡市志(第一册)[M]. 南京:江苏人民出版社,1995:338.
② 无锡市地方志编纂委员会编. 无锡市志(第一册)[M]. 南京:江苏人民出版社,1995:351-352.

统文化与西方文化不断碰撞、交融共生出的"混血型"产物。无锡近代中西合璧建筑经历了"萌芽—发展—繁荣—萧条"的发展轨迹。一方面，传统本土建筑受西方文化影响，逐渐向西化趋势发展；另一方面，西式建筑为适宜无锡本地风格而作出相应改动。无锡近代中西合璧的建筑形式主要为前一方面，即属于中国传统旧建筑体系（在无锡是无锡传统本土建筑体系）的"西化"。因无锡在近代非商埠城市，直接接触西方文化与建造技艺的机会较少，其中西合璧建筑也不像上海、天津等商埠城市的中西合璧建筑那样纯粹并成体系，它更多是受无锡民族工商业发展及近邻上海传入的西方建筑文化的影响，从而具有独特的形态特征。

（一）萌芽期（1840~1894年）——选择性西化

1840年（清道光二十年）至1894年（清光绪二十年），即从鸦片战争至甲午中日战争期间，是无锡近代中西合璧建筑的萌芽时期。此阶段刚出现西风东渐，无锡受西方文化影响较弱，传统文化、思想仍起主导作用，在中西合璧语汇上表现为传统本土建筑主体的选择性西化。

无锡近代最早出现的中西合璧建筑可追溯到无锡天主教堂（现三里桥天主教堂）。它位于原北塘区（现梁溪区）三里桥民主街86号，始建于1730年左右，在建成后的一个多世纪里几经焚毁和修复。1892年，法籍神父彭安多向清政府索赔后，在原址上重建现在的天主教堂。教堂占地2700多平方米，其建筑面积为1205.3平方米，为江苏省最大的天主教堂。[①]就其西式语汇而言，教堂正立面的尖券拱门、线脚尖塔、花窗玻璃，教堂内部的十字平面、砖柱承重、修长束柱等，呈现出典型的哥特式风格。而就其中式语汇而言，教堂正立面的砖雕题字、灰瓦屋檐、青砖白缝，教堂内部木构屋架等，呈现出清末传统建筑的形态特征。中西元素协调适宜，建筑整体庄严肃穆。"教堂是近代中国建筑中最早走向正规西方样式的建筑类型"[②]，它一方面是传播西方文化、宗教的实物载体，另一方面是西方建筑在中国传播的样板。无锡天主教堂是典型的西式建筑本土化，它的西式结构、造型均对当时的无锡传统本土建筑、传统思想造成一定影响，如图3-1-1所示。

中西合璧的无锡天主教堂，虽然出现的时间早，但在当时仅作为新奇稀罕之物，属于西式建筑本土化的个案，仍然未动摇中国传统的木构架建筑体系。而在此阶段，无锡中西合璧建筑的真正代表作，当属薛福成的"钦使第"。它位于原崇安区（现梁

[①] 王昕. 江苏近代建筑文化研究[D]. 南京：东南大学，2006：114.
[②] 沙永杰. "西化"的历程——中日建筑近代化过程比较研究[M]. 上海：上海科学技术出版社，2001：188.

图3-1-1 无锡天主教堂实景
(a)天主教堂外观;(b)天主教堂室内

溪区)学前街152号,于1890年动工,1894年建造完毕(不包括1911年后增建的弹子房及薛汇东住宅),占地面积2.1公顷,主要是传统院落式的晚清风格建筑群,局部点缀有西风东渐特点,堪称"江南第一豪宅"。其建筑与西花园、后花园、花厅戏台相融合,属于典型的江南传统宅园,因此又被称为"薛家花园"。薛福成(1838—1894),字叔耘,号庸庵,无锡北乡寺头人[①],是清末著名的改革维新思想家、外交家。1865年,薛福成奋笔疾书,凭借一篇《上曾侯书》登上政治舞台,成为曾国藩的幕僚,后又一篇万言书名扬天下,激起维新变革的浪花,进入李鸿章的幕僚。1889年,薛福成被任命为出使英、法、意、比四国的钦差大臣,为强国富民、探寻维新变法作出重要贡献。他主张西方资产阶级民主制度和"经世实学"的维新思想。所谓"屋如其人",其住宅在一定程度上体现出了薛福成所倡导的维新思想的文化内涵,在继承晚清传统建筑风格的基础上融入部分西方建筑风格与设计特点。整个建筑群从南到北沿三条轴线铺开。中轴线上共有六进建筑,从南至北依次为:照壁、门厅、西韶堂轿厅、务本堂正厅(图3-1-3b)、惠然堂房厅、内围墙及砖雕门楼、转盘楼(第五、六进)以及后花园;东轴线上主要有四组建筑:花厅(戏台)(图3-1-3e)、仓厅、厨房及西式弹子房;西轴线上主要有偏厅、杂物间、西花园及藏书楼(图3-1-2)。主体建筑的梁架结构、雕花步梁、草架轩顶等基本沿用清中晚期的建造规制,细部装饰更是"无砖不雕,无木不刻"(图3-1-3b),将传统建造工艺发挥得淋漓尽致。转盘楼(图3-1-3c)檐口的机刻花板、楼梯和走廊均用车制栏杆,轿厅、正厅的西式移门(图3-1-3f)等

[①] 无锡市规划设计院,无锡市政协学习文史委员会. 薛福成——清朝改革维新的思想家、外交家[G]. 2001:140.

均留有西式痕迹。后建的钢筋混凝土弹子平房（图3-1-3d）及沿街对面的薛汇东巴洛克式洋房更凸显西式建筑特征。同时，薛氏的维新思想还隐藏于空间布局与匾额设施之中。住宅内既有房厅、转盘楼等传统起居会客的封闭空间，又有花厅、弹子房等新兴的用于社交娱乐、洽谈生意的开放空间。"受天之祜"、"宜其家室"等砖刻匾额，体现出薛福成深厚的儒学底蕴，而"务本堂"又注入其经世务实的维新思想，面阔九间的务本堂内，采用双剖双排柱做法，以规避朝廷对官员府邸等级规制的限制。可见钦使第是适于社交的近代宅园，在传统的基础上选择性吸纳西方文化，无论在思想文化还是建筑实体上都成为了无锡近代中西合璧建筑的先驱。

此阶段无锡中西合璧建筑的空间布局仍多为中国传统格局，仅在建筑的局部装饰上加入一定的西式元素作点缀。可见是在遵循中国数千年传统文化的基础上，对来自西方的事物和思想的一种回应。萌芽阶段的仿西式建筑虽未达到真正意义上的"中西合璧"，其类型、数量也非常少，但其敢为人先的创新尝试精神，标志着无锡传统本土建筑开始突破自成一统的封闭状态，为后阶段接纳并模仿西方建筑文化打下了一定的基础。

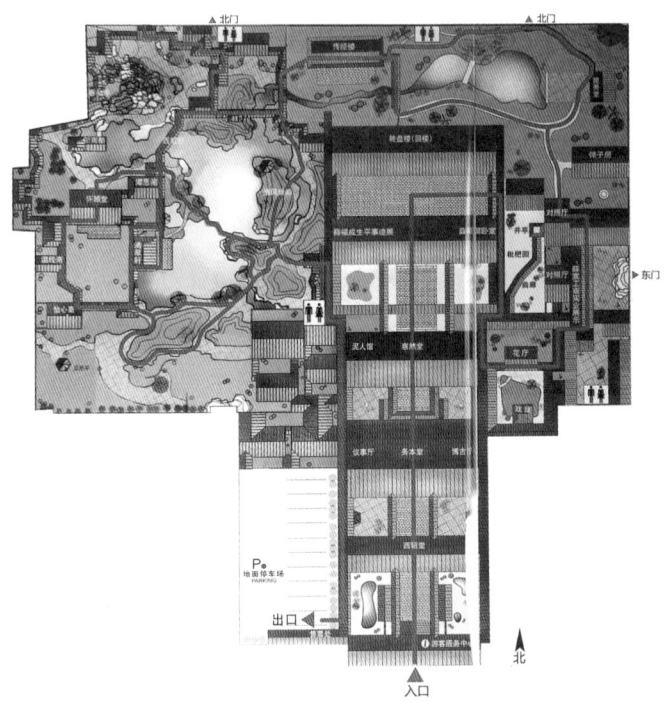

图3-1-2　钦使第总平面图
图片来源：薛福成故居导示图

图3-1-3 钦使第实景

(a)务本堂梁上"包袱锦"、"山雾云";(b)务本堂正厅;(c)转盘楼;(d)弹子房;
(e)戏台;(f)移门

（二）发展期（1895~1911年）——建造的发展

1895年（清光绪二十一年）至1911年（清宣统三年），是无锡近代中西合璧建筑的发展时期。此阶段中国经历了中日甲午战争以及八国联军侵华（1900年）和辛亥革命等重大事件。国内"实业救国、抵制外侵"的呼声日益高涨，无锡地区的有识之士也响应号召，积极设厂自救，促进了无锡近代第一批民族工商业的逐渐兴起。工商经济的发展使上海文化及西方文化对无锡的影响逐渐增大。这个阶段，虽然传统文化和思想对无锡的居住类建筑仍起主导作用，但在工业建筑上，西化的结构与技艺已成为此阶段无锡中西合璧建筑的主要发展趋势。

此阶段的中西合璧建筑以工业建筑为主，包括厂房、仓库、办公楼等。1905年（清光绪三十一年）无锡公茂轮船局成立，为无锡近代第一家水上机动交通企业。1906年（清光绪三十二年）沪宁铁路锡沪段建成通车，设无锡站，无锡陆地铁路运输由此兴起。[1]便捷的水陆条件进一步加强了无锡与包括上海在内的城市间的联系，推动了无锡工商经济的发展。至1911年，无锡共有棉纺厂、面粉厂、缫丝厂等12家近代工业企业，其中有多达8家厂房为中西合璧建筑，如业勤纱厂（建于1895年）、保兴面粉厂（建于1900年）、九丰面粉厂（建于1910年）、裕昌缫丝厂（建于1904年）、振新纱厂（建于1905年）、锦记缫丝厂（建于1909年）、源康缫丝厂（建于1909年）、乾珵缫丝厂（建于1910年）。其中业勤纱厂为二层西式外观砖木结构建筑，锅炉房采用钢结构屋架及石棉瓦，从英国进口动力机器设备（图3-1-4a）[2]。振新纱厂厂房由洋人马勒打样，采用钢骨水泥与清水砖，动力间采用现浇钢筋混凝土设备基础[3]，门窗用砖砌拱券，屋架用杉木或洋松（图3-1-4b）。保兴面粉厂和九丰面粉厂均由洋行绘图，其中厂房设计、设备安装等都有设计图纸。究其缘由，无锡近代工业建筑较少由传统手工作坊发展而来，基本都是由实业家主持新建，而早期实业家大都有在上海经商活动的经历，其经济实力与西化意识较强，加之新材料、新技术的出现，中西合璧的工业建筑自然成为顺应时代潮流的产物。

相比之下，中西合璧的商贸办公类建筑的西化程度则较慢。如早期的储业公所（建于1899年）、锡金钱丝两业公所（建于1899年）均只在院门采用石库门形式，而整体格局仍为传统住宅院落式布局。耀明电灯公司（建于1909年）、无锡电话公司（建于1911年）因出现的年代较晚，所以与中西合璧工业建筑的西式建造方式大抵相

---

① 无锡市地方志编纂委员会编. 无锡市志（第一册）[M]. 南京：江苏人民出版社，1995：643.
② 王昕. 江苏近代建筑文化研究 [D]. 南京：东南大学，2006：45.
③ 无锡市地方志编纂委员会编. 无锡市志（第一册）[M]. 南京：江苏人民出版社，1995：787.

(a)

(b)

图3-1-4 中西合璧工业建筑
(a) 业勤纱厂;(b) 振新纱厂
图片来源:《无锡旧影》

仿,如采用砖墙承重、砖砌拱券等建造方式。

除"实业救国"兴起的中西合璧工业建筑外,无锡在"教育救国"思潮的影响下也出现了早期的中西合璧学校建筑。当时的学校仍多沿用传统院落式布局,仅在主入口采用西式造型门头,如1905年侯鸿鉴留日归国后创办的无锡私立竞志女学,1905年实业家华绎之的祖父华鸿模在无锡荡口创办的鸿模小学(图3-1-5),1906年实业家荣德生于荣巷创办的公益第一小学(图3-1-6),1911年江南教育先驱陶达三创办的无锡县立初级中学(初名为"初等工业学堂")等。这些学校多为教育学家

图3-1-5 无锡荡口鸿模
　　　　 小学
图片来源：无锡城市规划
展示馆

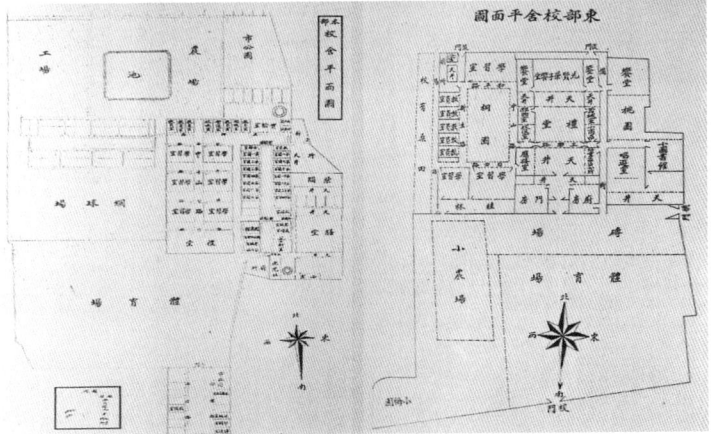

图3-1-6 公益第一小学
　　　　 外观及平面图
图片来源：梅园经畲堂

及实业家创办,他们的思想觉悟较高,深知培养新型实业人才的重要性,待有一定经济实力后,大多积极创办教育事业。这些学校均将西式造型门头凸显在主入口位置,以向世人昭示为传播先进教育思想之场所。

另外,此阶段还出现少量中西合璧居住建筑。虽然相比中西合璧工业厂房及学校建筑的数量较少,但相对无锡中西合璧建筑的萌芽期而言,此阶段中西合璧居住建筑开始呈递增趋势。中西合璧居住建筑与中西合璧学校建筑的西化程度相类似,总体上亦处于起步阶段,且以清末传统住宅为主体,进行局部西化,如陆定一故居(建于1908年)与荣星光宅(建于晚清)出现彩色玻璃与几何铺地,人民中路杨氏老宅(建于1903年,图3-1-7a)与厚德堂(即张卓仁故居,1906年)出现西式门窗、装饰、烟囱等,云薖园内裘学楼(建于1908年)出现半圆形拱券外廊以及入口的方形柱。值得一提的是,这些住宅除造型上的局部西化外,其中厚德堂在空间布局上也有一定突破,其最后一进天井里,二层房屋外设一圈西式阳台,较前面两个中式天井而言更加公共、开放(图3-1-7b)。厚德堂主人张卓仁是无锡东垛地区著名的实业家,而云薖园主人杨味云,为官与实业并举,可见这些私宅的主人较早接纳了新思想、新文化,通过经商活动,奠定了财力、物力等经济基础,进而修建了带有个人审美色彩的住宅。

综上,此阶段中西合璧建筑的发展主要体现在新兴的工业建筑上,而中西合璧学校建筑与居住建筑仍处于萌芽阶段,即主体仍为传统本土式,局部点缀西式元素。可见住宅与人们的生活、思想联系最为紧密,民众根深蒂固的传统思想需要时间与外界因素来推动和改变。发展期的无锡仿西式建筑虽只有一部分可认定为"中

(a) (b)

图3-1-7 中西合璧居住建筑
(a)杨氏老宅西式院门;(b)厚德堂西式阳台

西合璧"，但许多公共建筑与居住建筑已开始西化，亦为下一阶段的"中西融合"打下了一定的基础。

（三）繁荣期（1912～1936年）——中西融合

　　1912年（民国元年）至1936年（民国25年），是无锡近代中西合璧建筑的繁荣时期。此阶段无锡的经济、文化、政治等条件都相对成熟，民众也更愿意吸纳新事物、新文化，而建筑在中西合璧语汇上达到了真正的"中式"与"西式"相融合。

　　第一次世界大战期间（1914～1918年），西方帝国主义忙于国际战事而放松了对华经济侵略，无锡的民族工商业发展比较迅猛。继第一批中西合璧工业建筑出现后，沿运河带兴起惠元磨面厂（建于1913年）、乾元缫丝厂（建于1913年）、隆昌缫丝厂（建于1914年）、保新磨面厂（建于1914年）、丽新纺织印染厂（建于1920年）等18处中西合璧工业建筑以及中国银行无锡分行（建于1912年）、无锡县商会（又称锡金商会，建于1915年，图3-1-8）、纸业公所（建于1922年，图3-1-9）等7处中西合璧商业建筑。无锡较为繁荣的工商经济又带动了教育业、公共事业、房产业的发展。工商实业家、教育家等继续捐资办学建造中西合璧的学校建筑，如无锡辅仁中学（1918年由杨四箴等创办）、公益（工商）中学（1919年由荣德生创办）、无锡国学专修学校（1920年由唐文治筹建）、匡村中学（1927年由匡仲谋创办）等9所学校。同时期还建造了9处文化、宗祠等中西合璧建筑，如无锡县立图书馆（1912年由锡金军政分府筹建，图3-1-10）、大公图书馆（1916年由荣德生创办）、杨藕芳祠（建于1912年）、复庐（即荣鄂生家祠，图3-1-11）等。此阶段表现最为突出的当属中西合璧居住建筑，无论是数量上还是质量上都为中西融合建筑的佼佼者。据不完全统计，20世纪二三十年代，无锡近代中西合璧住宅共有70处左右，以荣德生旧居（建于1919年，图3-1-12）、严裕昆旧宅（建于1930年）、缪公馆（又称缪斌旧居，建于

图3-1-8　无锡县商会

图3-1-9　纸业公所

图3-1-10　无锡县立图书馆

图3-1-11　复庐

图3-1-12　荣德生旧居

图3-1-13　缪公馆

1930年，图3-1-13）、张效程故居（建于1933年）、张卓贤旧居（建于1933年）、王禹卿旧宅（建于20世纪30年代）为代表，同时还有荣氏梅园（建于1912年）、王心如太湖别墅（建于1927年）、荣宗敬锦园（建于1929年）、王禹卿蠡园（建于1927年）等带有中西合璧建筑的宅园。

此阶段中西合璧建筑的中西融合方式表现在空间形态、造型特征、建造方式等各个方面。在空间形态方面，传统内向封闭的空间逐渐向西式外向开放的空间发展。此时无锡中西合璧建筑空间组织灵活多变，除传统院落串联空间外，新增了线性并联与集中并联空间等；传统水平纵深空间也逐渐向西式竖向高空楼宇发展，即传统水平群体建筑向西式竖向单体建筑发展；新增西式阳台、外廊及老虎窗等虚空间，内部天井向空间外部释放、延伸。在造型特征方面，无锡中西合璧建筑较少模仿西方单一的造型风格，而是通过折中模仿与拼贴，形成了比较独特的造型特征。其立面处理较传统本土建筑而言更趋外显化与秩序化，强调图底比例关系与形式美的法则，局部装饰既对西方古典建筑装饰进行一定的模仿，又对传统装饰的"式"与西方古典装饰的"形"进行一定的重叠，还大量灵活运用清水砖来仿中式石木与西式砖石，从而塑造中西结合的立面。在建造方式方面，无锡中西合璧建筑多以西式建造为主导，如采用西式砖木结构或砖混结构，增加水泥、玻璃、钢筋等新型建筑材料，同时出现了源自西方的职业建筑师进行专门设计和督造建筑以及采用西方的建筑技术和施工工艺。

无锡近代中西合璧建筑的繁荣既离不开先天的自然地理环境，又离不开社会的政治、经济、文化以及人的综合因素。无锡近代中西合璧建筑事业繁荣仅20多年，因日军侵华而基本停滞。

（四）萧条期（1937~1949年）——走向现代

1937年（民国26年）至1949年，是无锡近代中西合璧建筑的萧条时期。此阶段无锡地区大量建筑遭受日军的破坏，特别是城区沿运河带的许多工商建筑被日军焚毁殆尽。无锡经济遭受重创，建筑材料十分匮乏，建筑业日益萧条，不少建筑营造厂亦被迫倒闭。正处于鼎盛时期的中西合璧建筑发展几近夭折。虽然在抗日战争胜利后建筑活动有所复苏，但1945~1949年国共内战造成物价飞涨，无锡的建筑市场仍旧堪忧。

此阶段新建的中西合璧建筑数量非常少，仅有北仓门蚕丝仓库（建于1938年，图3-1-14）、南门外的南下塘海宁救熄会（建于1942年，图3-1-15）等。然而，这些建筑也只保留了少许传统中式元素，更多地带有现代主义建筑的意味。随着以"装饰艺术"为特征的现代主义思潮传入中国，许多新建建筑已不再具有繁荣期中西融合的特质，呈现出的更多是现代简洁、明快的体块组合。这些建筑造型挺拔，立面上仿西方古典元素较少，更趋简洁明朗。同时，在空间布置上也更加强调建筑的功能性与实用性。由于无锡的许多重要建筑仍多委托上海华盖建筑师事务所、上海营造厂等单位设计，而华盖建筑师事务所又是在上海现代设计思潮中表现最为活跃

图3-1-14　北仓门蚕丝仓库

图3-1-15　海宁救熄会

图3-1-16　茂新第一面粉厂
图片来源：梅园荣宗敬别墅

的事务所，以致茂新第一面粉厂（建于1946年，图3-1-16）、私立江南大学（建于1947年）、天元麻纺厂（建于1947年）、开源机器厂（建于1947年）等建筑的现代主义风格的痕迹初步显现。"中西合璧"思潮逐渐被"现代摩登"淹没，近代化建筑也逐渐向现代化建筑转型。

第二节　无锡近代中西合璧建筑类型与形态

一、无锡近代中西合璧建筑的类型及分布

（一）中西合璧建筑的分类及分布

1. 中西合璧建筑的分类

伴随近代工业文明与西方建筑文化的传入，无锡近代出现的中西合璧建筑的类型与功能较农耕时期更为丰富，出现了一大批工业建筑以及学校、图书馆等公共建筑。经过前期大量的文献查阅与实地调研，本书按照建筑的最初使用功能，将无锡近代中西合璧建筑分为三大类型，即中西合璧公共建筑（A）、中西合璧产业建筑（B）和中西合璧居住建筑（C）。其中中西合璧公共建筑又细分为文化建筑（A1）、教育建筑（A2）、祠堂建筑（A3）、宗教建筑（A4）、公益建筑（A5）、园林建筑（A6）、卫生建筑（A7）、市政建筑（A8）八类；中西合璧产业建筑又细分为工业建

筑（B1）和商业建筑（B2）两类；中西合璧居住建筑又细分为独立式住宅（C1）和院落式住宅（C2）两类。每一子类里面又涉及更为具体的分类类型，如表3-2-1所示为三级分类表。

无锡近代中西合璧建筑分级分类表　　　　表3-2-1

一级分类	二级分类	三级分类
中西合璧公共建筑A	A1文化建筑	图书馆
	A2教育建筑	学校、读书处
	A3祠堂建筑	祠堂
	A4宗教建筑	天主教、佛教
	A5公益建筑	救熄会
	A6园林建筑	文体娱乐
	A7卫生建筑	医院
	A8市政建筑	邮政局
中西合璧产业建筑B	B1工业建筑	工厂
	B2商业建筑	公所会馆、金融业、服务业
中西合璧居住建筑C	C1独立式住宅	居住（别墅居多）
	C2院落式住宅	居住（民居居多）

2. 中西合璧建筑的分布

图3-2-1所示为无锡近代不同类型中西合璧建筑的整体分布情况（包括已毁的和现存的所有中西合璧建筑），可见146处无锡近代中西合璧建筑主要聚集在形如"龟背"的老城区（主要为崇安区）内，并沿运河带向北上的北塘区以及南下的南长区延伸（原北塘区、南长区和崇安区，现已合并，统称为梁溪区。为更好地标明地理方位，本书中的表述仍沿用北塘区、南长区和崇安区），同时，一部分散落在郊外沿蠡湖、太湖一带（现滨湖区）及远方荡口（现锡山区）等地。三类中西合璧建筑的总体分布特征为：中西合璧公共建筑共26处，呈组团散布于老城区、清名桥、荣巷、荡口等地；中西合璧产业建筑共39处，主要沿运河呈带状分布；中西合璧居住建筑共81处，主要集中在老城区、清名桥、荣巷、周山浜以及沿蠡湖、太湖一带。

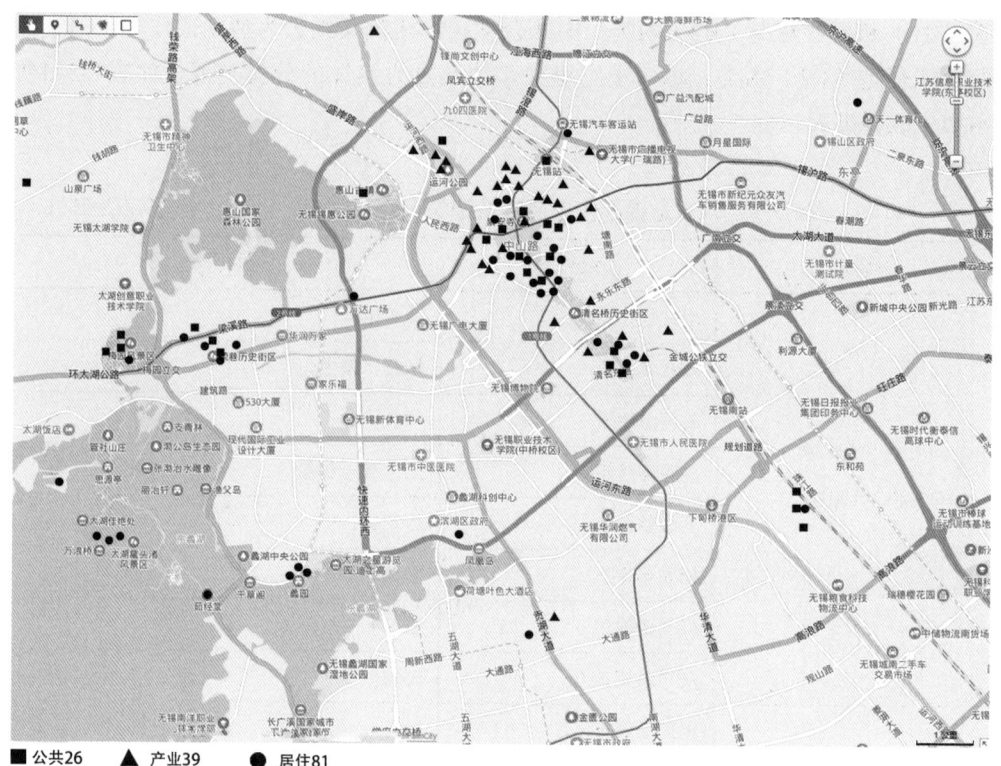

图3-2-1　不同类型中西合璧建筑的分布位置图
图片来源：作者自绘；地图来源：百度地图

（二）中西合璧公共建筑的分类及分布

1. 中西合璧公共建筑的分类

据现有资料统计，无锡近代中西合璧公共建筑有文献记载的共有26处，可细分为8个子类：文化建筑（3处）、教育建筑（11处）、祠堂建筑（2处）、宗教建筑（3处）、公益建筑（3处）、园林建筑（2处）、卫生建筑（1处）、市政建筑（1处），各子类建筑详见表3-2-2。

2. 中西合璧公共建筑的分布

无锡近代中西合璧公共建筑总体上呈组团散布于老城区、清名桥、荣巷、荡口等地，而每一子类的分布情况又不尽相同。文教类建筑占公共建筑的50%以上，可见无锡近代科教文化发展之兴盛。究其缘由，离不开近代教育制度的改革以及无锡家族教育的贡献。1905年清政府废科举、兴学堂，无锡兴办新学以实现"教育救国"。悠久的家族教育也随之转型，传播"开放公平、实学实用"等先进思想，这种"开放、实用"的思想首先体现在建筑上，形成了中西合璧的文教建筑。这些文教建筑的分布与其创办的家族有密切联系，基本集中在家族所在地周围，如荣氏家族创办的公益第一小学、公益中学、梅园的经畬堂以及大公图书馆主要分布在荣巷一带，华氏家族创办的鸿模小学位于荡口，杨氏家族创办的杨氏小学、私立辅仁中学亦分布在老城区。荣氏家族热心公益和开放的理念还体现在私家花园"梅园"的对外开放上，除经畬堂外，分布在园内的两处公共园林建筑——香海轩、敦厚堂也有西式痕迹，可供游人观景、赏梅。无锡的祠堂建筑群集中在惠山一带，但其中中西合璧的祠堂较少，仅以杨藕芳祠为代表。因其主人杨宗瀚（字藕芳）为李鸿章的幕僚，在洋务运动中较早接触西方先进技术，并与其兄长杨宗濂（字艺芳）在1895年创办了近代第一家民族企业——业勤纱厂，其厂房便是中西合璧建筑，之后，在1912年所兴建的家祠（即杨藕芳祠），更是充分体现出其"兴办洋务、发展民族工商业"的先进思想。另外还有一处典型的中西合璧祠堂建筑——复庐，即荣鄂生家祠，位于荣巷地区，其山花院门、水泥浮雕、阳台等西式造型，成为荣巷地区西化痕迹最为明显的中西合璧建筑。除3处中西合璧公益建筑（即救熄会）集中在清名桥外，剩下的中西合璧宗教、卫生、市政建筑则散布于老城区及周边地区。

中西合璧公共建筑一览表　　　　　表3-2-2

建筑类型	建筑名称	建造时间	地址	备注
文化	无锡县图书馆旧址	1912年	崇安区崇安寺商业步行街东侧	现无锡历史文献馆
	大公图书馆	1916年	滨湖区荣巷西浜221号	现荣毅仁纪念馆
	泰伯图书馆	1921年	锡山区后宅镇后宅中学内	已修缮
教育	无锡私立竞志女学	1905年	崇安区北禅寺巷	原无锡东林中学内
	鸿模小学	1905年	锡山区鹅湖镇荡口	现果育鸿模纪念馆
	公益第一小学	1906年		
	无锡县立初级中学	1911年	崇安寺	并入无锡市第一中学迁新址，原址不存
	杨氏小学	1916年	解放西路287号	
	私立辅仁中学	1918年	书院弄	原址不存
	公益（工商）中学	1919年	滨湖区梁溪路916	现无锡市公益中学

续表

建筑类型	建筑名称	建造时间	地址	备注
教育	无锡国学专修学校	1920年	锡山之麓	
	匡村中学	1927年		原址不存
	经畲堂（读书处）	1929年	滨湖区梁溪西路卞家湾13号梅园内	设荣氏陈列室
	无锡师范钟楼及述之科学馆	1933年	崇安区学前街27号	施工中
祠堂	复庐（荣鄂生家祠）	清末民初	滨湖区荣巷西浜150号	现改为住宅
	杨藕芳祠	1912年	北塘区惠山下河塘	内设杨氏人文展
宗教	无锡天主教堂	1892年	北塘区三里桥民主街86号	现三里桥天主教堂
	无锡佛教居士林	1925年	崇安区勤学路46号	原无锡县佛学会
	荡口教堂	不详		
公益	坎宫救熄会	1946年	南长区南长街镇塘庵弄3号	现无锡消防博物馆
	南六救熄会	1920年左右	南长区大窑路80号	
	海宁救熄会	民国初年	南长区南下塘263号	
园林	香海轩	1914年	滨湖区梁溪西路卞家湾13号梅园内	
	敦厚堂	1927年	滨湖区梁溪西路卞家湾13号梅园内	现改为图片展览室、观景台
卫生	普仁医院	1908年	崇安区中山路68号	现无锡市第二人民医院内
市政	无锡邮政局	1901年	车站路	原址不存

（三）中西合璧产业建筑的分类及分布

1. 中西合璧产业建筑的分类

据现有资料统计，无锡近代中西合璧产业建筑有文献记载的共有39处，可细分为两个子类：工业建筑（30处）及商业建筑（9处）。中西合璧工业建筑按产业类型分为棉纺织业（5处）、缫丝业（15处）、面粉加工业（5处）以及其他产业（5处），各类工业建筑详见表3-2-3。中西合璧商业建筑按商业类型分为公所会馆（6处）、金融业（2处）、服务业（1处），各类商业建筑详见表3-2-4。

中西合璧工业建筑一览表　　　　　表3-2-3

产业类型	建筑名称	建造时间	地址	备注
棉纺织业	业勤纱厂	1895年	东门外兴隆桥	1937年毁于战火
	振新纱厂	1905年	南长区西门外太保墩	局部保留，大部分已拆除
	丽新纺织印染厂	1920年	北塘区惠商桥丽新路	原无锡国棉三厂，局部保留，大部分已拆除
	豫康纱厂	1921年	北门外梨花庄	1937年毁于战火
	庆丰纺织厂	1922年	崇安区周山浜	原庆丰纺织有限公司，局部保留，大部分已拆除
缫丝业	裕昌缫丝厂	1904年	东塍周新镇	1937年毁于战火
	锦记缫丝厂（华昌缫丝厂）	1909年	西门外仓浜	1937年毁于战火
	源康缫丝厂	1909年	北塘区北门外黄埠墩附近	
	乾珏缫丝厂	1910年	光复门外通运桥畔东梁溪路	无锡中百公司仓库
	乾元缫丝厂	1913年	光复门外冶坊场	纺站仓库
	隆昌缫丝厂	1914年	东门外之亭子桥	原东门看守所
	协昌缫丝厂	1914年	东门外之庙港桥	
	永泰丝厂	1926年	南长-南长街364号	现中国丝业博物馆
	三五馆蚕种场	1926年	西漳旺庄	现西漳蚕种场
	禾丰缫丝厂	1929年	西门外龙船浜	无锡市第三缫丝厂
	嘉泰缫丝厂	1929年	崇安区东门绿塔路129号	无锡市第四缫丝厂
	鼎昌丝厂	1930年	南长区黄泥垟金钩桥街23号	原无锡第一缫丝厂，现郁膳房餐饮
	华新制丝养成所	1930年	南门外河旺桥	华新缫丝厂
	北仓门蚕丝仓库	1938年	崇安区北仓门37号	现北仓门生活艺术中心
	泰昌丝厂	不详	南长区南下塘街19号	原跨塘粮店，现西风瘦马酒吧

续表

产业类型	建筑名称	建造时间	地址	备注
面粉加工业	保兴面粉厂（茂新面粉厂）	1900年	南长区振新路415号	现无锡中国民族工商业博物馆
	九丰面粉厂	1910年	北塘区运河公园23号	现无锡书画博物馆
	惠元磨面厂（茂新第二面粉厂）	1913年	北门外惠山浜	国营五五七厂
	保新磨面厂	1914年	北门外丁垱里	1923年停歇，现不存
	泰隆磨面厂	1914年	东门外西村里菩提浜	1936年焚毁
其他产业	耀明电灯公司	1909年	光复门外	
	无锡电话公司	1911年	北门沿河兴隆桥堍	1997年拆除
	润丰（机器）榨油厂	1913年	西门外之南尖	
	太湖水泥公司（薛汇东住宅）	1912~1917年	崇安区前西溪2号	现无锡市史志办公室
	冯盛昌砖瓦制造所	不详	南长区大窑路	已修复

中西合璧商业建筑一览表　　　　表3-2-4

商业类型	建筑名称	建造时间	地址	备注
公所会馆	锡金钱丝两业公所	1899年	北塘区前竹场巷	仅存部分，大部分已拆除
	储业公所	1899年	北塘区运河公园1号	
	纸业公所	1922年	北塘区江尖96号	设吴稚晖生平事迹展
	窑业公所	不详	南长区大窑路	
	南北糖业公所	不详	北门外南尖	
	无锡县商会（锡金商会）	1915年	崇安区前太平巷汉昌西街2号	已修复，现为翰林轩会所
金融业	中国银行无锡分行	1912年	北塘区前竹场巷	现为法国圣尚联合酒业、四川省酒类科研所
	复元钱庄	不详	北门外北塘街	
服务业	拱北楼面馆	1937年	崇安区崇安寺	原址不存，已作为老字号新建

2. 中西合璧产业建筑的分布

无锡近代中西合璧产业建筑主要沿运河呈带状分布，如图3-2-2所示。中西合璧工业建筑的分布特征与无锡自身的自然地理条件密不可分。无锡水系密布，京杭大运河纵贯南北，穿城而过，并于江尖、太保墩实行多次分流，勾勒出东、西、南、北四个水门。近代，随着东门外兴隆桥业勤纱厂的创办，沿运河带兴建了大量工业建筑，蔚为壮观，其中中西合璧工业建筑所占比重最大。究其缘由，首先，沿运河带有便捷的水陆交通及沿岸码头，方便原材料与成品的运输，缩短进出时间，降低成本；其次，城外土地的价格较城内低廉，适宜建造大面积的工业厂房、仓库及办公楼；再次，沿运河而建，方便取水，可节省一大笔水费开支。因此，以老城区为中心，北至江尖、黄埠墩，南至清名桥、伯渎港的运河沿岸，1895年以来，兴建了大量的棉纺织厂、缫丝厂、面粉加工厂等工业建筑。可见无锡民族实业家在建厂选址上是从经济成本的角度考虑，力求做到经济实用，而在其建筑设计上又选择中西

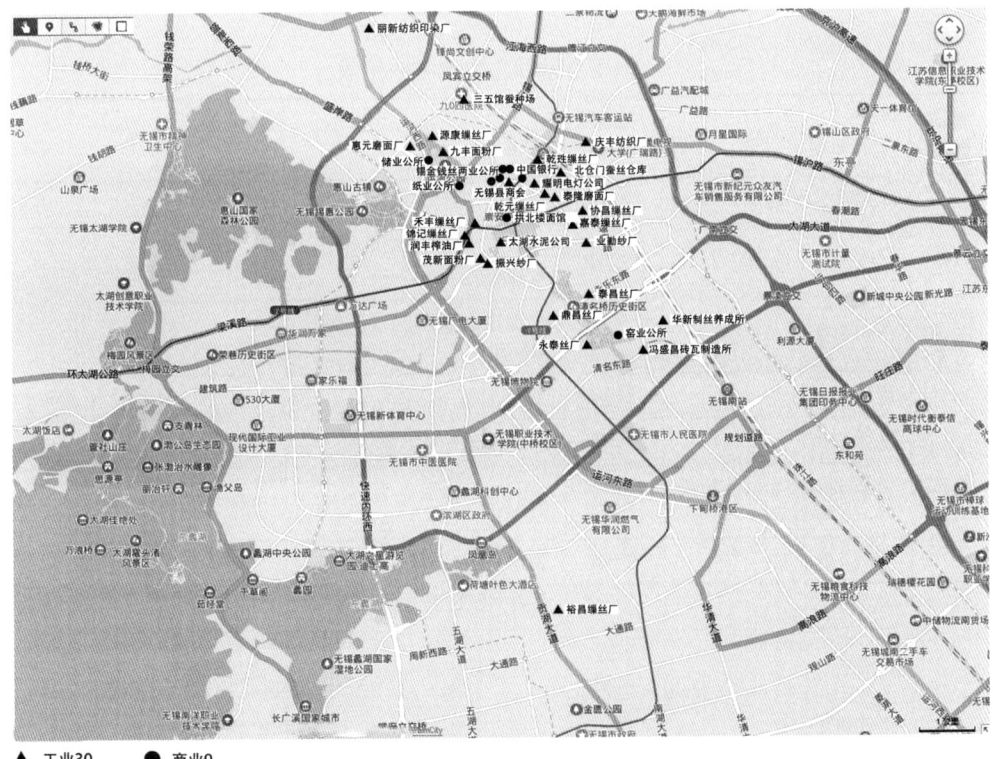

图3-2-2　中西合璧产业建筑分布位置图
图片来源：作者自绘；地图来源：百度地图

合璧的方式，体现了实业家的经世致用与西化意识。

商业建筑的分布特征与工业建筑的分布以及民族工商业的发展密不可分。北塘米市、布市、丝市等的发展带动了金融业、服务业的兴盛，各行相应的公所、会馆相继成立。中西合璧的锡金钱丝两业公所、储业公所、纸业公所、南北糖业公所以及中国银行无锡分行、复元钱庄等商业建筑均集中在北门外北塘、莲蓉桥沿运河一带。南门外清名桥大窑路砖瓦业兴盛，因此窑业公所建于大窑路。无锡县商会、拱北楼面馆则位于离运河不远的老城区内。

（四）中西合璧居住建筑的分类及分布

1. 中西合璧居住建筑的分类

据现有资料统计，无锡近代中西合璧居住建筑有文献记载的共有81处，又细分为两个子类：独立式住宅（38处）及院落式住宅（43处）。各子类建筑详见表3-2-5、表3-2-6。

中西合璧独立式住宅一览表　　　　表3-2-5

居住类型	建筑名称	建造时间	地址	备注
独立式	云薖园裘学楼	1908年	崇安区长大弄5号	现古琴交流场所
	宗敬别墅（梅园内）	1914年	滨湖区梁溪西路卞家湾13号梅园内	设荣宗敬生平事迹展
	乐农别墅	1918年	滨湖区梁溪西路卞家湾13号梅园内	
	薛学诲宅	1918年	不详	
	荣德生旧居	1919年	崇安区健康里16号	现锡商馆
	颐安别业（现称景宣楼、王禹卿宅）	1936年	滨湖区环湖路1号（蠡园旁）	现君来湖滨饭店用房
	七十二峰山馆	1927年	滨湖区鼋头渚太湖别墅	设王昆仑生平事迹展
	万方楼	1927年	滨湖区鼋头渚太湖别墅	现为茶室
	戊辰亭	民国年间	滨湖区鼋头渚风景区内	现为茶室
	宗敬别墅	1929年	滨湖区梅箕路1号	现锦园宾馆用房
	王禹卿旧宅建筑群（齐眉居）	1932年	崇安区中山路177号	现君来梁溪饭店用房

续表

居住类型	建筑名称	建造时间	地址	备注
独立式	王禹卿旧宅建筑群（天香楼）	1932~1933年	崇安区中山路177号	现君来梁溪饭店用房
	王禹卿旧宅建筑群（春晖楼）	1936~1937年	崇安区中山路177号	现君来梁溪饭店用房
	张闻天旧居	1930年	崇安区汤巷45号	设张闻天生平事迹展
	蔡鸿德堂（蔡鸿生）	1930年	锡山区鹅湖镇人民路	现鹅湖镇规划展示厅
	严裕昆旧宅（文昌轩）	1930年	滨湖区河埒休闲广场内	文昌轩
	缪公馆（缪斌故居）	1930年	崇安区新生路7号	现柒号公馆花园酒店
	张卓贤旧居	1933年	滨湖区前周巷123号	居住
	茹经堂	1935年	滨湖区鼋头渚风景区内	现唐文治纪念馆
	薛祖康故居	1935年	崇安区崇宁路41号东河花园内	
	湖山别墅（现称颐安别业，王禹卿宅）	1936年	滨湖区环湖路1号（蠡园旁）	现君来湖滨饭店用房
	朱永锡堂	民国初年	崇安区小娄巷21号	整修中
	沧一堂（侯鸿鉴）	民国初年	崇安区北禅寺巷	已拆除
	陈氏旧宅	民国期间	崇安区德兴巷32号	现大德堂中医馆
	解放新村53号	民国期间	崇安区解放新村53号	居住
	诸水本私宅	不详	锡山区锡北镇寨门村诸巷	现新四军六师师部旧址纪念馆
	华绎之旧宅	不详	崇安区中山南路124号	已拆除
	蔡缄三宅第	不详	营桥巷	
	张惠臣宅	民国期间	滨湖区荣巷荣巷街96号	居住
	大张巷8号	民国期间	滨湖区大张巷8号	居住
	南市桥80、82号	民国期间	崇安区南市桥巷80、82号	居住
	大窑路60号	不详	南长区大窑路60号	居住

续表

居住类型	建筑名称	建造时间	地址	备注
独立式	大窑路77号	不详	南长区大窑路77号	居住
	大窑路81号	不详	南长区大窑路81号	居住
	大窑路180号	民国期间	南长区大窑路180号	居住
	清名桥历史建筑41号	不详	南长区大窑路	荒置
	章宅	不详	南长区南长街528号	居住

中西合璧院落式住宅一览表　　表3-2-6

居住类型	建筑名称	建造时间	地址	备注
院落式	钦使第（薛福成故居）	1890~1894年	崇安区学前街152号	现旅游景点
	杨氏老宅	1903年	崇安区人民中路62-1号	
	厚德堂（张卓仁故居）	1906年	滨湖区周新中路47号	现周新文化街建设管理办公室
	陆定一故居	1908年	崇安区县前西街10号	现前店后宅
	陈大明宅	1918年	崇安区万寿里3、6号	现前店后宅
	荣氏兄弟宅	1922年	滨湖区荣巷西浜221号	现荣毅仁纪念馆用房
	薛南溟旧宅（永泰丝厂办公楼）	1926年	南长区知足桥17号	现某会所
	孙国璋故居	1931年	崇安区小娄巷25号	整修中
	蒋巷316号	1932年	滨湖区蒋巷316号	居住
	张效程故居	1933年	崇安区东大街118号	已拆
	徐梅初宅	民国初年	崇安区小娄巷36号	整修中
	黄浩庆旧宅	民国初年	南长区南长街593号	荒置
	来鹤楼（少宰第藏书楼，孙揆均故居）	民国期间	崇安区小娄巷少宰第13号	整修中
	无锡火车站第一任站长宅第	不详	崇安区周山浜大同路16号	已拆除

续表

居住类型	建筑名称	建造时间	地址	备注
院落式	荣月泉宅	近代	滨湖区荣巷东浜13号	居住
	五连门（荣安国宅）	近代	滨湖区荣巷东浜37-41号	居住
	荣裕发宅	民国期间	滨湖区荣巷东浜44号	居住
	东浜57号	民国期间	滨湖区荣巷东浜57号	居住
	荣梅春宅	民国期间	滨湖区荣巷东浜102-103号	整修中
	荣尧昌宅	民国期间	滨湖区荣巷荣巷街182、183号	现荣巷社区用房
	荣巷街197号	近代	滨湖区荣巷荣巷街197号	荒置
	荣泉生宅	清末民初	滨湖区荣巷西浜72号	居住
	荣南生宅	近代	滨湖区荣巷西浜73号	居住
	荣星光宅	晚清	滨湖区荣巷西浜171号	居住
	荣子清宅	民国期间	滨湖区荣巷中荣87号	居住
	东街18号	民国期间	滨湖区荣巷东街18号	居住
	东街48号	民国期间	滨湖区荣巷东街48号	居住
	大张巷9号	不详	滨湖区大张巷9号	居住
	人民路42号	不详	崇安区人民路42号	居住
	小娄巷19号	清末民初	崇安区小娄巷19号	整修中
	勤学路52号	近代	崇安区勤学路52号	居住
	黄氏老宅	1948年	南长区大窑路184号	居住
	钱氏老宅	清光绪年间	南长区贺弄7号	荒置
	黄氏旧宅	清末民初	南长区三阳弄17号	居住
	张家弄1号	不详	南长区张家巷1号	居住

续表

居住类型	建筑名称	建造时间	地址	备注
院落式	鸭子滩3号	不详	南长区鸭子滩3号	居住
	泰昌弄89号	不详	南长区泰昌弄89号	居住
	秦氏老宅	不详	南长区日晖桥沿河	
	章氏旧宅	民国初年	南长区南长街	
	朱宅	不详	南长区伯渎港	
	宋宅	不详	南长区南长街	
	长庆路62号	不详	崇安区长庆路62号	居住
	新街14号	不详	新街14号	居住

2. 中西合璧居住建筑的分布

无锡近代中西合璧居住建筑主要集中在老城区、清名桥、荣巷、周山浜以及沿蠡湖、太湖一带，如图3-2-3所示。

其中，中西合璧独立式住宅主要分布在老城区内以及沿蠡湖、太湖一带。这些独立式住宅多为西式别墅，屋主大多为民族实业家、商人、名门望族，如荣氏、薛氏、蔡氏等。他们的经济实力雄厚，思想先进，阅历丰富，易于接纳西方文化，并将自己的经济实力与先进思想呈现在建筑上，因此，开放独立的西式楼宇逐渐引领居住建筑的时尚潮流。除在当时经济、交通发达的老城区选址造房外，王禹卿、王心如、荣氏兄弟等还选择风光旖旎的蠡湖、太湖之滨和浒山之麓等地，建造蠡园、太湖别墅、锦园、梅园等园林建筑，其中传统本土式样建筑与中西合璧建筑并存，为无锡留下了一批优秀的中西合璧近代宅园。

中西合璧院落式住宅主要分布在老城区小娄巷、城外荣巷、清名桥一带，也有一些分布在老城区的其他街巷内。这些院落式住宅的屋主既对西方文化有所向往，同时又难以摆脱根深蒂固的传统思想，因此这些中西合璧住宅内部仍多保留传统的中式院落组合形式，而外部采用西式表皮或局部点缀西式元素。比如荣氏家族经商较早，随着民族工商业的兴盛以及荣宗敬、荣德生兄弟的示范作用，荣巷地区出现了较多实业家，如荣月泉、荣梅春、荣子清等。他们拥有一定的经济实力，并从上海带回西方思想，在建筑造型、选材上会选用部分西式元素，而建筑空间格局仍多为传统院落组合。因此，在今日的荣巷地区留存有一批优秀的近

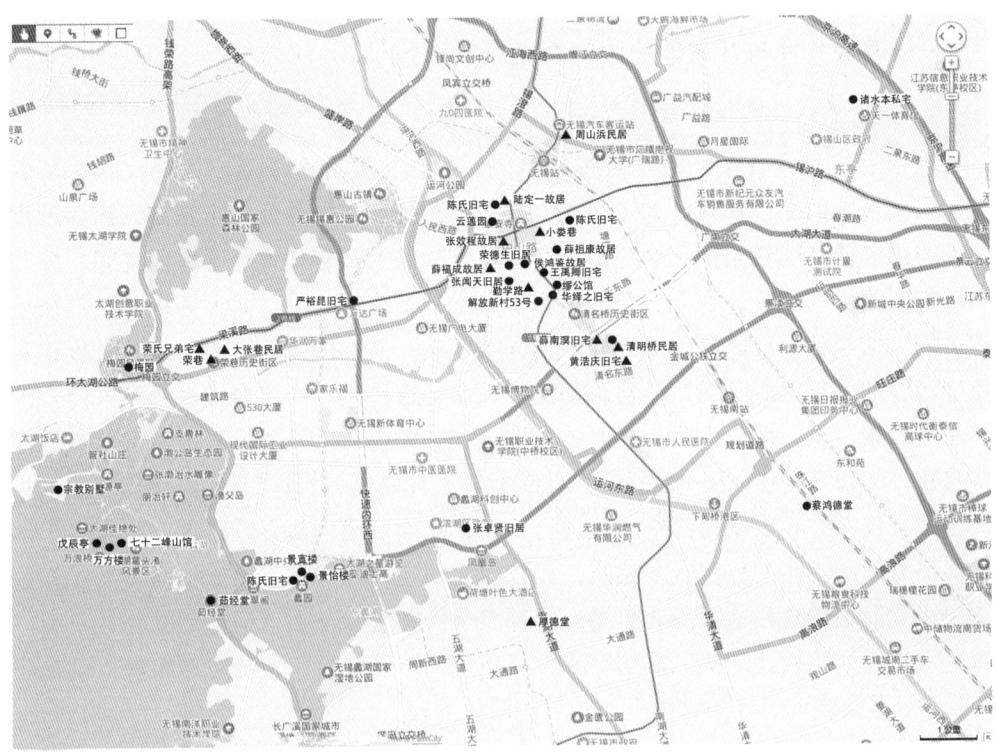

● 独立式38　▲ 院落式43（部分代表住宅群）

图3-2-3　中西合璧居住建筑分布位置图
图片来源：作者自绘；地图来源：百度地图

代中西合璧建筑群。又如清名桥一带由于运河带来的便利交通，砖瓦业、造船业随之兴盛，同样，一些有经济实力的家族跟随西洋之风，在大窑路、南长街等地建造中西合璧院落式住宅。再如老城区中小娄巷在历史上就为名门望族的世居之地，人才辈出，名人众多，如少宰第、徐梅初、孙国璋等宅均带有明显的中西合璧痕迹。另外，还有一些早期的中西合璧院落式住宅散布于老城区其他街巷中以及老城外周山浜等地。

二、各类中西合璧建筑的形态特征

虽然无锡近代中西合璧建筑最典型的特征为中式与西式元素在建筑上的交融，但每一类中西合璧建筑又由于功能的差异而有自身相对突出的形态特征，这些特征通过建筑空间、造型及建造方式等不同层面呈现出来。

（一）强调公共性与开放性的中西合璧公共建筑

1. 形成途径

无锡近代中西合璧公共建筑按功能的不同，主要有两条形成途径：其一是引进、借鉴当时的新型建筑。如图书馆、教堂、医院、邮局等公共建筑是无锡在近代前不曾出现的新建筑类型，这些建筑在空间与功能上都有如大跨度室内空间、公共活动空间等新的要求，亦需要新的材料、技术、结构的支撑。而无锡本土匠师缺乏相关的建造经验，只能参考上海等地的同类建筑，并加以模仿借鉴，或是直接让有建造经验的外国建筑师或留洋建筑师进行设计。这些设计中或多或少会融入西方古典建筑元素，从而形成中西合璧的公共建筑，如无锡天主教堂由法籍神父彭安多主持修建，又如无锡县立图书馆由荷兰籍工程师设计修建。[①]其二是仍沿用传统建筑布局方式，仅在外观上或局部空间上进行西化，从而形成中西合璧建筑。如鸿模小学内部仍为面阔三间的传统砖木建筑，而校门为四柱三间券柱式西式立面。又如公益第一小学沿用传统住宅院落式布局，内部多个天井成为学生课间活动的公共空间，而主入口却采用西式门头。再如复庐、杨藕芳祠等同样沿用传统建筑布局，仅在建筑入口、附属空间、建筑结构上作较多的西化处理。

2. 形态特征

无锡近代中西合璧公共建筑强调公共性与开放性，主要是靠造型与空间的西化来呈现。一方面，在建筑的门头或立面上大量采用西式造型元素，用复杂精美的装饰来达到吸引公众关注的目的，在视觉上呈现出"中西合璧"的造型，如多个中西合璧学校建筑的西式门头（图3-2-4）。另一方面，通过空间组织、楼梯、外廊、阳台、门窗等空间的向外拓展来达到建筑公共实用、外向开放的目的，有中西合璧图书馆、中西合璧祠堂等，如无锡县立图书馆、大公图书馆（图3-2-5、图3-2-6）、复庐、杨藕芳祠等（图3-2-7、图3-2-8）。

（二）注重实用为先的中西合璧产业建筑

1. 形成途径

无锡近代中西合璧工业建筑的形成途径主要来自民族实业家的主持建造。商人重利益、好竞争，在办厂上也不例外，荣宗敬曾说："造厂力求其快，设备力求其新，开工力求其足。"[②]无锡近代工业建筑较少由传统手工作坊发展而来，基本都是由

---

① 无锡市地方志编纂委员会. 无锡市志（第一册）[M]. 南京：江苏人民出版社，1995：783.
② 黄胜平，汤可可主编. 吴地文脉渊源[M]. 北京：中国社会出版社，2007：57.

鸿模小学　　　　　　　　　匡村中学

无锡国学专修学校　　　　　公益第一小学

图3-2-4　学校的西式门头

图片来源：无锡城市规划展示馆

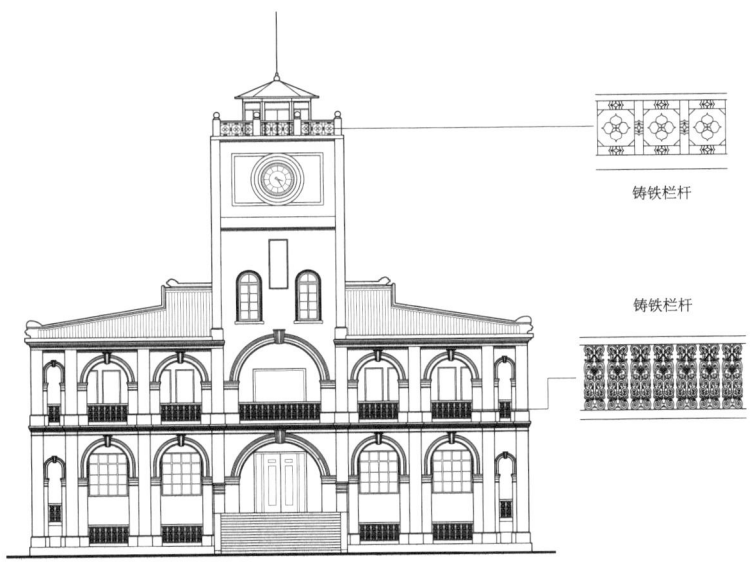

图3-2-5　无锡县立图书馆

正立面　　　　　　　　　　　　西式门头

俯视　　　　　　　　　　　　　室内空间

图3-2-6　大公图书馆

实业家主持新建，并在买地、厂房建造、设备安装、经营管理等多个环节上亲力亲为。他们在引进西方生产方式后，在建造式样、用材、结构等方面也或多或少受西方的影响。此外，这些实业家们早期都有在上海办厂的经历，见过十里洋场大世面；家族成员也多有在外留洋经历，因此他们的西化意识较强，思想、行为均走在潮流前沿。经济实力雄厚的实业家多直接聘请外国建筑师或留洋建筑师进行设计，他们将西方结构技术应用到工业建筑中，从而形成了中西合璧的工业建筑，如保兴面粉厂和九丰面粉厂由洋行绘图，振新纱厂由洋人马勒打样。[①]

　　无锡近代中西合璧商业建筑的形成途径是受到中西合璧工业建筑的影响而发展的。因为工厂的资金周转、办公联络必然促进金融业和新的商业组织的发展，银行、商会、新型公所等商业建筑随之兴起，这些商业建筑自然少不了西式风格的引入，因此中西合璧的无锡县商会、纸业公所、窑业公所、中国银行无锡分行等商业建筑是在无锡近代中西合璧工业建筑的引领下发展起来的。

---

① 政协江苏省无锡市委员会文史委. 无锡文史资料：第20辑［G］. 1983：64.

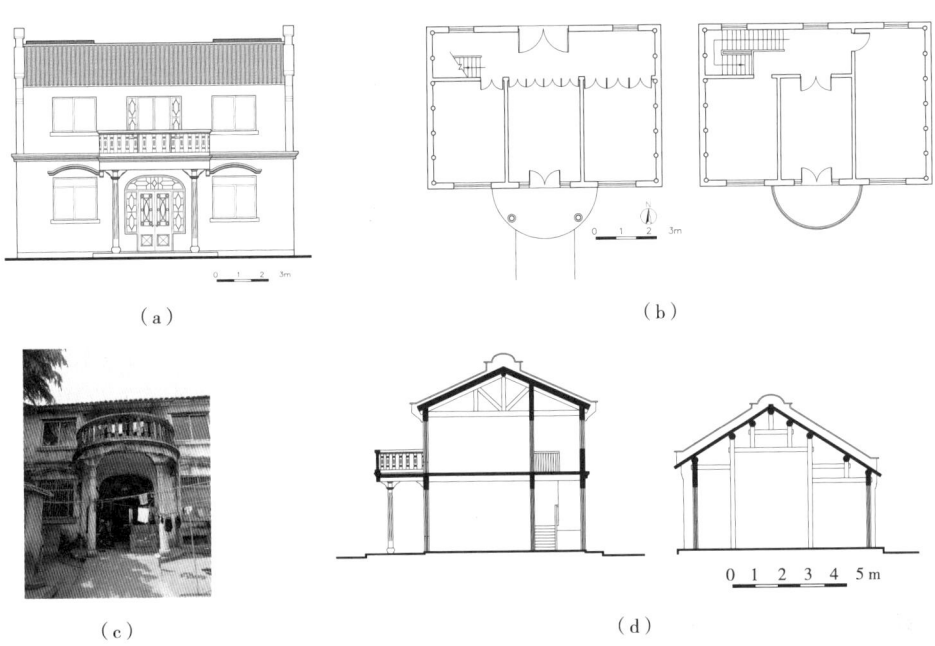

图3-2-7 复庐
（a）第一进南立面图；（b）第一进一、二层平面图；（c）阳台实景；（d）剖面图

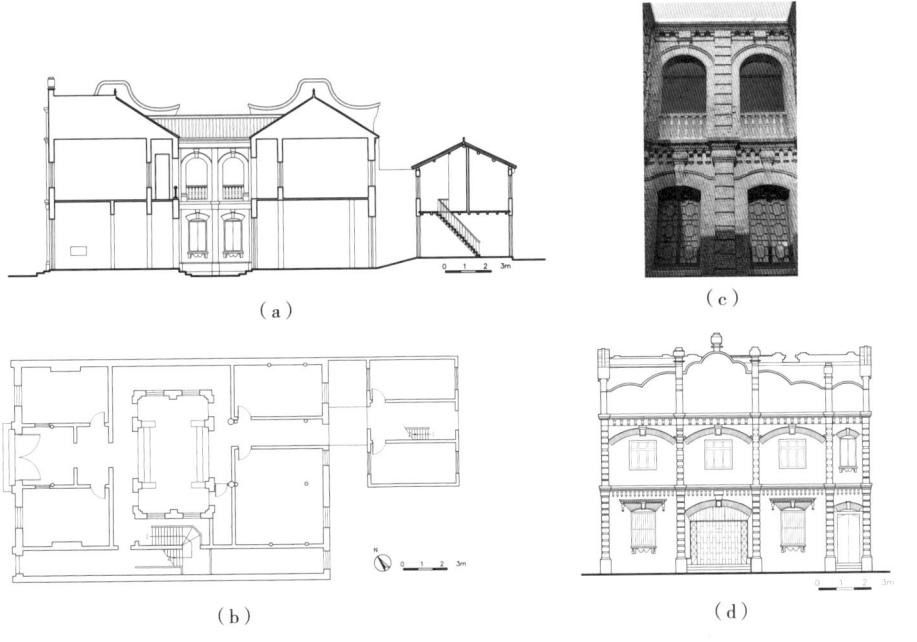

图3-2-8 杨藕芳祠
（a）剖面图；（b）一层平面图；（c）天井回廊；（d）正立面图

2. 形态特征

无锡近代中西合璧产业建筑注重实用为先,民族实业家将"开放务实、经世致用"的工商文化融入建筑中,形成了实用、简约、适当装饰的形态特征。中西合璧工业建筑主要通过选择适宜的建造技术与造型两方面来体现其实用性。比如厂房一般为两层或多层独立式建筑,平面多为简单的矩形,空间跨度较大,以砖木或砖混结构为主,屋顶常采用木、钢或混凝土的"三角形桁架"(或称人字形桁架)结构。总之,无锡近代中西合璧工业建筑在建造上多采用适应规模化生产所需空间的新式先进结构与技术,如九开间三层砖木结构的鼎昌丝厂(图3-2-9)、七开间两层砖木结构的永泰丝厂茧库等(图3-2-10)。这些中西合璧工业建筑在外观上运用西式造型的并不多,仅从西式的厂门、水平腰线、凸出的壁柱、门窗拱券等局部能看出西方古典建筑的装饰处理,立面主要靠均匀排布的窗洞来反映室内空间的功能特征。由此可见,中西合璧工业建筑在造型上并不盲目追求西式建筑的繁复装饰,仅点到为止,以最实用的方式呈现出对西方文化的追求。

另外,中西合璧商业建筑主要靠选择合理的空间布局组织方式来体现实用性。一方面,商业建筑的功能多为办公与金融,传统院落式布局基本能够满足商会、公所的功能需求,因此纸业公所(图3-2-11)、窑业公所、锡金钱丝两业公所等仍采

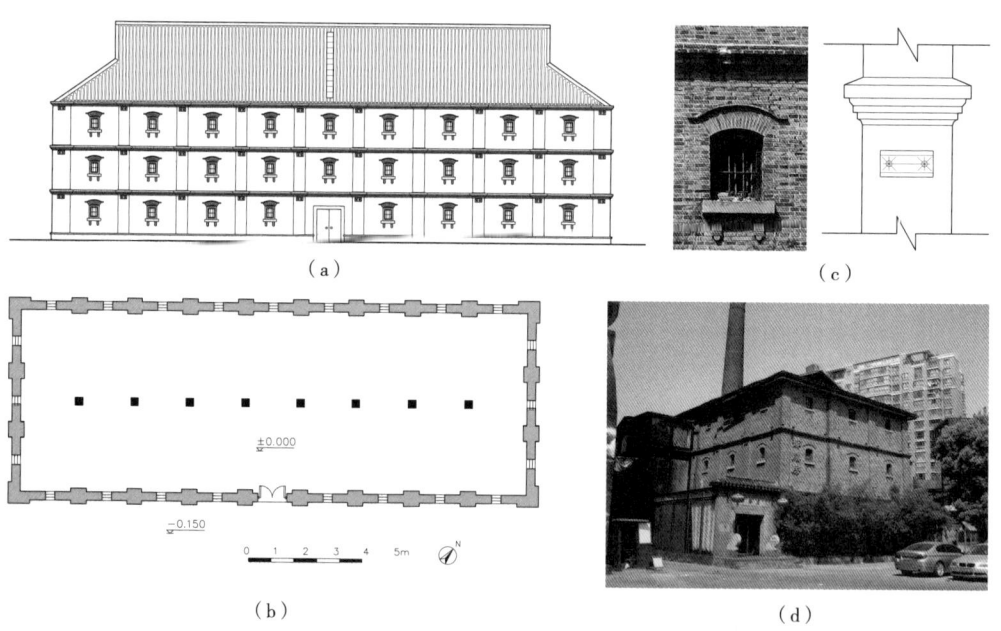

图3-2-9 鼎昌丝厂
(a)立面图;(b)平面图;(c)局部图;(d)透视图

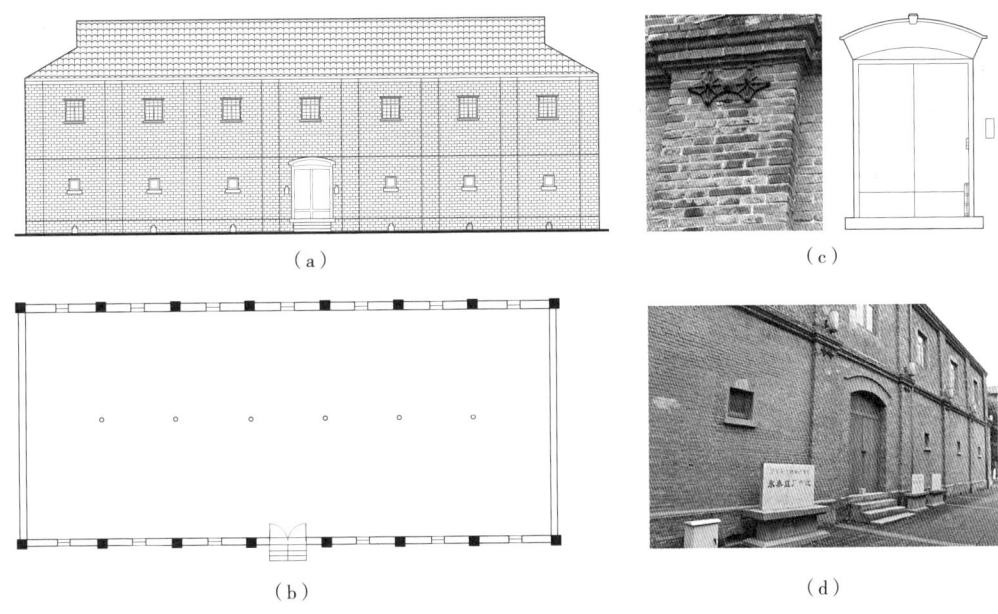

图3-2-10 永泰丝厂茧库
（a）立面图；（b）平面图；（c）局部图；（d）透视图

用传统院落式布局，这对于实业家们而言，是熟悉的空间格局与形式，亦仅在正立面处理上采用了西式手法。另一方面，商业建筑较工业建筑的单体规模小，一般为三至五个开间的两层建筑，如五开间的无锡县商会（图3-2-12）。虽然商业建筑的西式立面与装饰呈现出"处理公务"的气派[1]，但它们在修建时大多因地制宜，并不追求宏大的建筑场所，仅用适宜于所需功能的规模体量，凸显"实用"的特点。

（三）趋于外向的中西合璧居住建筑

1. 形成途径

无锡近代中西合璧居住建筑按空间的不同组合形式分为独立式住宅与院落式住宅，它们的形成途径各不相同。其中，中西合璧独立式住宅的形成途径主要是引进、借鉴来自西方的新式住宅。独立式住宅是近代以前的无锡住宅中未曾出现的形式，其平面组织、剖面关系、虚实空间等都与无锡传统本土式样住宅迥异。民族实业家、商人、名门望族等精英在当时西式别墅的基础上，进行适当的本土化而形成了中西合璧独立式住宅，如缪公馆、荣德生旧居、张惠臣宅等。而中西合璧院落式住宅的形成途径主要是沿用传统院落建筑的布局方式。该类住宅多因袭传统院落串联式空间布局，

---

[1] 史明. 无锡近代工商建筑的基本类型[J]. 工业建筑, 2013, 43（12）: 60.

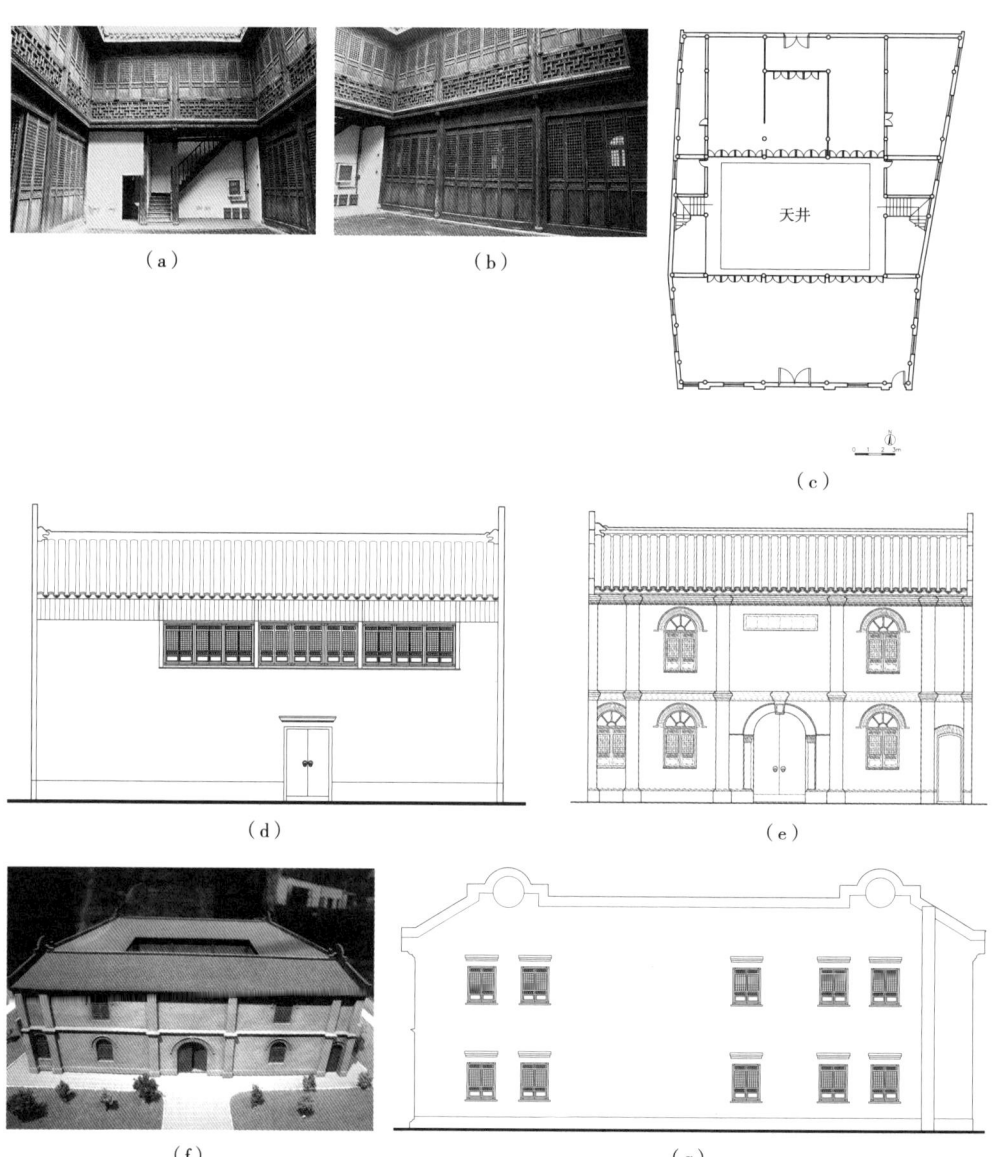

图3-2-11 纸业公所
（a）天井实景；（b）天井实景；（c）一层平面图；（d）背立面图；（e）正立面图；（f）模型；
（g）山墙立面图

但由于对西方生活方式、思想文化的向往，经常会在住宅的门头、正立面、门窗、立柱等造型外观或局部空间上进行一定的西化处理，从而形成"中式内核加西式外表"的中西合璧院落式住宅，如孙国璋故居、荣梅春宅、荣月泉宅等。

图3-2-12 无锡县商会北楼

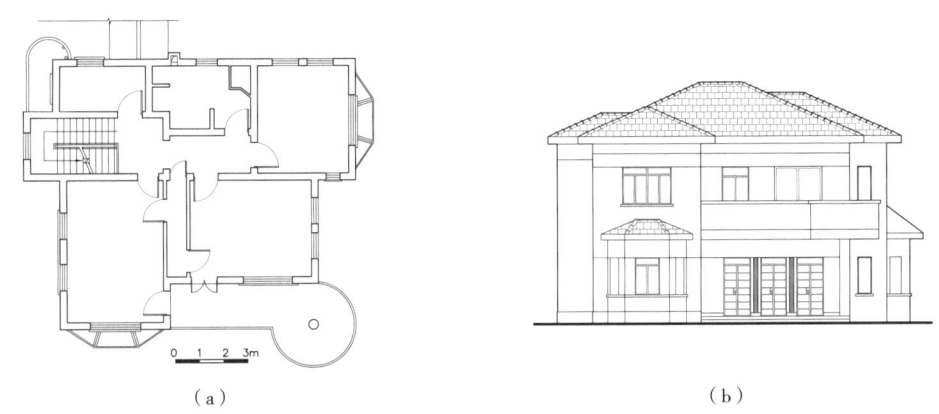

图3-2-13 朱永锡堂
（a）南楼平面图；（b）南楼南立面图

2. 形态特征

无锡近代中西合璧居住建筑呈现出趋于外向的形态特征，主要表现在建筑造型与空间形态上。对于中西合璧独立式住宅而言，由于直接引进西式别墅式样，建筑中的立面开窗、垂直空间处理、阳台、外廊等西式造型与空间自然而然比无锡传统本土式样住宅显得外向而开放，如朱永锡堂（图3-2-13）、张惠臣宅（图3-2-14）等。对于中西合璧院落式住宅而言，除立面外显、增加门窗等设计手段外（如图3-2-15所示的院落式荣子清宅的西式外立面处理，图3-2-16所示的孙国璋故居南立面为中式处理而北立面为西式处理），开明的屋主在本土住宅中同样会引进阳台、老虎窗及外廊等西式虚空间，由内部逐渐向外部拓展，原本内向封闭的院落变为外向开放的空间，如中西合璧院落式住宅厚德堂最后一进天井、大同路16号的最后一进建筑均出现了西式开放阳台（图3-2-17、图3-2-18）。

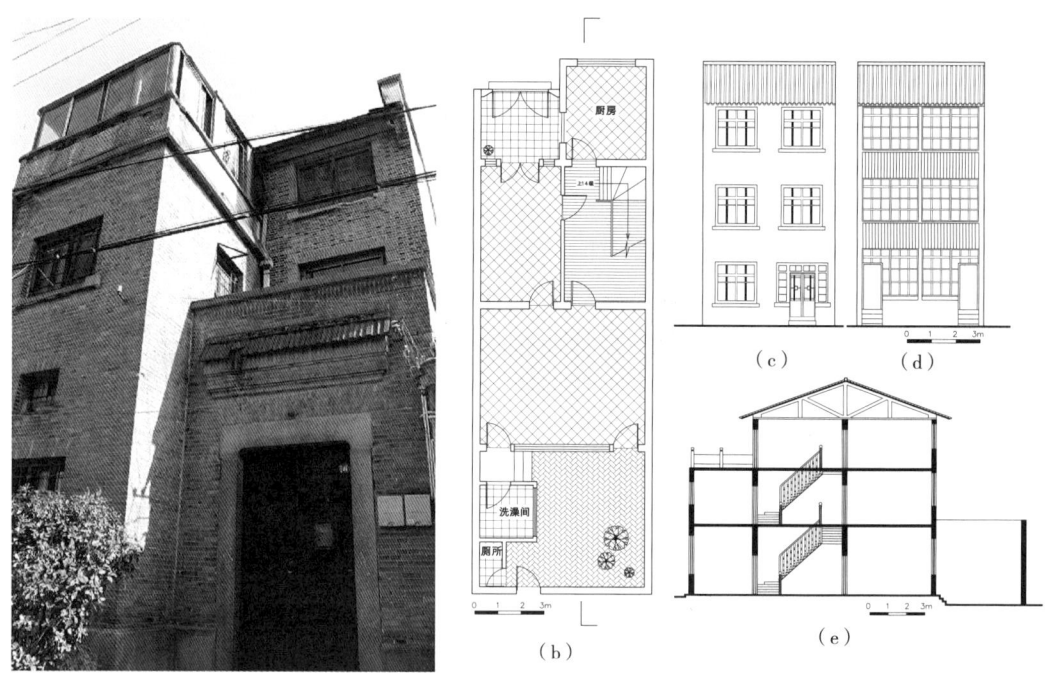

图3-2-14 张惠臣宅
（a）外观；（b）一层平面图；（c）北立面图；（d）南立面图；（e）剖面图

图3-2-15 荣子清宅
（a）正立面图；（b）山墙立面图

第三章／无锡近代中西合璧建筑　　　　　　　　　　　　　　　　　　　　　　　　　103

图3-2-16　孙国璋故居
（a）第一进北立面图——西式；（b）第一进南立面图——中式；（c）第二进北立面图——西式；
（d）第二进南立面图——中式

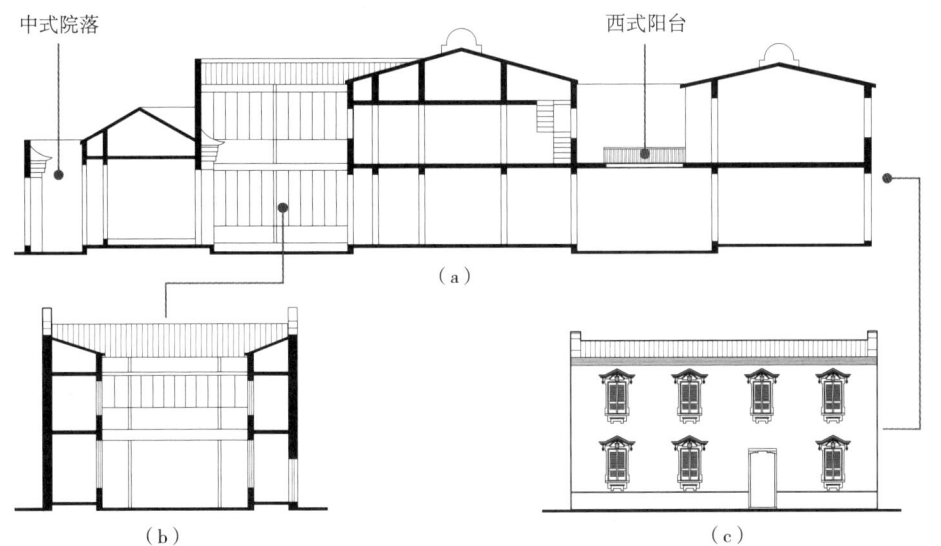

图3-2-17　厚德堂
（a）纵剖面图；（b）中式院落剖面图；（c）北立面图

图3-2-18 大同路16号
（a）剖面图；（b）入口立面图

三、从产业、公共到居住的中西合璧建筑发展路径

从历时性的角度上看，无锡在近代先出现的是中西合璧产业建筑（1895年开始），其后是中西合璧公共建筑（1905年左右），最后大量出现中西合璧居住建筑（20世纪二三十年代最盛），这与无锡近代民族工商业的发展轨迹密切相关。

（一）民族工商业启蒙中西合璧产业建筑

自1895年业勤纱厂创办以来，无锡近代民族工业蒸蒸日上，实业家争相修建中西合璧的工业建筑如棉纺织厂、缫丝厂、面粉加工厂以及其他门类的工业建筑，开展"实业救国"运动。1903年，清政府先后设立商部并制定、颁布《商律》、《公司律》、《奖励公司章程》等一系列促进民族资本主义发展的工商法典，商人的地位得到极大程度的提升。实业家们常年往返锡沪两地，出国考察学习，思想更为先进，他们无疑成了无锡近代中西合璧建筑的主要领头者与传播者。民族工业的繁盛必然促进金融业和商业公会的发展,因此商会、公所、银行等中西合璧商业建筑亦随之兴起。虽然中西合璧产业建筑在"中"与"西"的融合方面略显生涩,但其作为无锡近代中西合璧建筑的先驱,为中西合璧公共建筑与居住建筑的发展打下了重要的基础。

(二)民族实业家兴建中西合璧公共建筑

民族实业家在经济实力较为雄厚后,一方面把资金用于扩大再生产,另一方面热衷于兴办科教文卫等公共事业,开展"教育救国"与"科学救国"运动。由于初期的实业家在年轻时受教育的机会较少,但深知文化、教育事业对民族、国家振兴的重要性,同时他们亦需要培养新型实业接班人才,所以中西合璧公共建筑得以发展。虽然无锡近代中西合璧公共建筑数量并不多,但其具有公共性与开放性的西式门头、新颖的立面处理无不向公众传播着先进的西方文化与审美情趣。同时亦为无锡近代中西合璧居住建筑的兴盛打下了一定的社会基础。

(三)中西合璧居住建筑的兴盛

在中西合璧产业建筑与公共建筑得以发展后,无锡民族实业家又将西方文化理念与物力财力凸显在新建自宅上。一方面,住宅受传统文化观念的影响最深,难以容纳异质文化,何况这是伴随着硝烟战火入侵的外来文化,即便是思想开放的实业家、士绅、官僚等,也难免会慎之又慎,因此西式元素在住宅上出现较晚;另一方面,无锡的精英们在民族实业、文教事业等兴盛后,才着力建设自己的新宅,从一定程度上亦反映出他们"先国后家"的思想理念。虽然无锡近代中西合璧居住建筑整体上出现较晚,但在数量上甚至超过中西合璧产业建筑与公共建筑两者的总和,同时在设计水平上,"中"与"西"的融合更显成熟。

第三节 无锡近代中西合璧建筑的空间形态与造型特征

随着近代中国的社会背景、文化观念、生活方式等发生变化,无形中促使建筑形态也发生了改变,而新的空间、造型、建造方式等的出现又改变了人们的生活方式。无锡近代中西合璧建筑较为独特,在其空间形态、建筑造型及建造方式中都体现出了"中"与"西"两种异质文化的相互作用。本节从共时性的角度对无锡近代中西合璧建筑的空间形态进行研究,通过与无锡传统本土建筑的对比分析,在横向广度上对其空间形态与造型特征加以阐释。

一、由内趋外的空间特征

建筑空间形态是人们在建筑中使用的虚空部分，是呈现建筑整体形态的内部表现。人们在建筑中活动、行走，通过空间的形状、大小、体量、尺度等元素来感知建筑的形态美与功能美。无锡近代中西合璧建筑的空间形态在中西两种不同文化体系的推动下，逐渐由内向封闭的传统空间向外向开放的西式空间发展，总体上呈现出"由内趋外"的空间特征。下文将通过无锡传统本土建筑与无锡近代中西合璧建筑在平面组织模式、剖面垂直关系以及虚实空间过渡等方面的比较，来分析无锡近代中西合璧建筑的空间形态。

（一）串联式空间向并联式空间演进

平面组织模式是从建筑的水平投影关系上解析各空间的功能关系与交通流线组织的方式，它在一定程度上反映了当时的生活方式及文化观念。无锡近代中西合璧建筑的平面组织灵活多变，虽然难以突破传统的院落串联式平面组织，但在西方体块组合式空间组织的影响下，逐渐向并联式平面组织方式演进。并联式空间组织方式相比传统本土建筑的串联式空间组织方式而言，更加注重功能性与实用性。

1. 院落串联式空间

无锡传统本土建筑在平面上多采用南北向、院落空间串联的组织方式。此平面组织模式以天井或庭院为核心展开布局，由多进房屋与多个天井（或庭院）串联而成。建筑空间按正房与厢房的组合关系，可归纳为五种基本空间原形，即"口"形、"L"形、"凹"形、"凸"形以及"回"形，其建筑平面可用空间原形与天井（或庭院）的复制串联来表达。如图3-3-1所示，中荣82号为传统本土建筑，其平面采用"前院+L形+天井+口形+后院"的方式来布局；又如荣巷街111号，其平面则采用"口形+天井+L形+天井+口形"的方式来布局。由此可见，无锡传统本土建筑大多讲求水平空间的层层递进，呈纵向生长，序列较为严正。虽然每一进空间形态都有所变化，但除用天井虚空间来调节内部秩序外，整个建筑对外仍保持相对封闭的状态。

在大部分无锡近代中西合璧建筑中，仍采用"中式内核加西式外表"，即在建筑的平面组织上仍多采用无锡传统本土建筑的院落串联方式，仅在建筑外观上点缀西式造型元素。如图3-3-1中的荣泉生宅为中西合璧建筑，其平面采用"前院+口形+天井+口形+天井+口形"的方式来布局；又如荣梅春宅平面，则仍采用"前院+凹形+天井+凹形+天井+回形+旁院"的方式来布局，但在其院门、外立面上又有西式造型处理，故显得"外西内中"的特征较为鲜明（图3-3-2）。

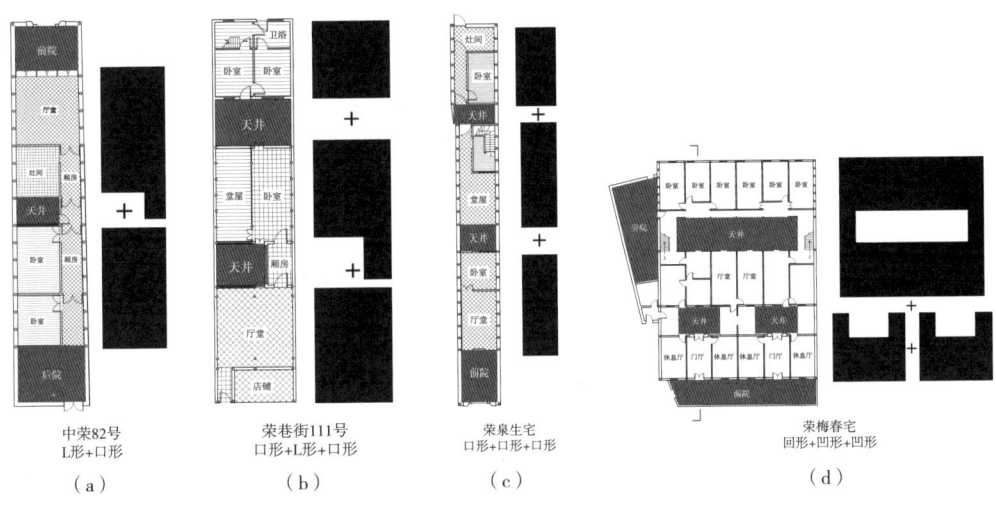

图3-3-1 院落串联式
（a）传统建筑——中荣82号；（b）传统建筑——荣巷街111号；（c）中西合璧建筑——荣泉生宅；
（d）中西合璧建筑——荣梅春宅

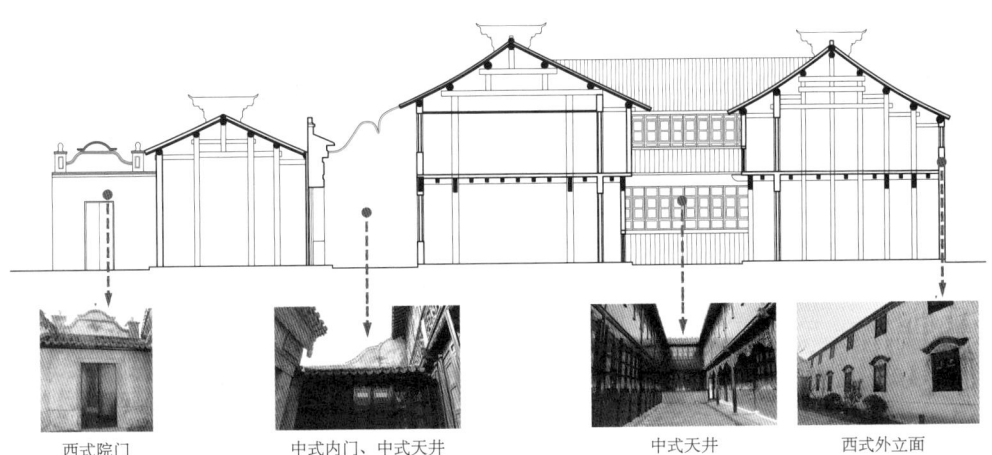

图3-3-2 "外西内中"的荣梅春宅

总体而言，传统观念与生活方式乃至传统本土建筑的形态及空间特征等在无锡人心中的地位仍难以撼动。纵观这些实例，"中"与"西"的结合仍停留于表象。虽然无锡近代中西合璧建筑难以突破传统的院落串联式平面组织方式，但可以看到，原有宽大的庭院空间日趋式微，都逐步变成狭小的天井，似乎都在强调西式空间的节奏与韵律。

2. 并联式空间

无锡近代中西合璧建筑除因袭传统院落串联式的平面组织外，已逐渐采用并联式的平面组织方式。并联式平面组织较串联式平面组织而言，更易将空间集中布置，功能也更加合理，同时缩短了空间之间联系的交通距离。并联式平面组织方式按其交通空间的不同形式，可分为线性并联式（或称走廊式）与集中并联式（或称集中式或"回"字型）两种。

规则的线性并联式平面常以水平交通空间——廊道来并联各个功能空间。如图3-3-3所示，采用内廊并联空间的荣巷街182号二层平面，具有东西向线性生长的特点，多个体量与功用相当的空间单元沿垂直内廊的两边并列排布，并设以楼梯连接上下，从而形成"楼梯—内廊—房间"的空间组织方式，这与无锡传统本土建筑的院落串联式空间组织方式已完全不同。又如采用外廊并联空间的荣巷街197号二层平面，为"楼梯—房间—外廊"的空间组织方式。外廊朝南形成建筑内外过渡的灰空间，外向化的趋势初显。再如采用回廊方式的集中并联空间布局的杨藕芳祠、荣氏兄弟宅等，为"房间—回廊—房间"的空间组织方式。回廊沿天井围合界面环绕一周，形成室外天井与室内的过渡空间。

灵活的集中并联式平面常以垂直交通空间——楼梯间来并联各个功能空间。如图3-3-4所示，在荣尧昌宅、张惠臣宅以及朱永锡堂中，楼梯设在中心位置或醒目位置。一方面，楼梯间在水平方向上并联同一层各功能空间；另一方面，楼梯间在垂直方向上联系上下层空间。它将建筑内部的不同功能空间汇聚起来，提升了建筑的

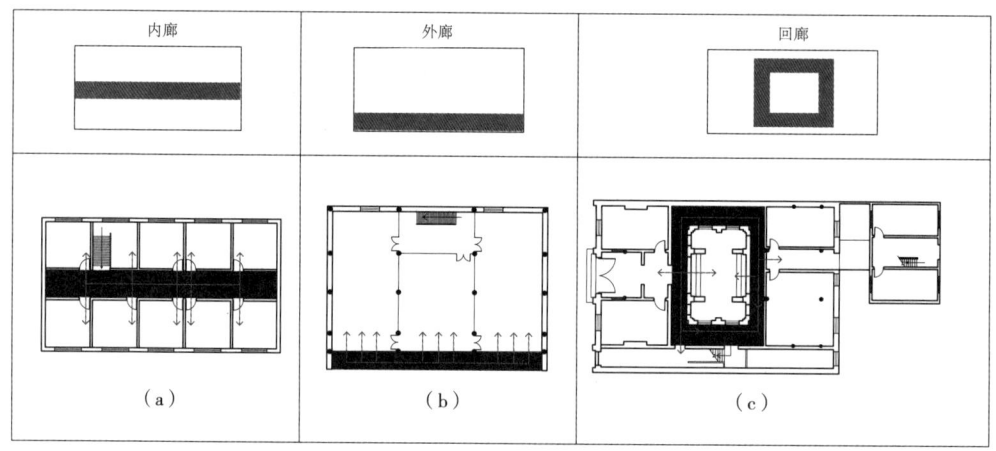

图3-3-3 线性并联式
（a）荣巷街182号二层平面图；（b）荣巷街197号二层平面图；（c）杨藕芳祠底层平面图

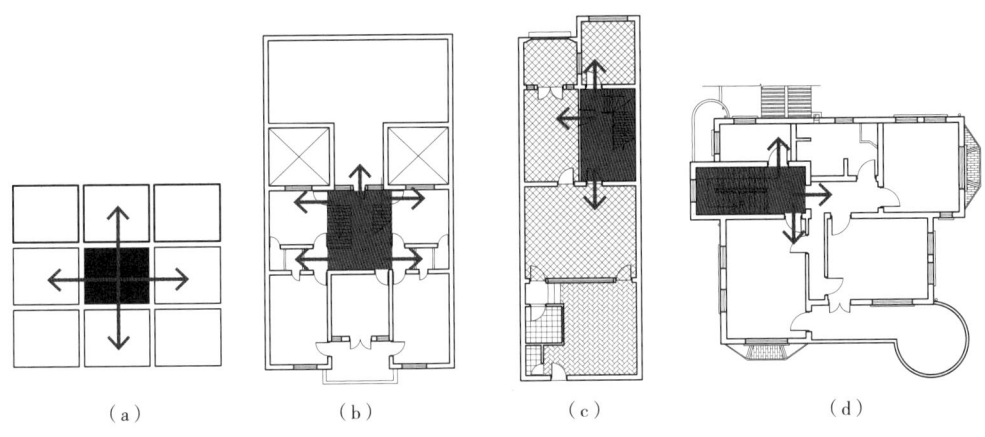

图3-3-4 集中并联式
(a)集中并联模式示意;(b)荣尧昌宅二层平面图;(c)张惠臣宅底层平面图;(d)朱永锡堂二层平面图

功能效用与效率。楼梯地位得以提升,并成为空间的视觉焦点,进而形成"入口—楼梯—各层空间"的空间组织方式,这种方式多用于独立式建筑的平面组织中。

(二)水平纵深空间向竖向高空发展

在剖面垂直关系上,无锡近代中西合璧建筑开始由水平纵深空间向竖向高空发展。由于无锡传统本土建筑多采用院落串联式平面组织方式,其平面在水平纵深上较深,南北空间轴线较为明显。而无锡近代中西合璧建筑则逐渐采用并联式平面组织方式,强调功能空间的凝聚性。随着宽大庭院的弱化,变成狭小的天井后,水平纵深长度随之变短,串联南北的空间轴线逐渐弱化,出现向竖向空间发展的趋势,建筑层数与高度也逐渐增加。如图3-3-5所示,将中西合璧的张惠臣宅与传统本土式样的荣巷街109号相比较,可以发现,张惠臣宅在水平进深上缩短,空间更为紧凑。另外,其在垂直高度上增加,不仅采用南北水平串联的交通流线,还设置了楼梯,新增了垂直串联的交通流线。总体上,张惠臣宅在整体形态上呈现出方形体块的挺拔感,而荣巷街109号在整体形态上呈现出带形体块的纵深感。张惠臣宅是荣巷本土建筑师的自宅,虽还保留前后庭院,但是在形体上已有西式别墅体块集中组合的雏形。

纵深的平屋向竖向高空发展,既受西方建筑文化的引导,又受无锡当时社会环境的影响。尽管中西方文化观念存在一定的差异,但是近代无锡城镇人口增多,造成用地紧张,故占地面积较大的传统院落串联式平屋必须向空中叠加发展,并形成了一底多层、使用面积多但占地面积小的建筑布局方式。同时,近代出现的新的建筑材料、结构、技术,亦为无锡近代中西合璧建筑向竖向高空发展提供了可能性。

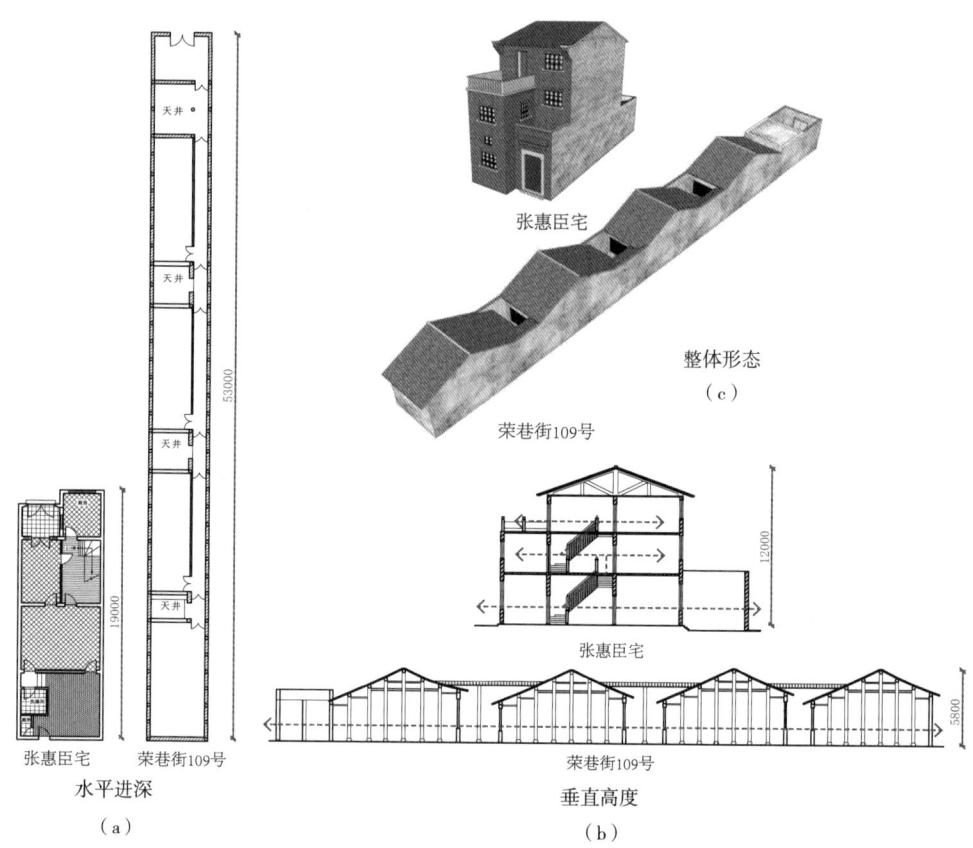

图3-3-5 中西合璧建筑较之无锡传统本土建筑由水平纵深空间向竖向高空发展
（a）平面布局；（b）剖面关系；（c）整体形态

（三）虚空间由内部向外部拓展

在传统院落式建筑中，相对房屋的实体空间而言，方正、整体的天井（或庭院）是建筑的虚空间（图3-3-6）。由四面房屋围合天井形成"口"形四合院，或由三面房屋一面墙围合天井形成"冂"形三合院。天井在传统建筑中有重要的价值，它既是建筑中调节小气候的场所，便于建筑的采光、通风及排水，又是室内空间的室外延伸，便于家庭的日常户外活动。从建筑内部看天井，以室内房屋为参照而言，天井是室外开敞的虚空间；但从建筑整体看天井，以整个建筑为参照而言，天井四周被建筑立面包围，与外界空间联系甚少，其内向封闭性仍十分明显，如图3-3-7所示。

随着无锡中西合璧建筑中内向封闭、方正整体的天井（或庭院）所承担的日常功能的逐渐弱化，取而代之的是外向开放、自由延伸的阳台、老虎窗及外廊空间形

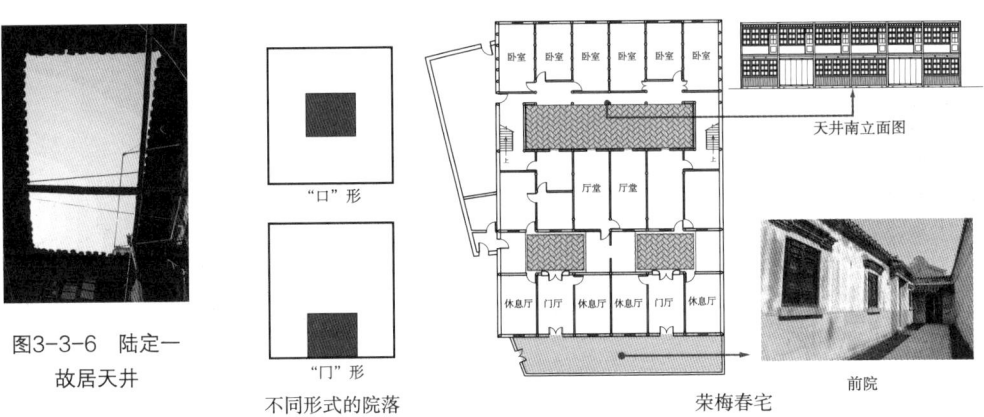

图3-3-6 陆定一故居天井

"口"形

"冂"形

不同形式的院落

荣梅春宅

前院

图3-3-7 传统内向封闭的院落

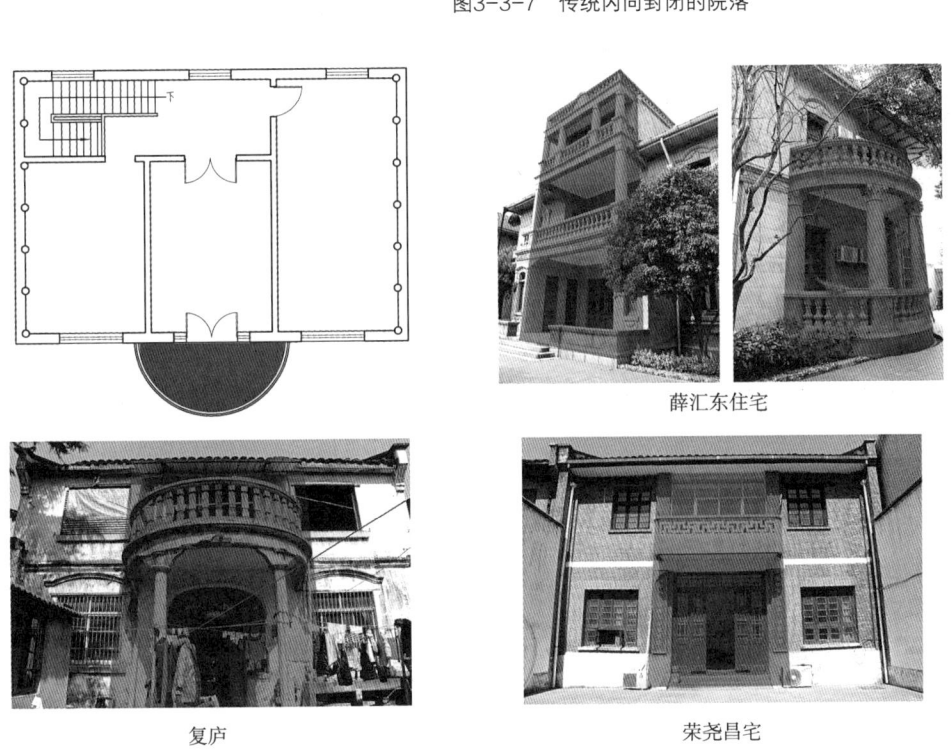

薛汇东住宅

复庐

荣尧昌宅

图3-3-8 阳台

式等新的虚空间,这些虚空间促使建筑由内部逐渐向外部拓展。

1. 阳台

阳台是从西式花园别墅中引进的,以半圆形或矩形平台为主,在中西合璧建筑的二层或以上楼层的外部挑出,平台四周饰以西式栏杆,下方或以西式折中立柱支

颐安别业　　　　　　　　　　　　　清明桥民居

图3-3-9　老虎窗

撑。阳台既是室内空间的外部延伸，又是建筑立面的西式造型元素，图3-3-8所示为复庐、薛汇东住宅、荣尧昌宅挑出的阳台虚空间。

2. 老虎窗

老虎窗作为"舶来品"，在上海石库门里弄住宅中兴起后传入无锡。因其在倾斜的坡屋面上向外探出，似老虎张开嘴而得名。老虎窗以单坡或双坡屋面水平坐卧于坡屋面上，在一定程度上改善了阁楼内部的采光通风条件，又为平淡的坡屋顶增添了生动活泼的造型元素，如颐安别业、张闻天旧居、薛汇东住宅等屋顶上均设有老虎窗（图3-3-9）。

3. 外廊

外廊是由殖民者带入中国，并结合中国的气候条件做相应本土化改造而形成的。外廊一般沿建筑的立面各层设置，由券柱、栏杆与顶部形成半围合虚空间。外廊除了是室内空间的外部延伸外，还是并联各个房间的交通空间，为建筑的室内外转换提供更多的可能性。图3-3-10所示为设有外廊的无锡县立图书馆、湖山别墅（现称颐安别业）、薛汇东住宅的外立面。

无锡县立图书馆　　　　　　湖山别墅　　　　　　薛汇东住宅

图3-3-10　外廊

二、折中西化的造型特征

建筑造型是人们对建筑最直观的印象，无锡近代中西合璧建筑上的仿西式立柱、山花、线脚、装饰纹样以及中式歇山顶、屋脊等造型体现出了当时人们的审美情趣及精神追求。相比空间形态与建造方式而言，建筑造型是最能反映出其"中西交融"的物化载体。无锡近代中西合璧建筑的造型不同于上海等商埠城市的中西合璧建筑的华丽繁复，而是表现出了独特的灵动质朴之美。在具体操作层面，由于无锡本土匠师缺乏系统的西方古典建筑装饰与技艺的训练，对西式造型元素多为形式上的模仿，因此其造型总体上为折中式西化表皮，是对传统中式建筑的一种包裹。"折中"，一方面是中式与西式的造型折中，另一方面是源自西方的不同建筑风格的拼贴，即在一栋建筑上融汇如哥特式、巴洛克式等不同风格。通过在立面处理、局部造型、造型用材上的折中西化，无锡近代中西合璧建筑呈现出较为独特的造型特征。

（一）外显与秩序的西式立面处理

一般而言，建筑立面的不同处理对建筑整体造型有很大影响，如立面的构图、比例、图底关系等处理。无锡近代中西合璧建筑通过对立面的外显化与秩序化的西式处理，将传统的技艺美与西方的形态美融汇显现。

1. 立面的外显化

无锡传统本土建筑以院落组合式为主，内向性明显，建筑外立面的封闭性强。如南北立面仅以院门入口为重点处理，而东西山墙面多以实墙体为主，少开窗甚至不开窗，密实的墙面形成较为封闭的立面（图3-3-11）。传统士大夫多崇尚围墙内的文人雅士生活，建筑虽然对外封闭但却对内开敞，天井（庭院）的围合界面造型精美，因此院内单体建筑立面处理较入口院门立面处理而言更为丰富。如图3-3-12

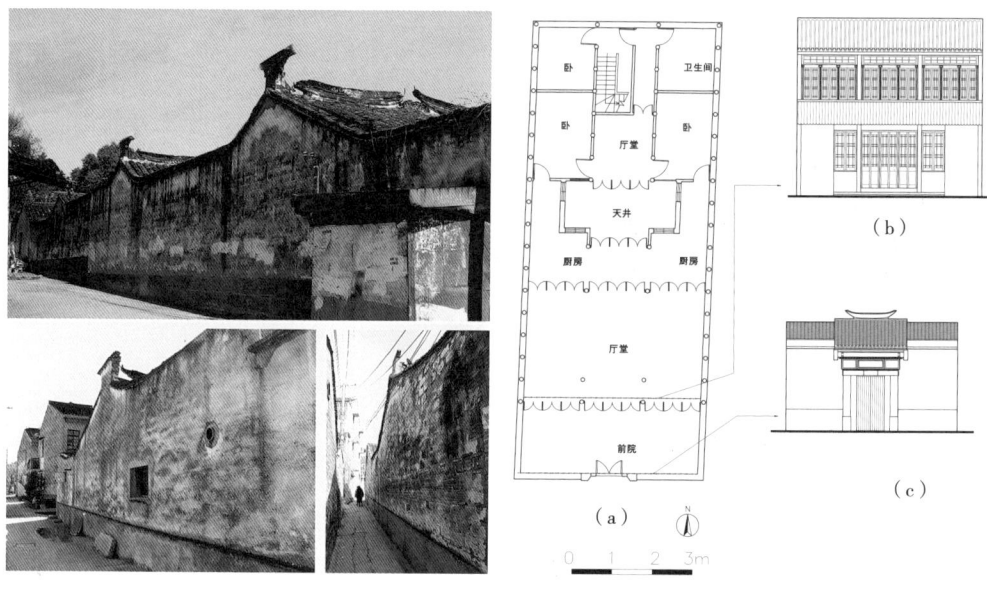

图3-3-11 传统本土建筑山墙面

图3-3-12 荣巷宝庆堂
(a)宝庆堂一层平面图；(b)第一进厅堂南立面图；
(c)院门立面图

所示荣巷西浜107号宝庆堂，建于清末年间，为两进三开间的传统院落式住宅。其第一进厅堂的南立面上开联排槅扇门窗，几乎占据整个建筑开间，裙板造型也较为丰富，而入口院门立面上仅为一扇传统中式大门，可见传统院落式建筑"重内轻外"的立面处理。

然而，西化后的无锡中西合璧建筑立面不再具有传统本土建筑立面处理"重内轻外"的特点。因为西式建筑强调外部空间的塑造，立面多外向与开放，因此中西合璧建筑立面打破了传统内向封闭的实体形态，"外显"特征鲜明，整个建筑更具观赏性与实用性。在外立面处理上模仿西式建筑造型并考虑采光通风。如在其南、北立面上，会开窗并伴有西式装饰；山墙面也根据实用需要，增加了一定数量的窗户以保证采光通风。故无锡近代中西合璧建筑封闭程度减弱，较为外显开敞。对不同平面布局的中西合璧建筑而言，其立面的外显化程度又各有不同。

对于前或后院落式建筑而言（图3-3-13a），如果是传统本土建筑，则院内单体建筑A1'的立面处理强于院门A1的立面处理，如前述宝庆堂（图3-3-12）。但如果是中西合璧建筑，院门A1经过西化处理后，设计感与观赏性已经较强，有的甚至超过了院内单体建筑A1'的立面处理。如荣巷西浜150号的复庐（图3-3-14），其院门精美的仿巴洛克式山花、拱券以及立体饱满的葡萄、卷草装饰，视觉冲击力与感染

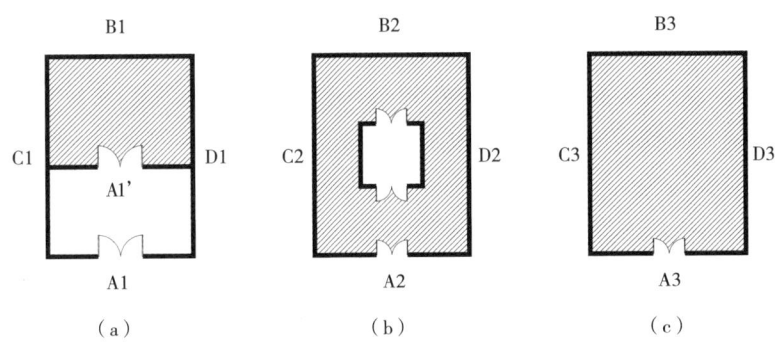

图3-3-13 中西合璧建筑平面的三种类型示意图
（a）前或后院落式；（b）内院落式；（c）独立式

图3-3-14 复庐院门

力较强，立面的外显化已相当明显。又如荡口的鸿模小学（图3-3-15），其内为面阔三间的传统砖木建筑，而校门为四柱三间券柱式西式立面，其仿巴洛克曲线山墙以及红砖、青砖相间，强化了学校的出入口空间。除正面院门的外显化外，中西合璧建筑的背立面B1的处理也较传统本土建筑丰富。再如荣巷"五连门"住宅（五户并联的家族式住宅）的背立面，门窗数量较多，并均有西式砖券（图3-3-16）。

对内院落式中西合璧建筑而言（图3-3-13b），原来内向的建筑立面A1'向院门立面A1进行外向过渡，合并为院落建筑的正立面A2，这样主体建筑直接向外呈现。由于正立面A2既是建筑的垂直界面又是入口门面，因此立面上拱券门窗、横向线脚、纵向柱式等西式元素丰富，外向特征明显。如惠山的杨藕芳祠（图3-3-17），为三开间两进两层建筑，内庭院为"回"字形转盘楼，侧面为观音兜式封火山墙，其正立面处理精美，有清水砖砌筑而成的多层次弧形山花、竖向宽大的砖石柱脚、横向线脚以及门窗拱券等。又如江尖的纸业公所（图3-3-18），三开间两进两层建筑，内庭

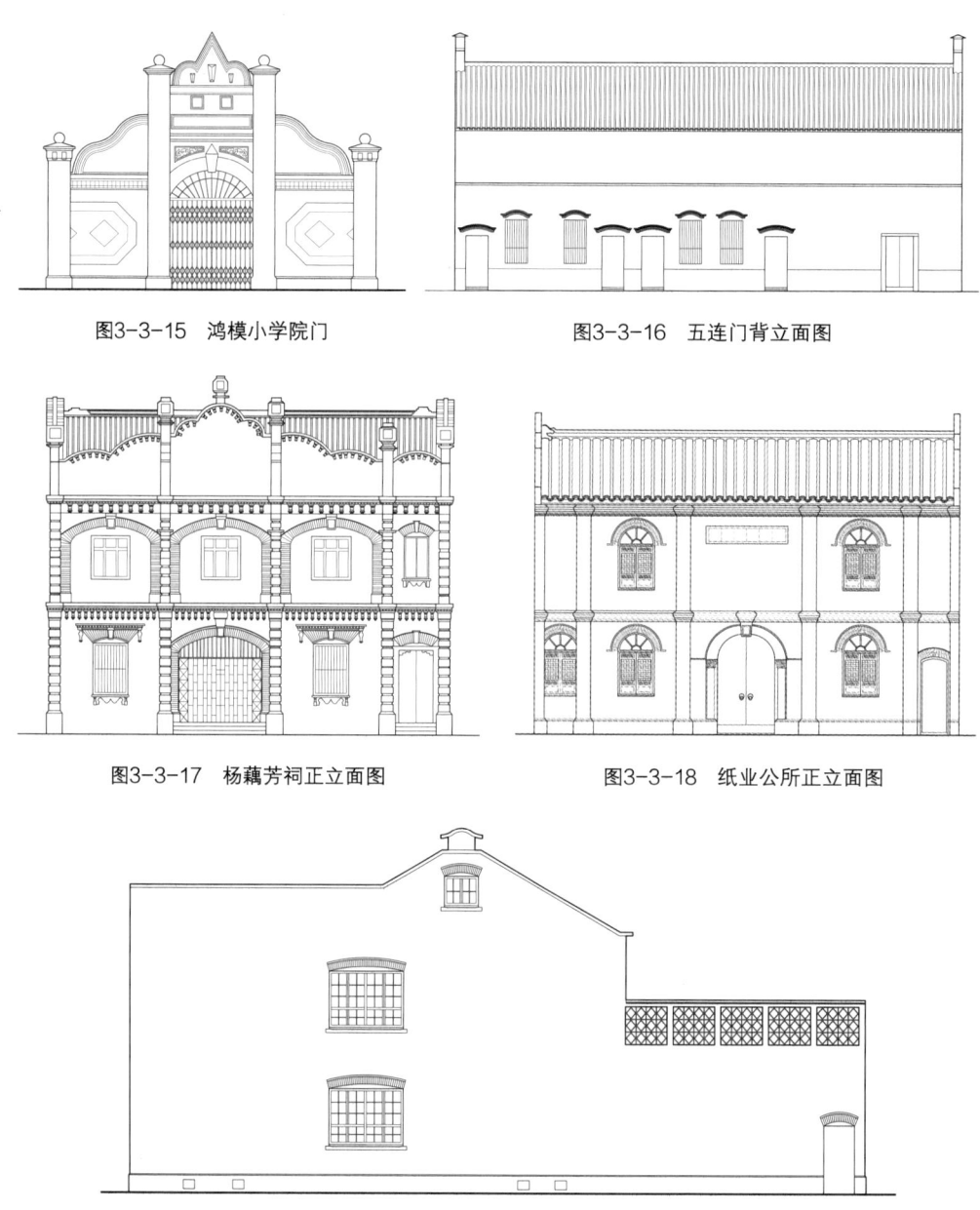

图3-3-15 鸿模小学院门　　　　　图3-3-16 五连门背立面图

图3-3-17 杨藕芳祠正立面图　　　图3-3-18 纸业公所正立面图

图3-3-19 荣子清宅山墙面图

院同样为"回"字形转盘楼,沿河的清水砖立面上柱式、线脚丰富。除建筑正立面的外显化外,中西合璧建筑的山墙面C2、D2也较传统本土建筑山墙面C1、D1开放,如荣巷荣子清宅的山墙面(图3-3-19),合理开窗以便采光通风,增强实用性。

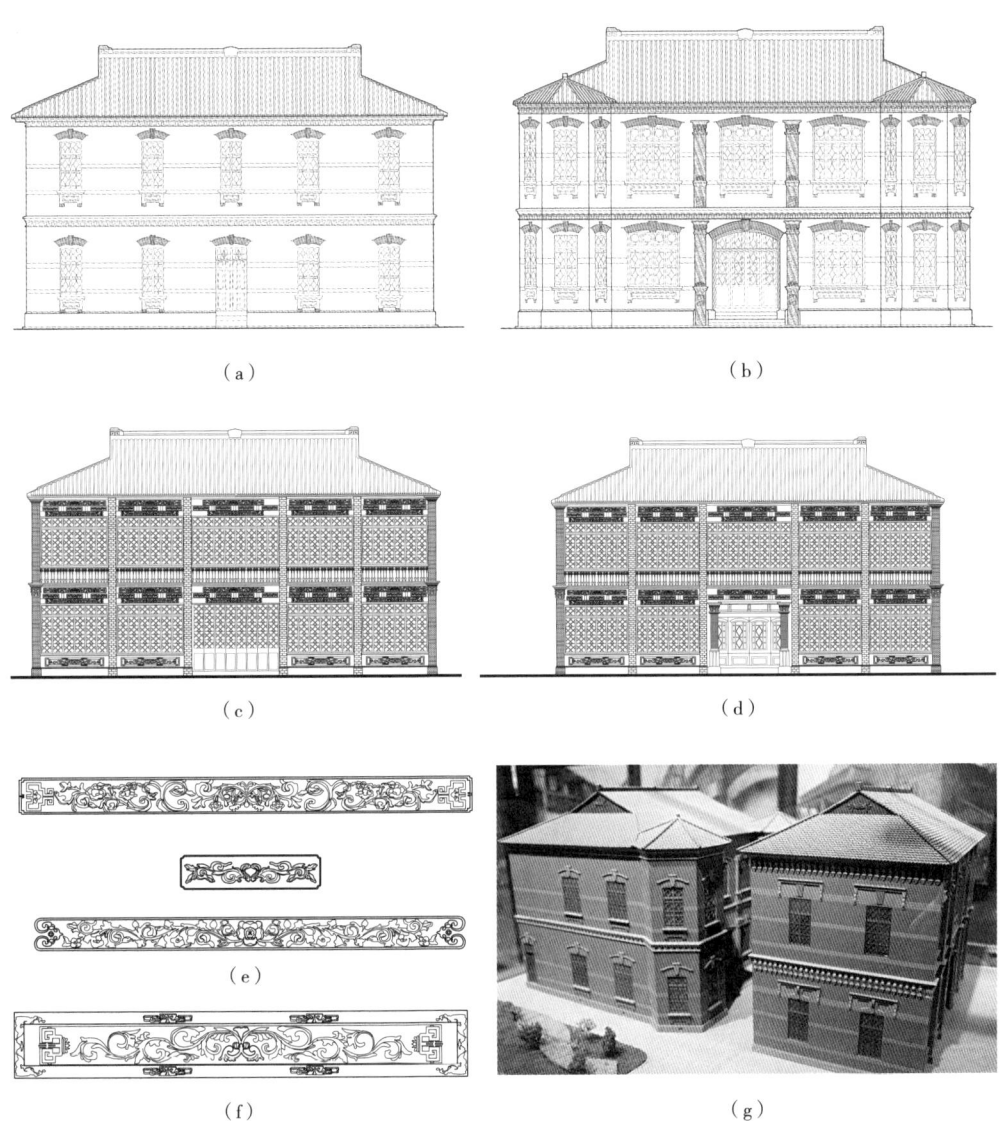

图3-3-20 无锡县商会
（a）北楼北立面图；（b）北楼南立面图；（c）南楼北立面图；（d）南楼南立面图；（e）裙板木雕；
（f）墙裙石雕；（g）北楼（左）与南楼（右）模型

对独立式中西合璧建筑而言（图3-3-13c），其集中式布局方式中，不再有院落空间，故立面全都朝外，除正面A3处理较丰富外，其他三个立面B3、C3、D3较传统建筑立面更加外显。此类独立式中西合璧建筑的立面由原来传统本土建筑的构造性特点转变为近代的设计性特点，即通过水平腰线、屋檐线对四个立面进行贯通设计，使其立面更为整体统一，增强建筑观赏性的同时影响建筑空间的使用功能。如图3-3-20所示的无锡县商会的北楼为五开间两层砖木楼房，歇山式屋顶，整栋建筑用清水砖砌筑墙体并装饰，水平腰线与红砖装饰带将四个立面统一起来，门窗设计大小适宜，采光通风良好，与户外空间有更多的沟通交流。

2. 立面的秩序化

外显后的中西合璧建筑立面，通过模仿西方古典建筑的立面设计，在构图、比例、图底关系上融入了西方形式美的造型法则。不同于无锡传统本土建筑立面处理的经验性与主观性，无锡近代中西合璧建筑立面呈现出了西方建筑理性思维下秩序性的一面，立面的视觉感与设计感更强。

（1）纵横均衡的立面构图

无锡传统本土建筑立面一般仅开设若干必要性的门窗洞口，亦没有过多的纵横分隔，墙身自成一体并形成封闭的立面构图，其建筑外观具有较强的整体性（图3-3-21）。而无锡近代中西合璧建筑则加入西式纵向立柱与横向线脚，对立面进行纵、横向划分，形成左右对称的均衡构图，与传统木构建筑体系的立面构图差异较大。图3-3-22所示的无锡县商会、杨藕芳祠等，其立面上凸出的水平腰线与屋檐线脚划分出建筑层高，建筑立面上凸出

图3-3-21 传统建筑立面构图
（a）荣巷西浜42号；（b）荣巷西浜13、14号；（c）宝庆堂；（d）小娄巷34号

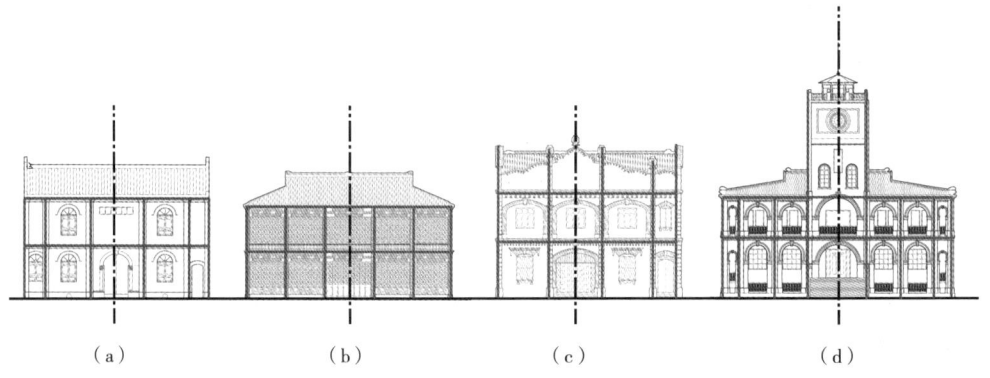

图3-3-22 中西合璧建筑立面构图
（a）纸业公所；（b）无锡县商会南楼；（c）杨藕芳祠；（d）无锡县图书馆

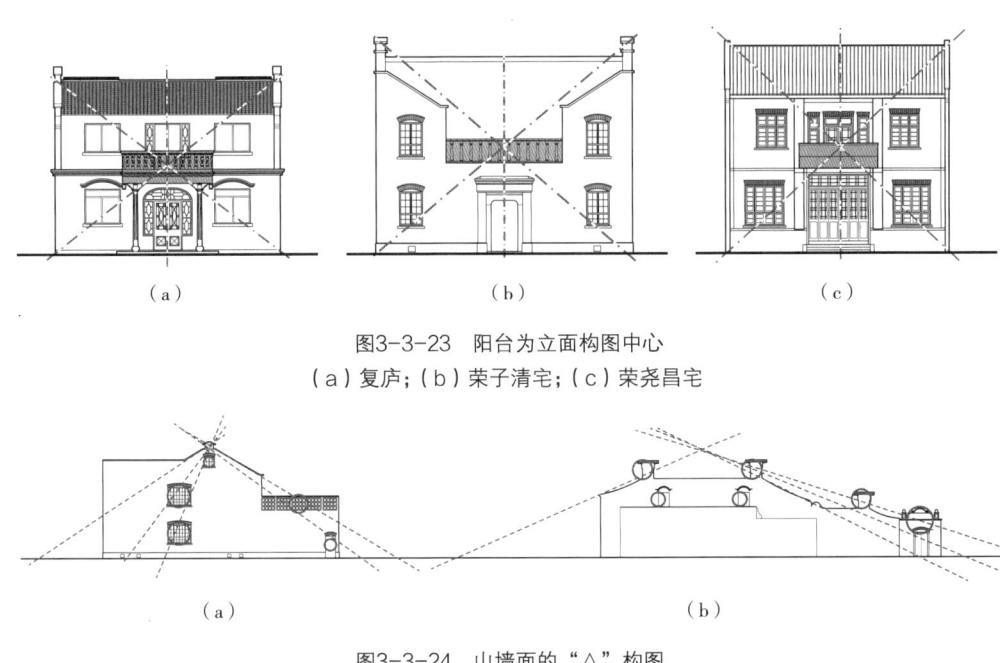

图3-3-23 阳台为立面构图中心
（a）复庐；（b）荣子清宅；（c）荣尧昌宅

图3-3-24 山墙面的"△"构图
（a）荣子清宅；（b）荣梅春宅

的纵向立柱划分出建筑开间，一横一竖的处理方式将整个立面划分为较小体块，显示出开间与层高的关系，在视觉上削弱了建筑的体量感，使建筑更加层次丰富且亲切。又如纸业公所立面，经过纵横构图后，虽然不是完全左右对称，但其右侧旁门与左侧旁窗有着相似的分量，立面左右构图同样均衡。无锡近代中西合璧建筑立面除纵横构图方式外，还有以阳台为中心的构图方式，如图3-3-23所示复庐、荣子清宅、荣尧昌宅，其立面以外向开放的西式阳台为视觉中心，进行轴对称构图，增强立面的整体感。再如荣子清宅、荣梅春宅的山墙面上增加的门窗、阳台、墙垛等成为了视觉焦点，共同形成了均衡稳定的三角形构图，增强了山墙面的动势（图3-3-24）。无锡近代中西合璧建筑立面采用纵横划分、中心构图、三角形构图等西式构图法则，让立面均衡稳定，建筑外观造型更加丰富灵动。

（2）中西相融的比例关系

立面的尺寸、比例对建筑造型有重要的影响，经过纵横划分的中西合璧建筑立面本身就存在一定的比例关系。如图3-3-25所示，无锡近代中西合璧建筑的一层开间与层高之间有着近似"正方形"的严格比例关系，其中层高b略大于开间a，正好合乎人们对正方形的视错觉调整。建筑二层开间与层高比更接近1，使得建筑下重上轻，整体造型更加稳定，体块比例也更加协调与理性。如纸业公所与大同路16号立面，除遵循西式比例进行设计外，居中的开间宽度稍大于两侧开间宽度，带有传统

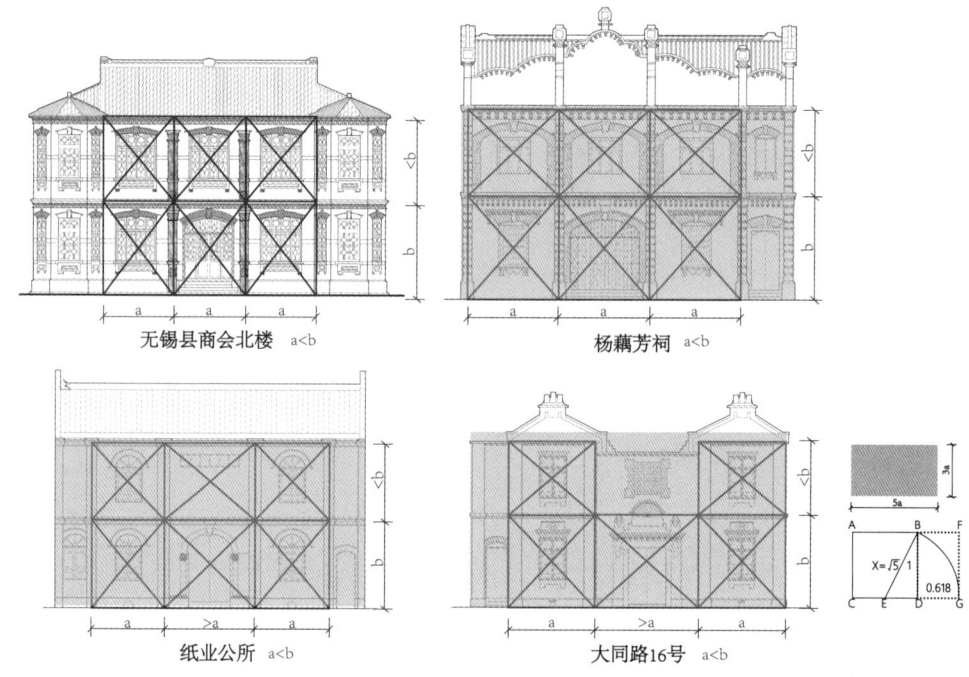

图3-3-25 中西合璧建筑立面比例关系

的主从思想,这源于对传统秩序与等级观念的尊重,也是对传统文化的抽象传承,从而共同形成了中西相融的比例特征。可见,人们既向往西式美学及西方生活方式,又难忘中国传统文化。

此外,在杨藕芳祠、纸业公所、大同路16号等多个无锡近代中西合璧建筑中发现,其立面除去屋顶、山花部分后的墙身有着近似黄金分割矩形的高宽比(图3-3-25),即约为0.618∶1。黄金分割比例是美感的象征,这样的中西合璧建筑造型更显端庄与典雅。

(3)讲求实用的图底关系

除立面构图与比例关系外,中西合璧建筑立面的虚实关系在西化处理后,同样呈现出一定的秩序感。若将立面上虚的门窗洞口比作"图",实墙比作"底",外廊比作"半图半底",可对比出无锡传统本土建筑与无锡近代中西合璧建筑两者不同的图底关系。无锡传统院落式建筑外立面多以实墙为主,门窗洞口较少,因此传统本土建筑立面的图底比值较小,约2%~15%不等,可见立面的封闭性较强。而无锡近代中西合璧建筑立面更加讲求实用性与功能性,门窗洞口明显增加,门窗面积也不同程度地增大,因此图底比值变大,约15%~25%不等(图3-3-26),可见立面的开放性与外显化增强。门窗的布置既遵循室内功能要求,又满足采光通风需要。大门

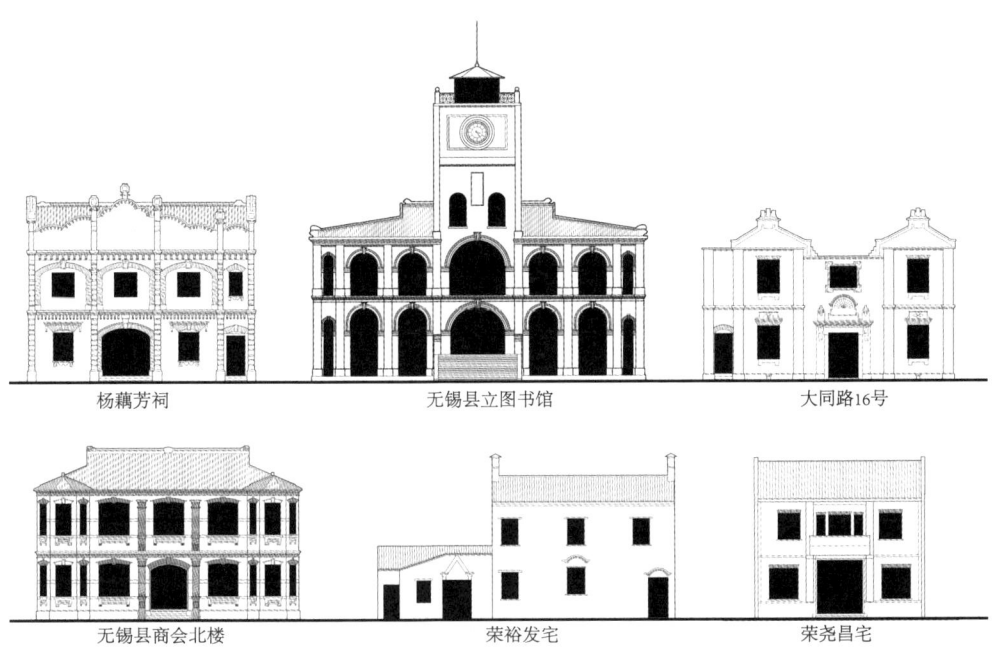

图3-3-26 中西合璧建筑立面图底关系

在正中,其余门窗洞口多以大门为中心呈左右对称分布。如此,点缀在实墙上的门窗富有节奏与韵律,既满足建筑功能的使用需求,又丰富建筑的立面表情。

(二)局部造型的模仿

无锡近代中西合璧建筑的建造者多为本土匠师,他们对西方古典建筑造型法则的理解有限,未能真正掌握其精髓,因此在中西合璧建筑的局部造型上,多极力模仿西方建筑形体与样式,对古典柱式、巴洛克山花、哥特尖券等西方古典装饰元素进行片段式摘取,嫁接或克隆到传统造型上,从而形成独特的中西合璧砖券门窗、仿巴洛克式观音兜山墙、铁艺栏杆等局部造型,体现出对当地传统文化的承续以及对西方文化较高的包容与接纳能力。

1. 中式与西式间做"加法"的模仿手法

"加法"的模仿手法按"中"与"西"结合的不同程度,主要分为三种,即中西叠加、中西融合及完全西化。

(1)中西叠加

中西叠加是"加法"模仿中最常用的一种手法,属于中与西两者物质实体的简

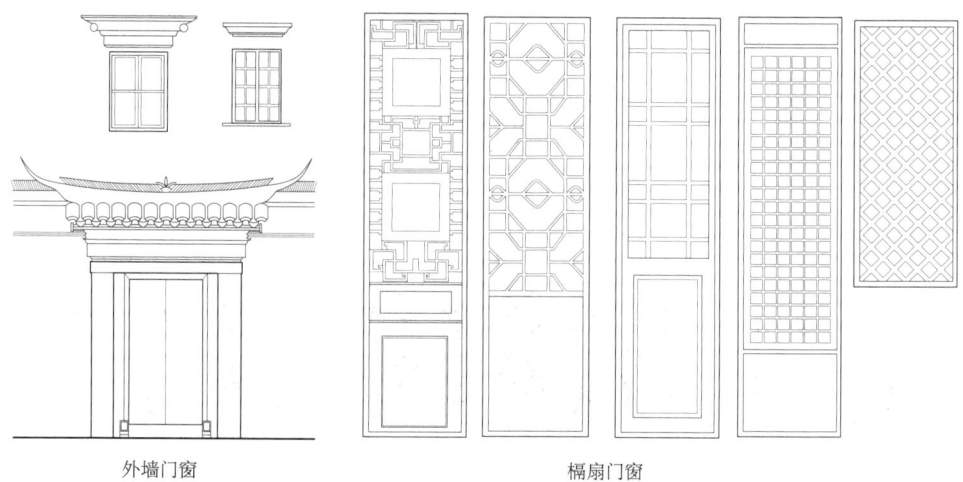

外墙门窗　　　　　　　　　　　　　棂扇门窗

图3-3-27　无锡传统本土建筑入口与门窗举例

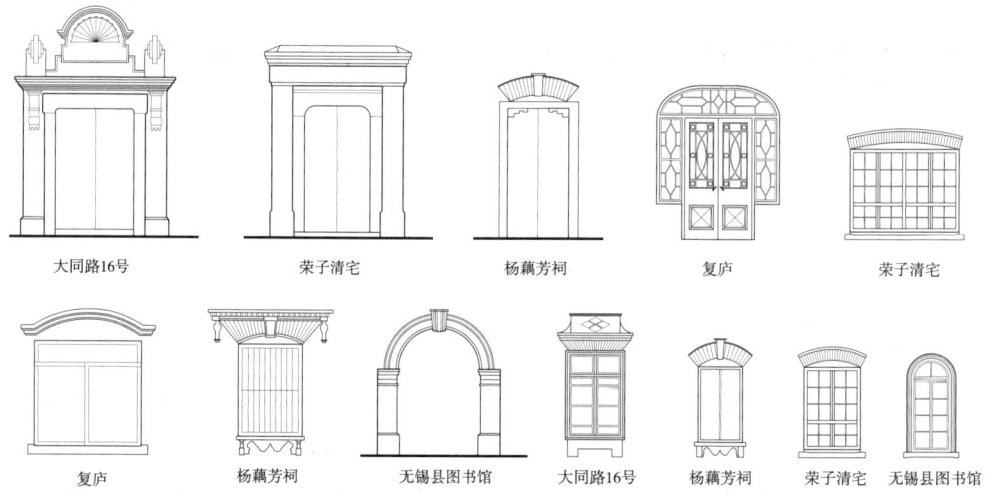

大同路16号　　荣子清宅　　杨藕芳祠　　复庐　　荣子清宅

复庐　　杨藕芳祠　　无锡县图书馆　　大同路16号　　杨藕芳祠　　荣子清宅　　无锡县图书馆

图3-3-28　无锡中西合璧入口与门窗举例

单结合，即将西式元素直接叠加在传统中式造型上来模仿西式造型，其中最为典型的是中西合璧的门窗造型。无锡传统本土建筑外墙整体较为封闭，因此门窗装饰较少，仅在入口大门上设置几层装饰带；而院内较为开敞，棂扇门窗上装饰雕刻精美（图3-3-27）。随着中西合璧建筑立面的逐渐外显，外墙上西式元素不断增多，门窗的开放性与装饰性增强，出现砖券门窗、券柱式大门及石库门等形式的中西合璧入口与门窗式样，如图3-3-28所示。

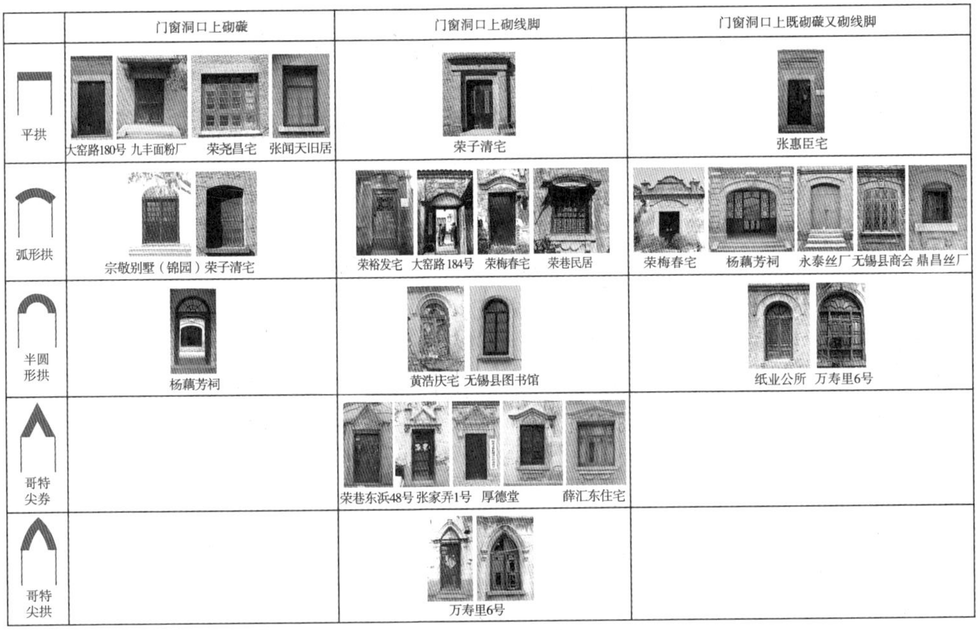

第三章／无锡近代中西合璧建筑

	门窗洞口上砌礅	门窗洞口上砌线脚	门窗洞口上既砌礅又砌线脚
平拱	大窑路180号 九丰面粉厂 荣尧昌宅 张闻天旧居	荣子清宅	张惠臣宅
弧形拱	宗敬别墅（锦园） 荣子清宅	荣裕发宅 大窑路184号 荣梅春宅 荣巷民居	荣梅春宅 杨藕芳祠 永泰丝厂 无锡县商会 鼎昌丝厂
半圆形拱	杨藕芳祠	黄浩庆宅 无锡县图书馆	纸业公所 万寿里6号
哥特尖券		荣巷东浜48号 张家弄1号 厚德堂 薛汇东住宅	
哥特尖拱		万寿里6号	

图3-3-29 无锡中西合璧建筑砖券门窗的不同表达形式

砖券门窗按砖券砌法分为洞口上砌礅、洞口上砌线脚和洞口上既砌礅又砌线脚三种，按拱券式样又分为平拱券、弧形拱券、半圆形拱券、哥特尖券及哥特尖拱券五种（图3-3-29）。砌礅的做法为：在门窗洞口上砌与墙面相齐的、竖向的砖礅，起到砖过梁作用的同时，装饰了门窗上部空间。礅的形式有平礅、弧形礅及半圆形礅，其中以弧形礅居多。砌线脚的做法为：在门窗洞口上以飞砖发若干层线脚，两端收头恢复水平线。[1]线脚三层或多层，采用传统叠涩砌法，层层堆叠，相继挑出。线脚不再起过梁作用，仅仅为门窗上部的装饰。拱券首先是力学和技术上塑造门窗洞口的手段，同时其形态也是近代建筑造型产生众多变化的重要因素之一。[2]平拱券、弧形拱券与半圆形拱券成为门窗横向的舒展因素，哥特尖券与哥特尖拱券成为门窗纵向的拔高因素，它们无不丰富着门窗的表情。

券柱式大门多位于建筑的正立面，是通过模仿古罗马券柱式构图而形成的（图3-3-30）。券柱式大门的立柱或壁柱分列大门两侧，与门上方的拱券相接或相切，门上方多布置与柱间距等宽的山头、山花、涡卷等装饰，共同形成富有标识性的仿西式

---

[1] 罗晶. 南通近代"中西合璧"建筑式样的产生与演变[D]. 无锡：江南大学，2013：131.
[2] 刘佳. 镇江近代建筑形态及其演变研究[D]. 无锡：江南大学，2012：124.

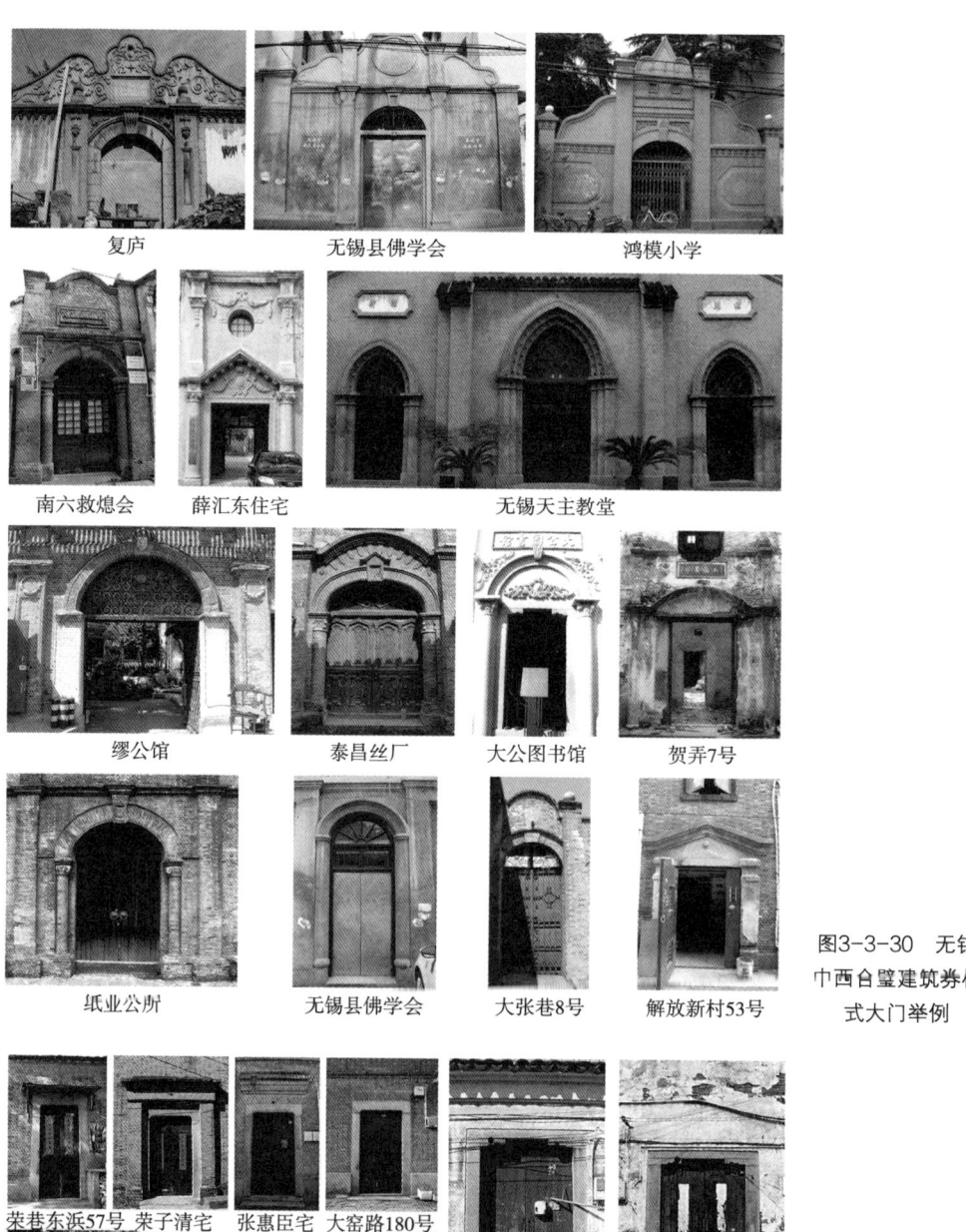

图3-3-30 无锡中西合璧建筑券柱式大门举例

图3-3-31 无锡石库门

立面。券柱式大门常用于无锡中西合璧公共建筑的门面上，以突出建筑的庄重与气派，多以"一间两柱"式为主，如南六救熄会、缪公馆、大公图书馆等。还有"一间四柱"式的院门，建筑则更显高贵，如复庐、无锡县佛学会、鸿模小学等。无锡天主教堂仿哥特式建筑造型，在其正立面大门上采用哥特束柱与尖拱结合的券柱造型。

石库门是中西元素结合的经典造型，最早出现在上海石库门建筑的单元入口。石库门是在乌漆木门扇四周箍条石做门框，并于其上砌筑拱券山花、线脚等西式装饰。上海的石库门中西式元素丰富，门楣山花线脚精美；无锡的石库门虽然装饰元素相对较少，但却更易突出石框木门的主体造型（图3-3-31）。究其缘由，无锡的石库门多出现在荣巷一带，荣巷的实业家、士绅等在上海经商后荣归故里，将上海石库门的形式带回家乡，但商人更注重实用性与利益性，于是他们省去繁复的山花装饰，仅保留了石库门主体造型。另外，部分石库门中加入传统的回纹石雀替，可见他们在传播新式文化的同时，不忘融入本土化元素，从而形成了具有无锡特色的石库门，图3-3-31所示荣月泉宅及贺弄7号的大门即为典型。

（2）中西融合

中西融合是"加法"模仿中将中与西两者进行比较合乎情理的结合。因中式造型元素与西式古典建筑造型元素在符号形态上有一定的相似相融性，经过分解后，可重新组合成新的亦中亦西式造型。用中西融合"加法"模仿的局部造型较少，最为典型的是中西合璧山墙。如图3-3-32所示，厚德堂和纸业公所的山墙面既模仿巴洛克弧形山墙，又模仿传统本土建筑中的观音兜山墙，两者交融后形成新的语汇，即仿巴洛克式带肩观音兜山墙。每进建筑与天井的虚实关系，让山墙高低错落、曲

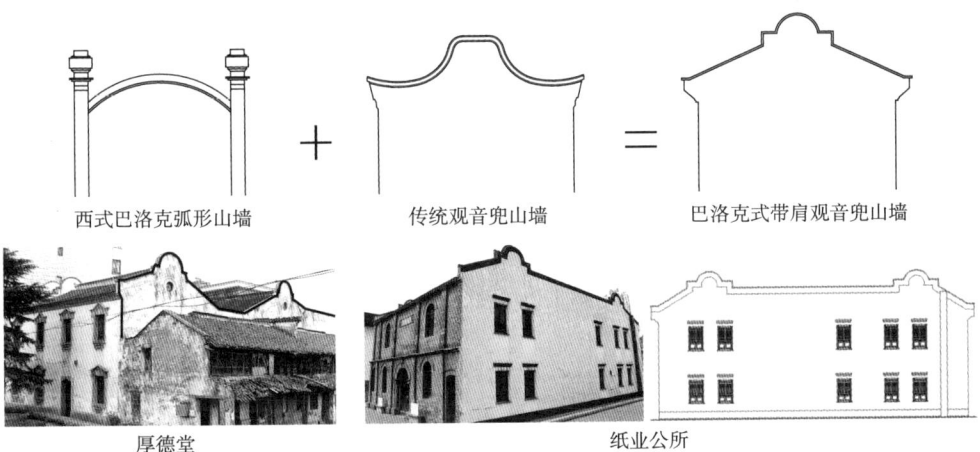

图3-3-32　巴洛克式带肩观音兜山墙

图3-3-33 烟囱

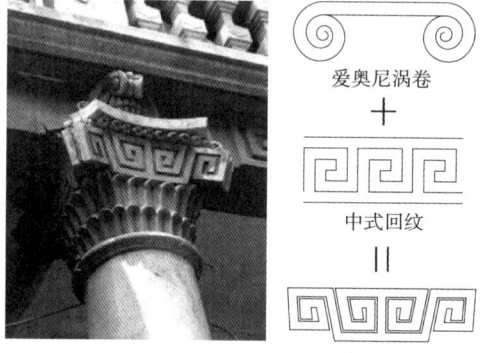

图3-3-34 涡卷回纹柱头

直相宜，丰富了建筑侧立面的造型。此外，在图3-3-33中，大张巷8号与厚德堂的西式烟囱均直接沿山墙面伸至顶部，与墙体一起成为较为独特的山墙立面。在缪公馆的屋顶烟囱中，不再采用西式线脚作装饰，而是将类似中式的庑殿顶"戴在"西式红砖烟囱上部，与缪公馆的大屋顶相呼应，显得别具一格。

中西元素的融合除在山墙、烟囱造型上体现外，柱头上也有所反映。如在张效程故居内的立柱上，整体呈现为西式造型，但柱头的符号既有西式爱奥尼涡卷的痕迹，又有中式回纹的倾向，因此两者交融后形成了涡卷回纹的新式符号，如图3-3-34所示。

（3）完全西化

完全西化是指全部模仿西式局部造型，而舍弃传统的中式造型。如图3-3-35所示纸业公所的传统栏杆，主要位于天井四周的围合界面上。传统栏杆多为连续几何式样，并雕刻求吉纳福的装饰图案。由于无锡近代中西合璧建筑空间与立面的外向化，建筑中的阳台、平台、外廊等外向空间随之出现，因此围合虚空间的西式栏杆被广泛使用，如图3-3-36所示杨藕芳祠、薛汇东住宅等的西式宝瓶栏杆以及万方楼、荣尧昌宅中的简洁几何式栏杆。除采用砖石砌筑栏杆外，无锡县图书馆、荣月泉宅等还使用了不同图案的铸铁栏杆。铸铁栏杆主要采用"S"形曲线等组成各式几何图案或藤蔓花饰的片状铁艺作为基本单元连续排列而形成栏杆。虽然栏杆的西化程度较高，但在荣尧昌宅阳台的栏杆中，其几何图案为传统拐子龙纹的变体，可见即使在完全西化的栏杆中仍有传统文化的印记。在中西合璧建筑室内的楼梯上，同样发现有大量宝瓶式以及铸铁式的西式扶手，主要以起步或转折点的扶手为重点处理，如图3-3-37所示。

图3-3-35　纸业公所传统栏杆

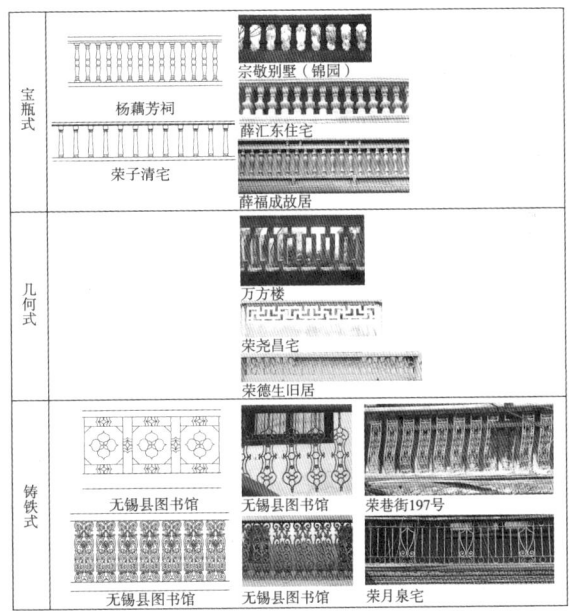

图3-3-36　西式栏杆

荣氏兄弟宅

荣泉生宅

荣德生旧居

厚德堂

图3-3-37　西式扶手

大窑路180号铺地

经畲堂铺地

文昌轩铺地

薛汇东宅彩色地砖

荣月泉宅彩色地砖

图3-3-38 西式铺装

除部分栏杆、扶手完全西化外,在无锡近代中西合璧建筑的室外铺地与室内地面上同样发现了"舶来品"。如图3-3-38所示,在大窑路180号入口、经畲堂前以及文昌轩天井的地坪上,铺地采用简洁的几何图形复制排列而成;又如西化程度较高的薛汇东住宅外廊地面上,铺设彩色的树叶状几何图案的方砖;再如荣月泉宅外廊的水磨石地面中间,镶嵌一条色彩鲜艳的几何图案方砖。彩色地砖的出现,可显示屋主的财力,又可看到屋主因对西方生活的崇拜而导致的从对建筑外观到对室内装饰的全面模仿。

2. 中式与西式间做"减法"的模仿手法

对局部造型的模仿并不是一味地生搬硬套西式元素,讲求实用的无锡人对传统与西式造型均有所简化并融合。如中西合璧建筑中出现的立柱,并未严格按照西方正宗的多立克柱式、爱奥尼柱式或科林斯柱式的比例与细节来模仿,而是在西式立柱的高度、柱头装饰、柱身及柱础形态上都作一定的简化或调整。立柱的高度根据层高的不同而呈现出不同的比例关系,如缪公馆的窗间柱呈现出矮胖比例(图3-3-39)。柱头装饰虽然以仿爱奥尼的涡卷与仿科林斯的毛茛花为主,但亦有融入葡萄、花草等纹饰的做法(图3-3-40)。柱身的凹槽数量减少甚至省略,柱础也多与外立面的勒脚线融为

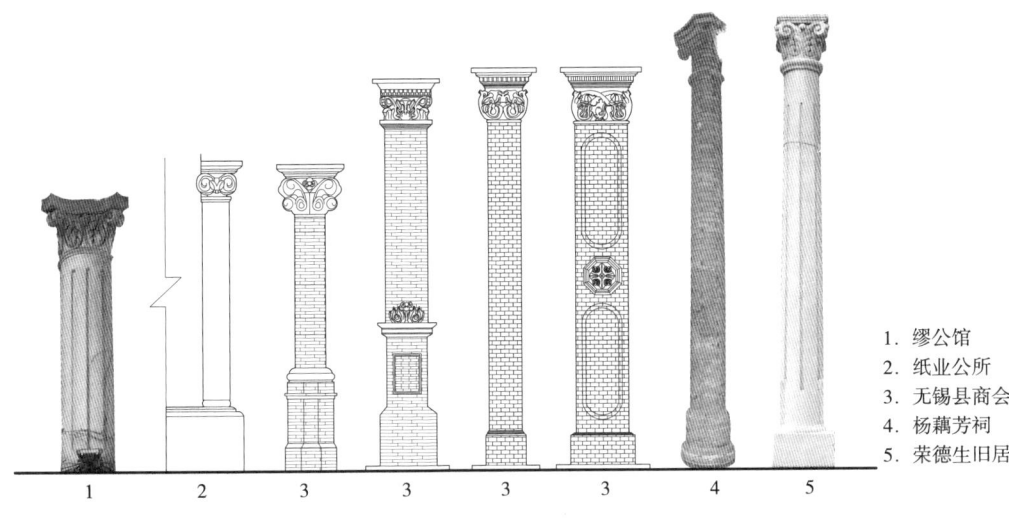

图3-3-39 中西合璧立柱

1. 缪公馆
2. 纸业公所
3. 无锡县商会
4. 杨藕芳祠
5. 荣德生旧居

图3-3-40 无锡中西合璧建筑柱头举例

一体（图3-3-39）。在做"减法"的同时，本土匠师仍习惯性地将传统中式元素融入局部造型中，如杨藕芳祠内的仿爱奥尼柱式的柱础还保留了圆鼓状柱脚石的做法（图3-3-39）。在贺弄7号与复庐的立柱上，将传统中式建筑中的雀替融入柱头，装饰简化后的柱头，倒也显得简洁实用（图3-3-41）。

如果说无锡近代中西合璧建筑中的立柱是对西式的严格比例与细节做"减法"的话，那么其室内天花吊顶处理的出现，同样可看作是对传统建筑室内木结构屋顶

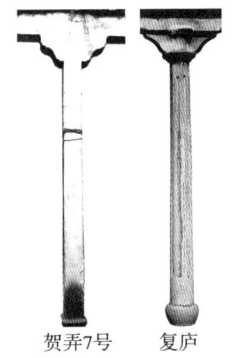

图3-3-41 雀替与柱头相融

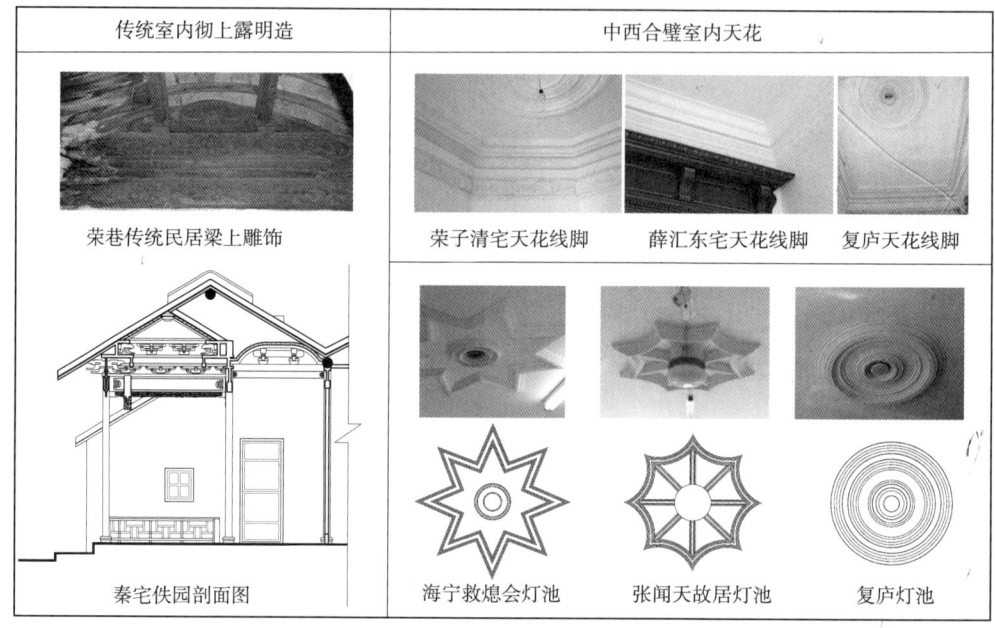

图3-3-42　无锡传统历史建筑室内顶棚处理方式

裸露在外的造型做"减法"。无锡传统本土建筑的室内均没有天花吊顶处理的方式，而是直接将屋架、梁柱结构露出，部分室内木构上有雕饰，体现出了木构架的结构美，即"彻上露明造"（图3-3-42）。而无锡近代中西合璧建筑的室内则用二次处理的天花吊顶将屋顶结构遮挡。天花在四周设多层西式石膏线脚，正中设石膏线灯池（图3-3-42）。灯池多为同心圆形式，如荣子清宅、复庐的灯池；也有五角星形灯池，如小娄巷19号二进一层的灯池；在海宁救熄会、张闻天故居中还出现了精美的八角星形灯池。这些天花造型简洁，相对于无锡传统本土建筑室内"彻上露明造"的处理而言，更加疏朗大气。

无锡近代中西合璧建筑的主人多为本地实业家、士绅、精英等人士，他们思想上务实、开放，用"加法"与"减法"对西式造型进行选择性模仿，既体现出他们对新文化、新生活的追求，又体现出他们"务本求实、经世致用"的价值取向。

3. 率直张扬的局部装饰

无锡传统本土建筑装饰"含蓄内敛"，注重内在意蕴的表达，多采用隐喻的象征设计手法；而无锡近代中西合璧建筑装饰"率直张扬"，注重外在形式的表达，多采用直白、明晰的设计手法，雕塑感与视觉冲击力更强。[1]在众多无锡近代中西合璧建筑的局部装饰中，门窗、立柱、水平腰线等装饰尤为精美（图3-3-43）。

---

[1] 过伟敏，史明. 建筑艺术遗产保护与利用［M］. 南昌：江西美术出版社，2006：195.

图3-3-43 无锡中西合璧建筑门楣装饰

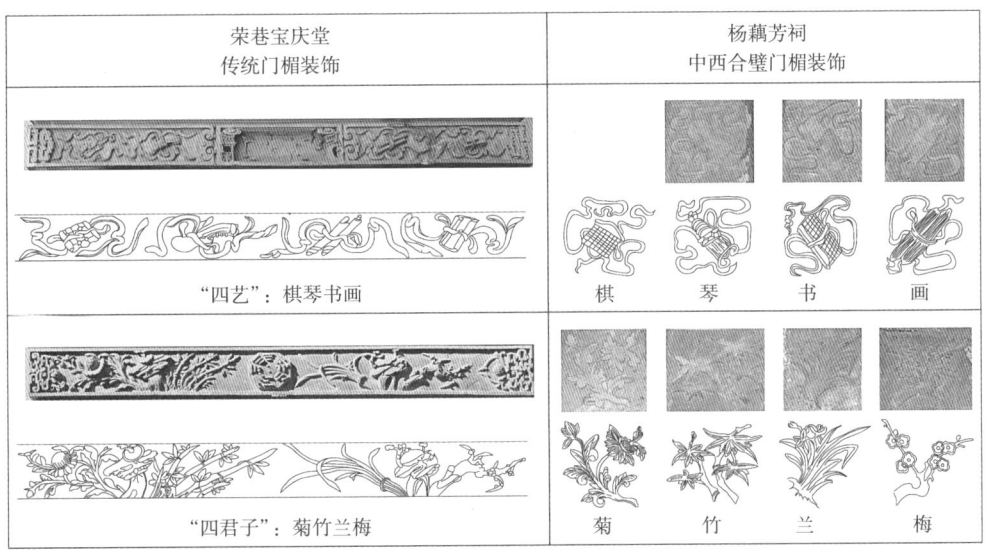

图3-3-44 "四艺"、"四君子"

以荣巷宝庆堂传统门楣装饰与杨藕芳祠中西合璧门楣装饰的比较为例,两者均采用尚德向善的"四艺"与"四君子"装饰题材,如图3-3-44所示。在布局方式上,

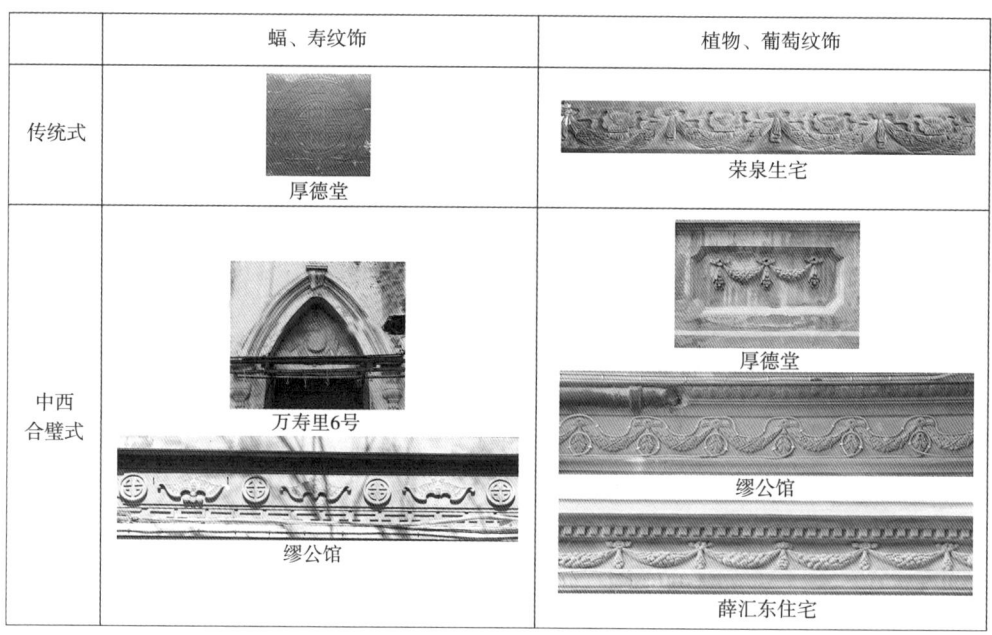

图3-3-45 动植物纹饰

宝庆堂门楣装饰采用画幅式对称布局,而杨藕芳祠门楣装饰采用独立式几何对称布局;在语言表达上,宝庆堂门楣装饰采用象征比拟的手法,而杨藕芳祠门楣装饰采用写实具象的手法;在装饰表现上,宝庆堂门楣装饰强调"式"的表达,平铺直叙,而杨藕芳祠门楣装饰强调"形"的表达,立体饱满,浑厚有力。

虽然无锡近代中西合璧建筑装饰中融入了西式造型法则,但在装饰手段与装饰题材上可看到其对传统装饰的承继。如图3-3-45所示,无锡传统本土建筑装饰与无锡近代中西合璧建筑装饰均采用雕刻而非透视的装饰手段,多选择动植物纹为装饰题材,祈吉求福的美好装饰愿望一致。如厚德堂采用传统画幅组合式的蝙蝠纹、团寿纹,万寿里6号、缪公馆均采用独立式蝙蝠纹、团寿纹,两种纹样都谐音寓意"福寿永康"。又如荣泉生宅、厚德堂、缪公馆、薛汇东住宅采用的葡萄连续纹装饰,则寓意"多子多福"。无锡传统本土建筑与无锡近代中西合璧建筑装饰在符号与内涵上的融合传递出中西文化的交融。

(三)清水砖的大量灵活运用

无锡近代中西合璧建筑造型中运用多种建筑材料,如水泥、混凝土、铸铁等,其中清水砖在造型上的运用最为广泛。无锡的砖瓦制造业自明末起就较为发达,老

图3-3-46　无锡中西合璧建筑清水砖的运用

城区外清名桥大窑路一带砖窑遍布。得砖材加工的便利，砖墙在无锡传统本土建筑中使用广泛，在砖墙表面处理上还采用了江南一带常用的"抹灰"做法。近代以来，随着新的先进技术、工艺等相继传入中国，无锡的砖瓦生产技术亦得到相应提高，砖材工艺日益先进，同时传统木结构的承重方式逐渐变为砖木或砖混结构的承重方式。砖材不仅起分隔空间的作用，更起到承重的作用。许多建筑砖墙外墙面不再使用抹灰做法，而是将砖材直接外露而形成清水砖墙。此外，近代的机制青砖和红砖在工艺与色彩上给予清水砖外露更多的可能性，亦让建筑造型更加丰富灵动。由于清水砖有固定的尺寸与模数，用它来砌筑中西合璧建筑，既可模仿中式石木的造型，又可模仿西式砖石的造型，可谓因地制宜。

如图3-3-46所示，一方面，用青色或红色的清水砖直接砌筑建筑外墙。无锡近代中西合璧建筑多用青砖来砌筑外墙，如张卓贤旧居、张惠臣宅等。青砖色彩素雅，大片青色墙面可作为背景来衬托墙上的门窗、立柱等装饰元素，凸显立面的图底关系。青砖外墙在视觉上低调朴实，曾一度成为无锡民国时期流行的建筑外观风尚。而缪公馆、张闻天旧居、永泰丝厂等中西合璧建筑则采用红砖砌筑外墙，由于红砖有"舶来品"的意味[①]，因此这些红砖建筑更多强调来自西方的"新式"之意。另外，亦有青砖、红砖相间砌筑的无锡县商会、九丰面粉厂、窑业公所等。这些建筑的外墙仍以青砖砌筑为主，红砖多以砌筑的装饰带或局部造型出现，用红砖砌筑

---

① 史明. 无锡近代工商建筑的基本类型[J]. 工业建筑，2013，43（12）：61.

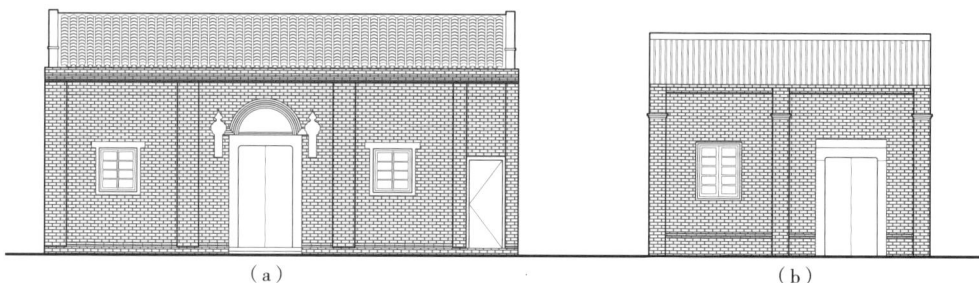

图3-3-47 砖纹肌理
（a）小娄巷19号；（b）徐梅初宅

的几何图案常用作青色砖墙上的装饰元素。另一方面，清水砖被用来砌筑建筑的局部装饰。如用清水砖层层叠涩砌出线脚、拱券及墀头，既让装饰形成统一的韵律，又可发挥出砖材的硬朗优势；还可用清水砖砌筑立柱，如模仿西式爱奥尼涡卷、中式石鼓状柱脚石等局部造型，横竖相间的砖缝亦起到丰富立柱肌理的作用。

综上，清水砖的青红两色、多样的叠砌方式及硬朗的质感肌理（图3-3-47），本身就是优良的造型元素，无锡近代中西合璧建筑通过对其合理的组合与运用，将砖材的材质优势发挥到了极致。

第四节　无锡近代中西合璧建筑的成因及其文化内涵

一、无锡近代中西合璧建筑的形成原因

（一）外来文化的冲击与周边城市的引导

1. 西方文化的冲击

文化这一隐性因素往往是靠物质实体来承载的，无锡近代中西合璧建筑的出现，无疑是受西方文化影响而产生的。自1840年西方文化伴随着战火和硝烟进入中国，与源远流长的中国传统文化发生冲突与碰撞。国人对待外来西方文化的态度与接受方式，从早期的被动置入到后期的主动吸纳，更是中国近代中西合璧建筑产生的重要原因。一般认为，西方的建筑文化主要通过三条渠道对中国近代建筑产生影响，即教会传教渠道、早期通商渠道以及民间传播渠道。[1]从前文的分析可以看到，

---

[1] 杨秉德. 早期西方建筑对中国近代建筑产生影响的三条渠道[J]. 华中建筑，2005，23（01）：159.

无锡近代中西合璧建筑主要是通过后两种渠道的西方文化传入而形成的。无锡虽为县城，但由于吴文化与近代民族工商文化的包容性与开放性，民众在反封建思想、传播西方先进文化方面反应积极，表现在建筑上即为在传承传统文化的基础上积极吸纳西方建筑文化，以致"中"与"西"相辅相成、相互交织，最终形成"中西合璧"的建筑文化形态。

2. 上海等商埠城市的引导

无锡与其近邻——近代第一大都市上海的联系十分紧密。无锡在经济、文化上受上海的引导和影响较大，建筑活动也不例外。上海被称为"万国建筑博览中心"，近代上海源自西方的多种建筑式样随着无锡与上海的工商交流而逐渐传入无锡，如上海典型石库门建筑等。同时，无锡的建造活动也与上海密不可分，无锡工匠在上海"申帮"的帮助下技艺逐步提高，并自成"锡帮"。另外，无锡部分大型的建筑活动以及许多中西合璧建筑均由上海华盖建筑师事务所、上海营造厂、陶馥记营造厂等机构设计承建。

（二）民族工商业的发展

1. 经济发展带动建筑革新

无锡是吴文化的发源地之一，原隶属于常州府，其城市化进程较短，无锡是在近代民族工商业兴盛的带动下发展而成的工商业城市。其中杨氏、周氏、荣氏、薛氏、唐蔡、唐程等六大民族资本集团奠定了无锡近代棉纺织业、缫丝业、面粉加工业等三大工业主体。地区经济的快速发展使无锡跻身全国六大工业城市之一，成为沪宁线上仅次于上海的工商城市，从而享有"小上海"的美誉。同时，无锡在当时全国六大工业城市中是唯一一个既没有租界又没有外资的工商业城市。经济的快速发展必然带动城市建设，建筑活动作为城市建设中的重要组成部分而得以快速发展，无锡无论是新兴的公共建筑、工业建筑还是居住建筑、商业建筑等，在数量与质量上均有提升。同时，既有财力基础又有新思想觉悟的精英们，多选择建造时尚的中西合璧建筑。总之，无锡近代中西合璧建筑是随着民族工商业的发展相继发展而成的。

2. 实业家在建筑上的领头作用

无锡在近代没有租界，与国外的资本关系也少，虽然受到外来文化的冲击，但对西式建筑形式的引进有很大的间接性与局限性。其时的西方文化大多是由这些民族实业家、商人及官僚传入无锡的，他们自然成为了无锡近代中西合璧建筑的主要领头者与传播者。首先，民族实业家开办企业并建设工业厂房等产业建筑，从而发展了中西合璧工业建筑,而工厂企业的资金周转、同业联络与协调又让银行、商会、公所等中西合璧商业建筑兴起;其次,实业家等出资兴办科教文卫等公共建筑,他们将先进的思想、文化用于家乡的公共事业,从而发展了中西合璧公共建筑;之后,实业家们在自己新建的住宅上体现出财力与思想,出现了中西合璧的居住建筑。

3. 工商文化在建筑中的体现

早期的中西合璧产业建筑及中西合璧居住建筑大多由民族实业家主持修建,他们本能地将"开放务实、经世致用"的工商文化融入建筑中。商人重利益、好竞争,在建筑上讲求"实用与简约"。在调查研究中鲜少看到装饰特别繁缛华丽的建筑实例。业主结合自身需要,有选择地加入典型西式元素,形成了既实用又美观的中西合璧建筑。无锡工商文化不尚繁缛华丽,不事炫耀矜夸,讲究平和简约、实用实惠[①],这些特点在无锡近代中西合璧建筑中一一呈现出来,形成了无锡近代中西合璧建筑的独特个性,在一定程度上体现出无锡地区民族资本家勤勉务实的价值取向。由此可见,无锡近代中西合璧建筑与其他商埠城市或通商口岸的中西合璧建筑有着本质上的区别。

(三)本土匠师的主导

国内殖民城市和商埠城市的近代建筑多是由外国建筑师、留洋建筑师设计与组织兴建或是加以系统的指导,而同时期无锡专门的建筑设计师或设计单位较少,除"江氏兄弟"等本土建筑师、无锡实业建筑公司、营造厂外,多为本土工匠。无锡除少量中西合璧建筑由国外建筑师或上海、南京等外地的建筑师设计建造外,大部分仍由本土匠师建造。因此本土匠师对无锡近代中西合璧建筑式样的主导性较大。由于他们中的大多数缺乏西式建筑系统而专业的学习,对西式建筑技艺多停留于简单的视觉化理解,导致无锡近代中西合璧建筑多为西式风格的折中模仿,多为"形"的模仿,少了一份"式"的严谨与理性,因此鲜有正宗的西方古典式建筑出现。同时,由于本土匠师对无锡传统本土建筑的技艺发挥自如,对中式建筑建造技法的掌控明显高于西式,因此中西合璧建筑在建造中常常带有无锡本土建筑传统做法而显质朴。值得一提的是,匠师们还对西式元素进行本土化加工,如在装饰元素上寻求中与西的相似性与相融性,做到中西交融。

(四)民众的矛盾心理

近代中国是一个思想快速变革的时期,清末"经世致用"思潮与"西学东渐"

---

① 黄胜平,汤可可. 吴地文脉渊源[M]. 北京:中国社会出版社,2007:57.

图3-3-48　荣子清宅"外西内中"的门头　　　　图3-3-49　黄氏老宅"外中内西"的门头

思潮的兴起逐渐打开了国人的视野和思想领域。[①]从"洋火"、"洋油"到"洋房",民众"崇洋"、"喜洋"的心理与现象应运而生。人们渐渐认可西方文化并在一定程度上接纳吸收,审美情趣也由原来的保守内向趋于自由开放,建筑被西式表皮所包裹在一定程度上就是出于民众的崇洋心理。无锡的实业家们虽然在思想上开放务实,但对西方生活的崇拜与根深蒂固的传统思想仍存在一定矛盾,这一点在中西合璧的住宅中尤为明显。一方面,主人想要凸显身份地位,让西式建筑引领时尚之风,另一方面,主人想保留江南传统建筑文化,乃至生活方式。中西合璧建筑正是他们的矛盾心理最真实的写照,并且矛盾心理的"中"与"西"相互较量,最后表现为两种截然相反的建筑形态,即外在张扬、内心收敛的"外西内中"式和外在含蓄、内心澎湃的"外中内西"式。门头内外使用不同的造型风格,如位于荣巷地区的中荣87号的荣子清宅,其"外西内中"的门头说明主人表面上跟随西式之风,而内心却不舍传统文化(图3-3-48)。又如位于清名桥地区的大窑路184号的黄氏老宅,其"外中内西"的门头既不露富,又以较为隐蔽的做法表达了内心对西方文化的渴求(图3-3-49)。一中一西、一显一隐的处理手法,可以看出民众的矛盾心理对建筑内外形态的塑造有不可忽视的影响力。

二、无锡近代中西合璧建筑体现的文化内涵

(一)中西合璧建筑空间体现的开放文化内涵

建筑空间的布局与组织方式,在一定程度上体现了建筑的文化内涵。无锡传统

[①] 刘佳. 镇江近代建筑形态及其演变研究[D]. 无锡:江南大学,2012:162.

本土建筑是在南北向采用院落串联的空间模式，以天井或庭院为核心展开布局，因此需要观赏多进的房屋，才能感受到传统建筑的整体空间上的虚实之美。而对于单体建筑的空间形态，则必须进入到院落内部才能有所感知。可见，无锡传统本土建筑空间呈现出对内开放、对外封闭的格局，这也源于传统文化的封闭性与内向性。及至近代，受西方文化思想和工业文明的影响，人们更加讲求功能性与实用性，因此采用线性并联空间布局或集中并联空间布局的中西合璧建筑受到欢迎，加上新的建筑结构、材料、技术让传统的水平纵深空间向垂直高空发展具有了条件，从而实现了从传统封闭串联空间到高空开放并联空间的形态转变。阳台、老虎窗、外廊等虚空间逐渐取代传统的天井或庭院，它们既成为了室内采光通风的手段，又成为了室内外联系的过渡纽带，建筑外向开放的特征鲜明。西方建筑文化的外向开放通过中西合璧建筑的空间传递出来，由此可见，无锡近代中西合璧建筑空间体现出了开放的文化内涵。

（二）中西合璧建筑造型体现的折中文化内涵

建筑造型成为人们可观看、可触碰的最能反映中西文化交融的物质实体。无锡近代中西合璧建筑造型，在总体上表现为折中式西化表皮对传统中式建筑的包裹。首先，表现在立面处理上的中式与西式的折中文化，即中西相融的立面比例关系。经过纵横划分的中西合璧建筑立面单元有着近似"正方形"的严格比例关系，这来自西方建筑文化理性的一面。同时，中间开间宽度稍大于两侧开间宽度，这又源于中国传统文化的主次观念。其次，表现在局部造型上，既有中式与西式的折中文化，如仿巴洛克式带肩观音兜山墙、涡卷回纹柱头、独立几何式团寿纹等中西相融装饰语汇，又有西方不同建筑风格的折中文化，如巴洛克曲线山花撞接在罗马拱券上，形成折中主义的西式门头。最后，表现在造型用材上的中式与西式的折中文化，即大量运用清水砖来砌筑西式造型，既传递出传统建造文化的技艺美，又传递出西方造型的形态美。传统儒家的道德标准为"中庸"，即强调因时、因物、因事制宜，中西合璧建筑在造型上既未全盘西化又未局限于模仿西式风格特色，中与西的折中似与中庸文化不谋而合。通过在立面处理、局部造型、造型用材上的折中西化，无锡近代中西合璧建筑造型体现出折中的文化内涵。

（三）中西合璧建筑建造方式体现的革新文化内涵

任何建筑式样都是建立在相应适宜的建筑结构和技术基础之上的，建造方式的革新是中西合璧建筑空间开放、造型折中的首要形成条件。虽然无锡传统本土建造方式在长时间的实践积累中已相当成熟,但西方的新材料、结构、建造等的引入及传播,促使传统建造方式发生变革。首先,在建筑材料上发生变革,如机制砖瓦、钢筋混凝土、水泥、玻璃、铁艺等新型建材的运用,为塑造中西合璧建筑的结构与造型提供了首要的物质基础。其次,在建筑结构上发生变革,即新型的砖木或砖混"承重墙"结构逐渐替代穿斗或抬梁等传统砖木结构,出现了稳定的"三角形桁架"屋顶形式,解放出建筑室内空间。最后,在建筑建造方式上发生变革,即西方的建筑设计与建筑施工取代了传统营造中设计与施工的一体化,按图施工的建造方式兴起。虽然传统建造方式在近代仍有不同程度的发展,但不可否认西方建造方式在一定程度上已占据主导地位,因此无锡近代中西合璧建筑建造方式体现出了革新的文化内涵。

第四章

无锡近代宅园

第一节　近代前无锡园林与近代宅园的产生

一、近代前的无锡园林概况

近代前的无锡园林是指1840年鸦片战争前的无锡园林，而之后至1949年中华人民共和国成立期间的无锡园林，则称为近代无锡园林。宅园，亦被称为私家园林。故近代宅园为近代无锡园林的组成部分。

无锡地处江南，得天独厚的自然山水、地理环境，为园林的产生和发展奠定了重要的基础。据史书记载，无锡园林历史最早可追溯到春秋战国时期，相传吴王阖闾曾在马山建避暑宫，凿吴王井，范蠡偕西施泛舟五里湖，泊舟仙蠡墩，是为溪山胜处。①魏晋南北朝时期，佛教盛行，公元4世纪东晋大批士人南渡，佛教在江南地区逐渐流行，无锡开始兴建寺观园林。宋朝之后，无锡办学之风渐起，由此产生书院诗社园林。明清之时，无锡地区经济发达，百姓富庶，登堂入室者渐多，故在士大夫阶层盛行兴建自己的私家园林。清朝惠山地区祠堂文化兴盛，出现了一大批祠堂园林。

（一）魏晋南北朝出现寺观园林

魏晋南北朝时期，佛教盛行。在公元4世纪中期以后，江南地区佛教逐渐流行。公元364年（东晋兴宁二年），无锡县出现了第一所佛教寺院，名为兴宁寺，至宋朝改为崇安寺。②南朝梁武帝笃信佛教，导致江南地区大规模地兴建佛院寺庙，"南朝四百八十寺，多少楼台烟雨中"。公元4世纪中叶至5世纪，无锡城内外梵刹林立，有崇安寺、南禅寺、惠山寺、广福寺等寺庙。其中惠山寺与惠山的林壑泉相结合尤为著名。南朝司徒右长史湛挺在惠山筑历山草堂作为隐居读书之处，后将私宅改为僧舍，称"华山精舍"，后又改为惠山寺。惠山寺的出现，被认为是无锡寺庙园林的开端，同时，惠山寺因地制宜地结合自然山水环境的做法，亦被认为无锡园林脱胎于寺庙，且以别墅园林为先导。③

另外，唐天宝年间，茶圣陆羽曾到惠山一游，对惠山赞许有加，写下著名的《惠山寺记》，并将惠山泉水列为天下第二。经过陆羽和《惠山寺记》的宣传，世人渐渐注意到惠山的旖旎山色。唐朝宰相李绅（又称"悯农"诗人）辞官后，在惠山

---

① 常荣初. 无锡园林志（上）[M]. 南京：凤凰出版社，2013：1.
② 刘健华. 崇安名胜史话[M]. 济南：山东画报出版社，2006：50.
③ 吴惠良，朱震峻，沙无垢. 无锡风景园林[M]. 苏州：古吴轩出版社，2007：7.

半山处建起望湖阁,自此之后择惠山建别业者亦日渐增多。[①]

(二)宋代产生书院诗社园林

到了宋代,文人受到重用加上经济重心的南移,无锡经济开始繁荣发展,促进了办学之风的兴起。宋政和四年(1114年)至建炎三年(1129年),杨时(1053-1135,南剑洲今福建将乐人,字中立,号龟山)在无锡讲学数十年,并在无锡县城内熙春门内(无锡环城河内)弓河创办了龟山书院,即是之后著名的东林书院。[②]北宋宣和年间,宰相李纲在梁清溪之畔筑梁溪居。南宋初,显谟阁学士许德之归田养老,在大浮鹤溪筑许舍。南宋四大家之首尤袤还乡之后亦在梁清溪建乐溪居。南宋嘉定十六年(1223年)锡邑状元蒋重珍在惠山筑别业,曰"云龙小隐",致仕后又在胡埭筑一梅亭和万竹堂。[③]南宋"名医进士"许叔微在马山手植檀树有三并筑三檀老屋。元朝时期,在祇陀里有画家倪瓒(倪云林)建清閟阁(云林草堂)。在西门梁清溪,又有华瑛所筑溪山胜概楼。在锡山,有倪文光的清微精舍。[④]无锡一时成为名士的隐逸之处。

(三)明清时期私家园林兴盛

明代江南因经济的繁荣,科举之风兴盛,通过科举登堂入室者日渐增多,而园林既是风雅才情的标志,又可显示园主的地位和财力,因此不少官僚士绅相继择地筑园。其中权贵富宦所建之园更是精巧繁华、争奇斗艳。无锡亦无例外,正德年间,北宋著名词人秦观迁锡后裔、后人称明"两京五部尚书,九转三朝太保"的秦金购得惠山寺僧舍别院,改为园林别墅,名为"凤谷行窝"。传至裔孙秦燿时对其进行改建,筑成园景二十,并改名为"寄畅园",亦名"秦园"。至清康熙年间,秦燿曾孙秦德藻请造园名家张涟及其侄对寄畅园进行改建,叠假山,引二泉,终为今日园景奠定格局。[⑤]明万历年间,原湖广提学副使邹迪光得冯夔在惠山所筑龙泉精舍,历时十载建愚公谷(现不存,仅有遗址),构60景,建成了与寄畅园齐名的明代园林。[⑥]

除此之外,还有大小几十处园林筑于山麓城邑之间。例如在惠山有秦旭的"碧

---

① 吴惠良,朱震峻,沙无垢. 无锡风景园林[M]. 苏州:古吴轩出版社,2007:73.
② 刘健华. 崇安名胜史话[M]. 济南:山东画报出版社,2006:83.
③ 常荣初. 无锡园林志(上)[M]. 南京:凤凰出版社,2013:1-2.
④ 常荣初. 无锡园林志(上)[M]. 南京:凤凰出版社,2013:13.
⑤ 吴惠良,朱震峻,沙无垢. 无锡风景园林[M]. 苏州:古吴轩出版社,2007:113.
⑥ 朱震峻,沙无垢,史德平,金石声. 锡惠名胜区[M]. 苏州:古吴轩出版社,2007:102.

山吟社",有十老堂及捻髭亭、流馨亭、龙缝泉、涵碧亭等八景;惠山寺旁听松坊有邵宝的"二泉书院",司寇盛颙的别墅"松苓泉"及尤茂先的"冠龙山居"亦在惠山。在锡山,有顾可学所建别墅,名为"惠岩小筑","峰峦重叠水潆洄,一径苔深一径莓";还有吴学读书处"菊花庄","园极宏敞,菊最盛"。在马山,有钱孝的"西青小隐"及朱鲁的"朱家园"和"东湖书屋"。在胶山,有安国的"西林"及"嘉荫园"。在锡东荡口,有华察的"嘉遯园",广四十亩,其在隆亭(今东亭)又建东、西两园。五里湖畔有东林志士高攀龙(高忠宪公)读书之处,即"高子水居","屋数楹,四面临水,溪光山色,树影花香,渔歌鸟语"。城中旱桥弄亦有俞宪的"读书"、"独行"两园,"重楼邃阁,极一时殇咏之盛"。[①]明朝时期可谓是无锡私家园林最为辉煌的时期,众多文人墨客、富宦巨贾竞相建园,以争一时之盛。

清康熙、乾隆两朝皇帝南巡,均曾游无锡园林。至1840年以前,无锡有清初隐士杨紫渊在北犊山所建"管社山庄",秦敬熙于康熙年间在中桥历时15年建"半园",同时期,在城中映山河有侯杲请造园名家张南垣设计建造的"亦园"以及秦鄮洺的"乐志园"、钱易建的"养竹山房"、李崧的"浣香园"及华天衢的"酿花庄"等一些园林。[②]但总体而言,所建园林在数量及规模上已无法与前朝相比。

二、无锡近代宅园的产生

(一)无锡近代宅园的产生背景

进入近代的无锡,凭借良好的经济基础和优越的地理环境,尤其是随着民族工商业的崛起,其经济地位一路飙升。1936年无锡成为中国一大工商业重镇,其工业资本总额在全国工业城市中居第五位,年总产值仅次于上海、广州,居全国第三,产业工人总数仅次于上海,居全国第二,享有"小上海"之称。[③]

无锡的民族资本家成为推动城市建设与发展的主要力量。这些民族资本家通过发展实业积累了大量的财富和资本,又见识到了西方新式的生活方式,于是他们一方面捐资办学建造公益性公共建筑以及建造公司与宗庙,以造福桑梓;另一方面,为满足自己的物质生活的需要而纷纷建造新宅和园林。由此可见,无锡近代民族工商业的发展为无锡近代宅园的建设奠定了重要的物质基础。

---

① 常荣初. 无锡园林志(上)[M]. 南京:凤凰出版社,2013:2-17.
② 同①。
③ 无锡市地方志编纂委员会. 无锡市志(第一册)[M]. 南京:江苏人民出版社,1995:5.

清末无锡，因国家积弱，时局动荡，许多文人士大夫已无力建园，明清时期盛极一时的文人园林逐渐衰微。晚清时期，无锡城中玉皇殿后有一小园，景致颇佳。1905年（清光绪三十一年），俞仲还等提倡将此地建为公园。次年，俞仲还、吴稚晖等募集资金，在其地堆筑土冈，种植树木，构筑小亭，建成锡金公花园。1912年，无锡县政府将僧寺庵观拆除改建，扩充为公园用地，由商人出资，聘请专门办事机构负责建设，并请日本造园专家松田设计监造，并改名为无锡公园。[①] 无锡公园被视为无锡园林近代化建设的发端。

无锡近代园林的主要类型有：城市公园、私家园林、宗教园林（表4-1-1）。从数量来看，无锡近代私家园林多数为宅园。

无锡近代园林主要类型及名录表　　　　　　　　　　表4-1-1

城市公园	无锡公园（1905年）、惠山公园（1930年）
私家园林	云薖园（1908）、高氏花园（清末）、随寓别墅（清末）、梅园（1912年）、荣德生旧居、杨园（1915年重建）、万顷堂（1915年重建）、东大池（1918年）、桃园（1918年）、横云山庄（1918年）、陆庄、退庐、何家别墅、镇山园、子宽别墅、避尘庐、蓉湖花园、王家园（1921年）、于胥乐花园（1922年）、若圃（1924年）、香草居（1925年）、蠡园（1927年）、太湖别墅（1927年）、辟疆园（1927年）、佚园（1928年）、锦园（1929年）、渔庄（1930年）、小蓬莱山馆（1930年）、郑家花园（1931年）、芝兰草堂（1931年）、张闻天旧居、孙国璋故居（1931年）、缪公馆（1932年）、王禹卿旧宅（1932年）、茹经堂（1935年）
宗教园林	广福寺（1924年）、开原寺（1933年）

（二）无锡近代宅园的主要类型

近代时期，西方文化的传入对中国社会在政治、经济、思想、文化等方面都产生了深刻的影响，同时近代中国在中西文化的激烈碰撞下，亦产生了许多新鲜的事物，无锡近代宅园即是其中之一。

总体而言，无锡近代宅园（即1840～1949年间，由官僚富商等私人出资购地所建的含有一定供园主日常起居、会友、休闲功能的私家园林）在继承了江南古典园林风格的基础上，受到来自西方文化的影响，出现了许多新的功能和形式，尤其是进入民国时期后，其属性亦随之发生了一定的变化。此时的宅园不再是仅供私人享受，其中的一部分开始免费对普通大众开放，故使宅园在整体上具有了一定的开放性。这是无锡近代宅园发展历程中的一个重要转折点。

---
① 常荣初. 无锡园林志（上）[M]. 南京：凤凰出版社，2013：18.

因此，若依据使用性质的不同，无锡近代宅园可分为两大类，即：其一，为半公共型宅园，主要指服务于园主及大众，并具有供园主日常起居等功能，且包括山、水、植物、建筑等基本园林要素的宅园；其二，为私享型宅园，主要指仅服务于园主日常生活、读书交友等私人需求的包括山、水、植物、建筑等园林要素的宅园。

第二节　无锡近代宅园的发展阶段及其特点

由于近代社会环境复杂多变、战乱频繁，无锡地区的民族工商业发展亦非一帆风顺，故近代无锡宅园的建设与发展同样也受到社会环境以及园主实业经营状况的影响，其发展历程大致可以划分为以下四个阶段：1840~1894年的蛰伏期、1895~1910年的萌芽期、1911~1930年的发展期和1931~1949年的缓滞期。

一、蛰伏期（1840~1894年）：古典私家园林的延续时期

这一时期，无锡先后经历了1840年鸦片战争和1851年的太平天国运动以及1861年的洋务运动。无锡地区仍然是传统的农耕社会，尽管手工业比较发达，但自然经济的产业结构依然占据主导地位，真正意义上的近代工商企业并未诞生。

（一）宅园发展及主要特点

这一时期无锡地区有资料记载的新建宅园主要有2个，分别是：杨宗濂、杨宗翰兄弟之父杨延俊在惠山地区建造的潜庐，又称留耕草堂；由薛福成亲自规划设计，其长子薛南溟督建的钦使第，又称薛家花园（现称薛福成故居）（表4-2-1）。

蛰伏期所建主要宅园名录表　　　表4-2-1

序号	名称	园主	建造时间	地点
1	潜庐	杨延俊	1840年（1882年扩建）	惠山上河塘20号
2	钦使第	薛福成	1890~1894年	城中学前街152号

1. 整体风格延续江南园林特色

该时期所建两座宅园都延续了明以来江南园林精巧雅致的整体风格。

现存的潜庐为杨宗濂于1882年，在其父杨延俊始建于1840年（清道光二十年）的

主厅——留耕草堂的基础之上扩建而成。扩建目的是在解官还乡后为自己及母亲隐居之用，以期终老之所。潜庐的营建源自中国传统的江南园林造园手法，其中建筑物均采用传统木结构形式。受用地范围限制及隐逸低调设计理念的主导，造园者通过园居穿插围合的手法，巧妙地将潜庐空间化整为零，分划成形态、大小不同的7个空间，并通过轴线加以贯穿，组织其空间序列。整体空间布局围绕一主一辅相互垂直的两条视景轴线展开，既简明巧妙地引借了锡、惠二山的景色，又使局部处理生动灵活多变。全园建筑形式多样，包含了亭、台、楼、堂、轩、廊等，主体建筑及庭院空间沿南北主轴线依次分布。此外，水体、假山、花木、曲桥等园林要素的巧妙运用更增添了几分变化和情趣，使得整体的空间开合有致，灵活连贯，增加了园居生活的多样性和趣味性，行走其间，令人产生移步换景、小中见大、赏之不尽的艺术感觉。宅园虽小，却清逸精致，体现出了士大夫归隐山林的隐逸情怀（图4-2-1、图4-2-2）。

图4-2-1 潜庐现状实景
（a）留耕草堂；（b）戏台；（c）望山楼；（d）丛桂轩及半亭

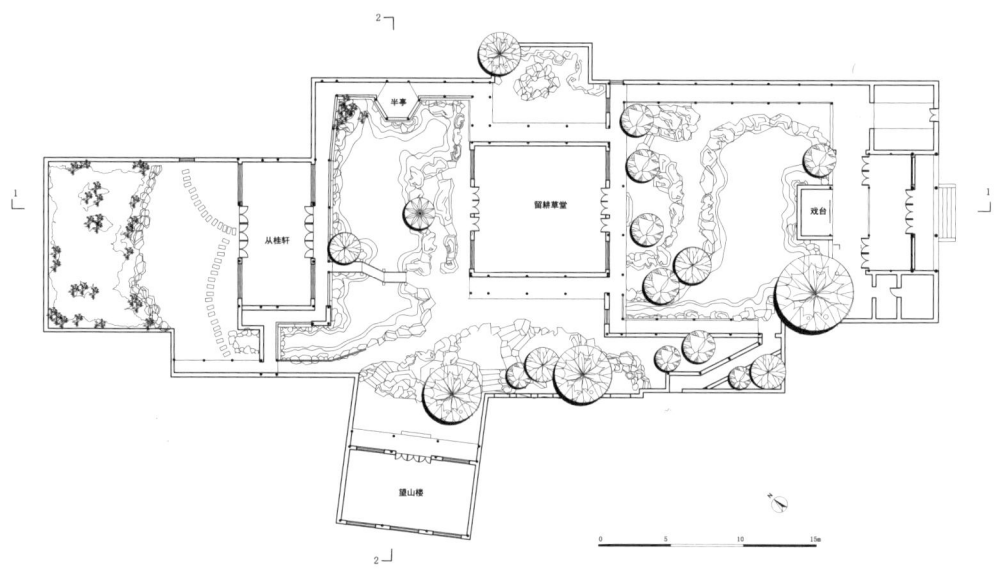

图4-2-2 潜庐总平面图

钦使第则是典型的江南传统大户人家的宅园,处处彰显薛家当时在无锡的"薛半城"的地位(图4-2-3),占地面积2.1公顷,主要是传统院落式的晚清风格建筑群,园内建筑为传统木结构形式,沿南北向的三条轴线进行布局。单体建筑上精致繁复的雕花及装饰也多采用祥云、葫芦等中国传统图案纹式。建筑结构基本上沿袭了清中晚期的形制,如正厅的梁架结构、草架轩顶,花厅戏台的歇山式屋顶、穹隆式藻井等。除天井庭院外,花园主要由位于建筑群北部的"后花园"和位于建筑群西侧的"西花园"两部分组成,园中水域占据了较大的面积,且将两部分花园联系起来,水系逶迤婉转,时聚时分,与园中建筑、山石、花木相互穿插,成为联系和引导整个花园空间开合收放的线索,平添了移步换景的园居情趣。

2. 局部初现西化倾向

该时期无锡新建宅园受西方文化的影响,局部初现西化倾向,主要体现在宅园的建筑物方面,如钦使第中最后一进的"转盘楼"(图4-2-3e)。其为采用回字型平面布局的建筑物,在无锡民间俗称为"转盘楼"。钦使第的转盘楼,其檐口采用机刻花板装饰,门窗上镶嵌有彩色玻璃,楼梯和走廊上的西式栏杆则是采用进口的水车床车制而成。这些制作工艺均为西方建筑的建造技艺,钦使第宅园的局部西化,不仅体现在建筑的局部布局方式和装饰材料上,亦表现在建造工艺上。另外,在花园空间尺度及空间组织方面,也不似传统江南园林那么强调小中见大、掩映、藏与露间的文人意趣,而是在西式花园的影响下,空间尺度变得更为开阔,以适应更多人聚集的社交需求。

图4-2-3 钦使第现状实景
(a)大门;(b)务本堂;(c)庭院;(d)枇杷园;(e)转盘楼;(f)天井;(g)戏台;
(h)后花园;(i)西花园

(二)本时期宅园发展与风格的成因

自1840年鸦片战争,尤其是五口通商之后,西方的文化以通商口岸为中心,开始向周围地区进行蔓延和渗透,洋货逐渐进入人们的生活。无锡作为上海的近邻,虽受上海的辐射与影响,但对其延续千年的传统生产方式、生活方式以及思想观念的改变并不显著。这些在潜庐和钦使第两座宅园等的建造上均有所体现。

杨氏与薛氏都是无锡当地的名门望族,累代为官。同时,杨、薛两家都是当时无锡主要的官僚地主,拥有一万亩左右的土地,大部分收入来自于田租与房租。[1]较高的社会地位以及殷实的家境使得杨、薛两家在这一时期有能力建造宅园。另外,两位园主从小受儒家传统文化的熏陶,通过科举登堂入室,均为文人官僚,因此他们所建宅园不可避免地深受传统文人园的影响,故均以明以来的江南园林风格为主。但是,两座宅园之间的差异,也是显而易见的。这些差异皆源于园主的身份、经历及建园目

---

[1] 王赓唐,汤可可. 无锡近代经济史[M]. 北京:学苑出版社,1993:19-20.

的的不同。其中，杨延俊官至山东肥城知县，留耕草堂是其进士及第后修建的别墅园林。1882年，其长子杨宗濂在被弹劾、解除了职务回到无锡之后，为了自己和母亲有一处安居之所而将其扩建为潜庐。潜庐之名出自《易经》："潜龙勿用，何谓也？子曰：龙德而隐者也。"可以看出，潜庐是杨宗濂的归隐之所。钦使第则是历任浙江宁绍台道、湖南按察使的薛福成，于1889年官居要职并出使英、法、意、比四国，且在出使期间，考察欧洲多国工业的发展以及政治、经济、军事、教育等领域的制度，极大地开阔了眼界，于1890年由薛福成亲自勾画草图，并由其子薛南溟等具体实施所建。[①]由此可见，两座宅园的营建，深受其主人身份地位、思想和经历境遇的影响。

二、萌芽期（1895～1911年）：宅园转变的起步时期

该时期，无锡经历了1895年中日甲午战争，国内"实业救国"、"变法自强"的思想开始兴起。同时，开埠后的上海活跃的商贸活动带动了周边地区经济的发展，无锡的第一家近代企业——杨宗濂、杨宗瀚兄弟创办于1895年的业勤纱厂，成为江苏省第一家私营纱厂[②]，这也标志着无锡地区开始了向近代工业社会转型的进程。另外，荣德生、荣宗敬兄弟在1902年创办了保兴面粉厂，1904年周舜卿兴办了裕昌丝厂。至此，无锡的纺织、缫丝以及面粉三大行业正式开启了近代化的转型，亦标志着无锡民族工商业的发轫。

（一）宅园发展及主要特点

据有关资料记载，这一时期所建宅园主要有云薖园、高氏花园和随寓别墅（表4-2-2）。其中高氏花园及随寓别墅均已无迹可寻，但云薖园较为完好地保存至今。以下仅以云薖园这一孤例，来窥斑见豹地解读该时期无锡宅园的特点。

萌芽期所建主要宅园名录表　　　　　　表4-2-2

序号	名称	园主	建造时间	地点
1	云薖园	杨味云	1908年	城中长大弄5号
2	高氏花园	高松舟	清末	西门外高氏祠堂后（不存）
3	随寓别墅	华子随	清末	西门宏仁栈，在高氏花园北里许（不存）

---

① 刘健华. 崇安名胜史话[M]. 济南：山东画报出版社，2006：190.
② 无锡地方志编纂委员会办公室，无锡县志编纂委员会办公室. 无锡地方资料汇编（第四辑）[G]. 1985：128.

1. 出现西化程度较高的中西合璧建筑

云薖园园主为杨味云（1868—1948），名寿枬，字味云，以字行，晚号苓泉居士，为杨宗濂之侄。[①]云薖园始建于1908年（光绪三十四年），具有江南园林精巧雅致的风格和清雅闲适的意境以及明清时期宅园一体的空间特征。其主体建筑为传统硬山顶木结构建筑，但在水池南边布置有一组西化程度较高的中西合璧建筑——裘学楼以及楼西的晚翠阁、楼东的杏雨楼三幢相连的建筑。这组建筑的主体为裘学楼。其楼高两层，面阔三间，上下层均有外走廊。屋顶为中式的双坡屋顶，但是建筑外走廊的做法和拱券与装饰均是典型的西式风格（图4-2-4）。与无锡近代宅园蛰伏期所建钦使第中以转盘楼为代表的仅表现为局部的西化相比，云薖园建造中的西化程度有进一步的加深，尤其是在建筑外观方面。

2. 运用进口的建筑材料

无锡本土建筑，多以木、砖、瓦为主要的建造材料和装饰材料，云薖园中的主要建筑使用的建造材料亦不例外。以裘学楼为主的这组中西合璧式的建筑，尽管仍为砖木结构，但已运用了当时新颖的进口材料，如楼中的方柱和地板等均采用进口的柚木制作而成（现今所见其建筑外墙的白色粉刷及门窗等均非其原貌）。

（二）本时期宅园发展与风格成因

1895年中日《马关条约》签订后，包括建筑文化在内的西方文化对中国的影响进一步加深。另外，自1906年清政府宣布预备立宪至1912年2月宣统皇帝下令退位的五年时间里，为表现宪政的决心，清政府对于从制度的"体"到技术的"器"都作出了相应的改变，而建筑也成为表现政治观念的一种载体。官方的重要建筑由政府指定西方建筑师进行设计，或者指定中国建筑师仿照西式建筑进行设计。[②]一时间，西式建筑成了"先进"的代表，自宫廷到民间掀起一股"洋风"，从政府办公建筑到公共建筑、工商建筑，直至民居宅园，均有中西合璧建筑样式的出现。

云薖园园主杨味云，1891年（清光绪十七年）中举人，于1897年（清光绪二十五年）入其大伯父时任山西按察使的杨宗濂幕府。同年回无锡，协助其二伯父杨宗翰管理业勤纱厂。1903年（清光绪二十九年）应商部考试，录取为主事。1905年（清光绪三十一年）以参赞身份随同出洋，次年回国后监督、带领译员翻译各国政治论著六十余种。1907年（清光绪三十三年）就任农工商部主事，后又升任员外郎兼公

[①] 刘健华. 崇安名胜史话[M]. 济南：山东画报出版社，2006：266.
[②] 邓庆坦. 图解中国近代建筑史[M]. 武汉：华中科技大学出版社，2009：89-91.

(a)

(b)

(c)　　　　　　　　　　　　　　　(d)

图4-2-4　云薖园中的裘学楼外观

（a）南立面图；（b）由庭院观裘学楼；（c）裘学楼外观局部1；（d）裘学楼外观局部2

司注册局总办及商标局总办,并且参与了《奖励公司章程》和《办理实业爵赏章程》等的拟订。杨味云长期在京、津地区任职办公,并且拥护清政府"预备立宪",与陈宝琛、劳乃宣等组织宪政促进会,可谓深受清廷预备立宪的影响。[①]曾随同出国的经历,亦让杨味云亲眼见识到西方的文化,加之国家层面预备立宪自上而下的新建建筑"洋风"的裹挟,其宅园出现当时流行的西式建筑样式亦属必然。

三、发展期(1912~1930年):宅园发展的繁荣时期

这一时期,无锡先后经历了1912年中华民国成立,1914~1918年间的第一次世界大战。在此期间,无锡的面粉、纺织、缫丝等三大主要产业均迅速发展,无锡地区的民族工商业进入发展的全盛时期。

(一)宅园发展及主要特点

这一时期无锡新建的宅园不管在数量上,还是在规模上,都处于自1840年以来的繁荣阶段(表4-2-3)。据相关数据统计,该时期无锡新建的宅园总数达二十余家。另外,同期亦出现了前述半开放型的宅园。

发展期所建主要宅园名录表　　　　　　表4-2-3

序号	名称	园主	建造时间	地点
1	梅园	荣德生	1912年	浒山
2	孙揆均故居	孙揆均	民国初年	小娄巷13号
3	杨园	杨翰西	1915年重建	北犊山
4	东大池	陆培之	1918年	章山南麓
5	横云山庄	杨翰西	1918年	南犊山
6	陆庄	陆培之	具体年份不详	陆井(园已毁,九家亭尚在)
7	退庐	蔡兼三	具体年份不详	南犊山广福寺左
8	何家别墅	何辑五	具体年份不详	南犊山
9	镇山园	胡雨人	具体年份不详	荣巷以西(改作他用)
10	子宽别墅	陈子宽	具体年份不详	中犊山

---

① 刘健华. 崇安名胜史话[M]. 济南:山东画报出版社,2006:266.

续表

序号	名称	园主	建造时间	地点
11	避尘庐	周舜卿	具体年份不详	（不存）
12	蓉湖花园	唐星海	具体年份不详	蓉湖庄（不存）
13	王家园	王运初	1921年	军嶂山麓（不存）
14	于胥乐花园	杨翰西	1922年	丁村（不存）
15	若圃（陈家花园）	陈仲言	1924年	充山
16	香草居（蒋家花园）	蒋东孚	1925年	城南汤巷（遗迹尚存）
17	蠡园	王禹卿	1927年	蠡湖边
18	太湖别墅	王心如	1927年	南犊山
19	辟疆园	顾康伯	1927年	城中欢喜巷（不存）
20	佚园	秦毓鎏	1928年	城中福田巷
21	锦园	荣宗敬	1929年	小箕山
22	小蓬莱山馆	荣鄂生	1930年	中犊山（不存）
23	渔庄	陈梅芳	1930年	蠡湖边

1. 宅园性质有所变化

1912年，荣德生、荣宗敬兄弟实业发展顺利，本着"为天下布芳馨，种梅花万树，与众人同游乐，开园囿空山"的初心[1]，在无锡城西南郊购置山地建园。经过数十年的经营建设，荣氏所建梅园向民众免费开放。梅园，是无锡历史上第一个免费向游人开放的近代私家宅园，突破了旧时私家宅园仅为士绅阶层享用的局限性。自此之后，无锡的名商巨贾、社会贤达纷纷效仿，捐资建园成为一时风气。稍有规模的私家宅园多向百姓乡亲免费开放，其中包括横云山庄、蠡园、锦园等一批较为著名的近代宅园。至此，无锡近代宅园呈现出半公共型宅园与私享型宅园并存的局面。

2. 由"宅"及"园"的进一步西化

这一时期所建宅园的中西合璧风格的表现不同于前一时期仅体现在宅园中的单体建筑上，"园"的部分从空间布局到形式处理乃至细节元素，也出现了一定的西化。同时，宅园内的许多中西合璧式样的单体建筑，从功能到形式，比前一时期更加丰富多样，如梅园中局部仿古罗马风格的宗敬别墅（图4-2-5）、锦园中仿西班牙风格的别墅（图4-2-6）以及太湖别墅中呈中西合璧式样的七十二峰山馆（图4-2-7）等。

---

[1] 吴惠良，朱震峻，沙无垢. 无锡风景园林[M]. 苏州：古吴轩出版社，2007：39.

图4-2-5　梅园中的荣宗敬别墅

图4-2-6　锦园中的西班牙风格别墅

图4-2-7　太湖别墅中的七十二峰山馆

图4-2-8 梅园敦厚堂现状

与此同时,伴随着生活方式的改变,宅园的园主们已经不满足于宅园中读书、会友等传统功能,开始追求新的生活方式和当时的时尚活动,因此许多宅园中新的功能设施和形式应运而生。如梅园中建在浒山山顶的广场就是1930年所建的高尔夫球场和网球场以及用于观看球赛的敦厚堂(图4-2-8);又如蠡园中出现的泳池和跳台(图4-2-9),蠡园中颐安别业(现称景宣楼)前所建的圆形舞池(图4-2-10)以及锦园中所设方便游人的游船码头等,不一而足。

3. 鼋头渚近代别墅群逐步形成

1917年,清末举人、实业家杨翰西在南犊山充山南麓之鼋头渚购得土地60亩,翌年开始构筑融皇家园林与地方特色于一体的横云山庄,直至1936年园中长春桥的建成,先后经历了近20年的经营建设,期间免费对百姓开放。此后,无锡的商贾、士绅、官僚也开始关注这一片"太湖佳绝处"。1921年陈子宽于中犊山建造子宽别墅,1927年王心如于横云山庄之南建太湖别墅,1928年陈仲言于五里湖西面沿湖山麓建造若圃(又称陈家花园),加之1929年荣鄂生于中犊山建造小蓬莱山馆,一时间鼋头渚别墅群渐成规模。其中杨翰西所建横云山庄于1937年捐予无锡县政府,并于1944年更名为横云公园,为无锡私园变公园之始。[①]

---

① 沙无垢,史明东. 太湖鼋头渚风景区[M]. 苏州:古吴轩出版社,2010:6-7.

图4-2-9 蠡园中的游泳池跳水台旧影
图片来源:《商界奇才王禹卿》

图4-2-10 蠡园颐安别业(现称景宣楼)前的圆形舞池

4. 半公共型宅园建设渐成风尚

自2011年辛亥革命,盘桓两千余年的中国帝制历史终结后,中国的社会风气为之一新,民主共和的思想理念得以传播。无锡的民族资本家纷纷建设既可以为自己提供良好休闲环境,又可以造福地方百姓,且为自己树立良好社会形象的半公共型宅园，成为了一时的风尚。本时期无锡地区建设的半公共型宅园规模较大，且风格多样。园主们往往会花费很多的心血，进行持续数年甚至数十年的经营与建设。其中，梅园、蠡园、横云山庄等半公共型宅园均成为当时无锡市民甚至远道而来的游人欣然向往的地方。

（二）本时期宅园发展和风格成因

20世纪初，无锡地区受西方文化影响，遂有创设公园之举。1905年（清光绪三十一年）即由地方士绅集资筹建锡金公园，标志着近代城市文明发展进入新阶段。[①] 无锡县政府也在1912年将原建于1906年的锡金公园进行了改扩建，并改名为无锡公园。[②] 同时，无锡的众多民族资本家在积累了一定的财富后，纷纷出资购地建园。建造半公共型宅园"与民同乐"成为顺应时代潮流的选择和举措。

另外，该时期无锡地区新建宅园的建造活动中，职业建筑师、工程师、园艺师等受过专门职业训练的设计行业专家参与其设计与建造的比例较高，且在许多无锡近代宅园的设计和建设过程中建筑师往往处于主导地位，加之园艺师和匠人的共同参与和配合，促使多个新建宅园有别于江南园林风格。如梅园和锦园的设计和建造均由土木工程师朱梅春负责。[③] 又如蠡园的规划和建造则是由留日的建筑工程师郑庭真所完成。[④]

四、缓滞期（1931～1949年）：宅园建设收缩、停滞时期

这一时期，又可分为两个阶段：第一阶段为1931～1936年，第二阶段为1937～1949年。该时期，无锡民族工商业的发展速度有所放缓，无锡地区先后经历了1931年"九一八"事变和1932年"一二八"淞沪抗战而引发的抗日救亡运动。尤其是1937年，日军入侵无锡，如前文所述，无锡城内外许多建筑被毁，并导致无锡地区经济发展严重受挫。

（一）宅园发展及主要特点

在这一时期的第一阶段（即1931～1936年），无锡新建宅园的数量并不多，亦无新建较大规模的半公共型宅园。已拥有较大型宅园的民族资本家，将主要精力放在对既有

[①] 常荣初. 无锡园林志（上）[M]. 南京：凤凰出版社，2013：2.
[②] 常荣初. 无锡园林志（上）[M]. 南京：凤凰出版社，2013：18.
[③] 常荣初. 无锡园林志（上）[M]. 南京：凤凰出版社，2013：35.
[④] 王渊远，宋路霞. 商界奇才王禹卿[M]. 上海：上海科学技术文献出版社，2011：162.

宅园的完善和维护上。新建的大多是一些规模较小的私享型宅园，据文字记载统计，数量仅为5个（表4-2-4），远低于前一个时期。另外，第二阶段（即1937~1949年），因战乱的缘故，时局动荡导致无锡再无一处新建宅园，同时既有宅园亦受到不同程度的破坏。故以下内容主要是评述第一阶段（1931~1936年）无锡新建宅园的特点。

缓滞期所建主要宅园名录表　　　　　　　　表4-2-4

序号	名称	园主	建造时间	地点
1	郑家花园	郑明山	1931年	南犊山苍鹰渚
2	芝兰草堂	汪大铁	1931年	城中七尺场（今新街巷）（不存）
3	孙国璋故居	孙国璋	1931年	城中小娄巷25号
4	缪公馆	缪斌	1932年	城中新生路7号
5	王禹卿旧宅	王禹卿	1932年	城中中山路177号

1. 宅园建设数量少且规模小

相较于前一个时期的繁荣，这一时期无锡新建的宅园，无论是数量上还是规模上都不能与前一时期相比。新建只有5处规模较小的私享型宅园，其中较大的为郑明山所建郑家花园和王禹卿旧宅（内含面积约为1500平方米的花园）。另外，1936年所建的颐安别业（现称景宣楼）和湖山别墅（现称颐安别业）均属蠡园的后续完善建设部分。

2. "宅"为主，"园"为辅

这些新建宅园大多位于无锡的城中老城厢内，受到用地面积及园主资金等限制，故这些宅园面积均较小。园主将主要的精力放在园中主体建筑的建设上，而园中的花木配植、置石理水等处理大多相对简化，或者只在园中进行小面积的局部点缀。

3. "花园洋房"风格明显

这一时期所建的私享型宅园，在整体形式上类似于当时上海的"花园洋房"。其主体建筑（即住宅部分）立面处理较为丰富，建筑面积较大，且平面布置自由灵活，一般为两至三层。在建筑样式、建造技术和房屋设施上多模仿西方建筑，但宅园中绿化方面则仍然以江南园林的处理方式为主。比如城中时郎中巷的王禹卿旧宅建筑群中，集英式、法式、美式等三国建筑风格于一园，而其花园部分则是小桥流水、湖石堆山，以江南园林的风格为造园基调（图4-2-11）。又如缪公馆（图4-2-12）和孙国璋故居也是中西合璧样式的主体建筑配上中式的园景。另外，蠡园中扩建的湖山别墅（现称颐安别业）为仿西班牙式建筑，配以中式庭园，而颐安别业（现称景宣楼）前的园景布置则较为西化。

图4-2-11 "花园洋房"风格明显之王禹卿旧宅现状实景图
(a)春晖楼;(b)齐眉居;(c)天香楼;(d)花园

图4-2-12 "花园洋房"风格明显之缪公馆现状实景图
（a）花园；（b）缪公馆外观
图片来源：张振强提供

（二）本时期宅园风格及成因

该时期因战争导致社会动荡，无锡民族工商业发展受到了阻碍，民族资本家的主要精力放在了拯救或维持实业经营上。即使新建宅园，亦规模较小，且以"宅"为主，"园"为辅。其中主体建筑（即住宅）大多采用中西合璧的建筑式样，而园的处理大多数为江南园林的风格。

第三节 无锡近代宅园的分布特点与设计特征

一、无锡近代宅园的分布特点及缘由

（一）半公共型宅园的分布特点及缘由

1. 半公共型宅园的主要分布情况

半公共型宅园的选址大多依托自然山水，主要分布于现今无锡市西南部的滨湖区（原城外西南郊区），并以蠡湖为中心，自然环境最为优美的环蠡湖、太湖地区（图4-3-1）。

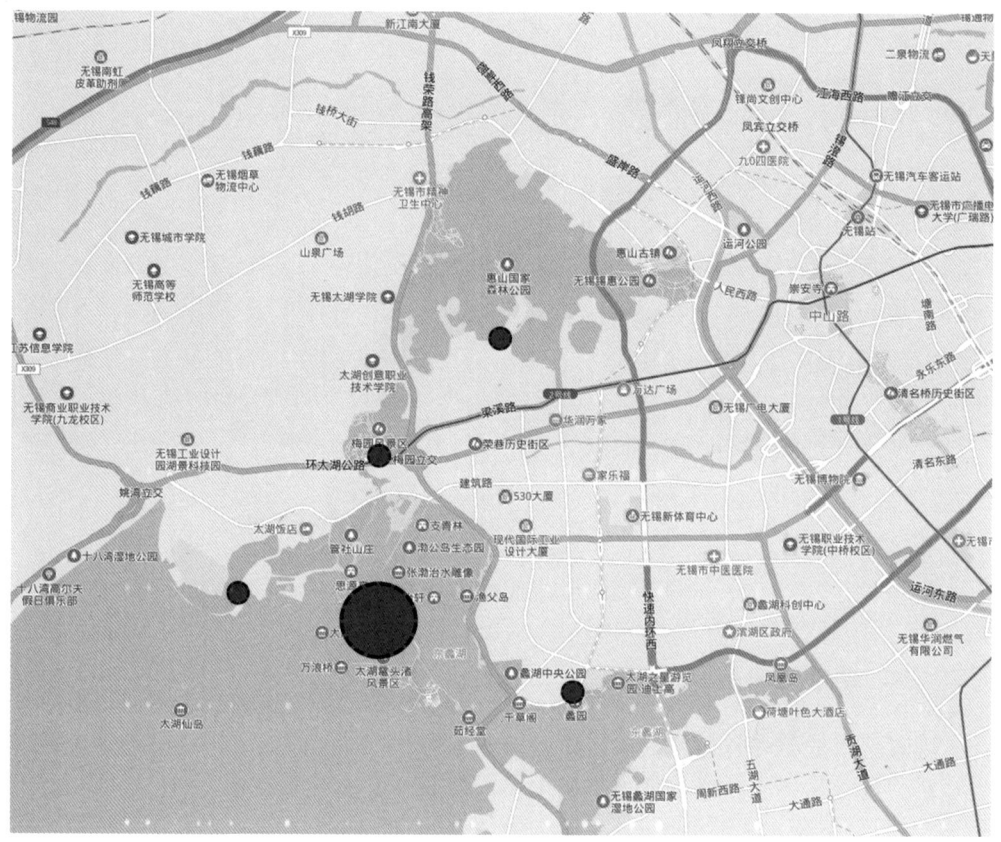

图4-3-1 半开放型宅园分布图
图片来源：作者自绘；地图来源：百度地图

2. 半公共型宅园的选址缘由

（1）性质定位

作为半公共型宅园，在建设之初便带有服务大众的性质，故所接待的人群不像私享型宅园那样仅限于园主及其亲友，其空间布局与尺度仅需满足少数人居住、游憩即可。半公共型宅园因需满足大量游人游憩的需求，故需要较大的空间范围。如在荣德生先生的《乐农自订行年纪事》中曾记载：1920年"梅园布置益备，四时游人不绝，马路四通，全乡生色"。1947年"近日来园游览者，日必数千人，颇多不惜远道而来者"。而无锡老城厢内建筑水道密布，用地局促，无法满足建较大规模宅园的需求。因此，园主在建园选址时会更倾向于选择城外郊野的大面积开阔之处。

（2）地理条件

无锡地处太湖之滨，湖岸蜿蜒曲折，景色旖旎多变。蠡湖作为太湖的内湖，其周围山峦环绕，逶迤延绵。位于蠡湖、太湖之间的鼋头渚素来享有"太湖佳绝处"的美名，自古以来便是文人墨客钟情之处。在无锡历史上，远有南朝萧梁时（公元502～557年）在鼋头渚充山北麓建广福庵（峭岩寺）、南宋初进士钱绅在宝界山筑别业，近有1891年（清光绪十七年）无锡知县廖纶于鼋头渚临湖石崖题刻"横云"和"包孕吴越"。[①]因此，蠡湖—太湖周边秀丽多变的自然景色成为了吸引近代无锡士绅名流建园选址的首选之所。

（3）城建发展

近代无锡城市建设的推力之一来自于无锡民族资本家的捐资建设。事业有成的无锡民族资本家为能造福桑梓，大量捐建桥梁道路等各项城市基础设施。如1914年，荣德生等发起并捐资修筑自西门迎隆桥至梅园的开原路[②]，此路沟通了无锡老城厢与城外西郊的联系。半公共型宅园的建设也是城市建设发展的重要组成部分，与城市交通的发展有相互带动的作用。园主建园有成后，自然希望游人络绎，因此兴建配套的交通设施，而交通的通达又进一步促进了宅园的后续开发和建设，亦有利于更多园主来郊外择地建园，形成规模聚集效应。

（4）主观观念

无锡民族资本家大多脱胎于封建地主或买办，带有较为浓厚的本土和传统观念，经过多年的艰苦经营成就了实业的成功后，都希望衣锦还乡、光宗耀祖。如荣氏家族除了在出生地荣巷地区建造了许多住宅、家祠及公益建筑之外，荣氏兄弟即在离荣巷不远处的浒山建造了梅园。又如陆培芝在建造陆庄之后，又在不远处的章山南麓建造了东大池。再如王禹卿和陈梅芳分别出身于青祁村及附近的小陈巷，于是蠡园和渔庄都建在青祁村的沿湖地区。另外，东埝的周舜卿在村上筑避尘庐，并将家乡逐步建设成为周新镇。这些现象，都反映出当时许多从事新兴行业的园主在思想上依然有着浓厚的传统家乡观念。

（二）私享型宅园的分布特点及缘由

1. 私享型宅园的主要分布情况

私享型宅园除位于惠山的潜庐和位于南长区的薛南溟旧居外，主要分布于无锡市的原崇安区（原崇安区、北塘区、南长区，今已合并为梁溪区，为更好地识别地理位置，下文中均保留原称），即今无锡解放环路的范围内（图4-3-2），它是无锡的老城厢，自古以来便是锡城民众主要的生活区域。

[①] 沙无垢，史明东. 太湖鼋头渚风景区［M］. 苏州：古吴轩出版社，2010：100-101.
[②] 沙无垢，孙美萍. 梅园横山风景区［M］. 苏州：古吴轩出版社，2010：7.

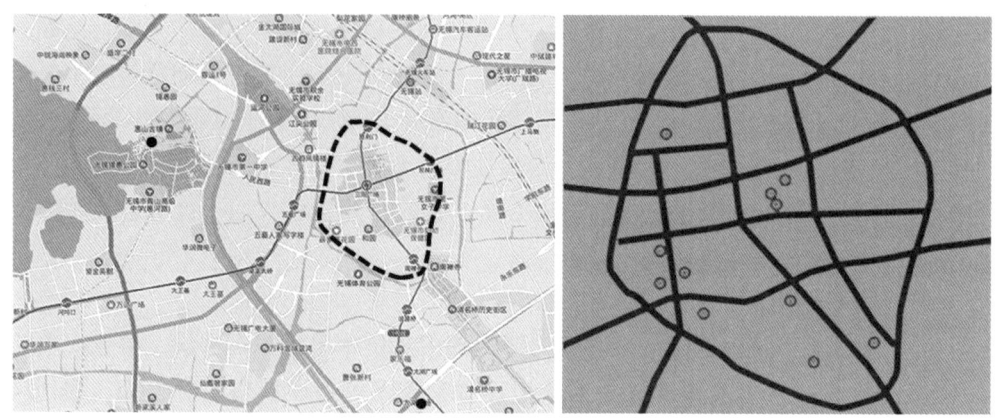

图4-3-2 近代主要私享型宅园分布图
图片来源：作者自绘；地图来源：百度地图

2. 私享型宅园的选址缘由

（1）生活便利

环城河内（即今无锡解放环路的范围内，1950年拆除城墙建成解放环路）地区是无锡历来最为繁华的地区，其中河网密布，水陆交通便利，商店、车站等生活设施集中而齐全。生活和出行的便利，使该地区成为园主建私享型宅园的主要地区。

（2）邻近实业

无锡近代宅园园主多经营实业，所建工厂大多建在运河沿线的水路交通便利处。在所经营的工厂附近建造宅园，通勤时间短，可方便园主对工厂日常的经营和管理。如薛南溟旧居的选址，就邻近其所经营的永泰丝厂，既是其居住休憩之所，亦是其平日办公之地。

（3）祖居附近

无锡名门望族之后，大多重视家族观念，喜欢宗族聚居。如无锡城中小娄巷地区，从南宋开始即是谈氏聚居之地。位于小娄巷的明代万历年间状元孙继皋的少宰第（1976年主体建筑被拆除）为谈氏所馈赠，其后人亦在其附近建宅园。紧邻少宰第的是孙继皋的第九世裔孙——孙揆均所建造的来鹤楼。来鹤楼以东则是孙继皋的十一世裔孙——孙国璋所建宅园。孙国璋父亲于清朝咸丰年间在紧靠少宰第的北面购得一亩地，并在此建住宅。此宅后归孙国璋之弟所有，而孙国璋则于1931年在其父亲购得的宅基北部建造自己的宅园。另外，无锡秦氏也是小娄巷的名门望族，秦氏后人秦毓鎏在小娄巷中也有一处颇具规模的宅园，名为佚园（今福田巷8号）。[1]

---

[1] 刘健华. 崇安名胜史话[M]. 济南：山东画报出版社，2006：144-162.

二、半公共型宅园的设计特征

（一）半公共型宅园的属性

1. 建园目的

无锡的民族资本家建造半公共型宅园，其主要目的出于两个方面的考虑：其一，服务于公共事业；其二，兼顾个人及企业经营的需求。

近代无锡城市建设的发展更多地得益于当地的乡绅商贾，他们对无锡的公共事业和基础设施的建设做出了重要的贡献。民国初年梁启超曾说："地方自治成绩，全国以江苏省为最，江苏省以无锡、南通为最。"[①]比如以荣氏兄弟为首的无锡民族资本家出资筑路架桥、疏浚河道。至1929年，仅荣德生一人捐资修筑的道路"先后已成者，共八十余里"[②]。1912年，荣德生先生在《乐农自订行年纪事》中记载了其建梅园的原因："是年，余兴致甚旺，至乡或在厂，与吉人叔、鄂生叔计划社会事业，决定在东山购地植梅，为梅园起点。"可见，建造半公共型宅园已经成为当时公共事业重要的一部分。

虽然无锡近代半公共型宅园多成为了民族资本家们捐建社会事业的一部分，但是在其建园之初也有满足其个人需求和企业经营的考虑。

其一，可借以经营获利。例如杨翰西堂兄杨味云为杨翰西所撰的《横云景物志》中写道："吾弟翰西既得此地，始辟果园，继诸别墅，经营缔构者二十余年，倚山为阁，抱水为廊，精舍可以留宾，广庭可以召客，带以清池怪石，缀以玲树奇花。"可以看出，杨翰西建园的最初目的是"辟果园"，在鼋头渚成立植果试验场，种植桃、梨等果树，继而建别墅，然后才是"留宾"、"召客"。荣德生于1913年在梅园中天心台一带植梅3000株，每年可收获大量的梅子，于是与荣伯云创办的三乐公司签订合同，为其提供梅子制作"三乐"陈皮梅，营销至江、浙、皖、赣各省。[③]

其二，可以借以抒怀明志。例如1927年王禹卿建蠡园时，即秉"概慕范大夫之为人，即师其殖货以起家，复效其散财以治乡"的宗旨。[④]在《蠡园记》中记载，蠡

[①] 政协江苏省无锡市委员会文史委. 无锡文史资料（第19辑）[M]. 1988.
[②] 薛明剑. 实业家荣氏昆仲创业史 [N]. 无锡杂志，1929，4：3.
[③] 无锡地方志编纂委员会办公室，无锡县志编纂委员会办公室. 无锡地方资料汇编（第一辑）[G]. 1984：30-31.
[④] 无锡地方志编纂委员会办公室，无锡县志编纂委员会办公室. 无锡地方资料汇编（第二辑）[G]. 1984：22-23.

园建设之初就是"村人王禹卿正尔先生概慕范大夫之为人",因此学习范蠡"殖货以起家",然后"散财以治乡",最后达到"出则膏泽及民,退则湖山终老为怀"的志向,"故筑园湖滨藉大夫之名名之,示不忘也"。由此可见,王禹卿筑蠡园的原因之一,是为仰慕士大夫范蠡,既可以殖货起家为一方百姓造福,又可以功成身退在湖光山色里终老,以示自己愿效法范蠡的志向和情怀。

2. 服务对象

近代前的中国鲜见为服务寻常百姓而建造的园林。在近代无锡,由民族资本家所建的半公共型宅园,其服务的对象不限于园主及其亲友,而是扩大到整个社会大众。一方面,半公共型宅园中有为园主私用而建的建筑和环境设施,如梅园中的乐农别墅、宗敬别墅可让园主休养憩息,"豁然洞读书处"则是族中子弟学习的地方。又如蠡园的中颐安别业、湖山别墅既是园主平日休息的地方,也是园主招待亲友娱乐运动的场所。另一方面,这些宅园也为大众提供了游憩观赏的服务,络绎纷至的游人,也成了宅园的主要使用人群。如蠡园以秀丽的湖光山色,兼以洋场风行的娱乐,接待来自上海和南京等地的达官要员、社会名流及中外游人,开拓了无锡地区旅游事业的先河。①

(二)继承发展的宅园功能

无锡近代半公共型宅园在精神气质方面与江南园林相比可谓一脉相承,追求诗情画意,但是在物质功能方面,与明清江南园林有着较大的不同,除去规模与尺度较大外,随着时代的变化以及为适应向大众百姓开放的性质而增添了新的功能。

1. 传统功能

传统意义上的宅园,其主要功能是作为主人日常游憩、宴乐、会友、读书的场所。②无锡近代半公共型宅园也继承了这些基本功能。梅园、蠡园、横云山庄等半公共型宅园中都兴建了各色亭、台、楼、阁,并植花木,置山石,理园水,以满足园主的需要。如蠡园始建之时,凿池引水,叠石为峰,植梅为埠,种莲于沼,遍植中西花木,并建有长廊、湖上草堂、颐安别业(今称景宣楼)、诵芬轩、寒香阁等建筑与环境设施。③

作为工商业的翘楚,无锡近代半公共型宅园园主的社会地位都较高,交友范围

---

① 无锡地方志编纂委员会办公室,无锡县志编纂委员会办公室. 无锡地方资料汇编(第二辑)[G]. 1984: 22-23.

② 周维权. 中国古典园林史[M]. 北京:清华大学出版社,2002: 8.

③ 无锡地方志编纂委员会办公室,无锡县志编纂委员会办公室. 无锡地方资料汇编(第二辑)[G]. 1984: 22-23.

亦广。他们所建宅园自然成为了接待友人和要人的主要场所。如荣德生先生的《乐农自订行年纪事》中提到，1923年"梅园种树建屋，亭台布置，（宗敬）别墅亦完工。时有名流高人来园借住，如汪、岑、马皆是。哈同亦乐住甚久，并于其爱俪园中亦建一角。"再如1929年，蒋介石与随行二十余人从南京出发至无锡，下榻在蠡园，次日到雪浪山蒋子阁寻根访祖。1946年10月30日，蒋介石偕夫人抵无锡避寿，当晚下榻蠡园颐安别业（今称景宣楼）。1948年，蒋介石第三次到无锡，在宜兴参谒东汉山亭侯蒋澄之墓后到无锡，下榻蠡园的仿西班牙式湖山别墅。蒋介石赴无锡多次下榻蠡园，也是因为与园主王禹卿交情匪浅，[①]这也成为了当时无锡不小的新闻。

2. 新式功能

清朝末期，市井趣味的渗透，使宅园的娱乐、社交功能有所增加，而宅园的怡情养性的功能趋于从属，无论是私享型的宅园还是半公共型的宅园，一时都成为了园主彰显财富和社会地位的载体。在近代无锡半公共型宅园的建设中，为适应新的生活方式，不断拓展新的功能，同时娱乐运动、宴宾会友等的具体内容和形式也有所改变，如蠡园颐安别业前的圆形舞池和湖边的跳水台以及梅园中的高尔夫球场和网球场等都是为满足新式的社交、娱乐和运动方式而建造的。此举不仅将园林娱乐、社交的功能扩大化，达到了"与民同乐"的境地，而且使其成为了无锡近代时期旅游的主要资源。

近代无锡当地除无锡公园（1905年）和惠山公园（1930年，无锡县政府将李公祠改建而成）两处相对于百姓需求面积较显狭小的城市公园之外，再无专门为寻常百姓提供观赏游乐的去处，而由民族资本家们兴建的半公共型宅园，如梅园、蠡园、横云山庄等凭借景色优美，配套设施完善，成为远近游人休闲出游的主要选择。为方便游人，园主们在丰富园景的同时还修筑道路，完善配套设施。如1913年梅园园主荣德生修筑开原路，"时自城至乡，已有开原马路，不一小时，可达园中矣"。[②]又如梅园中宗敬别墅的西侧有建于1926年的荣氏与新世界经理张德卿合资创办的"太湖饭店"，设西式客房以接待游人宾客。[③]再如鼋头渚内的横云饭店，原为杨翰西于1934年创建的"旨有居"，是一处著名的太湖风味菜馆，为所到游人提供餐饮服务。[④] 1934年，荣德生六十大寿时，利用所收寿资捐建长375米60孔、横跨蠡湖的宝界桥，一举连通了市区人们前往太湖风景区的陆路交通。如此等等，不一而足。

---

① 王渊远，宋路霞. 商界奇才王禹卿 [M]. 上海：上海科学技术文献出版社，2011：167-171.
② 沙无垢，孙美萍. 梅园横山风景区 [M]. 苏州：古吴轩出版社，2010：4.
③ 常荣初. 无锡园林志（上）[M]. 南京：凤凰出版社，2013：35.
④ 赵永良，蔡增基. 无锡望族与名人传记 [M]. 哈尔滨：黑龙江人民出版社，2003：229.

（三）多元交融的宅园形式

山、水、植物、建筑是构成园林的四个基本要素。[①]无锡近代半公共型宅园从建园选址到花木、山水、建筑的营造都类似于中国古典园林（文中所指不包括古典皇家园林）中的天然山水园。其基本造园手法，均是利用天然山水的局部片段或完整的天然山水植被环境作为建园基础，再因地制宜地进行空间布局、建筑营造以及山水花木的局部调整和完善。

当然，无锡近代半公共型宅园的园主选择天然山水作为造园基址的动因和目的已产生了根本的变化。古时，山川自然作为自觉审美对象是始于汉末达官、穷士失意的生活，是一种不得已的"慰藉"，兴于魏晋南北朝时期文士怀激愤之心而避乱"隐逸"，后发展到成为官僚士大夫、文人墨客看破世态炎凉，了悟人生的"隐居"。而近代无锡的民族资本家是当时社会的新兴力量，掌握着巨大的社会资源和财富。他们选择在天然山水环境中兴建半公共型宅园，一方面可为自己繁忙的经营生活提供良好的休闲环境，在彰显自己的财力、物力的同时，提供有别于大都市的良好的社交场所，另一方面也是造福桑梓。加上近代西方文化对中国传统文化的冲击，学习西方近代工业生产方式的无锡近代半公共型宅园园主也势必受到其影响，因此在其宅园的具体形式上，呈现出继古承今、中西并用、多元交融的特征。

1. 空间格局

（1）充分利用自然山水

无锡良好的湖岸风景是吸引当地民族资本家购地建园的原因之一，加之相互攀比的心理作用，而形成了沿湖筑园的风尚，使得无锡近代半公共型宅园的建园选址主要集中于沿太湖、蠡湖周边地区。利用沿湖的自然条件，背靠山体或陆地，面向开阔湖面，视野良好。这些宅园相对集聚，又通过水道彼此相连，交通联系十分便利，形成了规模化的风景群落（图4-3-3）。比如锦园1930年建成时，即设有码头，有渡船沟通鼋头渚[②]，游人可坐游船通行游览。同时，掩映在自然的湖光山色之间的各园中的建筑和景物彼此间又互为对景，如锦园、鼋头渚、中犊山之间可遥相呼应，应和成趣；蠡园也可近观园景湖水，远眺岛山，形成了名动遐迩，旖旎灵动而多变的一道道风景。

1929年，著名造园学家陈植先生受行政院农矿部派遣，实地勘察太湖风景，并于次年完成《国立太湖公园计划》一文。陈植先生在《造园学概论》中对中国近代

[①] 周维权. 中国古典园林史[M]. 北京：清华大学出版社，2002.7.
[②] 常荣初. 无锡园林志（上）[M]. 南京：凤凰出版社，2013：35.

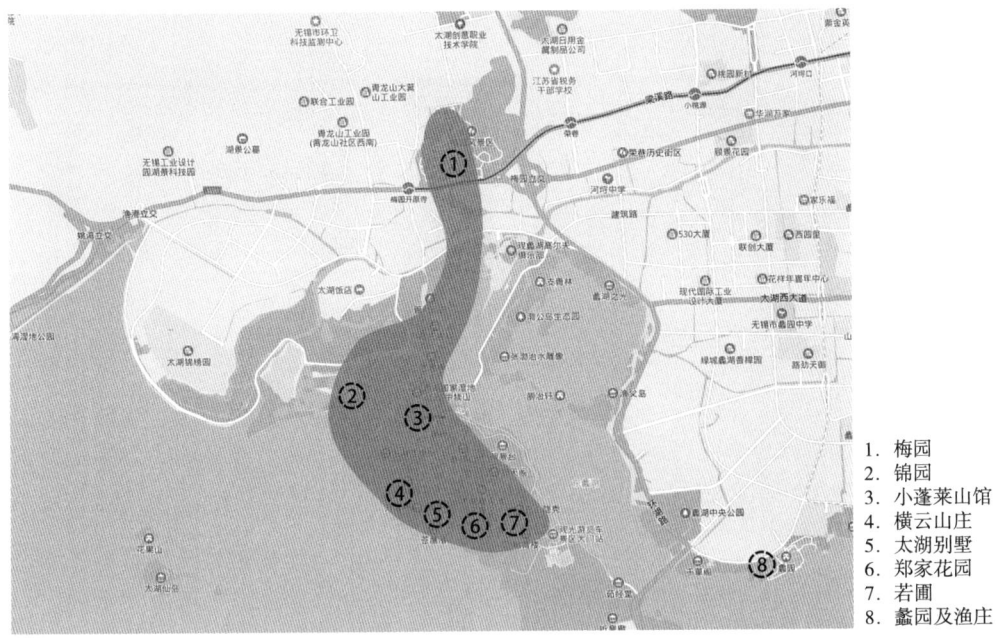

图4-3-3　主要半公共型宅园沿太湖、蠡湖地区形成群落
图片来源：作者自绘；地图来源：百度地图

造园史的总结中曾提及，无锡"工商巨子，相率于太湖之滨，横山、犊山间一带湖山，次第相地，点缀园林，不数年间，业已星罗棋布，蔚为大观，盖已俨然形成一名区矣"[①]。可见，当时无锡近代民族资本家在环湖地区聚集兴建的一批半开放型的宅园在当时已经形成相当的气候和影响。

（2）注重布局的向背关系

无锡近代的半公共型宅园都建在城市近郊的自然风景之中。正如《园冶》中有记"园地惟山林最胜"[②]，近代的无锡民族资本家们依靠雄厚的财力占据了环太湖、蠡湖周边风景中最为迤逦多变的"山林地"和"江湖地"，依托自然山水因势就地而建半公共型宅园。

这些宅园的空间构图注重向背关系，大多在山南水北，或倚陆面湖。其中，梅园北靠东山、浒山，南向蠡湖；锦园西倚大箕山，南邻太湖；若圃西靠充山，东面蠡湖；横云山庄与太湖别墅则是东靠南犊山，西南眺太湖；蠡园、渔庄北接陆地，南望蠡湖（图4-3-4）。

---

① 陈植. 造园学概论 [M]. 北京：中国建筑工业出版社，2009：34.
② 陈植. 园冶注释 [M]. 北京：中国建筑工业出版社，1988：58.

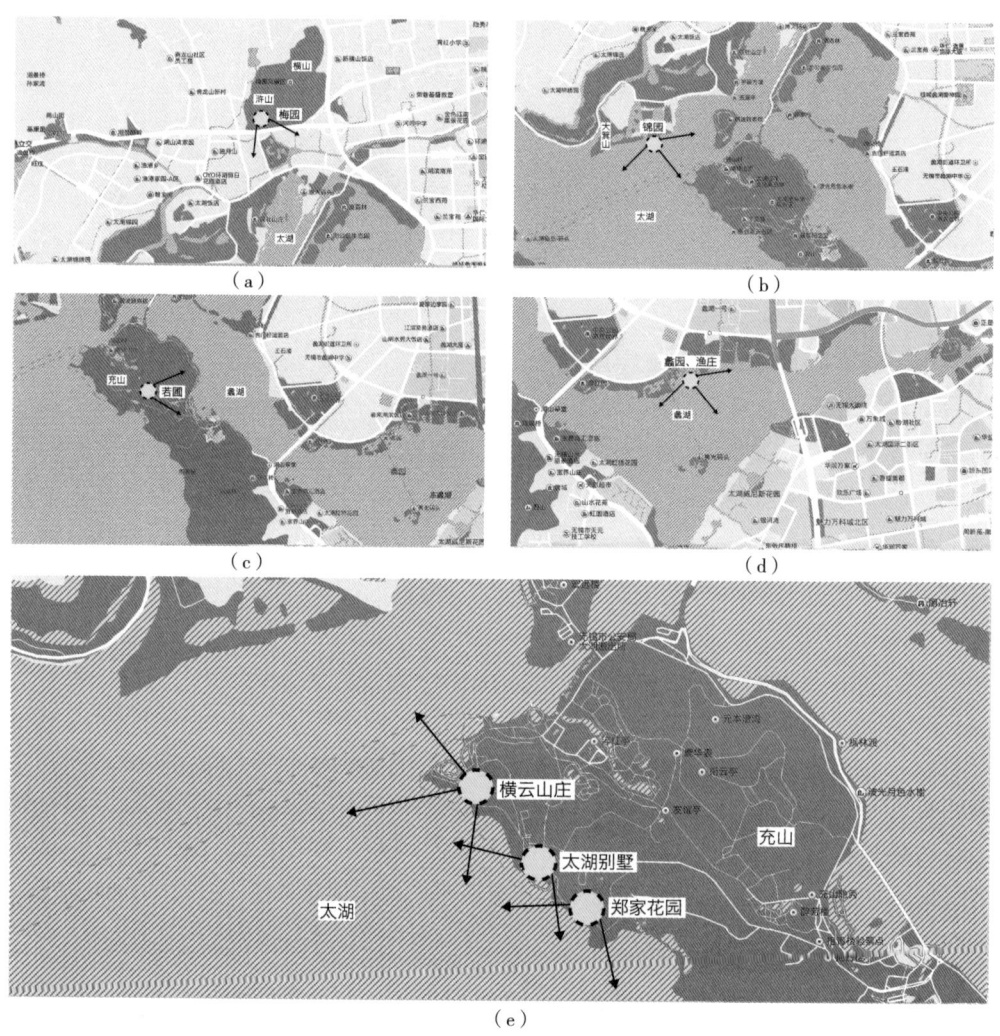

图4-3-4 宅园择地大多山南水北,整体倚陆面湖
(a)梅园倚浒山、横山,南面太湖;(b)锦园西倚大箕山,南面太湖;(c)若圃倚充山、东面蠡湖;
(d)蠡园及渔庄依靠陆地,南面蠡湖;(e)横云山庄、太湖别墅、郑家花园倚充山,南面太湖

（3）空间构图融汇中西

江南地区的山水景色清秀俊逸,吴地文化细腻隽永,总而言之,江南园林相较于北方园林更为小巧精致,并且富于变化。无锡近代以前在城池内外所建宅园,亦因园主自身条件或自然条件等因素限制,面积大小不一。大如明朝安国在城外胶山所建西林,"池广数百亩";小有元代潘仁仲在邑城营桥（今复兴路中段）所建的容膝轩,"广不逾

寻丈"。[1]而无锡近代半公共型宅园,一方面,因为园主多为民族资本家,事业有成,有充足的资金购买园地,另一方面,因其不仅需要服务于园主的生活娱乐,同时还需服务于大众的游赏观光,需要充足的场地与空间,加之当时环湖地区鲜有人开发利用,大量土地闲置,因此,园地面积通常较大。其中,荣德生在1912年建梅园之初即购地150亩[2];1929年,荣宗敬在小箕山扩地造园,为建锦园置地100余亩[3];1916年冬至1917年,杨翰西购得南犊山南麓包括鼋头渚在内的山地60余亩,次年开始建筑横云山庄[4];陈仲言于1928年建若圃,又称陈家花园,占地70余亩[5];蠡园连同渔庄面积则达125余亩[6]。

在园地面积广阔的基础上,半公共型宅园在空间构图上也融合了中西方形式语言。

其一,空间序列较为简明。

中国江南古典园林擅长在有限的空间内营造出多变的空间层次以及步移景异的观赏效果,以期在有限的空间内得到更为丰富的体验。而无锡近代半公共型宅园不仅要满足园主的私人需求,同时还要满足较多游人同时游览的需求,传统的空间形式及适于私人使用的尺度在这里已经不再适用。同时,依托于自然山水的园地面积广阔,以私人之力很难做到改山造水,处处精心布置雕琢。因此,无锡半公共型宅园的空间序列通常较为简明,空间尺度也多大开大合。但是,在整体空间的大格局基础上,局部也有小空间的营造,以丰富空间层次。

其二,空间组织形式的西化。

无锡近代半公共型宅园的空间组织形式虽没有如西方园林那般整齐划一的、明确的轴线对称等几何图案组织关系,但已经显现出类似的西化发展趋势。如蠡园中,颐安别业（今称景宜楼）、建筑前的圆形花坛与园路、圆亭及游泳池形成了一条中轴线的关系,轴线左右的建筑物、草坪、假山的布置约略对称;湖山别墅（今称颐安别业）、小岛和湖心亭亦呈轴线布置（图4-3-5）;渔庄中的大面积草坪和水池也采用了矩形的几何形式（图4-3-6）。

---

[1] 常荣初. 无锡园林志（上）[M]. 南京：凤凰出版社,2013：13-15.
[2] 无锡地方志编纂委员会办公室,无锡县志编纂委员会办公室. 无锡地方资料汇编（第二辑）[G]. 1984：32.
[3] 无锡地方志编纂委员会办公室,无锡县志编纂委员会办公室. 无锡地方资料汇编（第二辑）[G]. 1984：116.
[4] 无锡地方志编纂委员会办公室,无锡县志编纂委员会办公室. 无锡地方资料汇编（第二辑）[G]. 1984：4.
[5] 无锡地方志编纂委员会办公室,无锡县志编纂委员会办公室. 无锡地方资料汇编（第二辑）[G]. 1984：117.
[6] 无锡地方志编纂委员会办公室,无锡县志编纂委员会办公室. 无锡地方资料汇编（第二辑）[G]. 1984：21.

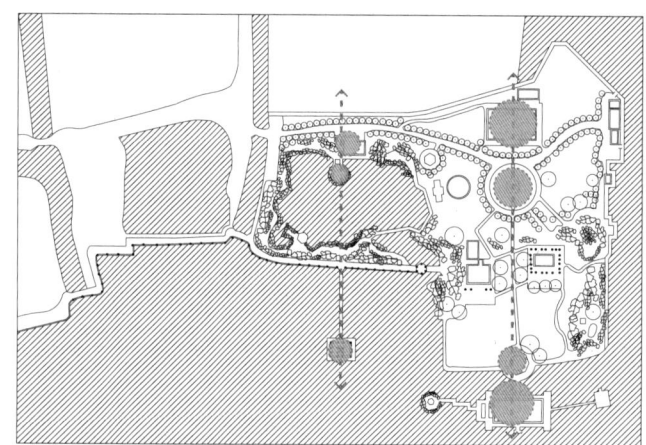

图4-3-5 蠡园中的轴线关系
图片来源：作者自绘；底图来源：《薛明剑文集》

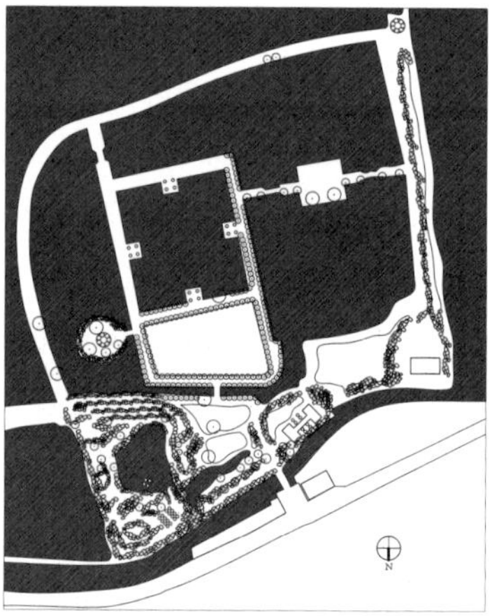

图4-3-6 1957年渔庄平面图
图片来源：作者自绘；底图来源：《薛明剑文集》

2. 园中建筑

建筑的经营是园林游乐实用的基本要素。[①]园中建筑既是观赏的对象，也是使用对象，承担着供人停驻休憩、遮阳避雨等实际的使用功能。无锡近代半公共型宅园中的建筑，除去一般园林中建筑的基本功能外，还有着如下三个特点：

（1）倚山临湖，视野开阔

为了得到最好的观景视野，无锡近代半公共型宅园中的建筑往往建在倚山临湖处，既可以远眺平湖雾霭，也可以近观山色变幻。如锦园中的建筑多建在小箕山上，居高临下可以获得更好的视野以观赏园中的景物，并远眺太湖及对岸鼋头渚（图4-3-7）；又如横云山庄、太湖别墅、陈家花园均是选择在临湖山麓处建造，充分利用了自然条件，并将湖面开阔良好的风景纳入视线范围内（图4-3-8）。

（2）用景互补，渐成规模

一般处于无锡老城厢中的近代宅园，尤其是私享型的宅园，因用地的局限，规模也相对有限，往往是宅、园同步规划和建设。同时，园中建筑往往是园中主景，山水花木需与之相配，并形成较为整体的宅园景致。

然而，无锡近代半公共型宅园的建设过程不同于上述私享型宅园，因其选址大多在自然山水中，且占地规模远大于老城厢中的宅园用地，其建设所需投入的资金也是十分巨大的，因此，大多数无锡近代半公共型宅园都经历了数十年的逐步完善

---

① 杨鸿勋. 江南园林论[M]. 北京：中国建筑工业出版社，2011：99.

锦园中的嘉莲阁

从锦园遥望鼋头渚

图4-3-7 锦园现状实景

飞云阁

倚山而建的万方楼

七十二峰山馆

从万方楼望太湖

图4-3-8 建筑倚山面湖视野良好

的营建过程,始成规模。一方面,其建筑需要较好地融入原有的自然山水之中,另一方面,建筑选址会根据园主的具体需要,选择适宜的环境因需而设。总体而言,无锡近代半公共型宅园建设,大多是一个园景和功能逐渐完善的过程。园中建筑的建造呈现出因需而建,因景而设,功能多样,渐成规模的建造特征。

比如梅园建园之初(1912年),主要植梅花及各式花木。1914年建香雪海屋三间;1915年建楠木厅,并在香雪海屋前建天心台、招鹤亭,又于楠木厅东建荷轩;1919年为园主起居添建乐农别墅;1922年为祝贺长兄荣宗敬五十寿诞建宗敬别墅;1926年为旅客留宿建太湖饭店;1930年为纪念园主慈母八十冥寿建念劬塔;直至1930年开原寺的建成,园景终成规模。[①]

又如杨翰西在1918年购得沿湖山地60亩之后,初设为"植果试验场",为留宿休息而在山坞建造横云小筑,并建八角攒尖涵虚亭,供人驻足观赏湖光山色。当时湖湾一带交通以舟船为主,为了防止夜间行船不辨方向,杨翰西在鼋头渚的崖石之上竖杆挂灯,为船只导航,至1920年将之改为灯塔。1924年建广福寺;1931年,又建藕花深处、澄澜堂、阆风亭等,之后又为方便游人,在湖湾面西建"横云山庄"牌坊及水码头,并设"旨有居"菜馆和照相馆、小卖店。[②]先后用了大约20年时间,才建成横云山庄。

可以看出,无锡近代半公共型宅园在较长的建设过程中,是根据园主和游人的需要,逐渐增设完善园中建筑,并集观景、居住、休憩、接待、纪念、服务、娱乐等多种功能的建筑于一园的,可谓是用与景互补完善、渐成规模的过程。

(3)中西并存

近代无锡建造了许多中西合璧式样的建筑(本书在第三章专门进行了分析)。无锡近代半公共型宅园中的建筑亦无例外。如在鼋头渚横云山庄中,小函谷以西,有"涧阿小筑",原为西式宾馆,别具欧风,是杨翰西迎宾会客之所。[③]又如太湖别墅中的主体建筑七十二峰山馆,则是五开间中西合璧式样的歇山顶大敞厅,中间接出亭式门厅,三面环廊,廊柱间为圆拱造型(图4-2-9)。[④]锦园内锦堤尽头的别墅为仿西班牙式;梅园中的乐农别墅是前有拱形敞门式门廊,外墙为旧城墙砖砌成的三开间、两进深西式平房(图4-3-9);宗敬别墅则是砖木结构,仿古罗马风格半球

[①] 沙无垢,孙美萍. 梅园横山风景区[M]. 苏州:古吴轩出版社,2010:6-10.

[②] 赵永良,蔡增基. 无锡望族与名人传记[M]. 哈尔滨:黑龙江人民出版社,2003:229.

[③] 无锡地方志编纂委员会办公室,无锡县志编纂委员会办公室. 无锡地方资料汇编(第二辑)[G]. 1984:9.

[④] 沙无垢,史明东等. 太湖鼋头渚风景区[M]. 苏州:古吴轩出版社,2010:113.

图4-3-9 乐农别墅

图4-3-10 蠡园中的仿西班牙式湖畔别墅

顶装饰的二层楼房（图4-2-5）；用以纪念园主慈母八十冥寿的念劬塔，则采用砖混结构；在蠡园中，不仅有仿西班牙式别墅，还有殖民式别墅、圆形舞池及游泳池 等（图4-2-11、图4-2-12、图4-3-10、图4-3-11）。

许多无锡近代半公共型宅园在建设中运用了一些西式的建筑

图4-3-11 蠡园中的仿殖民式别墅

形式以及当时的新材料和新结构，同时亦有一定数量的中式亭、台、楼、阁，形成了中西建筑形式相互交融，并存于一园内的情形。

3. 花木配植

花木植物是园林中最具生机的要素，其不同于山石、建筑，是有生命、可生长的，也是园林中最容易变更的元素。一座宅园在使用过程中，园中的花卉树木或自然荣枯，或因园主的喜好而重新配植，甚至因宅园荒废或易主重修等，导致园中的花木植物配置发生变化。

无锡半公共型宅园产生于近代，经过近百年的时空变迁，斗转星移，今日所见园中的植物与建成之初已有了较大的区别。因此，以下主要以历史文献资料作为依据，来分析无锡近代半公共型宅园中的花木配植特点。

（1）因袭传统

无锡近代半公共型宅园中的植物配植，无论是在植物的选择上，还是在栽植的方法上，深受江南园林的影响。

其一，体现在花木植物品种的选用上。从历史来看，无锡近代以前的宅园，如南宋尤袤筑乐溪居："沿溪左植梅，右植海棠，各数百树"，又建锡麓书堂："杂植竹柏"；元孟潼之惠麓小隐："茂林修竹，清泉绕之"；明施策之大池别业："筑台望湖，苍松翠柏，丛桂修篁，景色幽秀"；明王问父子之湖山草堂（又称宝界山居）："梅坡植梅数百株"；元倪云林之清閟阁（即云林草堂）："布列碧梧奇石"，"古藤蜿蜒盘曲"；明安氏之已园："环池艺桃柳，芙蕖"；明华察之西园："叠石为山，多植桂"；明沈万三所建梨花庄："有妾贞香，爱梨花，遍植于园"；明吴学筑之菊花庄："园颇宏敞，菊最盛"……[①]可见无锡的宅园喜用梅、竹、松、柏、桃、柳、桂、菊等江南园林中常见的植物。这些花木植物受到人们的喜爱，不仅因其外形美观，还因被文人墨客赋予了不同的品格，如梅之坚韧，竹之正直，荷之纯洁，菊之隐逸，花木植栽成为园主借物咏志的载体。

无锡近代半公共型宅园中的植物配置大多因袭传统，其中最为突出的是大量选用梅花。

在无锡地区大面积种植梅花可谓历史悠久。比如在唐代马山的梅花坞就远近闻名，曾引得宰相陆希声写下"冻蕊凝香色艳新，小山深坞伴幽人，知君有意凌寒色，羞共千花一样春"的诗句[②]；又如明代惠山的末园，种植百株梅花；再如江南名园寄畅园中的案墩假山上也遍植梅花，康熙南巡至寄畅园时有云"时梅花盛开，登天香楼，殊烂漫"[③]。

近代，以荣德生先生所建梅园为最。作为无锡近代半公共型宅园，自1912年建园始，即秉"为天下布芳馨种梅花万树，与众人同游乐开园囿空山"之宗旨。梅园之中，不仅植梅三千株以及其他各色花木，还从外地购得骨里红、重台等名贵的梅花品种，植于园中天心台旁、香雪海中，彰显了园主的用心之深和管理之精。梅园在20世纪30年代就与苏州邓尉、杭州超山并称江南三大赏梅胜地。[④]

其二，体现在花木植物的栽植方式上。无锡近代半公共型宅园，在花木植物的栽植方式上承袭了江南园林的特点。主要表现为：首先，配合建筑、山水进行栽植，以装点山水，掩映建筑。比如鼋头渚七十二峰山馆旁山坡上的湖石泉池，经由栽植的桂花与龙柏的点缀，显得更为遒劲古朴。山馆的馆舍是园中主景，植被则丰富了整个场景，衬托了建筑，并为馆舍提供一定的遮蔽，将馆舍掩映在绿植之间，使其更好地融入了周围的自然山色之中（图4-3-12）。其次，配合空间层次的需要进行栽植，以分

---

① 常荣初. 无锡园林志（上）[M]. 南京：凤凰出版社，2013：11-16.
② 顾一群. 无锡山水[M]. 南京：凤凰出版社，2009：94.
③ 常荣初. 无锡园林志（上）[M]. 南京：凤凰出版社，2013：283-284.
④ 沙无垢，孙美萍. 梅园横山风景区[M]. 苏州：古吴轩出版社，2010：4-5.

第四章／无锡近代宅园

图4-3-12　被植物掩映的七十二峰山馆

隔空间，含蓄景深。比如在锦园中，荷花轩周围面积较大的空地上，通过栽植枫杨等高大的乔木，来阻断视线，含蓄地分隔了空间，并对园中疏朗的建筑加以掩映，增加了景深和层次。此外，不同花木植物之间进行合理的搭配栽植，以丰富色彩，渲染季相。比如在梅园之中，冬季到春季可赏梅花、樱花，夏季可赏荷花以及浓郁的绿荫，秋季可赏名菊、红枫。[①]荣德生自撰年谱《乐农自订行年纪事》言："数年种梅三千株，其他花木，四时不谢。"[②]又如鼋头渚内飞云阁沿道路山坡上均植矮松，间植红枫[③]，矮松四季常青，红枫则秋季似火。宅园中花木植物之间的合理配植，使得红、绿、黄等颜色次第成为园中主要色调，丰富四季色彩，突出季节色相。

综上所述，无锡近代半公共型宅园在延续江南园林的花木配植方式中，最为常用的方式为：依山植梅，岸栽桃柳，池中养荷。这亦成为无锡近代半公共型宅园的种植特色。比如梅园中沿山坡遍植梅花，荷轩之前开辟水池，池中种植荷花；锦园中建堤围湖，取名为"锦堤"，而后"沿堤广植桃柳"[④]，园中的四处荷花池蓄养满池

[①]《薛明剑文集》中记录梅园中留月村的部分写道："每届秋季，主人尝于此间陈列名菊数百盆，供人玩赏云。"
[②] 沙无垢，孙美萍. 梅园横山风景区［M］. 苏州：古吴轩出版社，2010：4-5.
[③] 赵永良，蔡增基. 无锡望族与名人传记［M］. 哈尔滨：黑龙江人民出版社，2003：230.
[④] 无锡市史志办公室. 薛明剑文集（下）［M］. 北京：当代中国出版社，2005：813.

荷花；东大池中筑有池岸，上建茅亭，种植桃柳①。再如鼋头渚沿湖围堤成池，堤上建长春桥，堤身两旁遍植柳树、樱花，以巩固堤身。"藕花深处"方亭周围，也沿湖围成堤岸，密植垂柳，池中养殖荷花。另外，蠡园"凿池蓄水，叠石为峰，植梅为阜，种莲于沼"②。

（2）引种外来

近代无锡工商业发展迅猛，对外交流亦较为频繁。无锡民族资本家在营造半公共型宅园时，常会引进一些新的植物种类，融入到宅园花木的配植之中。

比如在梅园中，1916年有"外国花之贵种，如黄、绿、紫之双台樱花，均当日所加如意物色而得者也"，即园主引进了日本重瓣樱花栽植于园中。1919年"梅园中，已建'乐农别墅'，加添泉石、盆花、花房，中外花木杂陈"。及至1948年，"梅花盛放，如霞蔚云蒸，加肥以后，茂盛不少；樱花亦烂漫如云，虽属外国品种，园中得此，亦添游兴不少"。园中的玻璃花房内"中西花草无数，芬芳四溢，终年不断"。③

又如在无锡的惠山、军嶂山、马迹山及梅梁湖的低山丘陵都有如映山红等野生杜鹃花。但是，杜鹃因其有"杜鹃啼血"的哀婉意象，较少在无锡近代之前的宅园中使用。仅在明代双塔寺中有种植杜鹃花的记载。近代无锡栽种杜鹃花的历史始于20世纪20年代。④在1931～1937年，蠡园园主王禹卿之子王亢元从日本购得一批花木来点缀蠡园，其中就有毛鹃"紫蝴蝶"、"玉蝴蝶"等，因其苗木较小，在假山、土岗上种植得较为密集，经年之后树冠逐渐丰满，春天花开时花朵稠密，异常夺目。⑤

总体而言，无锡近代半公共型宅园在花木植物的选用上各有侧重，在因袭当地传统特色物种的基础上，为营造更加丰富的园景，又引进了许多外来的植物品种，如广玉兰、黑松、雪松、冷杉、人王松、日本樱花、白皮松等，并形成了各园自身的特色，可谓是争奇斗艳。其中鼋头渚的樱花，太湖别墅的雪松和龙柏，梅园的梅花，蠡园的桃花和沿湖的柳树，充山陈家花园的大王松、茶梅等，均构成了各具特色的园景，时至今日，影响仍尤为深远。⑥

---

① 无锡地方志编纂委员会办公室，无锡县志编纂委员会办公室. 无锡地方资料汇编（第二辑）[G]. 1984：120.
② 无锡地方志编纂委员会办公室，无锡县志编纂委员会办公室. 无锡地方资料汇编（第二辑）[G]. 1984：22.
③ 无锡市史志办公室. 薛明剑文集（下）[M]. 北京：当代中国出版社，2005：813.
④ 常荣初主. 无锡园林志[M]. 南京：凤凰出版社，2013. 286.
⑤ 黄茂如. 无锡杜鹃花栽培史[J]. 无锡史志，1989（1）：15-16.
⑥ 常荣初主. 无锡园林志[M]. 南京：凤凰出版社，2013：269.

4. 叠石理水

《园冶》中评价"山林地"为"园地惟山林最盛"，是因其"有山有凹，有曲有深，有峻而悬，有平而坦，自成天然之趣，不烦人事之工"[①]。在大自然鬼斧神工所造山水中，再进行大规模的堆山叠石设水，不仅成本高，而且模拟山水的效果也难与真山真水相媲美，反而是一种资源的浪费。因此，在无锡近代半公共型宅园中，多以欣赏自然的湖光山色为主，人造山水仅起到点缀的作用。

（1）因地制宜的叠石

园林造山，就其体量来说是不可能模拟自然的[②]，在自然山峦中再造的山石，更是无法取代自然山色。因此，在无锡近代半公共型宅园中叠石掇山，多为获得宛如自然山景的意趣和韵味。比如鼋头渚太湖别墅中的七十二峰山馆，倚山临湖而筑，俯可看山间绿树葱茏，远可眺太湖飘渺开阔，亦可观赏湖中若隐若现的七十二峰及其倒影。在自然景色如此丰富之时，再耗费人力与物力堆山叠石可谓不智。因此，园主仅在山馆北坡置石若干，拟湖中山峰，以湖石暗喻七十二峰，以应和自然风景（图4-3-13）。又如锦园中的假山，同样也是依池畔、倚山势稍加堆砌，为湖山景色进行了恰当的点缀，并不喧宾夺主。再如1930年陈梅芳在建造渔庄时，为与蠡园一争高下，从宜兴、浙江等地运来湖石、石笋，专门请浙江东阳匠人着意堆砌湖石假山[③]（图4-3-14），但是也仅利用园中南侧依靠陆地的部分进行叠石堆山，而园中大部分面积都留给了湖面的营造，所堆砌的假山，一方面补充了园景的不足，为湖景增添山色，另一方面也为游者提供登高望湖之便利。

（2）远近组合的理水

利用天然湖山所建的无锡近代半公共型宅园，在水的营造上不似城市中"山水层林"的婉约多变，而是以呈现自然景观壮美之妙为主。如鼋头渚太湖别墅中，在充山的一处湖湾外围建造湖堤，堤上设拱桥，名为"万浪桥"，将湖水分隔成内外两部分（图4-3-15）。东南风起时，堤内层层涟漪，堤外白浪拍堤。风高浪急时，波涛滚滚，席卷而来激起浪花千万，景象蔚为壮观。"万浪桥"的名字也恰如其分地表现了自然景象的壮阔。又如蠡园和渔庄临蠡湖，园内以堤围湖而造的水景占全园面积约有五分之二（图4-3-16）。在园中可以远眺湖水烟波浩渺，近观池中鱼荷相嬉，人造水景与天然水景形成了远近交融之美景。

---

① 计成原著，陈植注释. 园冶 [M]. 北京：中国建筑工业出版社，1988：58.
② 杨鸿勋. 江南园林论 [M]. 北京：中国建筑工业出版社，2011：47.
③ 无锡地方志编纂委员会办公室，无锡县志编纂委员会办公室. 无锡地方资料汇编（第二辑）[G].
  1984：22.

图4-3-13　七十二峰山馆侧堆砌的假山

图4-3-14　渔庄中的湖石假山

第四章／无锡近代宅园

图4-3-15　鼋头渚万浪桥

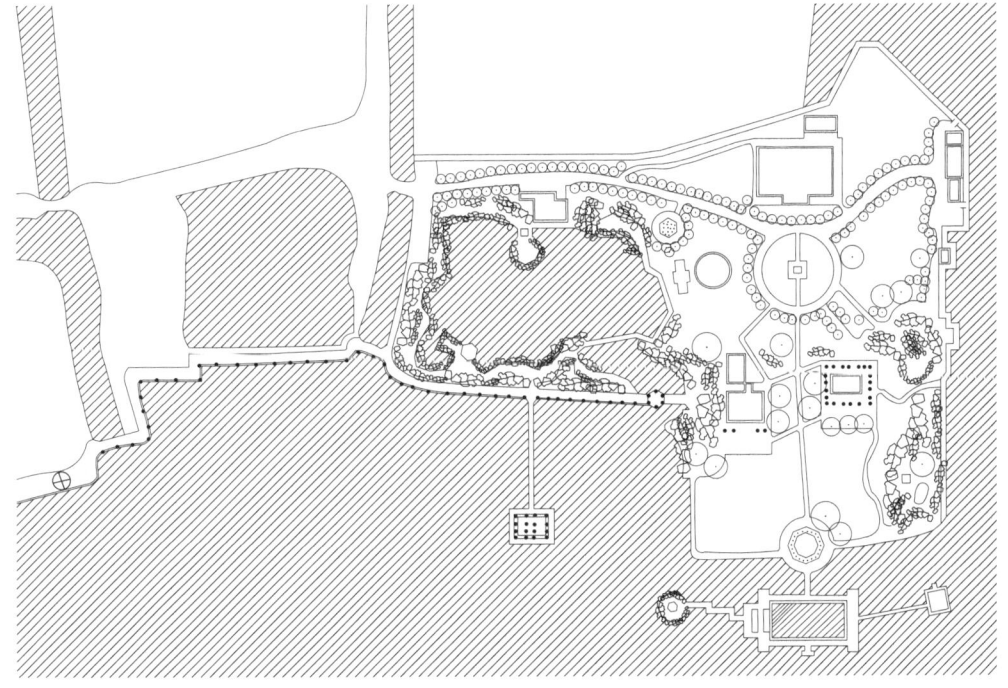

图4-3-16　蠡园1957年平面图，以堤围湖而造的水景占全园面积约有五分之二
底图来源：《薛明剑文集》

临湖的位置不同，不同的无锡近代半公共型宅园利用自然湖水造景所呈现出的水景效果也各有差异。比如鼋头渚山石嶙峋，外临太湖，湖涛拍岸，可以欣赏太湖烟波浩瀚的动态美。又如蠡园、渔庄所临蠡湖为太湖的内湖，风浪较小，而且岸边地势较为平缓，适宜欣赏湖水旖旎的静态美。锦园外有湖水拍岸，内有荷池如镜，则动静皆宜。

三、私享型宅园的设计特征

（一）私享型宅园的属性

计成的《园冶》中有"村庄眺野，城市便家"，即指建园于村庄便于远眺原野，建园于城市则便于居家。[①]宅园，主要是园主家庭生活日常起居、消遣会友之所。

无锡近代时期所建的私享型宅园，其功能与近代之前官僚士绅阶层的宅园功能大抵相同。如近代时期的钦使第（又称薛家花园）中有厅室、卧房供园主会客起居，也有戏台、弹子房供家人亲友娱乐，佚园中澄观楼是园主起居会友之处，薛南溟故居是园主休息与办公之处等，这些私享型宅园主要为园主私人提供了日常起居、消遣会友的功能。

（二）中西并存的宅园形式

无锡近代私享型宅园的形式主要可以分为两类：其一，为承袭传统型；其二，为中西融合型。

1. 承袭传统式

宅园包括宅与园两个部分。所谓承袭传统型的无锡近代私享型宅园，是指其"宅"的形式主要表现为无锡本土建筑式样，其"园"主要沿袭了江南园林的风格特征。当然，无锡近代私享型宅园受时代的影响，不可避免地带有时代特征，如钦使第中有些局部可见受西方建筑文化影响的痕迹。无锡近代私享型宅园至今保存尚好的（包括复建的）主要有潜庐、钦使第、佚园等三处。

（1）潜庐

潜庐位于惠山上河塘20号，是杨延俊于1840年始建，1882年其子杨宗濂在主厅——留耕草堂的基础上扩建而成。

[①] 陈植. 园冶注释[M]. 北京：中国建筑工业出版社，1988：56.

潜庐中的留耕草堂是杨延俊祠园内的一幢建筑，现泛指该祠园。杨延俊（1809-1859），官至山东肥城知县，去世后，其子杨宗濂、杨宗翰兄弟俩将留耕草堂改为祠堂（俗称杨家祠堂），以供祭祀。[①]1915年重建。中路主体建筑已毁。目前存留部分基本保持了初建时的格局。[②]

整座宅园占地约1400平方米，沿中轴布置门厅、戏台、前园、留耕草堂、中园、丛桂轩及后园。中园西侧堆叠假山，上筑望山楼，东侧池上设有半亭，宅园整体小巧精致，结构紧凑（图4-3-17）。

潜庐园中的主体建筑为留耕草堂，整栋建筑坐北朝南，为歇山顶，面阔三间。草堂前种植有三棵高4米许，年逾百岁的罗汉松，南有池，池南筑有戏台，戏台凌飞于水面之上，加强了草堂与戏台的对话交流，池中锦鲤悦动，苍翠倒映，水池四周黄石嶙峋，两层跌落的台地上亦散落分布着若干块石，或蹲，或卧，或立，形态各异，栩栩如生，极似全神贯注听戏的各种小动物。沿西侧廊可达假山上的望山楼，望山楼为面阔三间的硬山式平房，可俯瞰园中假山池塘，对视东侧半亭（图4-2-1）。丛桂轩曾为杨宗濂母亲的居所，为硬山式建筑，后园中种有修竹。

潜庐虽面积不大，用材朴素，但其巧妙地引借了锡、惠二山的景色，局部处理又生动灵活多变，颇有江南名园寄畅园的三分神韵。建筑形式多样，包含了亭、台、楼、堂、轩、廊等，全园以水为线索，贯穿前、中、后三园，结合多样化的建筑、假山、花木、曲桥等元素使人产生移步换景、流连忘返之感，属典型的江南宅园风格。

（2）钦使第

钦使第又称为"薛家花园"，位于无锡城中西水关内，今学前街与前西溪之间，健康路西侧，是江苏现存最大的近代官僚宅园。该宅园由园主薛福成亲自设计、勾画草图，其长子薛南溟（翼运）等负责督造，始建于1890年，建成于1894年。[③]建筑北部的后花园保存较为完整，西花园曾被毁坏，后重建。钦使第当初东有孔庙、学宫（现均不存），西为西水关，位于束带河与前西溪之间（现均不存，仅地名），曾是一处三面环水、文脉深长的宝地。

钦使第整个平面布局呈"凸"字形，建筑分中、东、西三路，即沿一条主轴和左右两条副轴展开（图4-3-18）。中轴线上从南到北由门厅、轿厅、正厅、后堂、转盘楼和后花园组成；东路前半部由戏台、池塘、花厅（即吟风轩）、附房组成，后

---

① 朱震峻，沙无垢，史德平，金石声. 锡惠名胜区 [M]. 苏州：古吴轩出版社，2007：137.
② 夏泉生，罗根兄. 无锡惠山祠堂群 [M]. 长春：时代文艺出版社，2003：217.
③ 刘健华. 崇安名胜史话 [M]. 济南：山东画报出版社，2006：190.

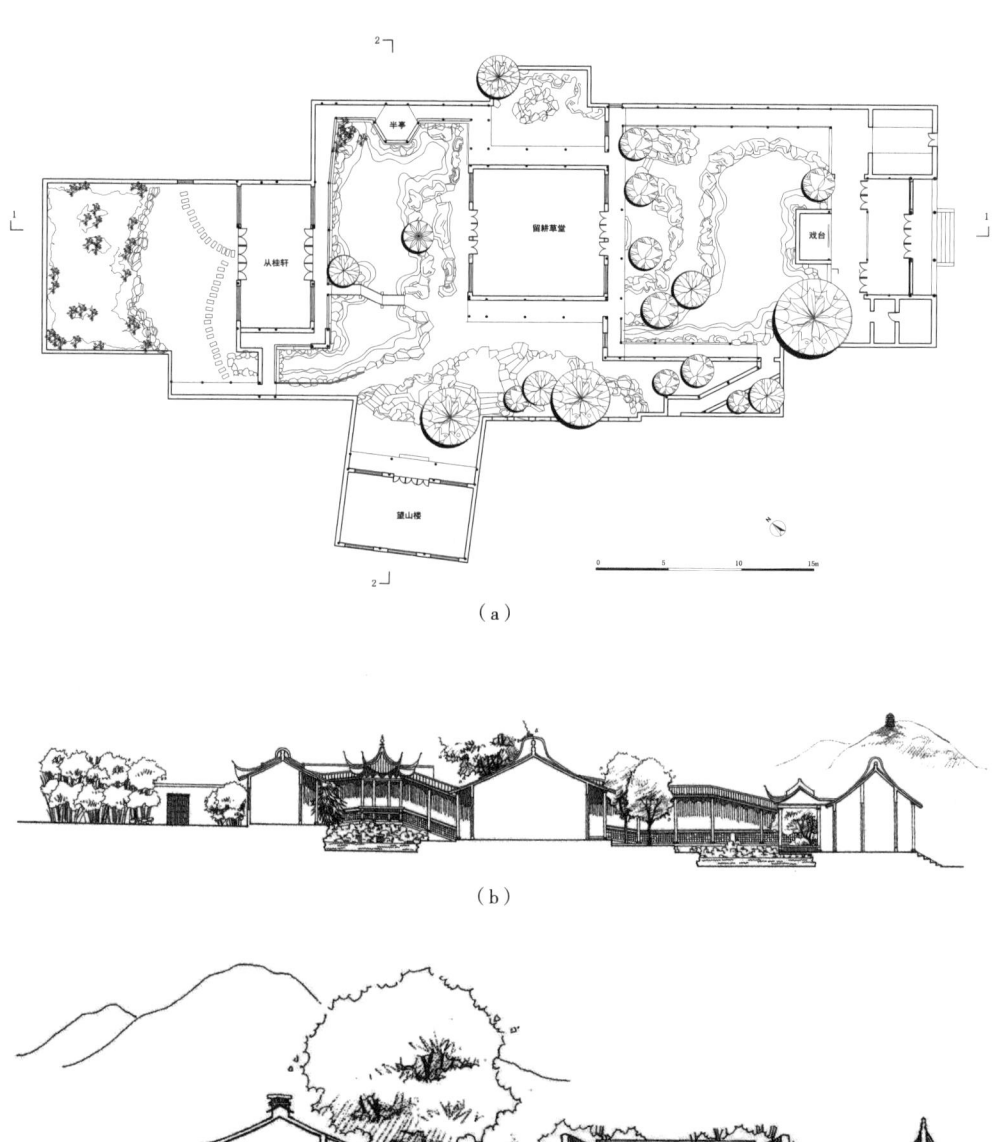

图4-3-17 潜庐平面图及剖面图
（a）平面图；（b）1-1剖面图；（c）2-2剖面图

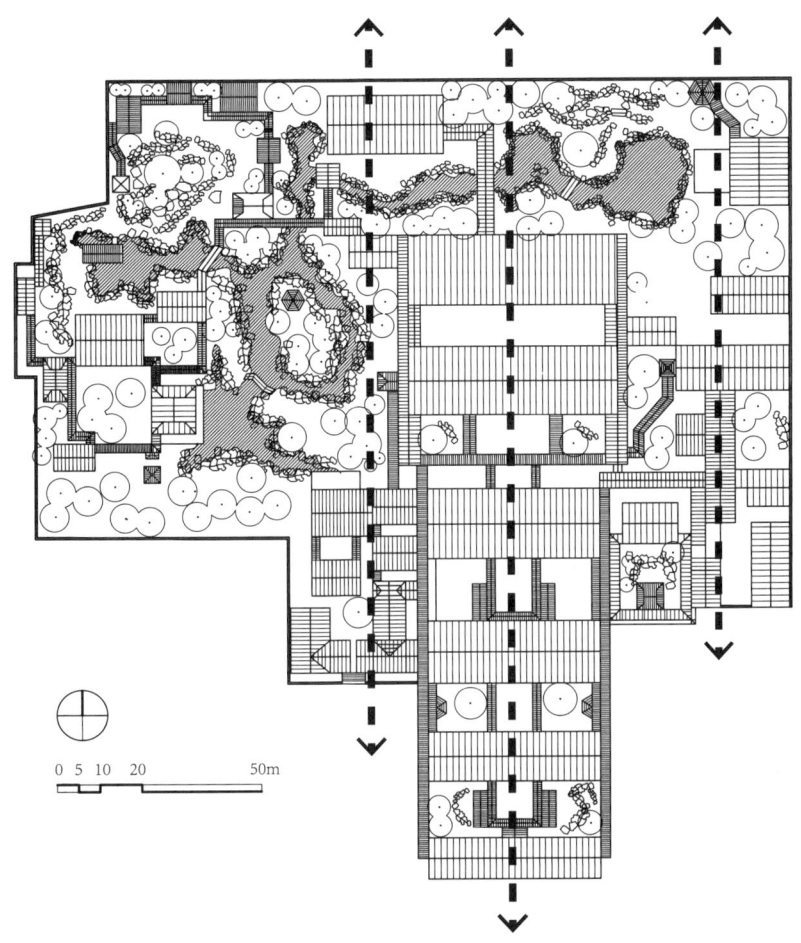

图4-3-18 钦使第建筑布局主要沿三条轴线布置

半部分由仓厅、厨房、弹子房等组成;西路由偏厅、杂物房、西花园和传经楼组成。

中轴线上的建筑的前四进(即门厅、轿厅、正厅和后厅)面阔均为九开间,因超出当时二品官的宅邸规格,故分别将每厅分为三段,即中间一主厅和左、右各一旁厅。[1]第五、六进的转盘楼面阔达十一开间。每一进厅堂之间都有天井及庭院,其中置石理水,植花养木(图4-3-19)。后花园中水池占据了大部分的面积,池上石桥将水面分为东、西两部分。东部水域较大,东邻揽秀阁和长廊,西面水域较小,向西有细流与西花园水池相连,水池北部堆栈假山,周围花木杂植(图4-3-20)。

---

[1] 刘健华. 崇安名胜史话[M]. 济南:山东画报出版社,2006:190.

图4-3-19 钦使第中的天井

图4-3-20 钦使第中的后花园

东路上的花厅、戏台在宅园一隅,自成院落,水榭式的戏台前开凿水池,堆砌假山,搭植花木,使之成为一处供家人亲友赏戏观鱼之处(图4-3-21)。

宅园中主体建筑基本沿用了清代中晚期的制式,建筑上的雕刻装饰繁复精致。十一开间的转盘楼上檐口的机刻花板,楼梯、走廊的车制栏杆,弹子房的水泥预制

图4-3-21　钦使第中的花厅戏台

门窗框、镶嵌的彩色玻璃，杉木楼板下加泥幔平顶，平顶上粉饰西式图案、线条等[①]均是采用了西式建筑的做法。

今日所见钦使第，是由无锡市人民政府于1994~2002年间，按原样加以修复的，2003年元旦正式对外开放。

（3）佚园

佚园位于城中福田巷，建成于1928年。园主为北宋著名词人秦观的后人——近代时期的民主革命家秦毓鎏（1873-1931）。佚园园名取自庄子"劳我以生，佚我以老"[②]，园主奔波半生后，希望可以安逸地度过晚年。今日所见为修复后的佚园，基本保留了宅园的主要部分（图4-3-22）。

根据园主所撰《佚园记》记载，佚园面积"广不及二亩"，坐南朝北，主体建筑为硬山顶带马头墙的中西合璧式样的平房，面阔三间，南设抱厦，谓之"竹净梅芬"。另有辅房及杂物各一间。在这些建筑物之南，为一处长方形花园，即佚园，现

---

① 无锡地方志编纂委员会办公室，无锡县志编纂委员会办公室．无锡地方资料汇编（第二辑）[G]．1984：191．
② 刘健华．崇安名胜史话[M]．济南：山东画报出版社，2006：152．

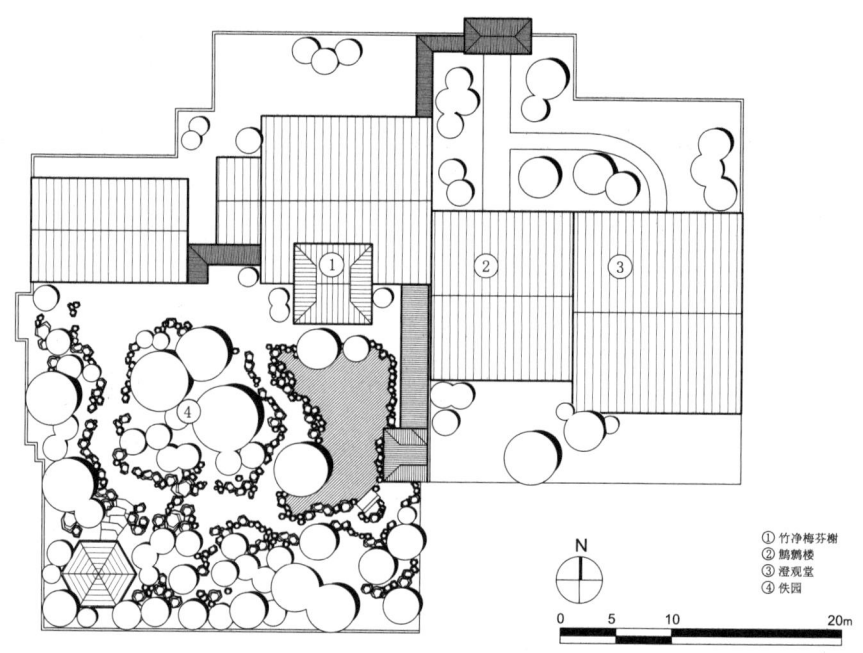

图4-3-22 修复后佚园平面图

存花园面积约600平方米。园中有一土岗,名石虎岗,因岗下有石形如虎而得名。经土岗可至"双峰亭",亭前西北方有大石二,一曰畏垒峰,一曰瑶芝峰,石旁还有诸石罗列。大石后植修篁丛桂,其北为朱樱山,半山有樱花,山南有松柏。园中偏东是一泓清池,略呈长方形,面积约60平方米,自其南方的朱樱山上的枣泉涌汇形成,雨后水满,向东流下,汇入水池,泉入池口有一石梁横跨,名为观瀑桥。从池北进入月洞门,即是澄观楼的前庭,庭中布置花木竹石。澄观楼高两层,面阔三间,楼上有卧室、书斋,是园主夏日的主要起居之处,楼下为"坐忘庐",用于宴乐会客。进入后轩,从西侧门可以通往种有竹、梅的"竹净梅芬"榭,榭北有菜圃,其中杂植桃、李、杏、梅、石榴、玉兰、樱花、木樨、海棠、杨柳、梧桐等花木以及一畦青菜。①

综上所述,对照现状可见,佚园基本保存了原先的空间格局,另外,澄观楼、榭、亭大致得以保留了下来,同时园中部分水池、山石与园主记载出入不大。只是与澄观楼体量相似、同期并列而建的鹔鹴楼,不知为何在园主的记载中未见提及。澄观楼后菜圃部分所种花木和菜畦都已无存。现有植物多为修复时新种植(图4-3-23)。

---

① 刘健华. 崇安名胜史话[M]. 济南:山东画报出版社,2006:150-153.

图4-3-23 修复后佚园实景

除以上三处保存较为完好的传统式私享型宅园（均经过修复）以外，还有三处已毁的属于传统式私享型宅园，即辟疆园、芝兰草堂和香草居，目前仅有前人的文字记载。

其中辟疆园，是园主顾康伯慕先祖辟疆，于1927年在城中欢喜巷所建宅园。该宅园园广30号，园主在园中筑精舍、疏泉凿石、种竹养花。园中有辟疆小筑厅、清友山房、碧梧轩、藕香轩、溪月亭、留馨亭、五老峰、归云洞、问渔洞、步鹤桥、三曲石梁诸胜。①

另有芝兰草堂位于今新街巷，原名七尺场，又称七尺渡。园主为汪大铁，篆刻家，曾在上海福新面粉厂任职，后辞职，主要靠卖文鬻印为生。该宅园傍西溪，屋三楹，中庭杂罗花木，剪沙翼菊，抚藤引萝，兰蕙蘅芷披拂。园中有楼堂轩廊，名为局促廊、曝背廊、看月廊、拜石庐、云龙星凤之斋和玉船轩等。②

再者香草居，又称蒋家花园，位于城南汤巷，因园主蒋东孚素喜兰艺，购地建园为藏兰、艺兰之用，遂命名为香草居。该宅园园广十余亩，有山泉、花木、池沼之胜，尚存两株百年白皮松，尚有遗迹。③另外，诸健秋绘有《香草居图》，从中可以看出宅园中间有房屋数楹，房前屋后皆有兰花，房前有泉池，池上架木桥，池旁有曲廊通往一小亭，亭后倚大石假山，石笋数根。亭前屋右叠石为山，间种松柏。屋后茂林修竹之处就是园主藏兰、艺兰之处，从竹林中露出的兰圃一角可以看到湖石与兰花间置园中。

2. 中西融合型

中西融合型的无锡近代私享型宅园，相对于上述承袭传统型的宅园而言，多以宅为主，园为辅。中西融合型主要指其主体建筑（宅）融合了中、西两种建筑风格。根据其主体建筑设计的布局方式，又可分为独立式和组合式。

（1）独立式

独立式布局，即主要建筑均为集中式布置，建筑内无天井或庭院。通常宅园内仅有单幢建筑，少数宅园内有多幢建筑，而建筑多为中西合璧式样。无锡近代时期所建的中西融合式的私享型宅园主要有荣德生旧居、缪公馆和王禹卿旧宅等。

其中，荣德生旧居位于原四郎君庙巷，今城中健康里"荣耀花园"小区内，建于民国初年，原为荣德生长婿李国伟住宅。荣德生晚年常住于此，直到1952年离世。整座宅园坐北朝南，原有门房、主楼、厨房、餐厅和附房，以院墙围合。主楼

---

① 常荣初主. 无锡园林志［M］. 南京：凤凰出版社，2013. 24.
② 同①。
③ 同①。

为中西合璧式样建筑，面阔六间，楼高两层，砖混结构。楼前、楼后均有花园（图4-3-24）。20世纪90年代建造"荣耀花园"小区时，将荣德生旧居的围墙、门房、附房和餐厅、厨房全部拆除，现在仅存主楼和楼前的花园局部（图4-3-25）。

缪公馆即原缪斌旧居，位于城中新生路7号，建于1930年。宅园由青砖高墙围合，南侧有拱形铸铁的镂花大门。园内进门处有生肖象形太湖石垒砌的仿泰山五大夫松的五松坛，间植花木。园内建筑为中西合璧式样（图4-3-26），面阔五间，

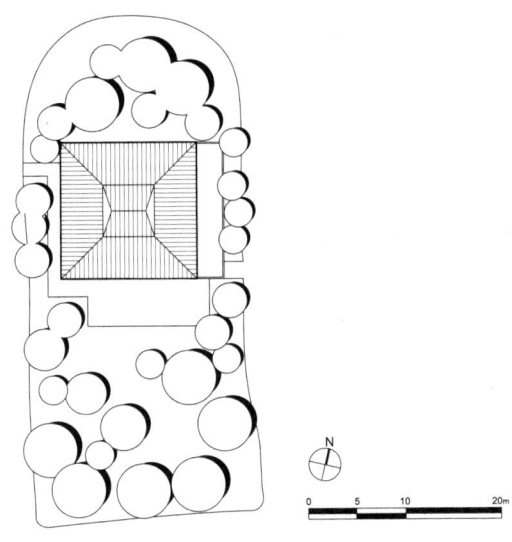

图4-3-24 荣德生旧居现状平面图

楼高两层，一层正中为三开间的西式大厅。建筑墙面为红砖砌就的清水墙，饰有水泥仿罗马立柱以及水刷石做成的绶带嘉禾纹和蝙蝠、团寿纹浮雕腰线（图4-3-27），红洋瓦铺就的屋顶为中国传统屋顶中最高等级的庑殿顶与西式四坡顶组合的变体（图4-3-28）。建筑内部装修也十分讲究，门窗、地板、楼梯的材质均为柚木。缪公馆的设计十分注重宅与园景的结合，建筑的局部处理随着周边环境而灵活变化。靠近花园的东南角，是进入院门后最醒目的位置，其二楼对应的房间也是欣赏院内风景的最佳观景点，因此成为了整栋建筑立面处理的重点和亮点（图4-3-29）。建筑的外窗形式也随着内部功能及周围环境的不同而变化丰富，除了主要空间的大面积的方窗、全景窗、矩形窗外，还有八角景窗和经简化后的圆形西洋玫瑰窗等。目前缪公馆为某花园酒店使用。

王禹卿旧宅，位于原城中时郎中巷，今之中山路177号梁溪饭店内，建于1932年。旧宅原有规模较大，大门向南，门前有八字形照壁和青砖铺就的场地。宅园内有传统风格的门厅、大厅和三幢中西合璧式样的建筑以及花园。1970年，原照壁、门厅、大厅等均被拆除，现存三幢中西合璧式样的建筑和花园部分保存较为完整[①]（图4-3-30）。王禹卿旧宅将美、英、法三国建筑风格融于一园之内，分别建造了仿美式、英式和法式风格的三幢建筑。这三幢楼都是以清水砖砌外墙的砖混结构建筑，木

---

① 刘健华. 崇安名胜史话［M］. 济南：山东画报出版社，2006：275.

图4-3-25　荣德生旧居现状实景

图4-3-26　缪公馆中的中西合璧式建筑

图4-3-27　建筑上的罗马柱及腰线装饰

质的地板门窗，洋瓦四坡的屋顶。宅园中的花园小巧精致，园中地形起伏，总体为中间低、四周高，宛如一个聚宝盆，其中名木古树、四时花卉繁多，另有形态各异的太湖奇石点缀在通幽曲径之间，与花木相映成趣，妙趣横生。花园被一座石桥和小径分为大小不一的三部分。石桥以南部分所占面积最大，亦是整个花园的精华所在，通过曲径、水石、地形、植物等相互配合达到了江南园林所追求的移步换景的效果，而其植物品种繁多，景物分布密集又有日式园林的痕迹（园主之子王亢元醉心园艺，曾专

图4-3-28 缪公馆屋顶——庑殿顶与西式四坡顶组合的变体

图4-3-29 缪公馆的设计十分注重宅与园景的结合

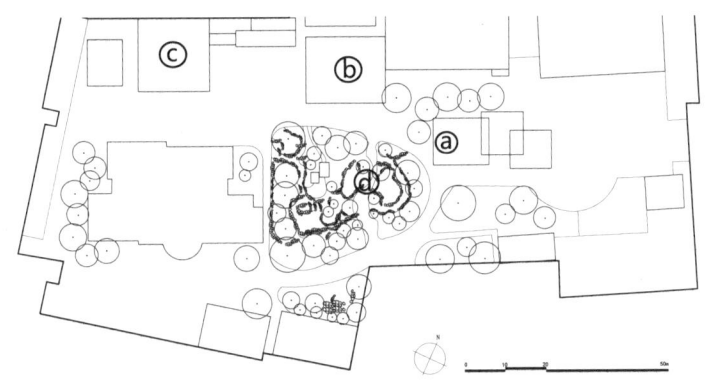
图4-3-30 时郎中巷王禹卿旧宅现状总平面图
（a）春晖楼；（b）天香楼；（c）齐眉居；（d）花园

程赴日学习，此园亦为他主理督建）。站在花园的中心——小石桥上向南望去，景观层次颇为丰富。近处是水池和假山，稍远是一株斜探水面的黑松和隔池相望的平台，再远是蔽日遮阳的高大的乔木。顺着茂密的草木间那窄窄的小径登上山坡，可以看到那一池清涟的源头以及顺势潺潺而下的细水，来到之前望见的平台上，视线便会自然而然地被那座卧波石桥而吸引。桥头一株青枫似斜倚着小桥向水面伸展枝叶，最美是秋日，时而落入水中的红叶会引起池中红白鲤鱼的游动嬉戏，形成园景的高潮（图4-3-31）。园中多处点缀有情态各异的湖石、石笋，被后人揣度出了凤凰台、轩辕门、麒麟桥等十二处景致。总之，花园虽小，但十分精致而丰富。

图4-3-31 时郎中巷王禹卿旧宅花园现状实景

（2）组合式

组合式主要指园内建筑采用无锡民居建筑多进深、运用天井串联的整体布局方式，并利用天井（或庭院）空间进行造园置景，主要建筑既有采用中西合璧式样的，亦有局部采用西式建筑做法的，如孙揆均故居、孙国璋故居（图4-3-32、图4-3-33）。当基地面积较大时，除去利用天井造园置景外，多在宅旁另辟园地再构筑园景，如云薖园（图4-3-34）。

其中，孙揆均故居位于城中小娄巷，宅园有前后花园，主要建筑为来鹤楼，又叫双锡山房。原为砖木结构的五开间两层中西合璧式样楼房，现东部的一开间被削去，剩余四间。房前有小园，内置假山草木，楼前附房有圆门洞，可通往内院。主楼南向为落地长窗，窗后有栏杆，后为走廊，楼上五个房间由走廊连通。居中为园主的起居之处，上有"来鹤楼"匾额。楼房后亦有附房，通向后门。[①]

孙国璋故居同样位于小娄巷，始建于1931年，1932年落成。园中楼房为明两暗三，三层的阁稍低，有老虎窗。大小房间共有十八间，楼下堂屋居中，孙国璋将其命名为"翼安堂"，二楼为"萼楼"。南面为落地玻璃长窗，使得屋内宽敞明亮。楼前有园，园中花木有梅花、海棠等。砌筑的花台中有牡丹一株，又置湖石数峰。[②]

---

① 刘健华. 崇安名胜史话[M]. 济南：山东画报出版社，2006：157-160.
② 同①.

第四章／无锡近代宅园

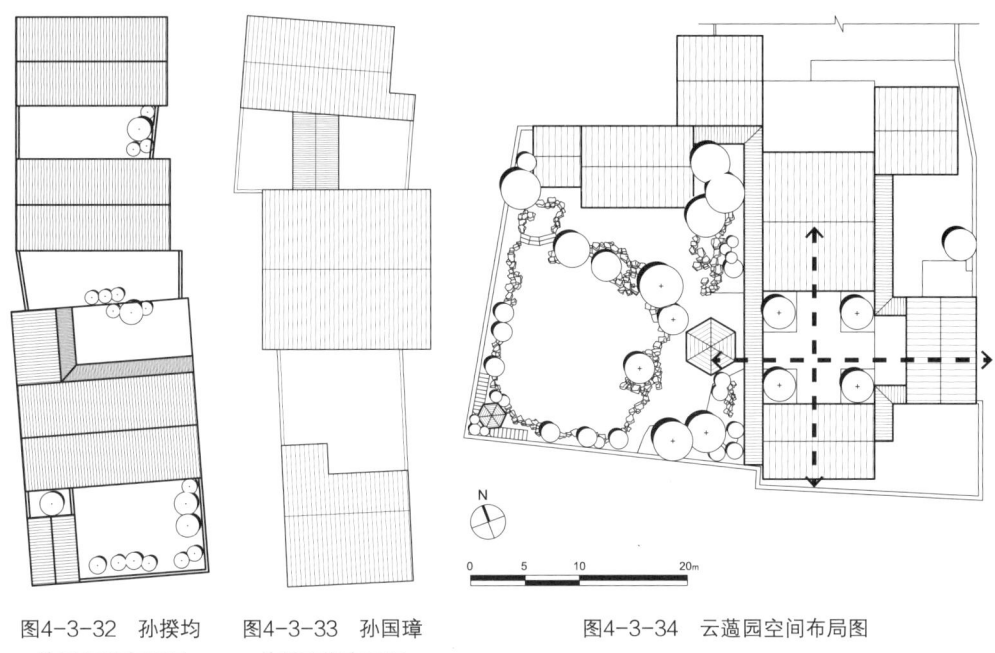

图4-3-32 孙揆均故居空间布局图　　图4-3-33 孙国璋故居空间布局图　　图4-3-34 云薖园空间布局图

　　云薖园（即杨味云旧居）位于城中长大弄5号，该宅园可分为内外两个部分。内园中池塘占据大部分面积，池岸围以湖石，池西北角架有石桥，桥北有名为"苓泉"的清泉。池北岸有中西合璧式样建筑一组三幢，分别为裘学楼、晚翠阁及杏雨楼。池东和池西南各有六角亭和半亭一座。外园有主体建筑四幢，分别为门厅、轿厅、正厅和后厅，均为硬山顶平房。门厅面阔三间，硬山顶，封火墙。正厅面阔三间，前后均有轩。后厅今已不存。[①]

　　另外，无锡在近代并非通商口岸城市，亦无租界，因此鲜有完全西式风格的宅园出现。据记载，只有唐星海于民国期间在蓉湖庄所建的蓉湖花园为一处有日式庭院的宅园。蓉湖庄本为明代顾可学所建，是为"近城名胜，实无逾比"，在清康熙年间改为蓉湖禅院，之后又废弃。[②]唐星海所建蓉湖花园于1950年曾开辟为蓉湖公园，至1958年无锡大运河改道，公园在河道线内，于是被全部拆除，至此蓉湖花园再无迹可寻。[③]

---

① 刘健华. 崇安名胜史话［M］. 济南：山东画报出版社，2006：267-268.
② 无锡市史志办公室. 梁溪古园［M］. 北京：方志出版社，2007：333-334.
③ 无锡市北塘区地方志办公室. 北塘区志［M］. 1991：586-587.

第四节 关于无锡近代宅园的近代性发展特征及其成因

一、无锡近代宅园的近代性发展特征

无锡近代宅园的近代性发展特征是指该历史时期无锡宅园受近代西风东渐及本地社会政治、经济、文化风尚等的共同影响和作用,相较于以往各个历史时期的宅园发展,所表现的变化特性。近代以来,中国最大的社会变革莫过于封建专制统治被推翻,西风东渐带来了开放、民主的思潮,先进的技术和西化的生活方式和审美风尚。因此,衡量无锡近代宅园的近代性主要从以下两个方面入手:其一,是开放、民主思潮影响下导致的私家宅园的公共化;其二,是宅园建筑的西化程度。纵观无锡近代宅园的发展,其近代性主要表现为两极化特征明显:

(一) 半公共型宅园公共化程度开近代中国私家园林风气之先

著名园林专家陈从周先生曾对民国时期的无锡园林作出高度评价:"江南园林,明看苏州,清看扬州,民国看无锡。"其所指的民国时期的无锡园林,正是本书前文所提及的分布于湖光山色间,由无锡民族资本家们所建的面向公众的半公共型宅园。无锡众多的近代半公共型宅园,均借助真山真水而构建,成为无锡园林的一大特色,这也是其他城市难以仿效的。前文所述,1929年,著名造园学家陈植先生受行政院农矿部派遣,曾实地勘察太湖风景,并在之后他的著作《造园学概论》一书对中国近代造园史的总结中提及无锡"工商巨子,相率于太湖之滨,横山、犊山间一带湖山,次第相地,点缀园林,不数年间,业已星罗棋布,蔚为大观,盖已俨然形成一名区矣"[①]。民国时期梁启超先生亦曾评价:"地方自治成绩,全国以江苏省为最,江苏省以无锡、南通为最。"[②]可见,无锡近代民族资本家在环太湖、蠡湖地区聚集兴建的一批半公共型宅园在当时已经形成相当的气候和影响力,并成为当时无锡社会公共事业重要的一部分,充分佐证了无锡的工商士绅积极接纳西风东渐的民主开放思潮,开拓进取,造福桑梓,引领了近代中国私家宅园由封闭走向开放的风尚。

(二) 私享型宅园近代化程度相对滞后

尽管近代时期无锡工商业发展迅猛,一度名列全国六大工业城市,并享有"小

---

① 陈植. 造园学概论 [M]. 北京:中国建筑工业出版社,2009:34.
② 政协江苏省无锡市委员会文史委. 无锡文史资料(第19辑)[M]. 1988.

上海"之称，无锡近代宅园的发展无论是在数量和规模方面，还是在空间中"园"的建设理念方面，都比当时的通商口岸上海等城市，乃至同类城市南通等滞后。

首先是私享型宅园的数量和规模方面，在1900年前后，上海就已经建造了一批质量较高的独院式宅园。如法公董局董事居住的宅园和以后卖给李鸿章等人的私人宅园，这些宅园均占地面积较大，大至百余亩，小也有数十亩。园中有大片绿地，设置喷水池、花饰栏杆大门等，建筑样式丰富，有法式、英式、德式等。[①]又如张謇于同时期在南通所建造的"濠南别业"等七处宅园等。观无锡近代私享型宅园，不管从数量上还是规模上，整体发展都较为滞后。

其次在私享型宅园中，"园"的建设理念，基本上因袭传统，还没有脱离江南园林的处理方式。同时，"园"较于"宅"的发展亦相对滞后，即其近代化的发展相较于园中的建筑发展较为滞后，仅处于萌芽的阶段。

二、无锡近代宅园发展特征的主要成因

无锡近代宅园的发展呈现出半公共型宅园公共化程度，开近代中国私家园林风气之先，而私享型宅园近代化程度相对滞后的两极分化的特征。究其根本，在于作为无锡近代兴建宅园的主要力量的民族资本家，他们大多累代生长于无锡，有着无锡人善于学习、利义兼顾的务实精神。他们十分清楚无锡作为一个非开埠城市，既无租界，亦无外资的地缘经济方面的缺陷，亦了解无锡得天独厚的自然地理环境资源及水陆交通方面的先天优势，他们懂得如何扬长避短，集中有限的财力物力打造无锡的地方特色，同时，在吸收西方的文化和生活方式的同时，亦保留着传统的审美和喜好。无锡近代宅园的近代性所表现出的两极化，恰恰体现了无锡人利义兼顾的务实特质、其园主造园目的的明确性以及无锡所受西方文化影响的间接性。

---

① 沈福熙. 中国建筑简史[M]. 上海：上海人民美术出版社，2007：110-112.

第五章

无锡传统历史建筑的建造技艺

第一节　主要建造材料

无锡本土式样的建筑以砖、瓦、木、石等本地建材为主，随着近代生产技术的发展以及西式建筑的引进，无锡传统建材得以发展的同时，一些新型建筑材料开始出现，如机制砖瓦、水泥、钢筋混凝土、玻璃、铸铁铁艺等。

一、传统建造材料

主要有砖、瓦、木，还有石。无锡本土式样的建筑多采用这些建材来建造，其中，石材在普通建筑中运用并不多见。这里不再展开，以下重点就砖、瓦、木等三类最为常用的传统建造材料进行分析。

无锡的砖瓦业历史悠久，明代，在无锡南门外伯渎港南沿河附近就有356座土窑。至清末，无锡砖瓦业发展兴盛，砖瓦业成为无锡的重要产业之一，这些土窑生产了大量黏土砖和瓦，除满足本地建设需要外，还有部分外销。无锡砖瓦的生产原料以黏土为主，砖瓦材质量较高，光滑整齐、坚固耐压，且不易被风化侵蚀。到了民国时期，无锡又相继建成了炽昌（1915年）、隆茂（1917年）、利农（1919年）、建业、大成等5家机制砖瓦厂[1]，这标志着以传统手工生产的砖瓦土窑业日渐衰落。

（一）砖

中国传统的建筑体系为木构架体系，有着"墙倒屋不倒"之说。砖主要作为填充墙体的材料而存在。无锡本土式样的建筑亦不例外。在无锡传统砖瓦业中，砖类产品以青砖和方砖为主。青砖主要用于砌墙、铺设街道路面、磨刀、磨方砖以及作为屋面上的望砖等。方砖大多为长方形，主要用于室内铺地或镶嵌于室内墙面的下部，如同近代之后室内的护墙裙。

青砖可分为城砖、望砖、砂砖、八五砖、九五砖、双夹砖、橘瓢砖、足四砖、短足六砖、长足六砖、十料头砖、八料头砖、四料头砖、料三分砖、二寸头砖等15种，如城砖、十料头砖用来砌筑城墙，料三分砖、二寸头砖、八五砖、九五砖用来砌墙，八料头砖、足四砖用来磨刀，砂砖用来磨方砖，四料头砖、短足六砖用来铺路，橘瓢砖用于砌筑弧形建筑，望砖铺在屋面椽子上承托瓦片之用。[2]在无锡本土式样建筑的墙体中所采用的砖，大多为青砖。这些青砖大多数产自清名桥下塘区的

---

[1] 无锡市地方志编纂委员会编. 无锡市志 [M]. 第二册. 南京：江苏人民出版社，1995：1349.
[2] 江苏省政协文史资料委员会等. 无锡城市建设 [M]. 江苏文史资料编辑部，1996：156.

土窑工坊,由人工制作,一般尺寸并不固定(如二寸头砖规格为220×108×44,料三分砖规格为215×100×25,八五砖为220×105×44,九五砖为240×115×53,不一而足)。在砌筑过程中主要依据不同规格的砖而采用不同的砌法,其砌筑手法灵活多变。由于传统建筑对墙体承重的要求较弱,而且一般墙体外部都要进行粉刷,因此墙体砌筑形式种类虽多,但并不会影响建筑的整体效果。

方砖多用作无锡本土式样建筑厅堂中的地面铺装和室内墙裙材料,其表面进行雕刻后亦常用于园林庵观寺院。方砖又可分为加大方砖、尺八方砖、尺四方砖、半京方砖、半璜方砖、三块半方砖、三块头方砖等7种。铺地用的方砖有规格为650×600×70的加大方砖,规格为440×410×50或400×380×50的尺八方砖,规格为320×300×35或310×300×35的尺四方砖,规格为240×220×30的三块半方砖以及220×200×25的三块头方砖。尺八方砖、尺四方砖、三块半方砖、三块头方砖除铺地外,还可用以雕刻。半京方砖和半璜方砖则专门用以雕刻。①

(二)瓦

瓦是无锡传统历史建筑中应用较多的建材品种,主要用于屋面。同样主要产自于清名桥下塘区的人工土窑。因这些瓦都由青泥烧制,成品色呈黛青,故称"青瓦"。瓦又有特种大瓦、加八瓦、加六瓦、小瓦等4种。其中特种大瓦的规格有600×500×40和600×500×27两种,用于庙宇屋面的落水斜沟。加八瓦、加六瓦和小瓦等均为常用瓦,分别由底瓦和盖瓦两种不同规格的瓦组成,加八瓦底瓦为200×10×210、盖瓦为200×10×180,加六瓦底瓦为170×10×180、盖瓦为170×10×165;小瓦底瓦为140×10×155、盖瓦为140×10×140②,两两配套。江南地区传统历史建筑的屋面檐口都比较重视装饰,其中瓦当、滴水成为檐口装饰的重要部件。通常瓦当上有"团龙"、"兽头"、"牡丹"等装饰纹样,而滴水上有"草龙"、"龙凤"、"蝠寿"等装饰纹样,其中"蝠寿"纹样应用较为广泛。无锡本土式样建筑中瓦当和滴水的装饰整体上较为简洁,文字为题材的装饰较多,如"卍"字纹、"寿"字纹等(图5-1-1),还有部分为植物花草纹样。

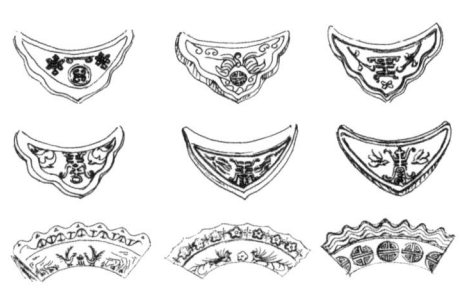

图5-1-1 无锡传统历史建筑的滴水和瓦当

---

① 江苏省政协文史资料委员会等. 无锡城市建设[M]. 江苏文史资料编辑部,1996:155.
② 同①。

（三）木

木材在无锡本土式样建筑中常用作梁、柱、楼板、屋架等建筑结构材料以及小木作材料。本地木材以杉木、建松为主，木材加工的长度决定了建筑的开间与高度。

这些木材作为建筑结构材料时，主要有以下三个特点：首先，大多是未经加工的天然木材，故材料的稳定性不高，易变形；其次，木材的产地集中在太湖流域，运输主要依靠太湖水系的水路运输；此外，在建造过程中，由于材料稳定性不高，且没有统一的标准，因此需要匠人凭借经验，根据实际情况随机应变，这样建造出的建筑往往由木料的长短来确定建筑开间的大小与层高的高度。由于木材是采用传统木构体系的无锡本土式样建筑的主材，故亦是造成今日所见无锡传统历史街区中的住宅规格多样的缘由之一。

二、近代建造材料

近代时期，机器生产方式与西方文化的传入，使得无锡的建造材料亦趋多元，除去上述传统建造材料外，还出现了机制砖、机制瓦、进口木材、水泥、钢筋混凝土、玻璃和铸铁铁艺等。

（一）机制砖

机制砖主要是指机制青砖与红砖。到了近代时期，无锡地区一部分新建建筑不再运用传统的木构体系，而采用砖木结合的结构体系，此时的墙体不仅起到分隔、围护作用，而且成为了建筑结构的重要部分。简而言之，墙体在建筑中的作用变得十分重要，砖木结构中的墙体已成为承重墙。砖墙作为承重墙有赖于砖材生产技术和质量的提高。

1915~1925年，无锡的炽昌、隆茂（后改称公大，又改名利工）、利农、建业、大成等5家机制砖瓦厂相继开业，无锡手工砖瓦制品渐趋衰落。[1]机制砖因其砖质在坚硬度、抗压性等方面均优于手工砖，故被广泛应用于无锡新建的建筑中为砌筑承重墙之用。无锡近代中西合璧建筑中，或青或红的机制砖被用来模仿西式石材或作造型装饰之用。此外，根据建筑的功能所需还出现了一些特殊工艺的砖材，如丽新纺织印染厂办公楼正面饰以进口硅砂紫红色砖，尽显华丽与庄重，又如业勤纱厂的

---

[1] 江苏省政协文史资料委员会等. 无锡城市建设［M］. 江苏文史资料编辑部，1996：144.

锅炉炉膛为抵御高温，采用耐火砖。①

（二）机制瓦

近代时期，无锡地区新建建筑使用的机制瓦主要是机制红平瓦。机制平瓦的形式以满足使用功能为主，没有任何装饰性纹样。其尺寸要比手工青瓦大得多，亦无底瓦与盖瓦之分，更加实用。一批西化程度较高的新式住宅及中西合璧建筑中均使用了机制红平瓦作为屋面材料，如薛汇东住宅（图5-1-2）、缪公馆、张闻天旧居、朱永锡堂等。

此外，近代时期，由于无锡地区的平屋面的防水材料与技术还未成熟，因此，中西合璧建筑屋面仍多为坡屋面，屋面材料主要采用手工青瓦，如万方楼（图5-1-2）、荣德生旧居、纸业公所等众多中西合璧建筑的屋面材料。另外，还有一些特殊形制的瓦，如蠡湖畔的湖山别墅坡屋顶采用了绿筒瓦（图5-1-2），业勤纱厂锅炉房钢屋架上采用了石棉瓦，以防高温火灾。②

（三）进口木材

近代时期，无锡地区进口的木材种类较多，主要有洋松木（产自美国）、杉木、广木、俄松、柚木等。③这些进口木材作为建筑结构构件和室内装修用材，被用于部分新建建筑。无锡地区因民族工商业的兴盛，经济发展较快，对较大室内完整空间的需求增加，再加上西方建筑建造方式传入的影响，一些新建建筑开始采用新的结构形

(a) (b) (c)

图5-1-2　近代无锡各式瓦屋面
（a）万方楼的小青瓦；（b）薛汇东宅红平瓦；（c）湖山别墅绿筒瓦

---

① 无锡市地方志编纂委员会. 无锡市志［M］. 第一册. 南京：江苏人民出版社，1995：785.
② 同①.
③ 王昕. 江苏近代建筑文化研究［D］. 南京：东南大学，2006：30.

式,如桁架结构,而这些桁架结构主要使用木材,并对木材的稳定性能等提出了较高的要求。进口木材如进口的松木(俗称洋松木或洋松)等,具有材料性能稳定、不易变形、产品标准化程度较高、质量好以及施工便捷等优势,多被用作桁架结构的主要材料。在一些新建建筑中亦有采用杉木制作木桁架的,如振新纱厂厂房的屋架即分别采用了杉木和洋松,九丰面粉厂厂房使用宽高为8英尺×12英尺,长为36~48英尺的洋松制作大跨度屋梁[①]等。另外,进口柚木作为高级木材,常被用作住宅门窗以及装修用材,如缪公馆的门窗(图5-1-7)、拼木地板、雕花楼梯等均采用进口柚木,以彰显宅主雄厚的经济实力。另外,云薖园裘学楼的地板采用的也是进口柚木。

近代时期,无锡地区的新式厂房、办公楼和新式住宅建筑的主体结构已纷纷采用砖木结构,但是仍有许多新建住宅还是沿用了传统木构方式。其中,采用桁架结构的新建建筑,仍多以木材作为结构的主料。可以看到,近代无锡地区建筑中使用进口木材,一方面缘于其材料性能稳定、不易变形、质量较高等优势,另一方面是当时无锡的社会风尚中存在着崇洋媚外的心态使然。

(四)水泥

无锡地区在晚清时期已开始使用水泥(俗称"洋灰"),但大多为舶来品或外地产品。水泥是一种重要的胶凝材料,可塑性强,既可与砂石混合形成混凝土,又可直接砌筑当时盛行的中西合璧建筑中的仿西式柱式、线脚、山花、门窗装饰等造型,以仿造石材的质感。如缪公馆的仿科林斯水泥柱,用水泥砂浆粉刷门窗套等;又如薛汇东住宅(原为薛南溟与周舣希合资创办的"太湖水泥公司"写字楼),巴洛克风格显著,门窗雕花、立柱、阳台栏杆花饰等大量西式装饰均由水泥砌筑与塑形(图5-1-3)。此外,无锡县图书馆外墙上的馆名用水泥塑成立体字形。可见,水泥对塑造中西合璧建筑的局部造型起到了重要作用。另外,在一些建筑中,水泥亦被作为外墙粉刷材料和室内地坪材料,如水磨石地坪等。

缪公馆　　薛汇东住宅

图5-1-3　水泥运用实例

---

① 无锡市地方志编纂委员会. 无锡市志[M]. 第一册. 南京:江苏人民出版社,1995:787.

（五）玻璃

玻璃作为无锡近代出现并应用的新型材料，逐渐取代了传统门窗上的油纸。玻璃的出现，一方面令新建的新式建筑室内外的视线联系得以增强，门窗的采光功能性提高；另一方面，玻璃的分格与色彩更是为门窗增添了一分装饰之美。无锡地区最早的彩色玻璃，出现在三里桥天主教堂的玫瑰花窗上，后在中西合璧住宅建筑的窗户中亦偶有出现。如荣泉生宅、荣星光宅在传统槅扇窗的方形中心点缀了彩色玻璃；薛福成故居弹子房、万寿里6号的窗采用西式几何式分格，并镶以不同色彩的玻璃（图5-1-4）。

（六）铸铁铁艺

铸铁铁艺主要用在无锡近代中西合璧建筑的门窗格栅、栏杆、扶手等部位。铁的可塑性较强，通过铸造、切割等加工手段，被用于塑造几何图案、藤蔓花饰等复杂精美的造型（图5-1-5）。除铸铁外，无锡近代建筑中还有钢材的应用，如王禹卿宅采用钢质门窗，外加纱窗。

另外，伴随水泥的应用，近代无锡部分建筑在建造过程中，已出现混凝土、钢筋混凝土的应用。混凝土是用水泥、砂、石与水按一定比例混合形成的，可现场浇筑，具有良好的硬度与抗压能力。在混凝土中加入抗拉性能良好的钢材，形成既抗

荣泉生宅

薛福成故居弹子房

缪公馆

荣南生宅

荣星光宅

万寿里6号

荣月泉宅

图5-1-4　玻璃运用实例　　　　　　　图5-1-5　铁艺运用实例

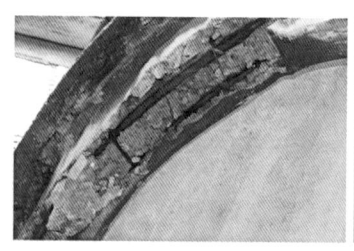 

复庐楼板　　　　　　　万寿里3号栏杆

图5-1-6　钢筋混凝土运用实例

压又抗拉的钢筋混凝土。在一些砖木、框架等结构的中西合璧建筑中,有使用混凝土或钢筋混凝土浇筑基础、楼板、梁、柱等结构的实例。如振新纱厂的动力间设备基础使用现浇钢筋混凝土;又如薛汇东住宅的楼层采用现浇钢筋混凝土梁板[①];再如复庐的钢筋混凝土楼板和万寿里3号的钢筋混凝土栏杆,至今还能看到因年代久远而裸露的钢筋、混凝土等(图5-1-6)。

第二节　建筑结构与围护体系特点

无锡传统历史建筑的建筑结构与围护体系,主要可以分为两大类:其一是农耕时期所产生并沿用至近代的传统建造方式;其二是近代工业文明及西方建筑文化影响下的中西合璧建筑的建造方式。

一、建筑结构形式与特点

(一)传统建造方式下的结构形式

无锡本土建筑的结构与中国传统建筑一样,主要为木构架结构,即由木造梁柱搭建整个房屋的框架。屋顶构架与立柱是统一的结构整体,屋顶荷载传递给梁柱再到基础,墙体并不承重,仅起围护、分隔空间的作用。木构架结构一般又可分为穿斗式、抬梁式和混合式。穿斗式木构架是"用穿枋把柱子串联起来,形成一榀榀的房架;檩条直接搁置在柱头上;在沿檩条方向,再用斗枋把柱子串联起来形成整体

---

① 无锡市地方志编纂委员会. 无锡市志[M]. 第一册. 南京:江苏人民出版社,1995:787.

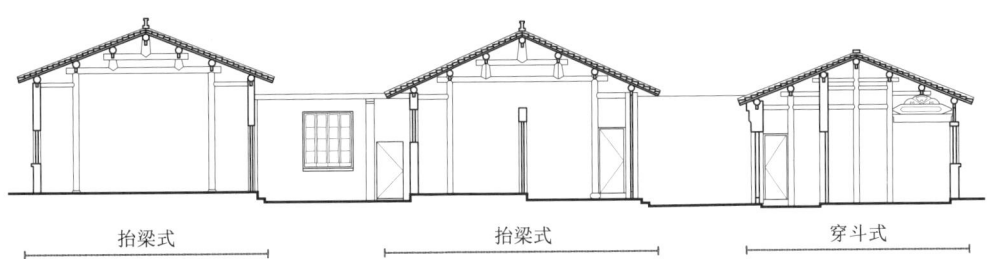

图5-2-1 谈氏宗祠木构架的不同形式

框架"。抬梁式木构架是"在柱上搁置梁头，梁头上搁置檩条，梁上再用矮柱支起较短的梁，如此层叠而上"[①]。混合式即为穿斗式与抬梁式两者的结合。在穿斗式木构架中，立柱均落地，柱子排列较密，不便营造出较大空间。抬梁式木构架中仅檐柱落地，中间的立柱数量较少，因此可获得跨度较大的空间。但由于穿斗式抗风性较强，且对立柱等木材的柱径要求较小，所以穿斗式木构架在无锡本土建筑中应用更为广泛。也有一些无锡地区的建筑将两种形式搭配，并作适当减柱处理，如在明间部分采用抬梁式以扩大空间，在暗间部分则采用穿斗式抵御风力，如小娄巷地区的谈氏宗祠建筑前后进采用了不同的木构架形式（图5-2-1）。

（二）近代中西合璧建筑的结构方式

无锡近代中西合璧建筑开始由传统的"木构架"结构逐渐转向"承重墙"结构。其主要表现为砖木结构或砖混结构。这种新的结构的变化，既受西式建造方式的影响，也受新材料和新技术发展的推动。近代无锡中西合璧建筑结构方式的变化对其空间布局与使用、造型以及室内空间的塑造等多个层面均产生较大的影响。

无锡近代时期建造的建筑的结构方式主要有两种：其一，仍采用传统的木构架结构，这类建筑主要是采用串联型多进深院落组合空间布局的方式。其二，集中式布局的建筑或需要室内完整的较大空间的建筑，大多采用承重墙结构及加桁架的结构方式。采用这种结构方式的建筑，大多是中西合璧建筑。当时西方建筑大多是砖墙承重，屋顶的荷载传递给拱券，拱券产生水平推力到墙体、立柱，再到基础。许多近代无锡中西合璧建筑借鉴了西方建筑的承重墙结构，利用砖墙等承重，与木楼板或新式混凝土楼板和木桁架共同组合成砖木结构或砖混结构等。承重墙结构使得传统屋顶构架可以与墙体分离，屋顶中使用桁架结构是无锡近代建筑中的新型结构

---

① 潘谷西. 中国建筑史［M］. 第6版. 北京：中国建筑工业出版社，2009：4.

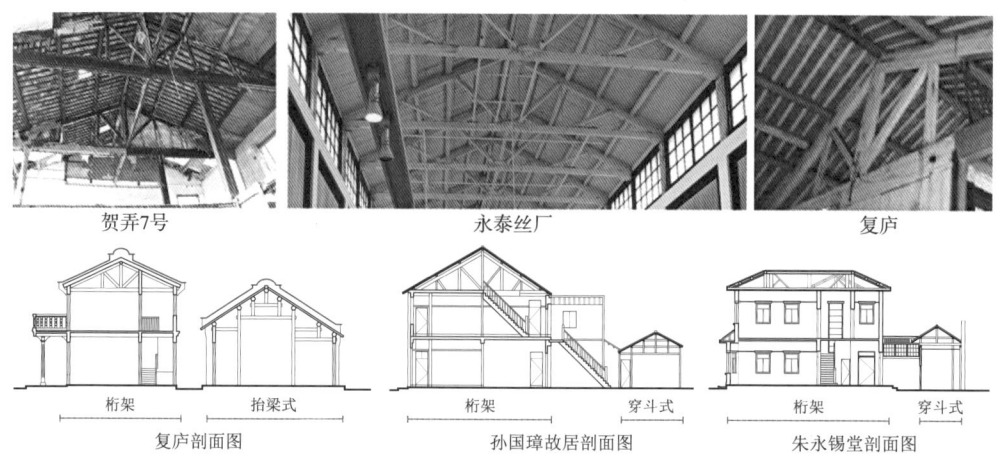

图5-2-2 桁架结构的出现

形式。桁架结构施工便捷，力学合理，有利于创造较大且完整的建筑内部空间，在无锡近代中西合璧工业建筑中使用广泛，如永泰丝厂的屋架（图5-2-2）。在无锡近代中西合璧居住建筑和祠堂建筑中亦有采用，如贺弄7号、孙国璋故居、朱永锡堂和复庐等（图5-2-2）。无锡近代中西合璧建筑中的桁架多用木材，也有使用钢材的，如业勤纱厂锅炉房就采用了钢桁架。

另外，在部分无锡近代中西合璧建筑中，亦存在着西式结构方式与中式传统结构方式混用的现象。如在复庐第二进建筑、孙国璋故居首进建筑以及朱永锡堂第二进建筑中仍采用了传统木构架，如图5-2-2所示。

二、建筑围护体系的形式与特点

（一）墙体

1. 传统建造方式中的墙体

无锡本土建筑的墙体并不承重。其墙体主要有用以分割室内空间和充当部分外墙（二楼的窗下墙）的木板壁和由砖砌筑而成的外墙以及部分内墙。其中，外墙及部分内墙采用砖材砌筑后表面作抹灰处理。由于这些墙的砖材不露明砌筑，仅是起到填充墙体的作用，因此对砖材的品质与砌法并不讲究。普通的建筑砖墙多采用乱砖或旧砖扁砌，即用大小不一的砖块层层叠砌；档次较高的建筑会采用空斗砌或席纹砌等砌法（图5-2-3），且其外墙下部常会用表面打磨平整的金山石作为勒脚。

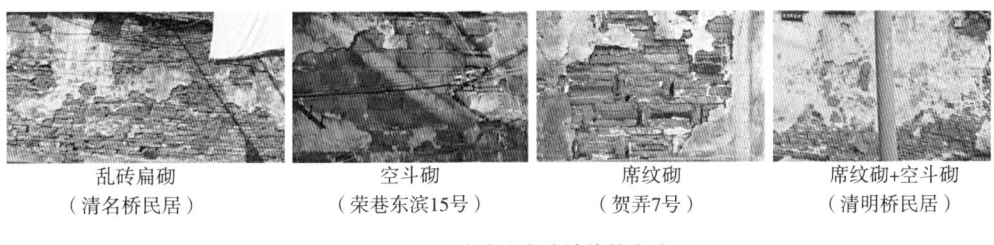

图5-2-3 传统建造方式墙体的砌法

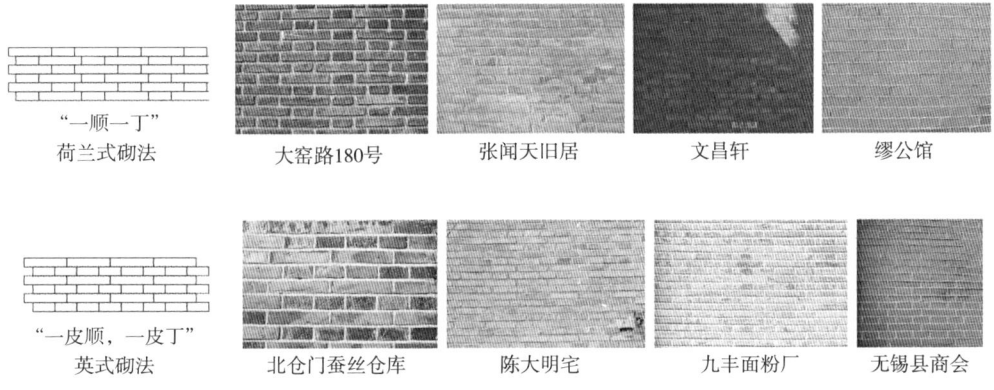

图5-2-4 中西合璧建筑墙体的砌法

2. 中西合璧建筑中的承重墙体

在无锡近代采用砖墙承重的中西合璧建筑中,砖墙的构造自然成为重点。其一,其外墙多采用清水处理,不再抹灰直接外露,所以对砖材及砌法的要求都相应提高。其中砖材以青砖为主,红砖为辅;砖的胶粘剂以水泥砂浆为主;砌法以传入的两种西式砌法为主,即"一顺一丁"的荷兰式砌法与"一皮顺,一皮丁"的英式砌法(图5-2-4)。"顺砖"指砖的长边朝外,"丁砖"指砖的短边朝外。其中,荷兰式砌法即为每排砖由顺砖与丁砖交替砌筑;而英式砌法即为上一排全由顺砖砌筑而下一排全由丁砖砌筑。这些砌法平直整齐,勾缝手法多样,精美的清水砖外墙丰富了中西合璧建筑的立面造型。其二,因其室内的墙体也需承重,故同样采用砖墙砌筑,其表面常用石灰粉刷墙体或部分再用木质墙裙板进行装饰。

(二)屋顶

无锡传统历史建筑的屋顶,作为主要的建筑围护体系之一,总体而言,农耕时代的建筑屋面材料多使用青瓦(其构造做法将在下文中介绍),及至近代,无锡新建建筑的屋面材料亦趋多元,既有仍然使用青瓦的,亦有使用机制红平瓦的,乃至个别使用绿筒瓦的。尽管近代时期,无锡地区的平屋面防水材料与技术还未成熟,仍有少数建筑采用了平屋面,如1945年重建的茂新面粉厂厂房。

第三节 建筑重点部位做法

从整体上看,无锡传统历史建筑体现了无锡人"经世致用",讲究效率,杜绝铺张的理念与精神。以下主要从屋脊、入口、铺地、装折、饰纹题材等五个方面,对无锡传统历史建筑的重点部分做法作一定的分析与总结。

一、建筑屋脊

在对无锡居住类传统历史建筑的调查过程中发现,其十分重视外观形体界面转折部位的处理。建筑屋脊是其中之一。无锡居住类传统历史建筑根据其形式可分为无锡本土式样住宅和近代中西合璧式样住宅。如前文所述,无锡近代中西合璧式样的住宅多采用坡屋顶,且多数屋顶的处理或整体或局部,因袭了无锡本土式样。故两类住宅统称为"无锡传统民居"。

无锡传统民居的屋脊造型,在继承江南地区传统民居建筑风格的基础上,又有其自身的特点。以下从屋脊造型的基本形式、造型的变化和造型的特点三个方面作一定的分析。

(一)屋脊造型的基本形式

从我国传统民居的屋面建筑构造来看,除椽、檩等结构外,则为铺瓦筑脊。沿屋面转折处或者屋面与墙面、梁架相交处用瓦、砖、灰等材料砌成的砌筑物称之为"屋脊"。屋脊起着防水和装饰的作用。[①]另外,屋脊因其在屋面上所处的部位不同而有多种称呼,如正脊、垂脊、戗脊、角脊等。其中前后的坡屋面相交线形成的屋脊称为正脊。据目前遗存的有关无锡传统民居的资料及实地调查,可以发现大多数的无锡传统民居都为双坡顶的硬山或悬山顶,其他屋顶形式较少。故其屋脊的造型变化主要针对正脊而言。

[①] 黄胜平,郑晓奇. 江南文史钩沉[M]. 兰州:甘肃人民出版社. 2003:339.

一般正脊的造型由三部分组成，如图5-3-1所示。A为脊身，即正脊的主体；B为脊翼，即正脊两端的装饰部件；C为脊首，即正脊中央的装饰部件。正脊造型的变化便是通过上述三部分的不同组合来实现的。根据对无锡地区传统民居的调查显示，正脊有下列三种最基本的形式，即类型一：脊翼+脊身+脊首+脊身+脊翼（图5-3-1）；类型二：仅脊身（图5-3-2）；类型三：脊翼+脊身+脊翼（图5-3-3）。

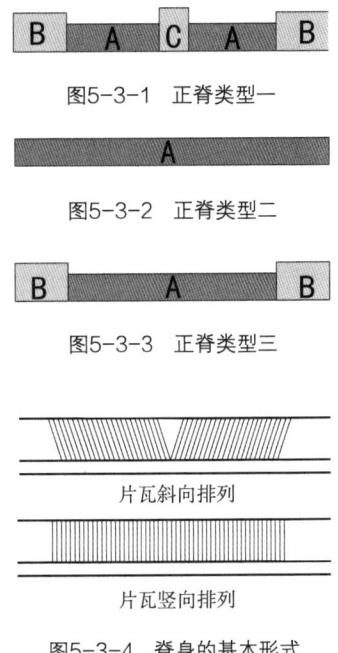

图5-3-1　正脊类型一

图5-3-2　正脊类型二

图5-3-3　正脊类型三

图5-3-4　脊身的基本形式

1. 脊身

同江南其他地区的民居一样，无锡传统民居正脊的脊身在材料上善用片瓦，这种做法称为片瓦脊，即用片瓦侧立排成一条屋脊。片瓦脊的做法可以追溯到宋代，宋《营造法式》上有垒瓦屋脊，即用片瓦一层层垒摞起的屋脊。这种垒瓦屋脊到后来在南方演变成为片瓦脊。试比较两者，只是瓦的摆法变了，用瓦垒脊的做法则是一致的。[①]如图5-3-4所示，片瓦脊有斜向排列和竖向排列两种形式，这便是脊身最基本的造型形式。

2. 脊翼

清工部《工程做法则例》把瓦作分为大式和小式，大式瓦作的建筑对象为宫殿、衙署的次要建筑。[②]无锡传统民居正脊做法为小式瓦作的做法。依据具体形式的不同，无锡传统民居正脊中的脊翼又可分为以下六种：甘蔗脊、雌毛脊、攒头脊、文头脊、哺鸡脊和哺龙脊等（图5-3-5）。

3. 脊首

无锡传统民居正脊中脊首的基本形式为屋脊字牌或亮花筒。屋脊字牌，其实多为"画"牌，如图5-3-6所示。除少数字牌以泥塑书写"国泰民安，风调雨顺"等字样外，大部分都在字牌正中长方形砖上塑以飞禽走兽、草木花卉、古今人物、神怪鬼异等各种辟邪祈福的民俗图案，在两侧的狭长字牌上，则塑以卷草、蝠云、牡丹等图案。[③]而亮花筒，顾名思义，就是瓶状或筒状的插着不同植物的泥塑，并以不同的形态寓意不同的含义（图5-3-7、图5-3-8）。例如：瓶（谐音"平"），取平安之

---

① 刘致平. 中国建筑类型及结构[M]. 北京：中国建筑工业出版社，2000：114.
② 罗哲文. 中国古代建筑（修订本）[M]. 上海：上海古籍出版社，2001：640.
③ 黄胜平，郑晓奇. 江南文史钩沉[M]. 兰州：甘肃人民出版社，2003：341.

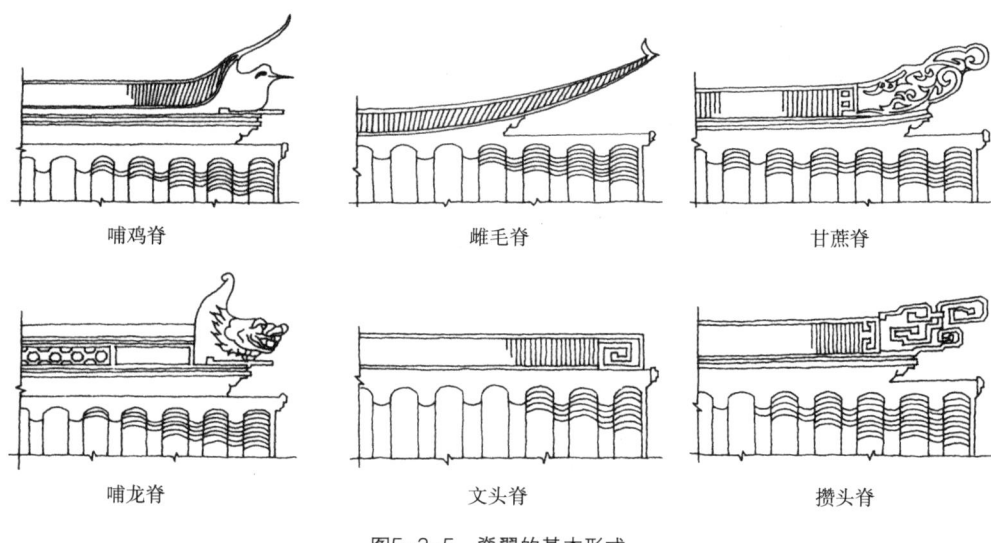

图5-3-5 脊翼的基本形式

意。瓶中插牡丹,有"富贵平安"之意;瓶中插月季或四季花,有"四季平安"之意。[①]

(二)屋脊造型的变化

无锡是中国近代民族工商业的发源地之一,无锡人民有着不断接纳新文化和新思想的精神,而反映在民居建造上就是对传统建筑的改良。不拘于传统屋脊造型,而在其基础上创造出了多种新的造型变化。

1. 脊身的变体

无锡传统民居正脊脊身的变化,主要有添加装饰纹样和直接利用瓦片组成图案两种形式。

其一,添加装饰纹样。在基本形——片瓦脊的基础上,添加装饰纹样,起到丰

图5-3-6 屋脊字牌,荣巷

图5-3-7 屋脊亮花筒,雪浪葛埭桥村

图5-3-8 屋脊亮花筒,雪浪葛埭桥村

---

① 楼庆西. 中国传统建筑装饰 [M]. 北京:中国建筑工业出版社. 1999:70.

富正脊的视觉效果。如图5-3-9所示，在两侧脊身结合脊首字牌的主题，添加了和合、如意图案，谐音"和合如意"；又如图5-3-10所示正脊，添加了云纹，寓意吉祥等。添加诸如此类的装饰纹样，除美观作用外，同时还具有一定的结构功能。据文献记载，片瓦脊之所以用许多花纹（用石灰勾成），是怕片瓦松动的缘故。[①]此种花纹称为浮雕式灰批，用灰膏或其他材料勾出图案的轮廓。[②]

其二，直接利用瓦片组成图案。在无锡传统民居正脊中，有许多弃用片瓦脊的例子，这些正脊直接利用瓦片组成图案并形成脊身，显得玲珑剔透（图5-3-11）。其基本的图案有竹节、鱼鳞纹、斜银锭、套十字花等。在实际使用时，通常以一种形式出现，但有时也会有几个形式联合使用的情形（图5-3-12）。

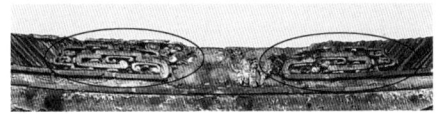
图5-3-9 正脊脊身的变化，荣巷西浜203号

图5-3-10 正脊脊身的变化，荣巷东浜87号

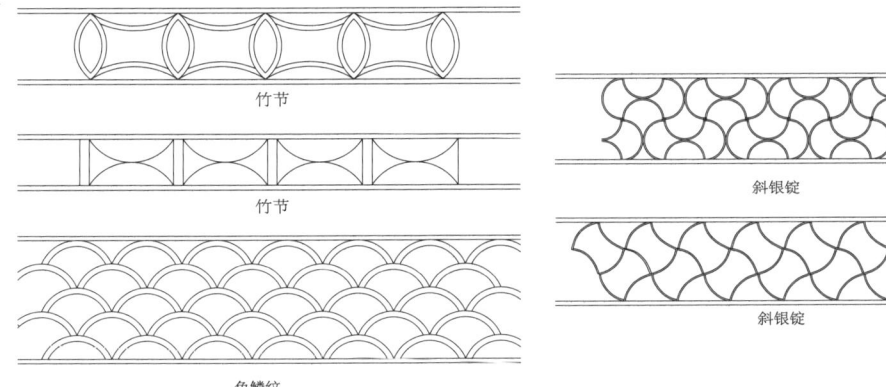
图5-3-11 正脊直接利用瓦片组成图案

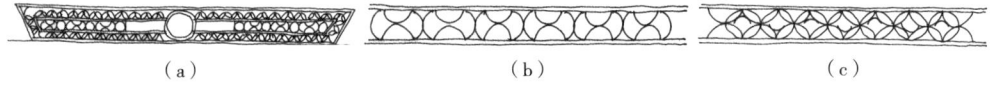
图5-3-12 几个形式联合使用的情形
（a）惠山直街151号；（b）惠山直街某宅；（c）惠山直街150-1号

---

① 刘致平. 中国建筑类型及结构［M］. 北京：中国建筑工业出版社. 2000：114.
② 陆元鼎，陆琦. 中国民居装饰装修艺术［M］. 上海：上海科学技术出版社. 1992：23-24.

2. 脊翼的变体

无锡传统民居中正脊脊翼的形式变化依据是前述攒头脊等六种基本形式。在调研的实例中，可以看到其变化形式之多，在江南其他地区并不多见。脊翼的变体有攒头脊、文头脊、雌毛脊的变体以及运用瓦片构筑图案形成脊翼的方式等四类。

其一，攒头脊的变体。大多采用繁复的云纹图案（图5-3-13）。

其二，文头脊的变体。大多将回纹图案进行组合，有些还和瓦片图案相结合（图5-3-14）。

其三，雌毛脊的变体。将雌毛脊的尾端演变为鱼的尾部造型，是无锡传统民居屋脊装饰中常见的处理手法。民间有

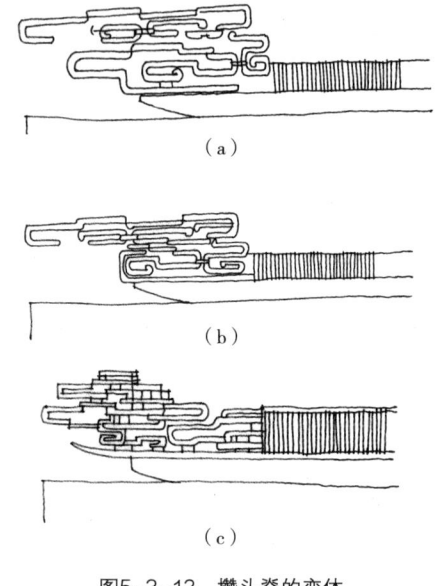

图5-3-13 攒头脊的变体
（a）荣巷西浜42号；（b）荣巷西浜160号；（c）荣巷某屋脊

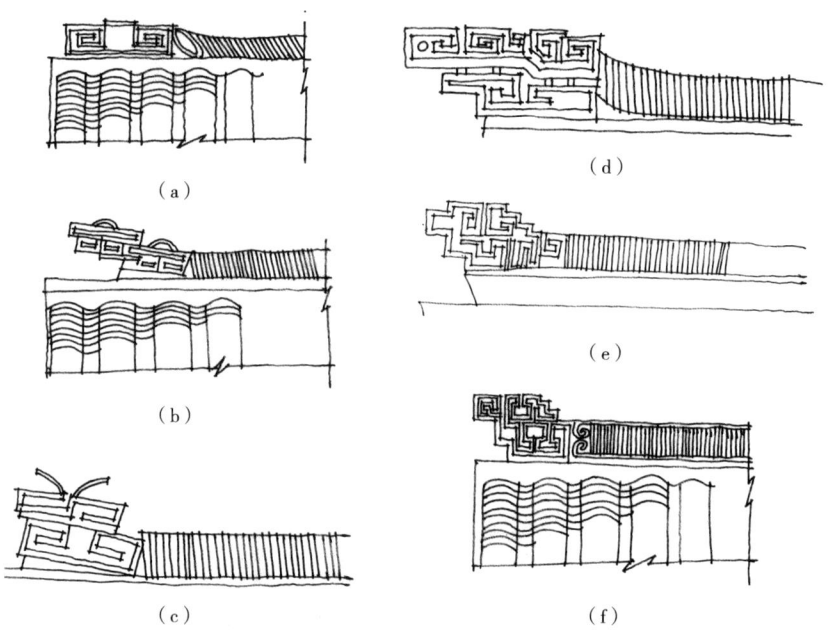

图5-3-14 文头脊的变体
（a）荣巷西浜194号；（b）荣巷某屋脊；（c）惠山直街65号；（d）东林书院；（e）东林书院；（f）钦使第

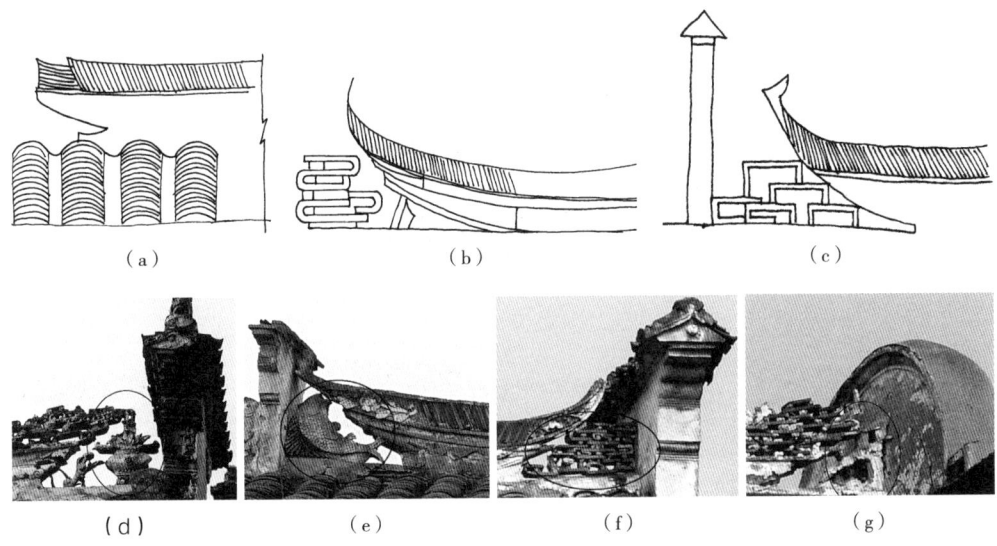

图5-3-15 雌毛脊的变体
（a）荣巷西浜116号；（b）荣巷某屋脊；（c）荣巷西浜42号；（d）荣巷西浜107号；
（e）荣巷西浜87号；（f）荣巷东浜96号；（g）荣巷某屋脊

"鲤鱼跃龙门"之说，希冀有朝一日升入朝门，则功成名就，福禄俱得。另外，鱼与"余"谐音，"余"又与"欠"相对，蕴含有"多"之意，多财、多福、多寿，这都是吉利之词。①如图5-3-15所示，将雌毛脊尾部的收口变成瓦片的横行排列，形同鱼尾。

又如在雌毛脊的尾部下方再砌筑实体图案。这些实体图案有的为鱼形，有的为云纹，还有的为花瓶。另外也有实体与正脊端头的封火墙相连的形式，这种处理方式，在一定程度上可更好地支撑雌毛脊尾部起翘的结构，同时也使立面构图更为整体（图5-3-15）。

无锡传统民居屋脊造型，除独立的正脊外，也有少数正脊串联的处理形式。正脊串联的形式增加了屋脊的节奏感，丰富了屋顶景致。通常正脊串联都以雌毛脊为基本式样（图5-3-16c），也有少数运用哺鸡脊和攒头脊的式样（图5-3-16a、图5-3-16b）。两个脊翼相接处有时还会有小的砌筑物作为过渡，其纹样多为云纹（图5-3-16d）。

其四，运用瓦片构筑图案形成脊翼。无锡传统民居除了在正脊的脊身部位利用

---

① 楼庆西. 中国传统建筑装饰[M]. 北京：中国建筑工业出版社. 1999：68.

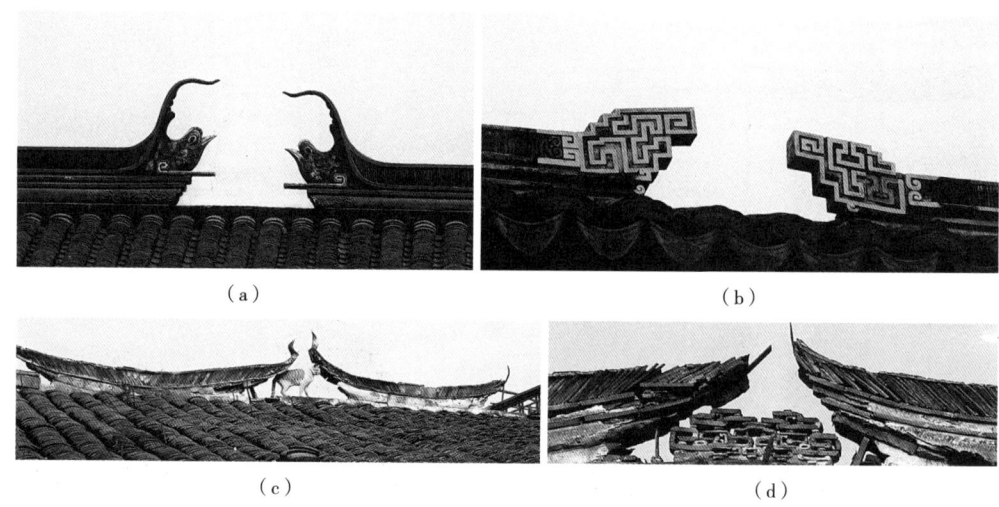

图5-3-16 屋脊串联
（a）钦使第a；（b）钦使第b；（c）荣巷西浜19号；（d）荣巷东浜87号

瓦片组成图案形式外，在脊翼部位也有采用瓦片作图案的（图5-3-17）。

3. 脊首的变体

字牌作为正脊脊首的装饰之一，除了以泥塑的字画为装饰元素外，无锡传统民居还常把人物形象搬到屋顶组成有情节的雕塑画面。这些装饰大多使用砖雕，制作程序是用泥塑成型，入窑烧制而成；有的是先塑成大致的毛坯，烧成后再用雕刀细加工；还有的人物繁杂，用细泥灰直接塑造，晾干后经细加工而成。[①]

在字牌和亮花筒的基础上，无锡传统民居的正脊脊首还出现了如直接采用瓦片构筑各种图案、瓦片图案与字牌（画牌）或亮花筒结合的方式而产生的变体。

其一，直接采用瓦片构筑各种图案。无锡传统民居的屋脊中，采用瓦片构筑各种图案来形成脊首是常见的处理方式。其中较为常见的有以数片瓦构成的铜钱形及其组合（图5-3-18、图5-3-19），还有以两片瓦构成的叶瓣及其各种组合（图5-3-20、图5-3-21）。

其二，瓦片图案与字牌（画牌）或亮花筒的结合。除去直接用瓦片构成图案来形成脊首外，无锡传统民居建筑的处理还有瓦片图案与字牌（画牌）或亮花筒结合的方式，这种处理在一定程度上丰富了脊首的做法（图5-3-22）。

---

① 楼庆西. 中国传统建筑装饰［M］. 北京：中国建筑工业出版社. 1999：133.

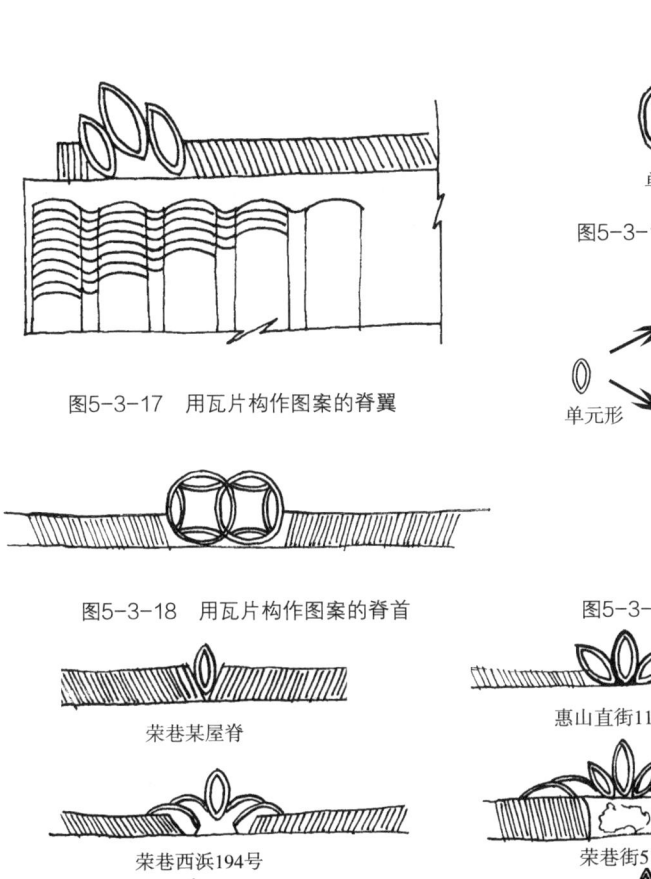

图5-3-17 用瓦片构作图案的脊翼

图5-3-18 用瓦片构作图案的脊首

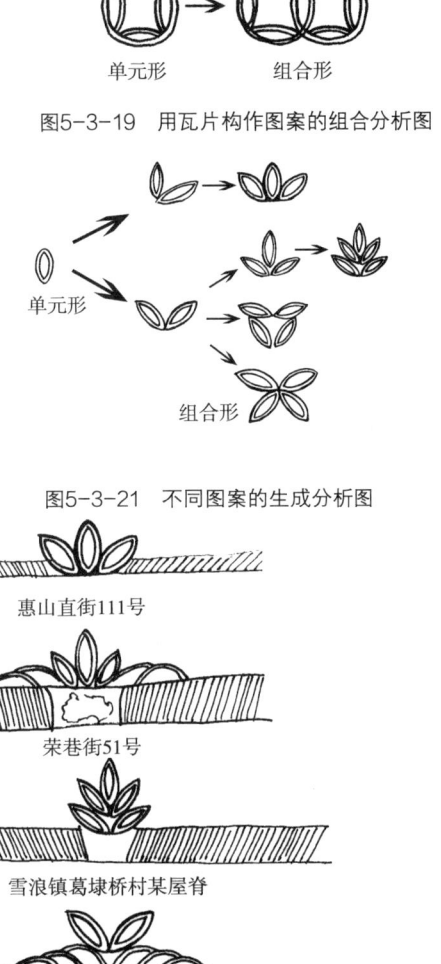

图5-3-19 用瓦片构作图案的组合分析图

图5-3-21 不同图案的生成分析图

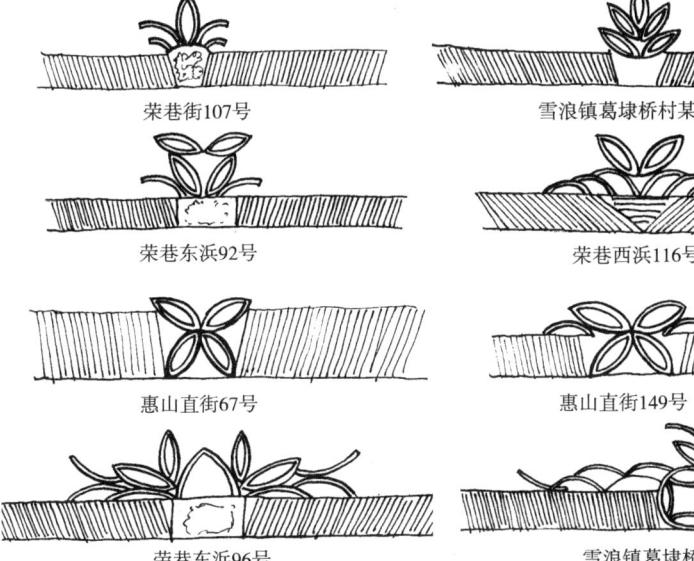

荣巷某屋脊

荣巷西浜194号

荣巷街107号

荣巷东浜92号

惠山直街67号

荣巷东浜96号

惠山直街111号

荣巷街51号

雪浪镇葛埭桥村某屋脊

荣巷西浜116号

惠山直街149号

雪浪镇葛埭桥村某屋脊

图5-3-20 各种组合形成的不同图案

图5-3-22 瓦片图案与画牌结合的屋脊,雪浪镇葛埭桥村

图5-3-23 造型简化的中西合璧建筑的屋脊,东绛镇周兴路69号

(三)屋脊造型的特点

无锡传统民居屋脊造型主要有如下三个特点:

首先,江南小式瓦作是基本形式,且造型多变。无锡的传统屋脊在沿用基本的小式瓦屋顶形式的基础上,还采用原汁原味的江南小式瓦作图案形式,将原先只用于院墙、漏窗等部位砌筑的小式瓦作图案立于屋脊之上。无论是脊首、脊身还是脊翼都有着各种各样的造型组合、图案变化。其不拘一格的、灵活的运用与组合,更加凸显无锡地区自由、开放的精神。

其次,中西合璧式样住宅建筑的屋脊造型简化。在这些建筑中,无锡传统式的屋脊构造依然保留了下来,形式基本没有太大改变,只是更加简化,突出建筑山墙及其建筑外立面的西式风格。如图5-3-23所示,位于无锡东绛的张卓故居,为中西合璧式样住宅建筑,从外立面看,正脊的装饰减至最少,没有脊翼的吻饰,也没有脊首的字牌或亮花筒,只有用片瓦铺设的脊身。

再次,造型元素的乡土气息和屋脊泥雕形式的多样。无锡素有"鱼米之乡"的美称,传统农业发达。在无锡荣巷地区以及滨湖雪浪镇葛埭桥村的民居调研中,发现许多民居的屋脊造型中添加了稻穗的形象,稻穗图案的出现表现了人们对五谷丰登的期盼,也显现了浓郁的乡土气息。此外,无锡包括惠山泥人在内的民间技艺精湛,也促进了屋脊泥塑形式的多样。无锡传统民居屋脊造型与当地民间艺术及与民俗文化相结合,直接反映了当地民众的审美趋向和精神追求。

二、建筑入口造型及装饰

尽管从整体上来看,无锡传统历史建筑的造型与装饰并不繁复,但无锡传统建筑的入口造型与装饰仍是整个建筑中重点表现的部位之一。建筑入口的尺度通常接近人的正常视线尺度范围,对其进行重点处理倒也符合无锡人崇尚实用的务实精神。无锡传统历史建筑的入口形式,主要为本土式样和中西合璧式样两类。

（一）本土式样的入口

本土式样的入口，若以其入口形态来分，有"T"字形和"冂"形两种。

1. "T"字形入口

"T"字形入口由门楣和门组成，其主要特点是门楣较为突出，视觉冲击力较强（图5-3-24）。

其中门楣一般由二层以上横枋组成。横枋即为门楣中的水平装饰带，通常水平装饰带有两层式、三层式和四层式等类型，其中中间层为主装饰带。一般而言，层数的多寡、装饰的简繁，代表着宅主的身份地位。水平装饰带，多饰以砖雕（图5-3-25），并以寓意吉祥的动植物等为题材，如刻有蝙蝠纹饰寓意"福寿永宜"。主装饰带作为门楣装饰的重点，除去雕刻装饰外，有些还会题字立匾等。在无锡传统历史建筑中，档次较高的住宅，其门楣多为砖雕，而普通住宅则会采用灰塑。

2. "冂"形入口

"冂"形入口是一种嵌入墙体中的入口形式（图5-3-26），这种入口形式较

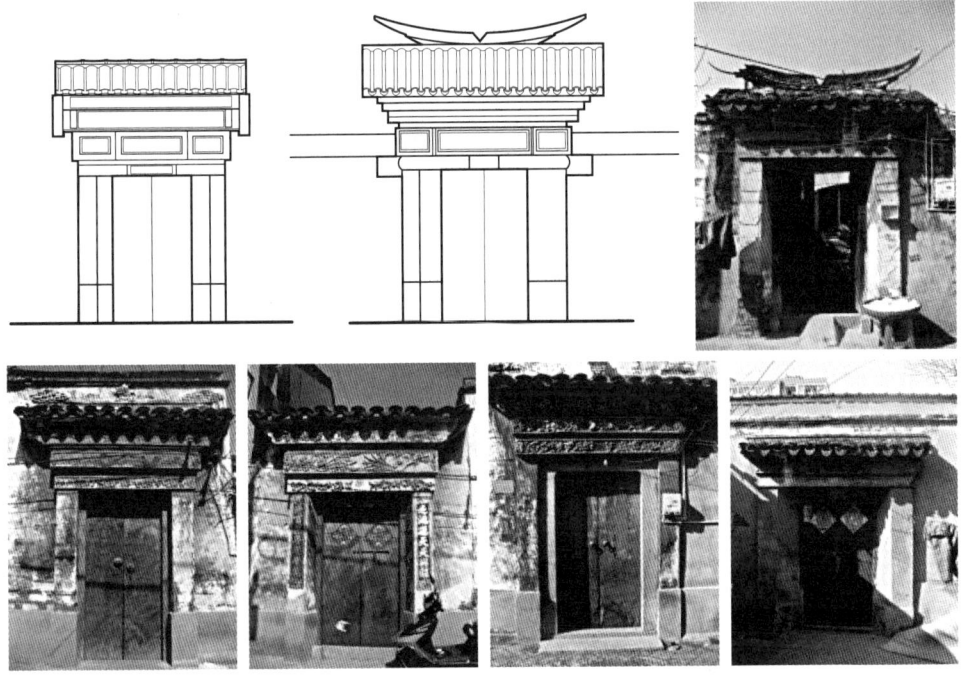

图5-3-24 "T"字形入口

图5-3-25 门楣装饰带实例

图5-3-26 "⌂"形入口

"T"字形简洁。其多以石材为原料,在门侧立两根立柱,上架一道横枋形成一个"⌂"形石框。在入口装饰方面,多集中在门上部水平与垂直方向交汇的部位,即立柱与横枋的交汇点,以"云纹"、"回纹"雕刻纹样为主。另外,亦有在入口上方立匾刻字的装饰形式。

(二)中西合璧式样的入口

中西合璧式样入口,其主要特点是在入口处设置仿西式拱券。若按券、柱的组合方式来分,有券柱组合式和单券式两种。

1. 券柱组合式

这种类型的中西合璧式样的入口,即采用券与柱组合的方式。入口两侧仿西式

图5-3-27　券柱组合式（复庐）　　　　图5-3-28　券柱组合式（泰昌丝厂）

柱子，而拱券式设置在两柱的内侧，或者将拱券落在柱子上，如荣巷地区的复庐和泰昌丝厂等（图5-3-27、图5-3-28）。

2. 单券式

单券式，顾名思义，该中西合璧式样入口仅有上部的券作为门楣，下部门的两侧无立柱。在这种类型中，券的形式与装饰变化较为丰富，有双圆心尖型券、仿哥特式尖券等形式。券内有高浮雕的漩涡式装饰等，如东门陈大明宅。亦有券内无任何装饰的（图5-3-29）。

中西合璧式样的入口，其运用的材料较本土式样的入口要多样，如新增了机制红砖和水泥。其中，清水红砖被直接做成仿西式的柱头和柱身，或砌筑成拱券。在荣巷复庐的门楣中，水泥成为山花部分灰塑的重要材料。

图5-3-29 单券式

三、装折的特色

在无锡传统历史建筑中,除去个别建筑(如钦使第、薛汇东宅、缪公馆等)外,大多数建筑较为简素。无论是无锡本土式样的建筑,还是中西合璧式样的建筑,在外观上,仅在入口、屋脊、墀头、二层窗下裙板底部(即一、二层交汇之处)等部位有一定的装饰。从这一现象中可以发现,无锡人有着平衡"效率"和"效果"两者间关系的智慧,即大多数重点装饰部位都处于人的日常视域范围内,或者处于形体的交汇与转折点,或者用于弥补(或遮盖)施工中材料自身的缺陷(如端头部位等)。故无锡传统历史建筑的装折处理,均为追求建立在实用基础之上的美观。

无锡传统历史建筑的装折处理主要有槅扇和栏杆等两大部分内容。

(一)槅扇

无锡本土式样的建筑,当然亦有部分中西合璧式样的建筑,在建筑空间布局上,多采用串联型多进深的院落布局方式,故其建筑外立面多封闭,而面向天井或庭院的立面则较为开敞。槅扇是建筑面向庭院或天井的装折,亦是满足室内采光的主要方式。槅扇的数量主要依据建筑开间的大小而定,通常每个开间有槅扇四扇或者六扇不等,基本取偶数,既为便于门窗的开合,又有暗合"成双"的吉祥含义。槅扇分为两类,可以开启的槅扇称之为槅扇门,不能开启的称之为槅扇窗。槅扇的材质多选用木材,其装饰亦较丰富。它是在无锡本土建筑中,除了入口门楣以外,又一处装饰较多的部位。一个槅扇单元主要由槅心、绦环板和裙板这三部分组成,三者多有雕饰处理,可能亦是因其所处部位在人们的日常视域范围内所致。

1. 槅心

槅心又称花心，是槅扇上部用于采光的部分。槅心一般由细木拼接构成，通过细木不同的组合，形成丰富多样的图案造型。槅心的装饰图案主要有直棂纹、板棂纹、斜方眼纹以及什锦纹、回字纹、拐子纹等（图5-3-30）。槅心常在中心区域留出一个或两个面积较大的空白区域，既便于采光，又使整体装饰效果显得疏密有致。无锡传统历史建筑中的槅扇槅心，做工多纤巧，体现了江南地区灵动的意韵。

2. 绦环板

绦环板，位于槅心的上部或处于槅心的下部，其装饰多为木浮雕形式，亦有素

图5-3-30 门扇槅心

图5-3-31 门扇绦环板

板的形式。处于槅心下部的绦环板,常见的装饰题材为蝙蝠、如意宝瓶、民俗故事以及花草虫鱼等(图5-3-31)。槅心上部的绦环板常做成透雕形式,以增强槅扇的透光度。

3. 裙板

在无锡传统历史建筑中,裙板多为素板。如有装饰,亦仅进行简单的线脚雕刻。当然,一些建筑档次较高时,裙板上也会雕刻上松、竹、梅等纹样,以彰显主人的品位和地位(图5-3-32~图5-3-34)。

(二)栏杆

在无锡传统历史建筑中,有许多二层或二层以上的居住建筑。这些建筑中面向天井(或庭院)的立面,二层或二层以上多设有栏杆。

无锡本土建筑中的栏杆多为木质,栏杆多以宝瓶和回纹为主,并辅以蝙蝠等纹样来装饰。其最为突出的是在栏杆下方与楼板衔接处设置有木质的装饰带,并以云

图5-3-32　云纹门扇裙板　　　　图5-3-33　松竹梅门扇裙板　　　　图5-3-34　宝瓶门扇裙板

纹、回纹、卷草纹等木质雕刻进行装饰（图5-3-35~图5-3-38）。这亦印证了前面提及的无锡传统历史建筑在装饰上突出重点、注重形体转折之处的处理和通过装饰来弥补（或遮盖）材料自身的缺陷（如端头部位等）的观点。

图5-3-35　荣巷西浜42号　　　　　　　　图5-3-36　荣巷荣瑞鑫宅

图5-3-37　钦使第转盘楼　　　　　　　　图5-3-38　某民宅

图5-3-39　荣巷荣月泉宅

图5-3-40　惠山杨藕芳祠

图5-3-41　城中薛汇东宅

图5-3-42　荣巷转盘楼

另外，一些无锡近代中西合璧式样的建筑还采用铁、混凝土、石材等材料的栏杆（图5-3-39~图5-3-42）。如荣巷地区的荣月泉宅采用了铁栏杆，栏杆上的装饰纹样为西式的卷草纹（图5-3-39）。

四、装饰题材与饰纹

无锡传统历史建筑的装饰选材与纹饰，与江南地区传统建筑的建筑装饰选材与纹饰基本一致，仅是在其图式处理上略有不同。以下结合具体建筑装饰案例，分别从抽象几何、植物、动物、器物、民俗故事纹样、文字饰纹等六个方面来进行分析与总结。

（一）抽象几何饰纹

为了使装饰与建筑构件匹配，一些纹样通过对具体形象进行提炼、简化、抽象，形成具有吉祥寓意的图式，这些图式即为抽象几何饰纹。在无锡传统历史建筑的装饰纹样中常见的抽象几何饰纹有云纹、回纹、如意纹等。

1. 云纹

云纹是具有典雅东方美的传统图案，将云朵抽象成优美、流畅、饱满、飘逸的艺术形象，寓意高升和如意。云纹多见于无锡传统历史建筑的入口门楣装饰带中，或作为主体装饰，或于门楣两端作为辅助装饰。当其作为主体装饰时，常与蝙蝠、植物卷草等相结合。另外，亦有用于前述槅扇裙板的装饰（图5-3-43）。

2. 回纹

回纹因其形状像汉字中的"回"字，所以称之为回字纹，是寓意福寿深远、吉祥绵长的一种纹样。回纹一般用于无锡传统历史建筑中门楣边饰、屋脊边饰以及槅扇的底纹装饰等处。回纹与相关建筑构件的匹配度较高，可随不同的建筑构件的形态而灵活应用（图5-3-44）。

图5-3-43　无锡传统历史建筑中的云纹饰纹

图5-3-44 无锡传统历史建筑中的回纹饰纹

(二)植物饰纹

植物装饰纹样是以花草植物为原型,经由提炼、抽象等艺术手段加工所形成的一类装饰图式,并有相应的寓意,在无锡传统历史建筑中,较常出现的植物饰纹有缠枝纹、岁寒三友以及其他花类等纹样。

1. 缠枝纹

缠枝纹是将花草的形态抽象、写意而形成的一种装饰感极强的纹样。缠枝纹形态蜿蜒舒展又极富动感,具有"生生不息、万代绵长"的寓意(图5-3-45)。[1] 缠枝纹多运用在无锡传统历史建筑中的槅扇、栏板栏杆及其下部楼板边饰等部位(图5-3-46)。无锡近代中西合璧建筑装饰中,亦多见采用缠枝纹作为装饰的主体,与西式的建筑构件结合形成中西融合的装饰效果(图5-3-47)。

2. 岁寒三友

"岁寒三友"分别指松、竹、梅这三种植物,其纹样相对写实,象征着高洁、顽

---

[1] 月生. 中国祥瑞象征图说[M]. 王仲涛译. 北京:人民美术出版社,2004.

图5-3-45 缠枝纹饰纹

图5-3-46 作为边饰的缠枝纹

图5-3-47 中西融合的缠枝纹　　　图5-3-48 小娄巷78号之岁寒三友——松、竹、梅

强、情谊长久之意（图5-3-48）。在无锡传统历史建筑中，如小娄巷78号，将松、竹、梅三种植物为主题的纹样分别运用在槅扇的裙板以及绦环板上，这种手法既突出了不同植物的装饰特色，又表达了松、竹、梅三者组合所表达的"高洁"等寓意。

3．其他花类饰纹

除去上述植物纹饰外，无锡传统历史建筑的装饰，还有如"荷花"、"莲花"、"牡丹"、"月季"等寓意吉祥的其他花类饰纹。这些纹样亦如"岁寒三友"般，相对比较写实。其中，"荷花"有"和"和"合"的谐音，寓意和和美美、和谐相伴。"莲花"有"连"和"年"的谐音，寓意连绵不断。莲，出淤泥而不染，象征着纯洁、高尚（图5-3-49）。而牡丹、月季等，则象征着富贵、吉祥、欢乐等（图5-3-50）。上述其他花类饰纹，多见于无锡传统历史建筑中的门楣、墀头、槅扇和栏杆下部楼板边饰等部位。

图5-3-49 莲花装饰纹样

图5-3-50 牡丹、月季等其他花类装饰纹样

（三）动物饰纹

　　动物饰纹是指以动物为原型而抽象或具象的图案装饰。在无锡传统历史建筑中，常用的动物饰纹有蝙蝠、凤凰、喜鹊、鲤鱼等，其中最为多见的为蝙蝠（图5-3-51）。蝙蝠的名字与"福"字谐音，具有福禄、福气、幸福等吉祥瑞兆的寓

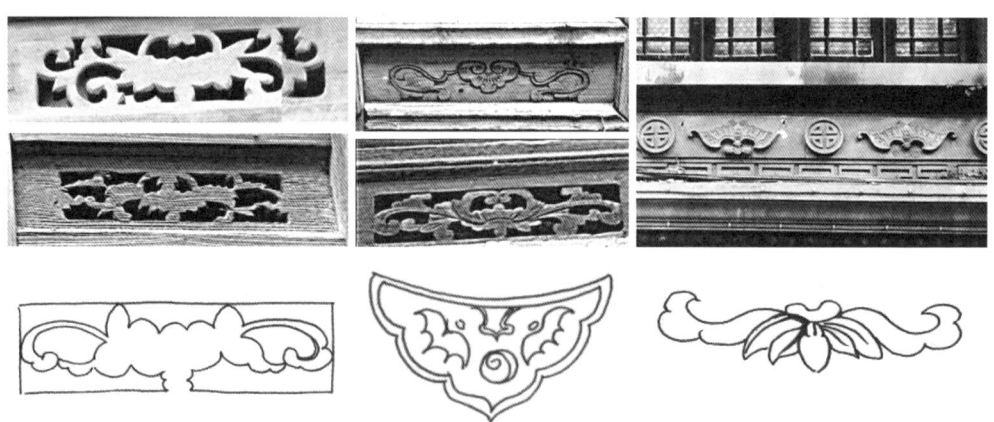

图5-3-51 动物装饰纹样

意。无锡地区的蝙蝠饰纹图案轮廓清晰、简练。蝙蝠饰纹常见于青瓦滴水、槅扇绦环板以及建筑立面等装饰中，如缪公馆外立面的装饰。

（四）器物饰纹

无锡传统历史建筑中的器物饰纹，主要有"宝瓶"、"盘长"、"琴棋书画"以及"道教八宝"等四类。

1. 宝瓶

宝瓶饰纹主要取其"平"字的谐音，具有平安的寓意。无锡传统历史建筑中的宝瓶饰纹，多与如意纹样相结合，具有平安如意之寓意。亦有与月季饰纹结合，寓意四季平安。另外，在装饰的构图上，宝瓶多作为装饰纹样的主体，通常位于中心的位置（图5-3-34、图5-3-52）。

2. 盘长

盘长是佛教吉祥纹样之一，寓意"事事顺利、路路通畅"。在无锡传统历史建筑的入口大门和槅扇上多见盘长饰纹。其中，入口的盘长饰纹较为简洁，而在槅扇上的盘长装饰则较为丰富，构图亦较饱满（图5-3-53）。

图5-3-52 宝瓶装饰纹样　　图5-3-53 盘长装饰纹样

3. 琴棋书画

"琴棋书画"是中国古时的文房四宝，其通常代表才艺和文学修养。在无锡传统历史建筑中，"琴棋书画"饰纹多见于门楣装饰带（图5-3-54）。

4. 道教八宝

"道教八宝"即道教的八种器物——阴阳板、扇、渔鼓、笛、剑、葫芦、荷花、花篮，它们是道教中八仙各自的所持之物，以此代表八仙之品，民间常通过该八件宝物来暗喻八仙，也称暗八仙。八宝装饰图案多组合出现。在无锡传统历史建筑中，常见于栏杆下部楼板边饰等部位（图5-3-55）。

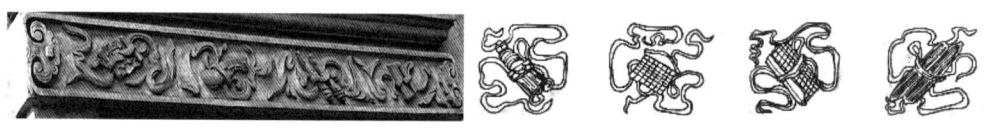

图5-3-54 琴棋书画装饰纹样

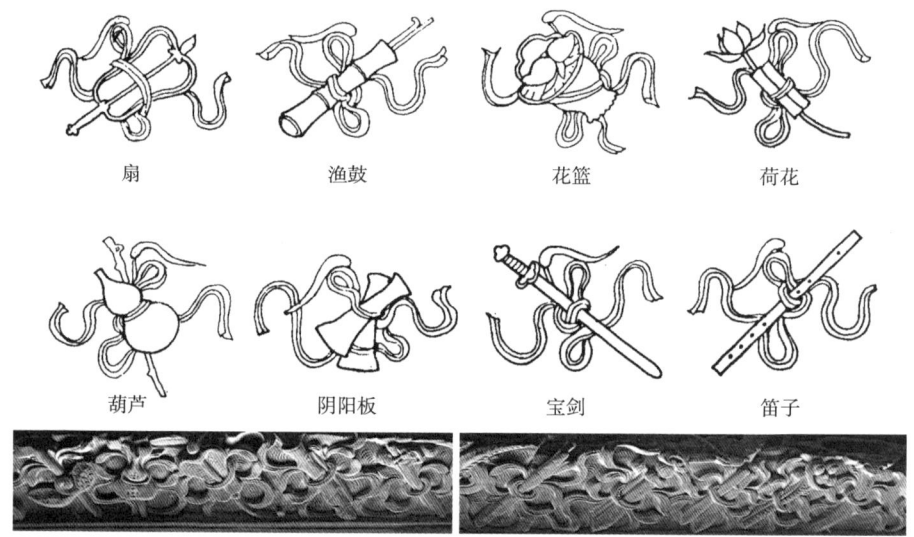

| 扇 | 渔鼓 | 花篮 | 荷花 |
| 葫芦 | 阴阳板 | 宝剑 | 笛子 |

图5-3-55 道教八宝装饰纹样

（五）民俗故事饰纹

民俗故事饰纹，即以各种民俗故事为题材，通过浮雕或者透雕的形式来呈现。其手法与无锡惠山泥人有着异曲同工之处，大多人物形象栩栩如生、灵动细腻。其整体构图借鉴了传统绘画的构图形式，形成了饱满、凝练，人与景层次分明、重点突出以及空间感强烈的装饰效果。常用的题材有"二十四孝"、"连中三元"、"指日高升"、"渔樵耕读"等，可见于无锡传统历史建筑中的门楣装饰带以及槅扇绦环板（图5-3-56）。

（六）文字饰纹

中国文字的起源为象形文字，其文字本身具有较强的象征性和符号性等特点。

在中国建筑中亦一直有用"福"、"寿"、"禄"来作为建筑装饰，以表达吉祥寓意的传统。"寿"为五福之首，故在无锡传统历史建筑的文字饰纹中，"寿"字最为常用，多用于瓦当、滴水等建筑构件（图5-3-57）。

图5-3-56　荣巷地区民居的民俗故事装饰纹样

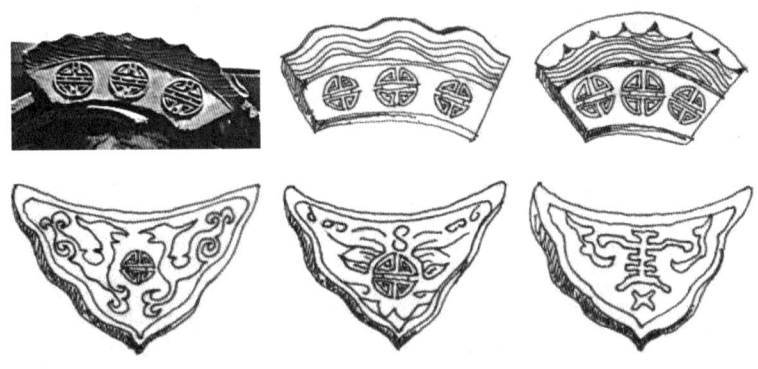

图5-3-57　瓦当、滴水上的文字装饰纹样

第四节　主要部位工艺

无锡传统历史建筑经过上千年的发展，继承中国传统建筑建造方式，融入江南地区传统建筑建造的地域特点，并经历了近代中西合璧建筑和早期现代主义风格建筑的发展，最终形成了具有无锡地域性的建造特色。因今日无锡传统历史建筑的遗存有限（大多为清代以来建造的），再加上相关历史文献记载无锡地区传统历史建筑建造方式与工艺的资料亦少，故以下主要围绕无锡传统历史建筑中非工业类建筑的屋顶、墙体和地面三大部分的工艺方法与特点进行简要的梳理与总结。

一、屋顶

无锡地处江南，全年雨水充沛，其传统历史建筑的屋顶主要为坡屋顶，即便到近代时期，尤其是居住建筑，应用平屋顶的仍十分少见。前文已提及，主要因防水技术与材料尚不成熟。因此，本文不再介绍平屋顶的工艺做法。坡屋顶又分为双坡、单坡以及四坡屋顶。其中，双坡屋顶主要有硬山式、悬山式及封火山墙式。四坡屋顶有传统歇山式以及在近代时期出现的西式四坡顶屋面和仿歇山式四坡顶屋面。

（一）双坡屋顶

在无锡传统历史建筑中，双坡屋顶最为常见，但也有部分居住建筑中出现单坡屋顶。这类居住建筑空间格局多呈现为"凹"形或"L"形，其主体建筑为双坡屋顶，而两侧或一侧厢房的屋顶为单坡（图5-4-1~图5-4-3）。

图5-4-1 荣巷72号民居

图5-4-2 清名桥地区某民居

双坡屋顶的建筑结构多为传统木构架体系，考虑到无锡地区常年均有较大的降雨量，为

图5-4-3 荣巷中荣87号民居

了满足快速排水需求，屋顶的坡度多设为"四分水"至"六分水"间（约27~35度之间）。另外，为了达到更好的采光效果，其坡顶的横断面常做成若干折线，形成曲线，使屋檐部分向上翘起，这种形式在江南传统建造方式中称作提栈。[①]采用提栈的

---

① 屋顶折线的做法，在《营造法原》中称"提栈"，在宋代《营造法式》中称为"举折"，在清代工部《工程做法》中称"举架"。

形式和带封火山墙（关于封火山墙，详见本书第二章相关论述）这两类双坡屋面的无锡传统历史建筑中一般为祠堂建筑和名人富户住宅，如惠山地区的顾洞阳先生祠以及邵文庄公祠中的建筑（图5-4-4、图5-4-5）。到了近代时期，双坡屋顶的曲面"提栈"做法逐渐简化，屋面由曲线演变为直线，屋架中的檩条由折线相接演变成一条直线，这种做法更为简易，亦便于施工，在无锡传统建筑中的民居类建筑中有着广泛应用（图5-4-6~图5-4-8）。

（二）四坡屋顶

无锡传统历史建筑中，四坡顶主要有三种形式：一种为传统歇山式屋顶，多见于惠山地区的祠堂建筑和少数较高等级的建筑中，其屋顶由四面坡、一条正脊、四条垂脊和四条戗脊组成，前后两片屋面较大，正立面近似梯形，左右两侧屋面较小，侧立面近似三角形。传统歇山式屋顶均采用举折的做法，屋顶的四角轻轻上扬，形成优美弧线。这种式样的屋顶一般在屋脊和山墙处都有精美的装饰，如范文

图5-4-4 双坡屋顶提栈——惠山顾洞阳先生祠

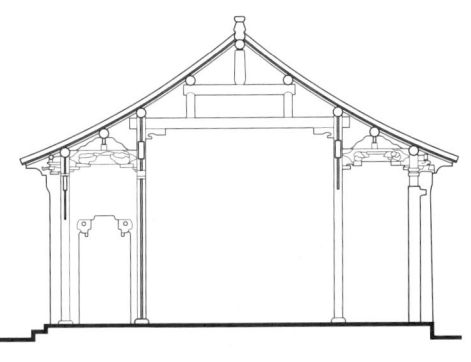

图5-4-5 双坡屋顶提栈——邵文庄公祠超然堂

5-4-6 清名桥地区民宅

图5-4-7 荣巷地区民宅

图5-4-8 老城厢地区民宅

正公祠和华孝子祠等。另外两种均在无锡近代时期出现。其一是仿西式的四坡屋顶（图5-4-9），该四坡屋顶的屋面坡度要比双坡屋顶的坡度缓和许多，同时伴随着西式四坡屋顶的传入，西式坡屋顶上的"老虎窗"因在一定程度上改善了阁楼内部的采光通风条件，又为平淡的坡屋顶增添了生动活泼的造型元素，而受到人们的青睐，并被运用到其他屋顶类型的坡屋面上（详见第三章相关论述）。其二为前两类的混合形式，即仿歇山式四坡屋顶（图5-4-10），是一种中西合璧的屋顶形式，其做

（a）　　　　　　　　　　　　　　　（b）

图5-4-9　仿西式的四坡屋顶
（a）颐安别业；（b）春晖楼

（a）　　　　　　　　　　　　　　　（b）

图5-4-10　仿歇山式四坡屋顶
（a）鼎昌丝厂；（b）无锡县商会

法采用了中国传统歇山式屋顶的简化形式和西式的四坡水屋面相结合的方式，省略了传统歇山式屋顶屋面提栈及飞檐翘角的做法以及形式繁复的屋脊装饰，屋顶的样式更加简约、现代，线条更加刚劲有力，更强调建筑的实用性和功能性。

（三）无锡本土式建筑屋面的构造

无锡传统本土式建筑屋面的构造较为简单，屋面可分为基层、垫层、结合层和面层。其中，基层为望砖和望板（有些档次较低的住宅，还不设望砖等，甚至亦无望板，仅为芦席，表面抹灰），垫层主要是护板灰，结合层为泥背灰，面层主要是屋面瓦。

屋面主要的防水层，仅有面层的屋面瓦这一道刚性防水层，没有其他防水构造，故一旦瓦片老化损毁或者脱落，屋面的防水体系即遭破坏。屋面防水性能的维持，只能通过及时检查维修或者更换屋面瓦的做法来解决（在无锡民间，每年梅雨季节来临前，有"拾漏"的习俗），因此无锡本土式建筑屋面的防水体系对于江南地区多雨的气候状况并不理想。另外，这种屋面的灰背较薄，而且在瓦面和基层间也没有设置通风设施，因此隔热性能亦不佳。为了削弱太阳辐射，改善室内的通风条件，部分建筑会在山墙上开设小窗，促进室内空气流通。

二、墙体

如前文"建筑围护体系的形式与特点"中"墙体"部分所述，无锡本土建筑中包括外墙在内的墙体并不承重，及至近代才出现部分中西合璧建筑采用了承重墙的结构方式。这种变化，既反映了建筑材料与结构的发展与变化，亦显示出近代无锡新建建筑中墙体的地位变得愈发重要。以下仅围绕建筑的外墙来分析与总结其工艺特点。

（一）传统建造方式中外墙的砌筑

无锡地区气候四季分明，夏季湿热，冬季寒冷。无锡传统建造方式中的外墙，具有江南传统建筑所谓"粉墙黛瓦"中"粉墙"的典型特征，其墙体多为石灰纸筋粉刷墙面，即砌筑完成后将墙体表面粉刷成白色。白色的外墙可以有效地反射夏天强烈的日照，以减少墙体吸热，并达到隔热的目的。无锡传统建造方式中，外墙的墙体厚度一般在30厘米以上，由于砖的蓄热系数较大，导热较慢，这个厚度，既可避免建筑室内夏天过于炎热，又可免其冬天过于寒冷，使建筑室内物理环境得到一定的改善。

无锡传统建造方式中，外墙常用的砌筑方法有实滚砌、开斗砌和花滚砌等三种。

其一，为实滚砌，其墙体厚度一般为1.1～1.4尺[1]（约30.3～38.5厘米）。所砌墙体较厚，故承载能力较强，且防水防潮性能亦不错，多用在外墙、勒脚或楼房的底层墙体等部位。依据砖排列方式的不同，实滚砌又分为扁砌、实滚和实滚芦菲片等三种砌法（表5-4-1）。其中，扁砌即将所砌的砖平放来砌筑。其所砌墙体厚度约为1.1～1.2尺（约30.3～33厘米），墙体承载能力最强，且防水防潮性能好，多用于墙体勒脚部分。实滚的砌筑方式为：首先将平放的砖扁砌成3～5层，接着再以砖的丁头侧砌[2]一层，以此类推，交替砌筑。其所砌墙体厚度约为1.2～1.4尺（约33～38.5厘米）。墙体承载能力亦强，多用于楼房的底层墙体。实滚芦菲片为：将平放扁砌的砖与丁头侧砌的砖交替砌筑，在其内部形成空腔，并用碎石或灰浆进行填充。其所砌墙体厚度约为1.2～1.4尺（约33～38.5厘米），其墙体承载强度低于上述实滚砌法，故常用在上述实滚砌法所砌墙体的上部，其最大的特点是省材、用砖量少且施工快捷。

实滚墙的砌筑方式示意　　　　　　　　表5-4-1

名称	正视图（局部）	步骤一 俯视图（步骤一、二交替）	步骤二 俯视图（步骤一、二交替）	
扁砌				1.1至1.2尺
实滚				1.2至1.4尺
实滚芦菲片				1.2至1.4尺

其二，为开斗砌，在民间俗称"空斗墙"。空斗墙主要用于不需承重的墙体，有部分空斗墙内会填入碎石乱砖，起到一定的隔热、保温和隔声的作用。开斗砌

---

[1] 此处"尺"为《营造法原》中的木工尺，1尺=27.5厘米。
[2] 根据南方工匠的习惯，将砖平放称为"扁砌"，将砖沿长边竖放称为"侧砌"。砖的长边称"长头"，短边称"丁头"。

又可分为单丁、双丁、三丁、空斗镶思、实扁镶思、小合欢、大合欢等七种砌法（表5-4-2）。其中，单丁砌法为：首先将砖平放扁砌一层，然后将丁砖侧砌前后交替放置，中间留有一定空隙，在墙体一侧上两块丁砖间放入长头侧砌的砖，砌成空斗墙体，并在其空腔内填入灰浆和碎石。所砌成的墙体厚度约为1尺（27.5厘米）。双丁砌法即将两块丁砖前后交替砌筑。三丁砌法即将三块丁砖前后交替砌筑，其他步骤与单丁砌法相同。空斗镶思的砌法则与单丁相似，在砌筑时需将前后交替放置的两块丁砖紧贴在一起，然后与侧砌的长砖围合成空腔，再以灰浆和碎石进行填充，最终墙体厚度约为1尺（27.5厘米）。实扁镶思的砌法为：首先将砖扁砌一层，然后将3~5块丁砖紧贴成组侧砌，前后交替重叠放置，在墙体一侧的两组丁砖中置入侧砌的长砖共同组成斗状墙体，其间多以灰浆来填充，砌成的墙体厚度约为1~1.2尺（27.5~33厘米）。大合欢砌法为：将四块砖围合侧砌形成空斗状后，交替砌筑即可。其空腔内亦多填入灰浆和碎石，墙体厚度约为0.7尺（19.3厘米）。小合欢的砌法与大合欢砌法相似，只是将侧砌的整砖改为半砖来砌筑，最终墙体厚度只有0.35尺（9.6厘米）。其中，用小合欢砌法砌成的空斗墙，其墙体最薄，强度与稳定性亦较差，多用于窗下墙。

开斗砌的砌筑方式示意　　　　　　　　表5-4-2

名称	正视图（局部）	步骤一 俯视图（步骤一、二交替）	步骤二 俯视图（步骤一、二交替）
单丁斗子			1尺
空斗镶思			1尺
实扁镶思			1至1.2尺
大合欢			0.7尺

其三，为花滚砌（表5-4-3），其实是实滚砌和开斗砌两种方法结合而成的一种砌法。具体做法为：首先将砖平放扁砌2~3层，然后将3~5块丁砖紧贴成组侧砌，前后交替放置，中间留有一定间隔，接着在墙体一侧的两组丁砖中置入侧砌的长砖共同组成斗状墙体，其空腔内以灰浆和碎石填实，墙体厚度约为1尺（27.5厘米）。其墙体承载力优于空斗砌，但低于实滚砌。

花滚砌的砌筑方式示意　　　　　　表5-4-3

名称	正视图（局部）	步骤一 俯视图 （步骤一、二交替）	步骤二 俯视图 （步骤一、二交替）
花滚			

无锡传统历史建筑中采用传统建造方式的外墙，一般采用两种或者两种以上的砌筑方式。兼顾外墙体承重和稳定性等因素，单层建筑外墙体砌筑常见的组合方式为墙体下部分为实滚砌、上部分为开斗砌或者花滚砌，二层以上的建筑中通常一层为实滚砌，二层开始采用开斗砌或者花滚砌。如荣巷地区的居住建筑，外墙体砌筑方式有：下部分扁砌、上部分单丁斗子，或下部分实滚芦菲片、上部分单丁斗子与大合欢混合砌筑；清名桥地区的居住建筑外墙体下部分扁砌、上部分花滚；大窑路的居住建筑外墙体下部分实滚砌、上部分单丁斗子，或下部分实滚芦菲片、上部分实滚砌等（图5-4-11~图5-4-15）。以上不同的外墙砌法，亦在一定程度上反映了住宅主人的经济条件。

（二）中西合璧建筑中承重外墙的砌筑

在无锡近代中西合璧建筑中，部分建筑包括墙体砌筑方法都仿照西式建筑的方式。这部分中西合璧建筑，其外墙最突出的特点：其一是均为实砌墙体，其二是墙体多采用清水墙面，灰缝整齐清晰。当然，此类外墙都是承重外墙，所用砖材亦为机制红砖或青砖。其外墙的具体做法为：在砌筑前，砖材须用水浸透方可使用。砌筑时，先砌筑一皮顺砖层，然后再砌一皮丁砖层，两层砖相错砌筑，如此交替。这种砌筑方法工艺要求十分严格，每层砖须平直整齐，砖槽间须用泥灰刮足。在砌筑过程中，不可将墙体的局部先砌高，须整体均匀砌起。故采用刮砌的手法来处理砖

第五章／无锡传统历史建筑的建造技艺 241

图5-4-11　下部分扁砌、上部分单丁斗子

图5-4-12　下部分实滚芦菲片、上部分单丁斗子与大合欢混式砌筑

图5-4-13　下部分扁砌、上部分花滚

图5-4-14　下部分实滚、上部分单丁空斗

图5-4-15　下部分实滚芦菲片、上部分实滚砌等做法

与灰砂的关系，即用泥刀将灰砂挑起，均匀刮在砖底面，然后将其置于正在砌筑的墙中，接着再在此砖顶部均匀施以灰砂。同时，运用浇浆法密实已砌砖的另一个侧面左右连接处，通过将灰浆浇入砖缝中，使砖缝更加整齐紧密，如惠山地区的杨藕芳祠和清名桥地区的泰昌丝厂的外墙（图2-3-5、图5-3-28）。

清水墙体除去砌筑方式均为实砌,且要求严格外,其灰缝处理也尤为重要。其灰缝处理有方槽灰缝、平齐灰缝、凹圆灰缝等(表5-4-4、图5-4-16)。在无锡近代中西合璧建筑中,较为常见的清水砖墙灰缝处理为方槽灰缝(图5-4-17),如荣巷87号民居、荣月泉故居和华新丝厂等。无锡近代中西合璧建筑中,其外墙处理新出现的方法除清水砖外,还有水泥粉刷等方式。

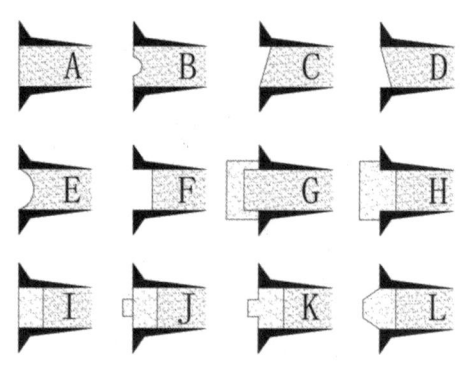 

图5-4-16 灰缝种类　　　　　　　　图5-4-17 方槽灰缝

灰缝处理方法　　　　　　　　　　　　　　　　表5-4-4

编号	名称	方法
A	平齐灰缝	于砌墙过程中灰砂尚未硬时,用铁板压平灰砂与墙面平齐,多用于内部清水墙面,其好处在于不易积灰
B	平面圆线灰缝	与平齐灰缝相同,中间加一个半圆形凹进的圆槽,使灰砂更结实
C/D	泻板灰缝	将灰砂用镀锌薄钢板做成斜形,易于泄水,在阳光照射下有一道影子较为美观,缺点是下雨雪时,水容易在此结冻,损伤较快
E	凹圆灰缝	灰砂做成向中间凹进状,较少使用
F	方槽灰缝	此种方式灰缝深陷,阳光照射下有影子较为美观,但与泻板灰缝一样容易结冻
G/H	勾脚灰缝	灰缝掳深或凸出砖缝,通过粉刷勾勒进而增加其牢固性
I	旧墙重嵌灰缝	旧墙需要重嵌灰缝时,应先将旧的灰砂至少掳四分至六分,再嵌水泥或其他坚硬材料,外面可嵌任何一种灰缝
J	方线灰缝	将灰缝填满再用水泥或其他坚硬的材料掳出灰缝,这种形式,因灰缝过宽,旧墙面应将灰缝先用水泥填平,并在水泥中加色使其与原有墙面颜色相同,再在灰缝中心面上掳较细的纸筋石灰出线,此法只用于旧墙灰缝脱落过大的情况
K	连底方线灰缝	与方线灰缝类似,只是灰缝与方线一气呵成
L	三角灰缝	石作中所用

资料来源:《建筑月刊》1936年第4卷第1期

三、地面

无锡地区的气候温润,四季雨量充沛,尤其每年六月中旬至七月上旬前后还有连绵数十日的梅雨季,故无锡传统历史建筑均重视建筑地面的处理。以下结合无锡历史上建筑地面营造技术的发展和演变,从传统建造方式的地面处理和近代新出现的地面处理两个方面来进行梳理与总结。

(一)传统建造方式的地面铺装工艺

一般而言,无锡传统建造方式的地面构造,主要是由地基土基础垫层、结合层和面层等构成的。首先是地基土基础垫层,多用人力将地基上原有的土方进行夯实处理;其次是结合层,即为粘结层,一般由熟石灰、蛎灰膏、桐油石灰等材料混合而成,该层的铺筑可保持地基土层的干燥和地面的稳定性;最后是面层,即为地面的铺装层,较为常用的铺装材料有用于建筑室内的青砖,和用于建筑院落中的青砖和石板、卵石和碎石等。当然,在无锡传统历史建筑中,其中一些居住建筑因经济条件等缘故,其地面无面层,仅对结合层作洁光硬化处理即为地面。

1. 以方砖铺装为主的建筑室内地坪

江南地区传统建筑中,普通建筑多采用规格较小的方砖、小青砖或仅用灰土铺地,而较高等级的宅第、祠堂等建筑则会采用规格较大的方砖铺地。无锡传统历史建筑中的居住建筑的地面处理亦大抵如此。一些普通民居建筑地面,其铺地砖材以规格较小的方砖为主,如荣巷、清名桥地区的许多民居建筑中多采用方砖铺装(图5-4-18),更有一些民居建筑采用了更小规格、成本较低的长条砖进行地面铺装(图5-4-19);而一些档次较高的住宅建筑的地面铺装则使用规格较大的方砖,如清名桥地区的祝大椿宅。

图5-4-18 方砖铺装的民宅室内地坪

图5-4-19 长条砖铺装的民宅室内地坪

另外，方砖的铺装工艺较为简单，具体做法为：首先铺设3~5厘米的湿砂，将方砖的底部垫实，接着在方砖的四个侧面披上油灰，然后将方砖敲实使之平整稳固，最后再检查地坪是否水平。

2. 以青砖铺装为主的室外地坪

无锡传统本土建筑和部分无锡近代中西合璧建筑多设有庭院或天井，这里的室外地坪通常指庭院或者天井等户外空间的地坪，同时亦包括门外场院和园路等。其铺装材料一般为条石板、石块、青砖或者碎石片等，通常材料的选择主要根据实际情况因地制宜、就地取材。室外铺设青砖地坪在无锡传统历史建筑尤其是居住建筑中应用较多。青砖地坪常以"人"字纹、斗板砖十字缝、拐子锦、直柳叶地等形式铺设（图5-4-20~图5-4-23）。另外，在一些采用集中式布局的无锡近代中西合璧建筑的室外地面铺装中亦有此类做法。

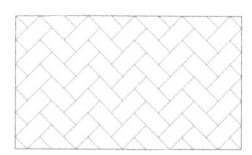 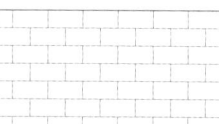 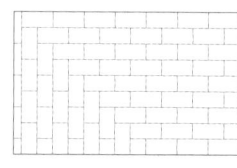 

图5-4-20 "人"字纹室外地坪　　图5-4-21 斗板砖十字缝室外地坪　　图5-4-22 席纹室外地坪　　图5-4-23 直柳叶地室外地坪

（二）近代出现的地面铺装新方式

近代时期的无锡，因新材料和社会风尚的影响，在一些中西合璧建筑中，开始在建筑室内采用木地板地面，个别亦有彩色地砖铺设的地面，而在建筑室外，亦出现了水泥铺装的方式。

1. 建筑室内木地板地面

无锡近代中西合璧建筑中，室内地面铺设木地板主要由两层组成：一层为结构层，即搁栅；另一层为面层。其中搁栅的材料以木材为主，常选用杉木、松木。面层多为松木，较高级的为柳桉木，最高级的有柚木，如缪公馆。若建筑的底层铺设木地板，其防潮措施就显得十分重要。通常采用在建筑外墙底部地板下设置出风口和在地板下涂柏油这两种措施,以保持地板的干燥。另外,在结构层木搁栅下垫入约20厘米厚的满堂三合土①,以起到一定的防潮作用。

2. 建筑室外水泥铺装的地坪

近代时期的无锡,开始有部分建筑在其庭院或门外场院的室外地面采用水泥铺装。水泥铺装的室外地坪一般厚度为3~4厘米,并会在水泥中加入一定量的铁屑,来增加地面的耐磨度。一些比较考究的地坪还会做些纹样,如荣巷地区西浜107号庭院(图5-4-24)地坪中的云纹图案;又如荣巷地区的复庐中(图5-4-25)的室外水泥地坪则采用了一些西式纹案作为装饰。这些图案不仅丰富了地面的装饰效果,同时也可增加地面的摩擦力,起到一定的防滑作用。

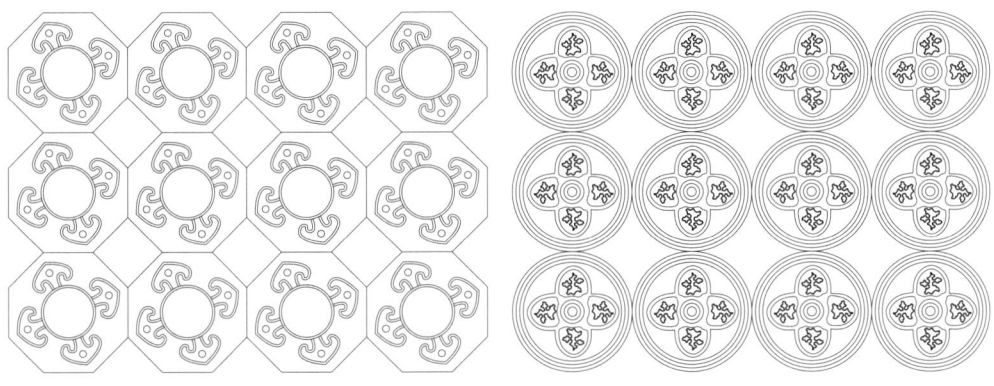

图5-4-24　荣巷西浜107号庭院云纹地坪　　　图5-4-25　荣巷复庐室外水泥地坪纹样

---

① 满堂三合土由一份水泥、两份黄砂、四份石子混合而成,具有极佳的防潮效果。

附 录

无锡传统历史建筑（部分）现场测绘图

目录

公共建筑/公益建筑/教堂/祠堂

1. 无锡县立图书馆
2. 无锡天主教堂
3. 南门外基督教堂
4. 无锡佛教居士林
5. 坎宫救熄会
6. 海宁救熄会
7. 杨藕芳祠
8. 潜庐
9. 复庐
10. 杨氏宗祠
11. 敦厚堂
12. 澄澜堂

工业建筑/银行/公所

13. 丽新纺织印染厂遗存建筑
14. 鼎昌丝厂遗存建筑
15. 北仓门蚕丝仓库
16. 锡金钱丝两业公所
17. 旧中国银行无锡分行

18. 纸业公所
19. 无锡县商会

私邸/住宅

20. 薛汇东宅
21. 云薖园裘学楼
22. 宗敬别墅（梅园）
23. 宗敬别墅（锦园）
24. 颐安别业
25. 齐眉居
26. 天香楼
27. 春晖楼
28. 湖山别墅
29. 茹经堂
30. 张闻天旧居
31. 缪公馆
32. 陈氏旧宅
33. 陈大明宅
34. 荣巷东浜57号住宅
35. 荣泉生宅
36. 华绎之旧宅

1. 无锡县立图书馆

无锡县立图书馆，位于无锡市市中心崇安寺步行街内，建于1912年，为中西合璧式样建筑，现为无锡历史文献馆。

附　录／无锡传统历史建筑（部分）现场测绘图

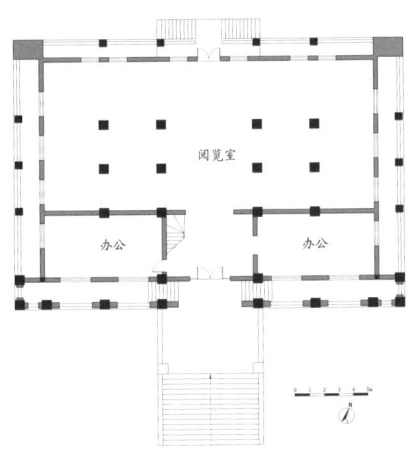

无锡县立图书馆一层平面图

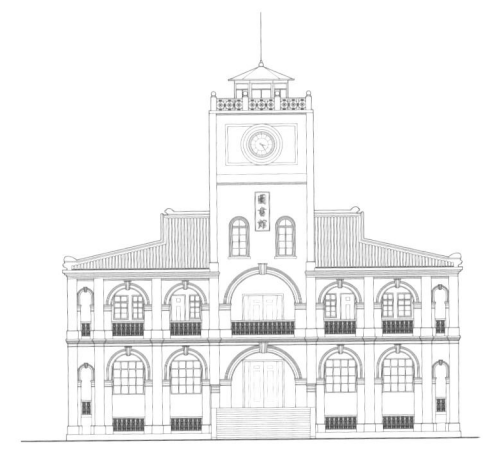

无锡县立图书馆南立面图

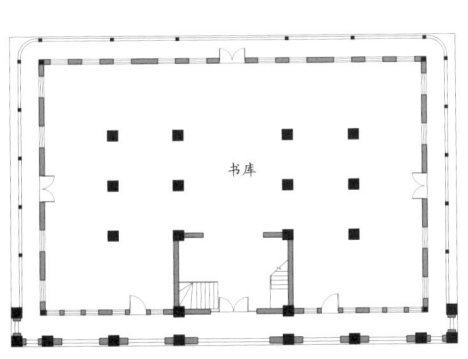

无锡县立图书馆二层平面图

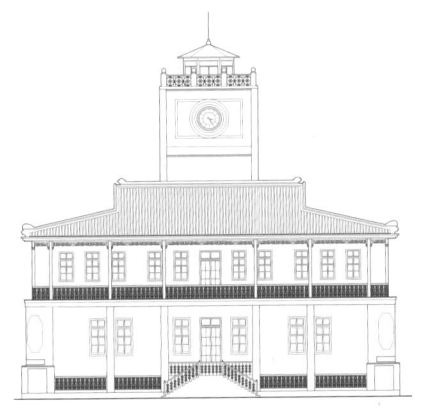

无锡县立图书馆北立面图

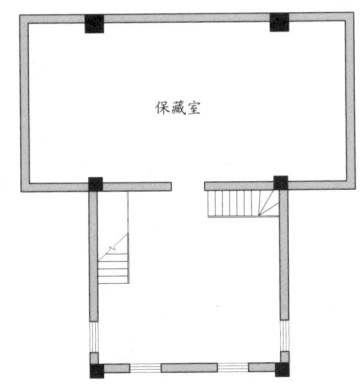

无锡县立图书馆三层平面图

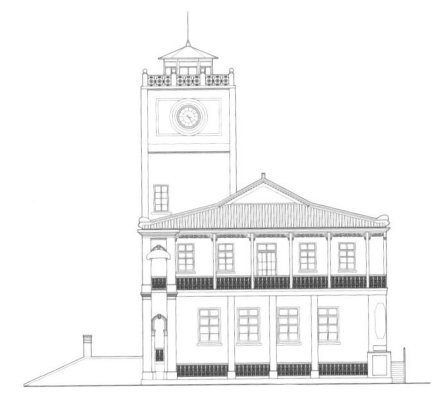

无锡县立图书馆东立面图

2. 无锡天主教堂

无锡天主教堂，位于无锡市原北塘区（现梁溪区，2016年无锡市崇安区、北塘区、南长区等合并为梁溪区。下同）三里桥民主街86号，建于1707年，为中西合璧式样建筑，是江苏省内开办较早且规模最大的天主教堂。

附　录／无锡传统历史建筑（部分）现场测绘图

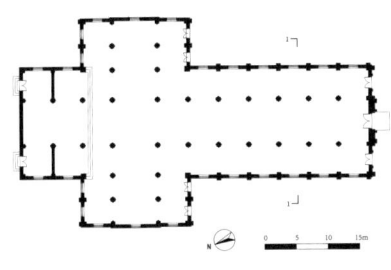

无锡天主教堂平面图

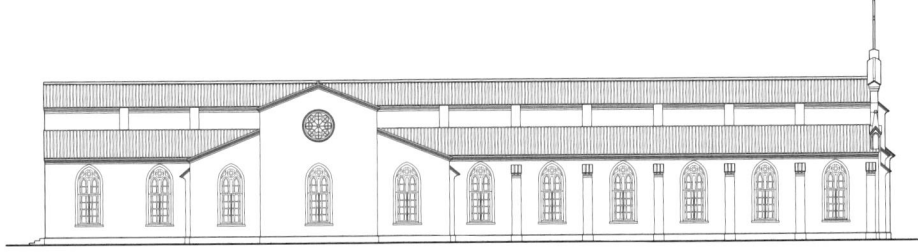

无锡天主教堂西立面图

无锡天主教堂南立面图

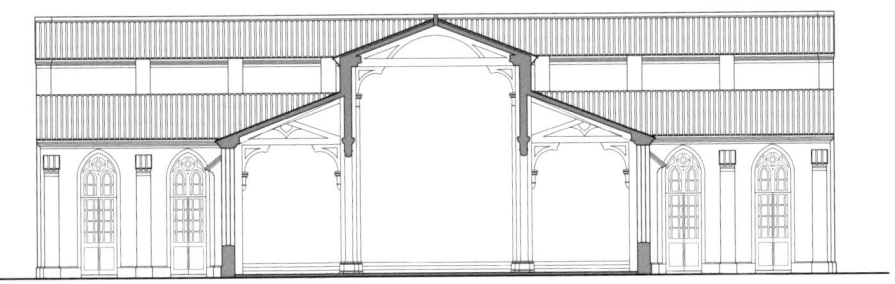

无锡天主教堂1-1剖面图

3. 南门外基督教堂

南门外基督教堂，位于无锡市原南长区（现梁溪区）虹桥下72号，建于1927年，为西式风格建筑。

附　录／无锡传统历史建筑（部分）现场测绘图

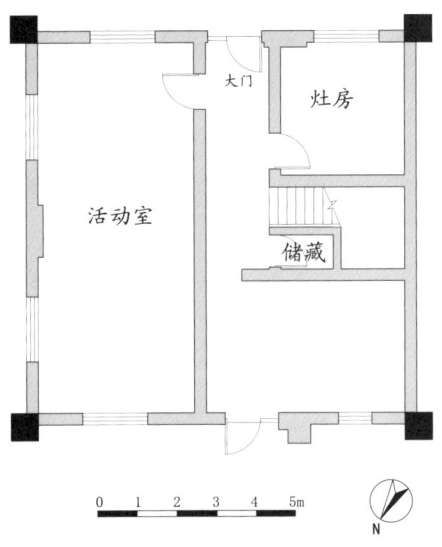

南门外基督教堂一层平面图

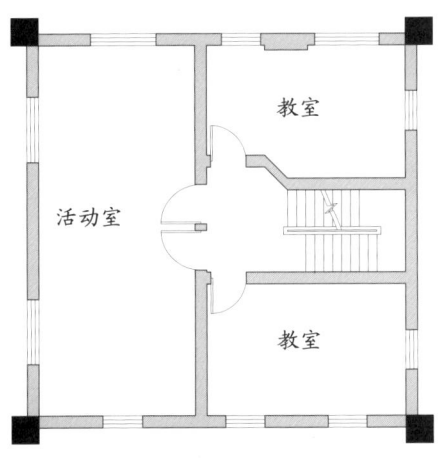

南门外基督教堂二层平面图

南门外基督教堂南立面图

南门外基督教堂北立面图

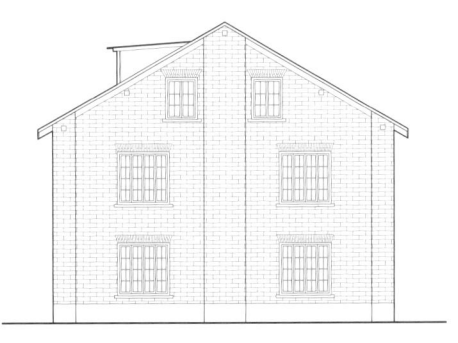

南门外基督教堂东立面图

4.无锡佛教居士林

无锡佛教居士林,位于无锡市原崇安区(现梁溪区)勤学路46号,建于1925年,为中西合璧式样建筑,是近代佛教界知识分子为了研究佛学,修习佛法而在家学佛的场所。

附　录／无锡传统历史建筑（部分）现场测绘图

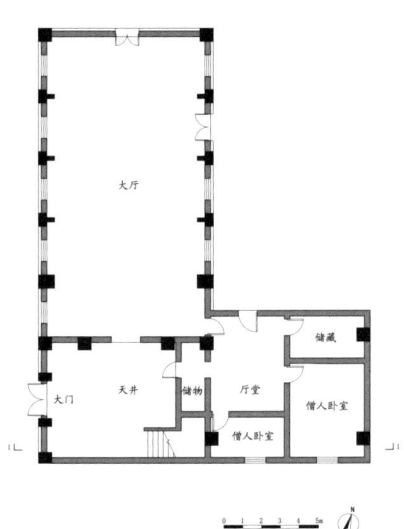

无锡佛教居士林一层平面图

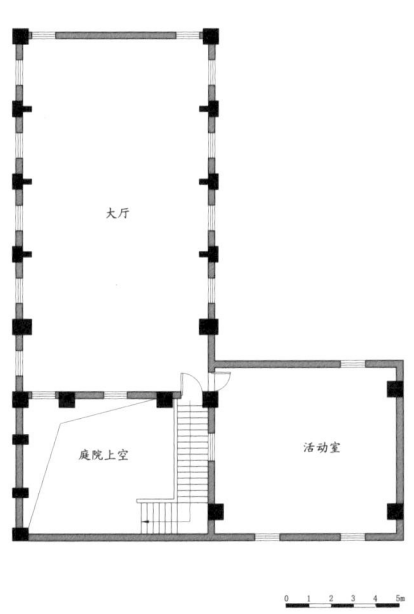

无锡佛教居士林二层平面图

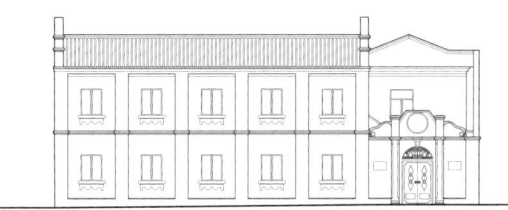

无锡佛教居士林西立面图

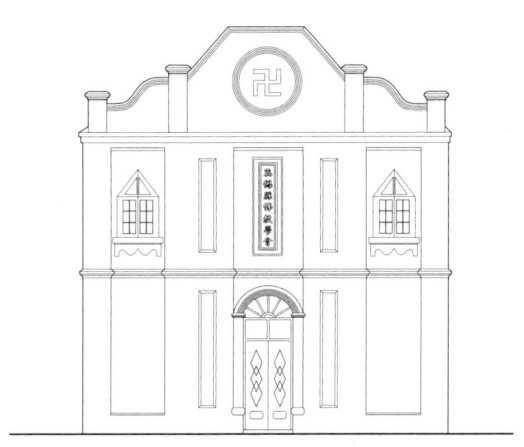

无锡佛教居士林北立面图

无锡佛教居士林1-1剖面图

5. 坎宫救熄会

坎宫救熄会，位于无锡市原南长区（现梁溪区）南长街镇塘庵弄3号，建于民国初年，为中西合璧式样建筑。该救熄会成立于1866年，为无锡最早的民间消防组织之一。

附　录／无锡传统历史建筑（部分）现场测绘图　　　　　　　　　　　　　　　　　　　　　259

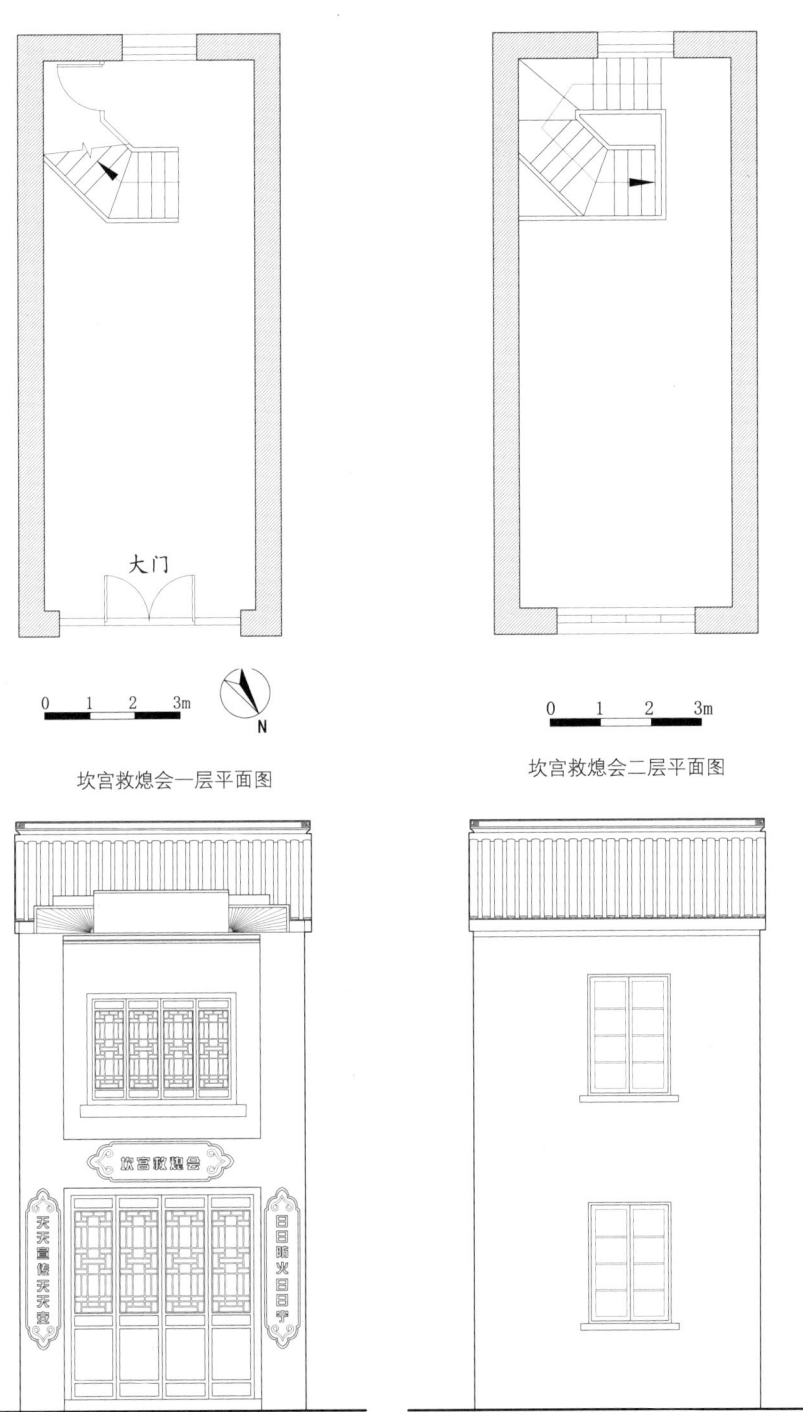

坎宫救熄会一层平面图

坎宫救熄会二层平面图

坎宫救熄会北立面图

坎宫救熄会南立面图

6. 海宁救熄会

海宁救熄会,位于无锡市原南长区(现梁溪区)南下塘263号,建于民国初年,为中西合璧式样建筑。

附　录／无锡传统历史建筑（部分）现场测绘图　　261

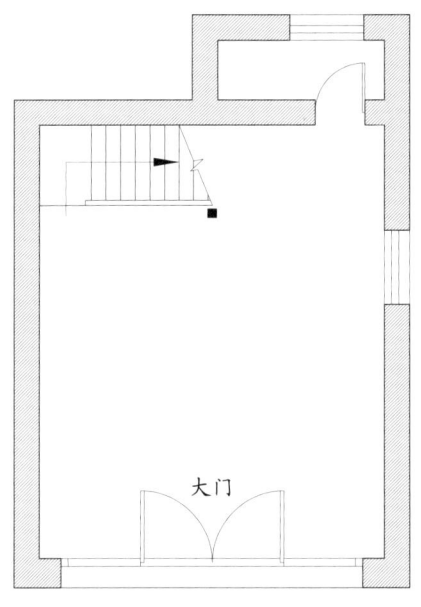

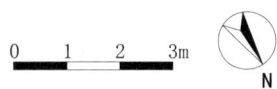

海宁救熄会一层平面图

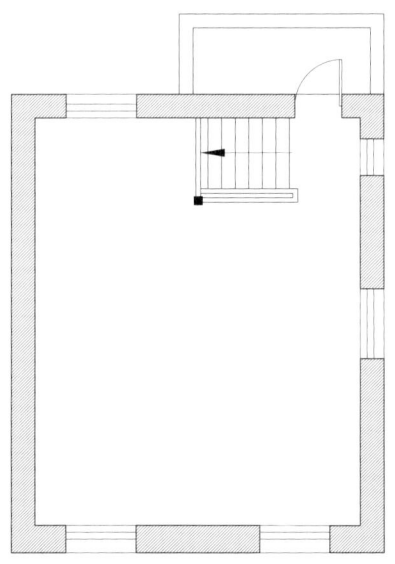

海宁救熄会二层平面图

海宁救熄会北立面图

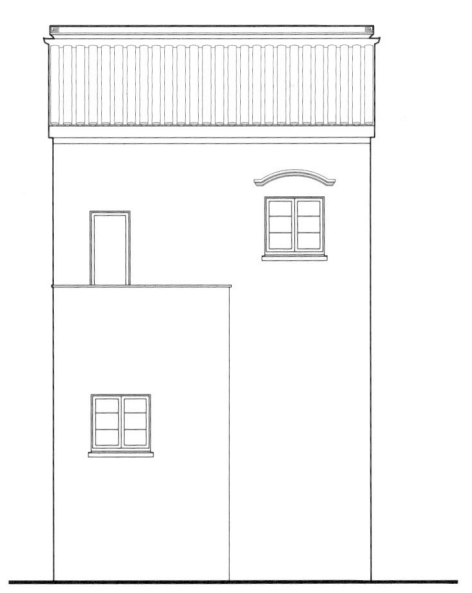

海宁救熄会南立面图

7. 杨藕芳祠

杨藕芳祠，位于无锡市原北塘区（现梁溪区）惠山下河塘，建于1912年，为中西合璧式样建筑。

附 录／无锡传统历史建筑（部分）现场测绘图

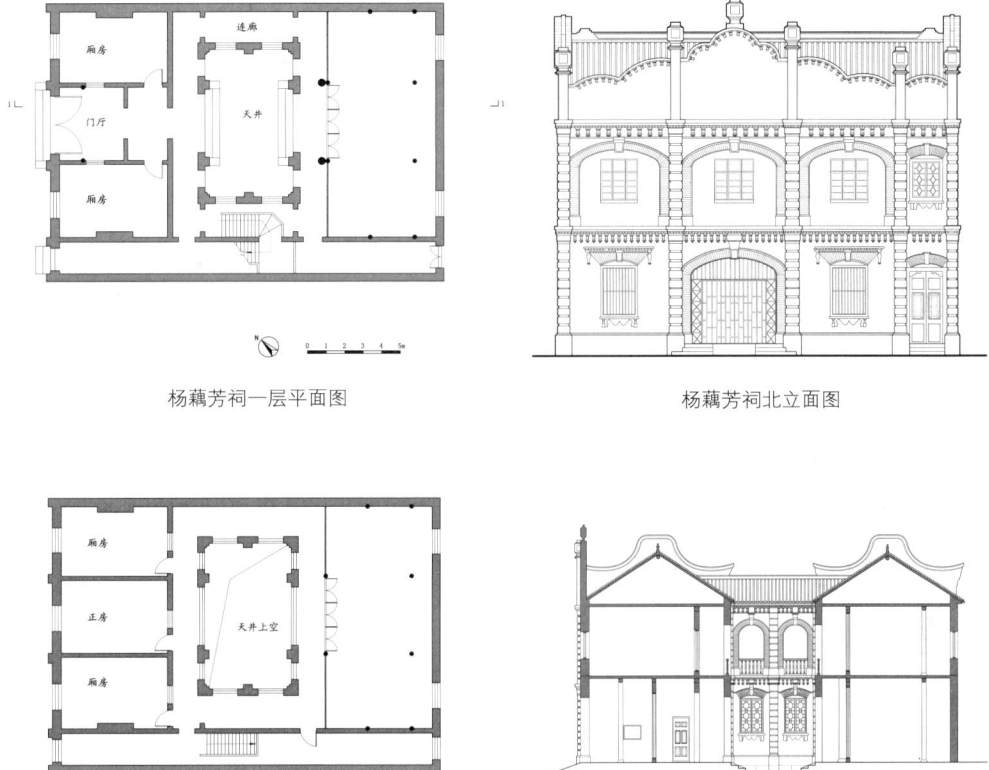

杨藕芳祠一层平面图

杨藕芳祠北立面图

杨藕芳祠二层平面图

杨藕芳祠1-1剖面图

8. 潜庐

潜庐（又称"留耕草堂"），位于无锡市原北塘区（现梁溪区）惠山上河塘13号。始建于1840年，扩建于1882年，为江南传统园林风格建筑群。

附　录／无锡传统历史建筑（部分）现场测绘图

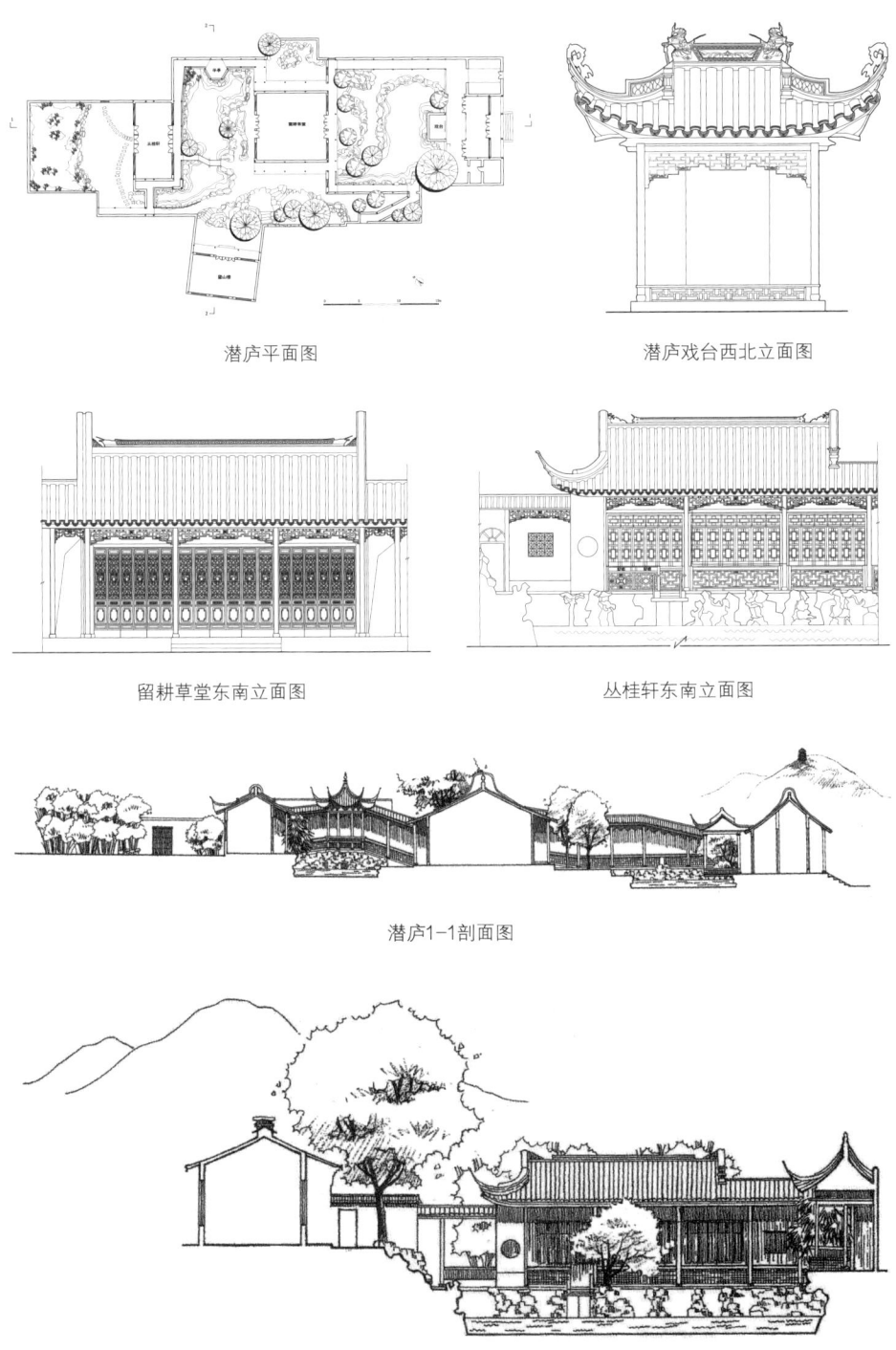

潜庐平面图

潜庐戏台西北立面图

留耕草堂东南立面图

丛桂轩东南立面图

潜庐1-1剖面图

潜庐2-2剖面图

9. 复庐

复庐（即荣鄂生家祠），位于无锡市滨湖区荣巷西浜150号，建于20世纪初期，为中西合璧式样建筑。

附　录／无锡传统历史建筑（部分）现场测绘图

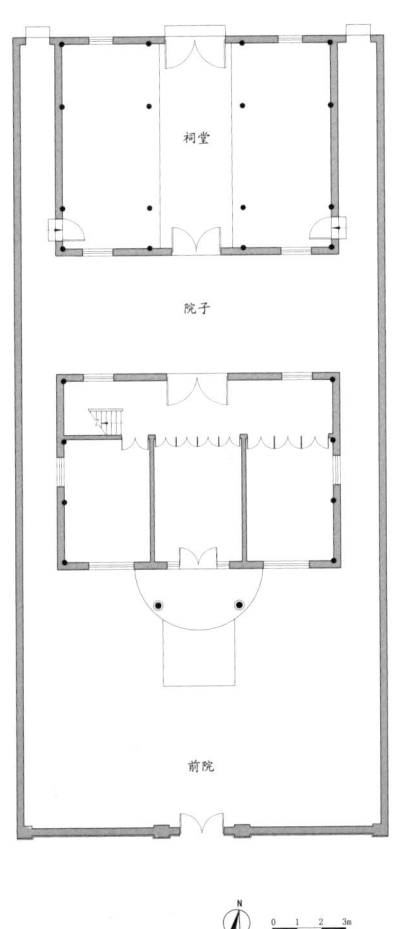

复庐一层平面图

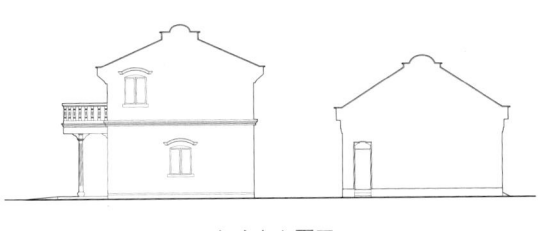

复庐东立面图

复庐主体建筑南立面图

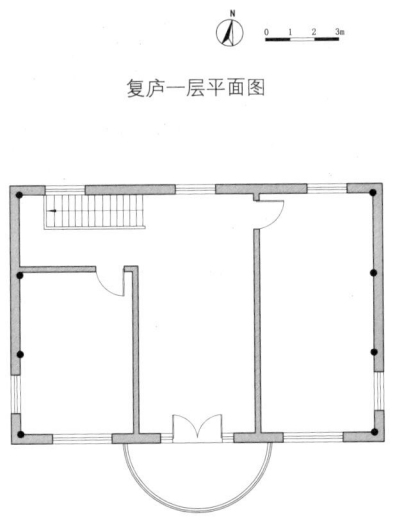

复庐主体建筑二层平面图

复庐大门立面图

10. 杨氏宗祠

杨氏宗祠,位于无锡市滨湖区管社山东南麓,建于民国期间,为一组仿清官式建筑群。

附　录／无锡传统历史建筑（部分）现场测绘图　　　　　　　　　　　　　　　　　　　　　269

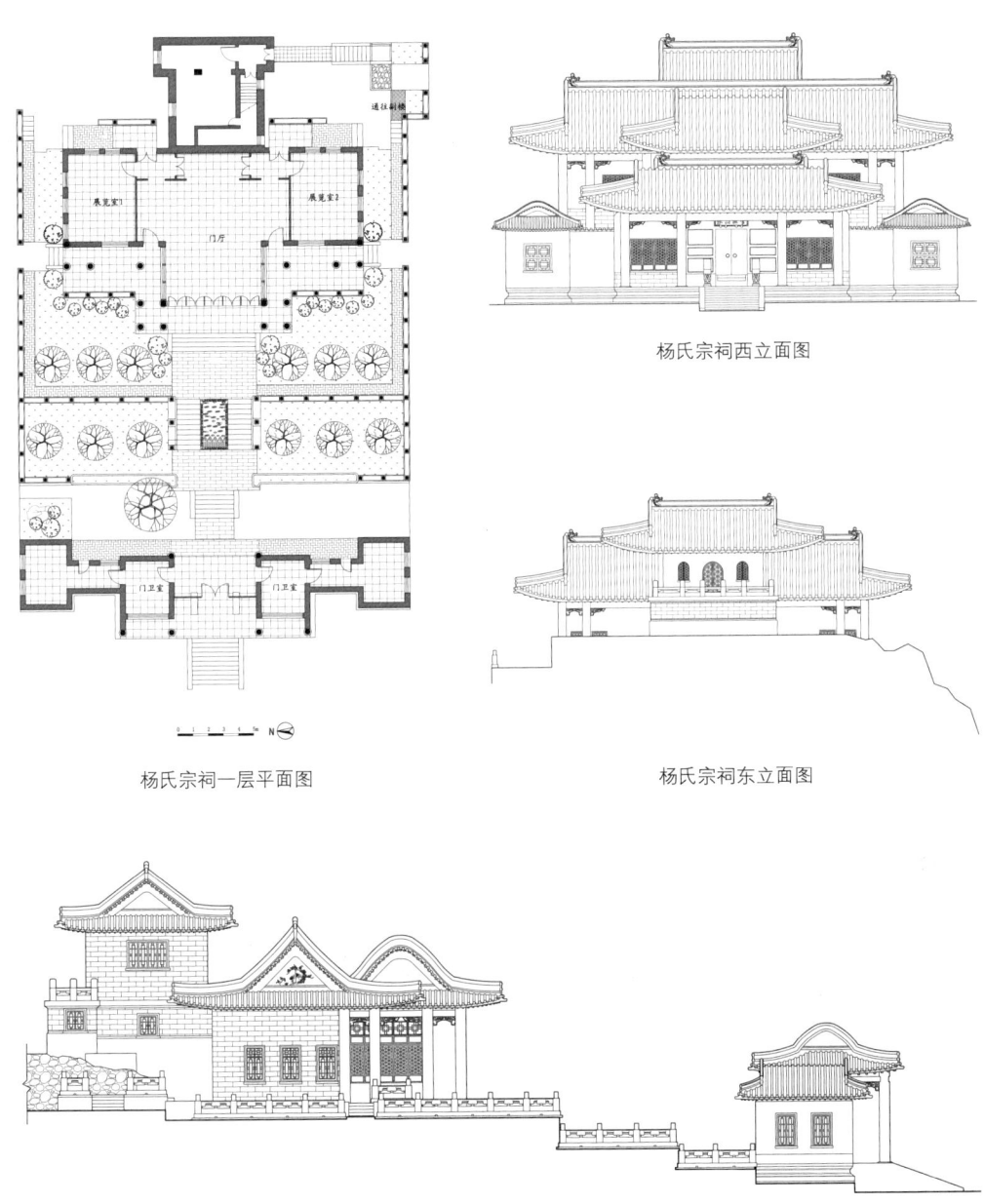

杨氏宗祠西立面图

杨氏宗祠东立面图

杨氏宗祠一层平面图

杨氏宗祠北立面图

11. 敦厚堂

敦厚堂，位于无锡市滨湖区梁溪西路卞家湾13号梅园内浒山，建于1927年，为中西合璧式样建筑，曾是荣氏子弟习武之地。

附　录／无锡传统历史建筑（部分）现场测绘图　　271

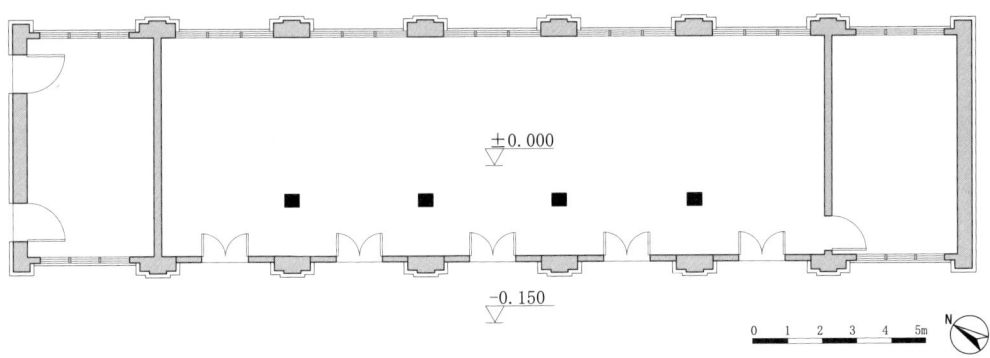

敦厚堂平面图

敦厚堂西南立面图

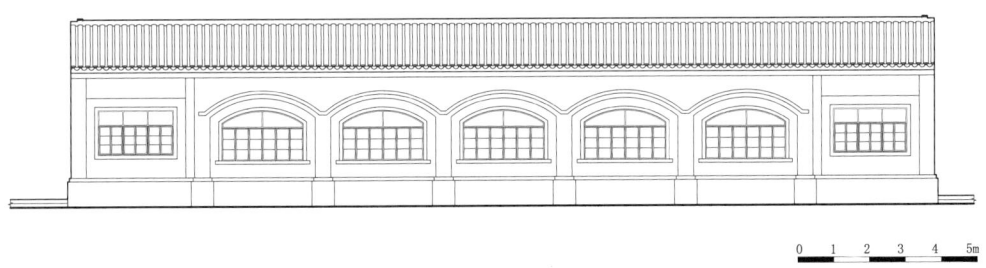

敦厚堂东北立面图

12. 澄澜堂

澄澜堂，位于无锡市滨湖区鼋头渚风景区西北侧的山脊高处，建于1931年，为仿清代宫苑离宫形制的建筑。

附 录／无锡传统历史建筑（部分）现场测绘图

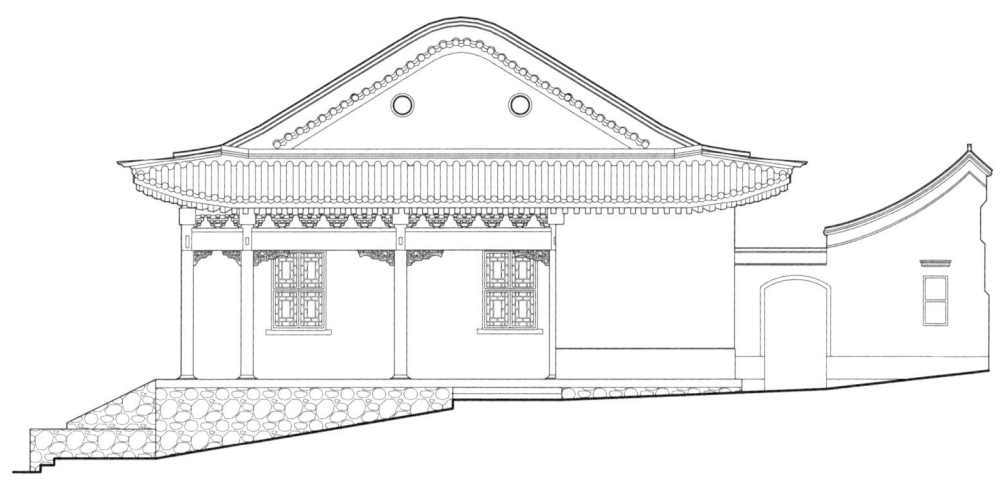

澄澜堂南立面图

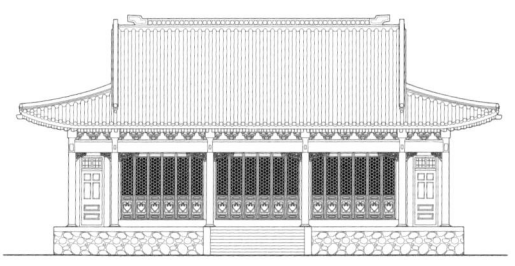

澄澜堂西立面图

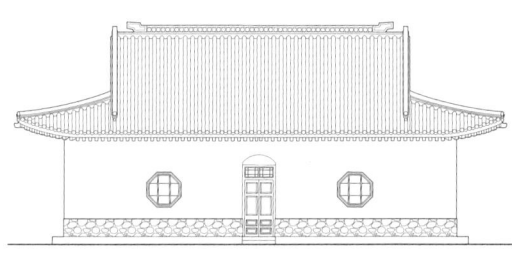

澄澜堂东立面图

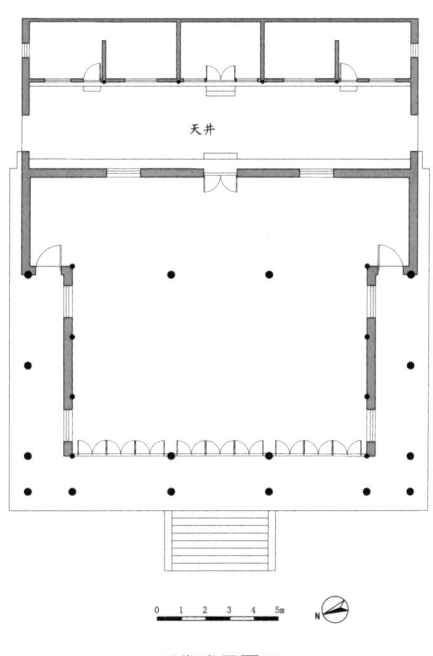

澄澜堂平面图

13．丽新纺织印染厂遗存建筑

丽新纺织印染厂，位于无锡市原北塘区（现梁溪区）惠商桥丽新路54号，建于1919年。其遗存建筑，仅办公楼、发电厂楼及棉花仓库等三座建筑，均为中西合璧式样建筑，立面形式带有明显的装饰主义特征。目前三栋遗存建筑，暂留存于恒大悦珑湾楼盘范围内。

附 录／无锡传统历史建筑（部分）现场测绘图

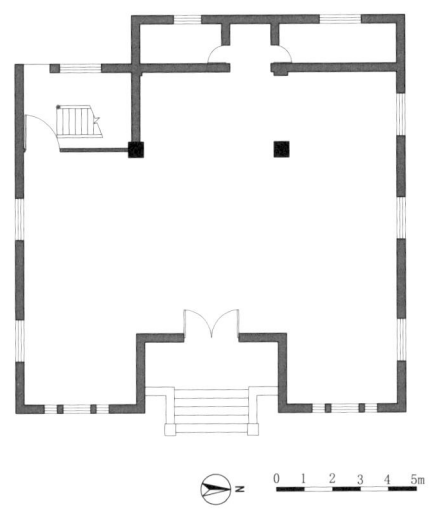

丽新纺织印染厂办公楼一层平面图

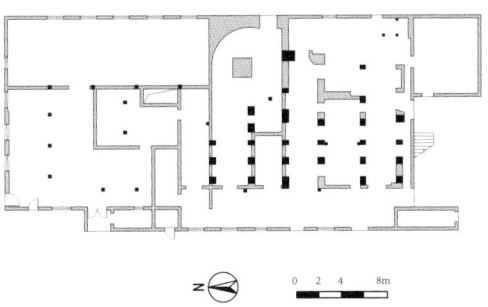

丽新纺织印染厂发电厂及车间一层平面图

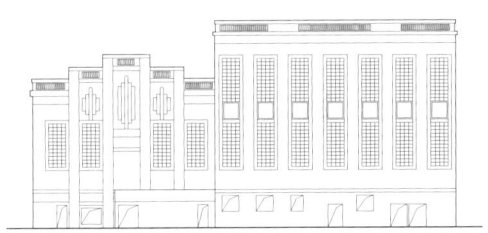

丽新纺织印染厂发电厂及车间西立面图

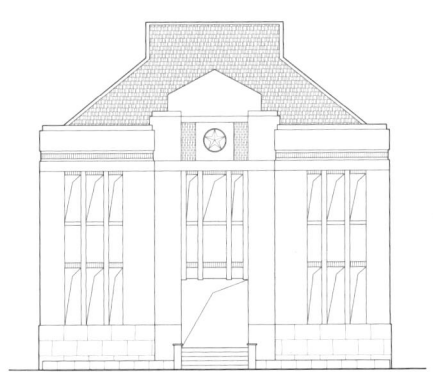

丽新纺织印染厂办公楼东立面图

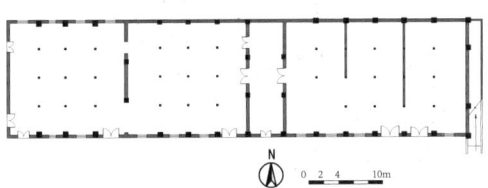

丽新纺织印染厂棉花仓库平面图

丽新纺织印染厂棉花仓库南立面图

14. 鼎昌丝厂遗存建筑

鼎昌丝厂，位于无锡市原南长区（现梁溪区）永乐路29号，建于1930年。其遗存建筑，仅有茧库一座，为中西合璧式样建筑，现为某饭店。

附　录／无锡传统历史建筑（部分）现场测绘图

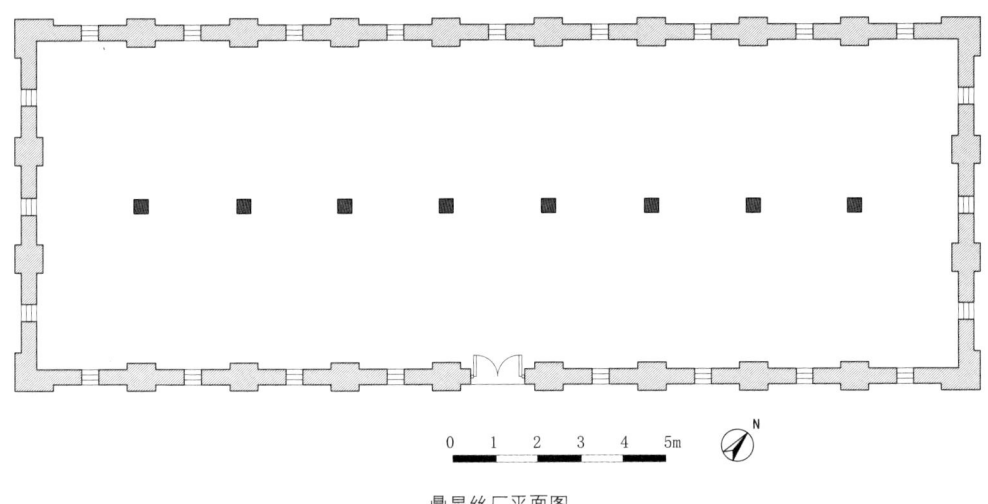

鼎昌丝厂平面图

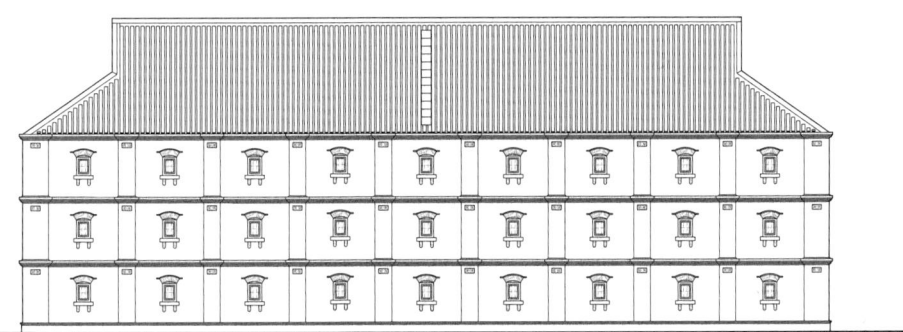

鼎昌丝厂北立面图

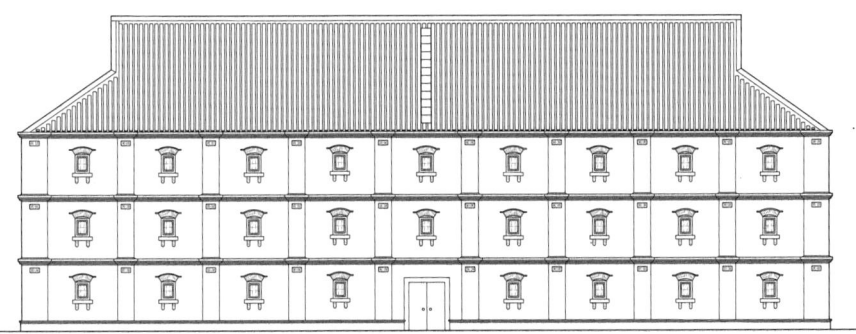

鼎昌丝厂南立面图

15. 北仓门蚕丝仓库

北仓门蚕丝仓库，位于无锡市原崇安区（现梁溪区）北仓门37号，建于1938年，为早期现代主义风格式样建筑，是民国期间江南地区规模最大的蚕丝仓库。现为北仓门文化创意产业园用房。

附　录／无锡传统历史建筑（部分）现场测绘图　　　　　　　　　　　　　　　　　　　　　　　　　　279

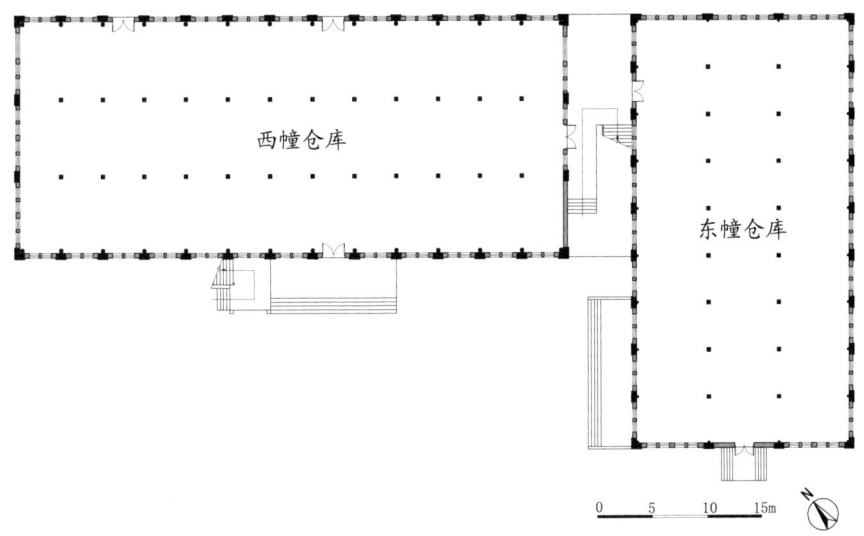

北仓门蚕丝仓库平面图

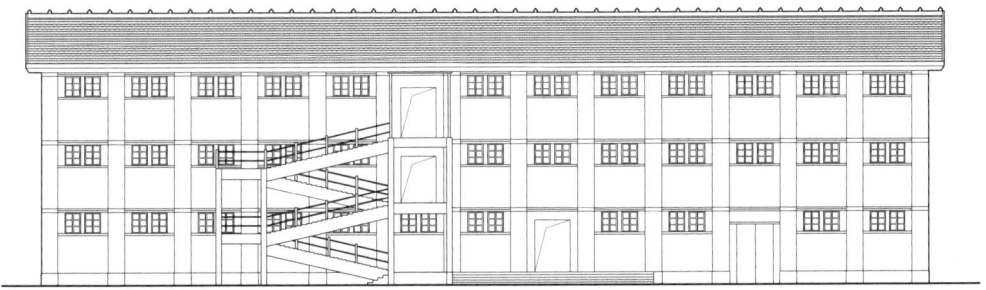

北仓门蚕丝仓库西幢西南立面图

北仓门蚕丝仓库东幢西南立面图

16. 锡金钱丝两业公所

锡金钱丝两业公所，位于无锡市原北塘区（现梁溪区）前竹场巷30号。建于1901年（清光绪二十七年），为无锡本土式样建筑。现仅存第一进石库门建筑，留存于中大颐河湾楼盘范围内。

附　录／无锡传统历史建筑（部分）现场测绘图

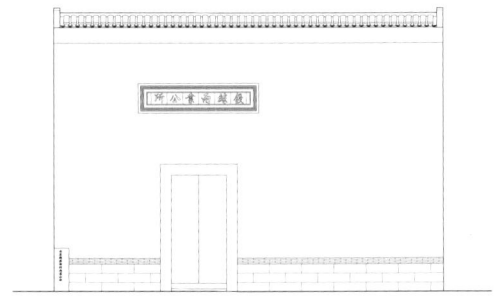

锡金钱丝两业公所南立面图

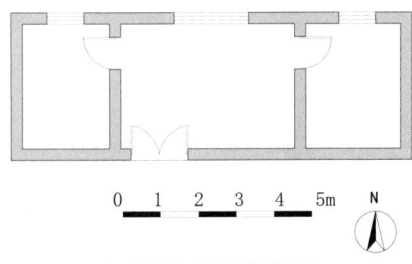

锡金钱丝两业公所平面图

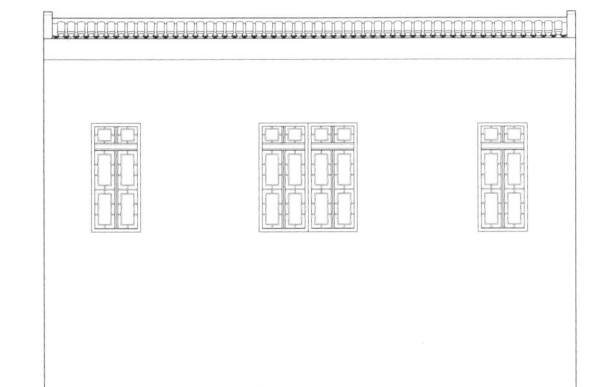

锡金钱丝两业公所北立面图

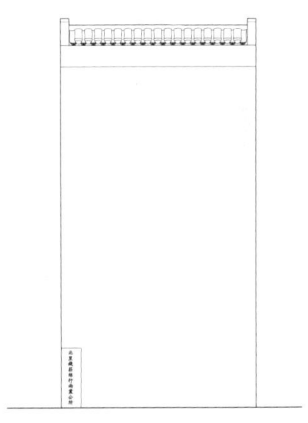

锡金钱丝两业公所东立面图

17. 旧中国银行无锡分行

旧中国银行无锡分行,位于无锡市原北塘区(现梁溪区)前竹场巷32号,建于1914年,为中西合璧式样建筑。现仅留存一进于中大颐河湾楼盘范围内。

附　录／无锡传统历史建筑（部分）现场测绘图　　283

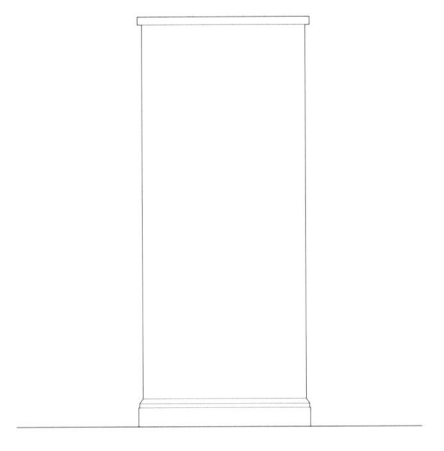

旧中国银行无锡分行东立面图

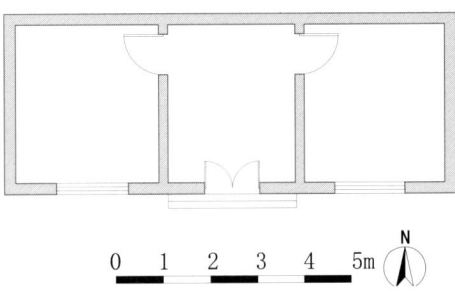

旧中国银行无锡分行平面图

旧中国银行无锡分行南立面图

18. 纸业公所

纸业公所,位于无锡市原北塘区(现梁溪区)江尖96号,建于20世纪20年代,为中西合璧式样建筑。现保留于江尖公园中。

附　录／无锡传统历史建筑（部分）现场测绘图

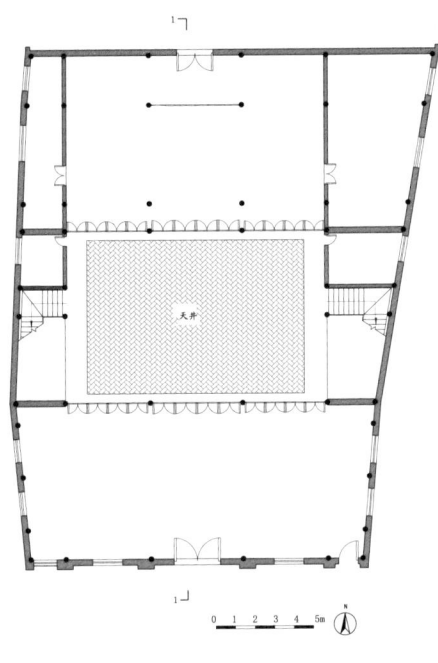

纸业公所一层平面图

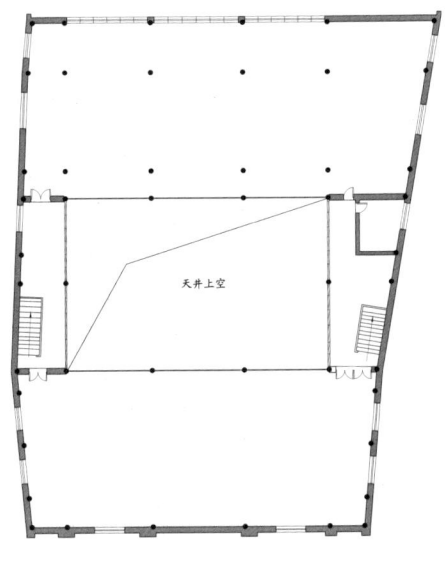

纸业公所二层平面图

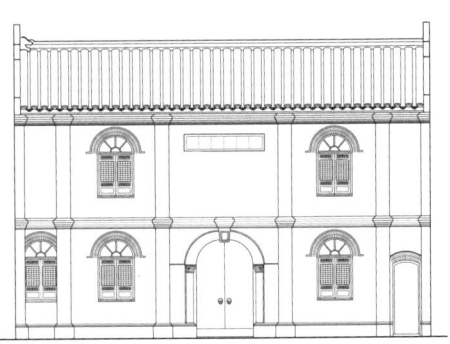

纸业公所南立面图

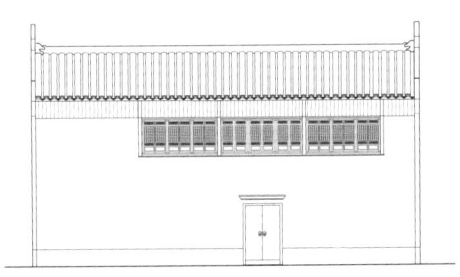

纸业公所北立面图

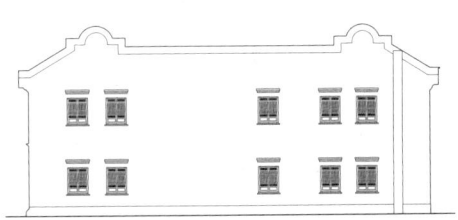

纸业公所东立面图

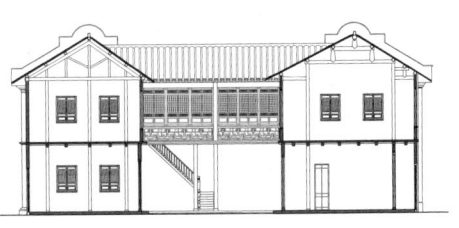

纸业公所1-1剖面图

19. 无锡县商会

无锡县商会,位于无锡市原崇安区(现梁溪区)站前商贸街汉昌西街6号,建于1915年,为中西合璧式样建筑。

附 录／无锡传统历史建筑（部分）现场测绘图

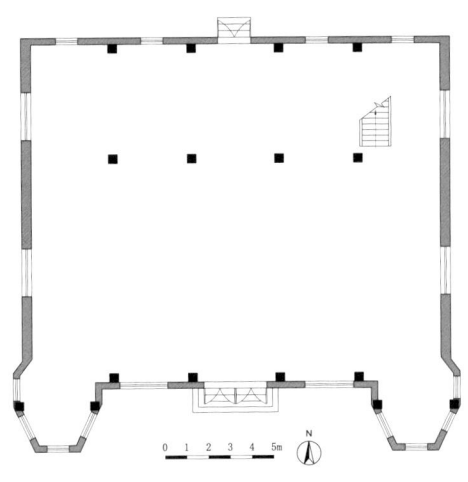

无锡县商会北楼一层平面图

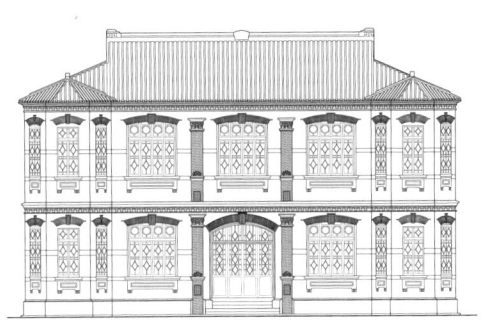

无锡县商会北楼南立面图

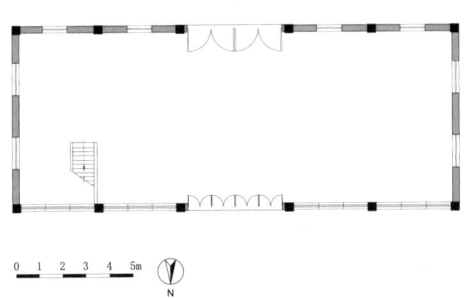

无锡县商会南楼一层平面图

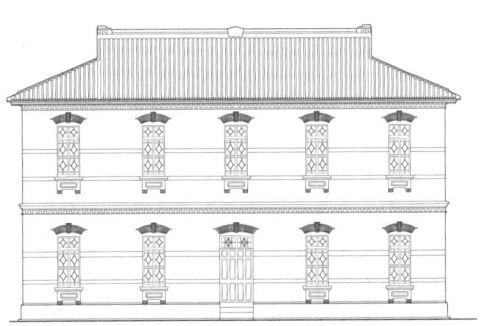

无锡县商会北楼北立面图

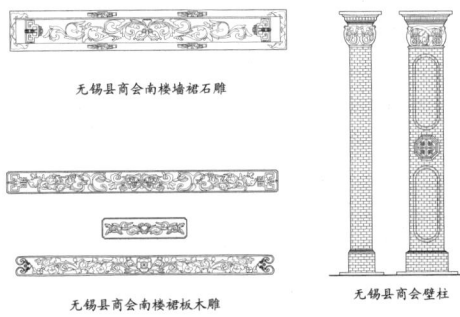

南楼墙裙及花板木雕装饰

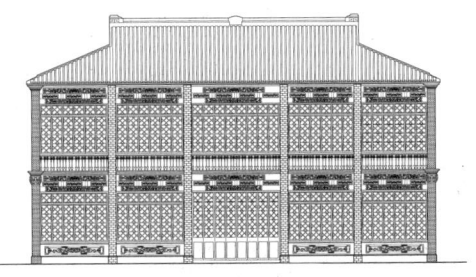

无锡县商会南楼北立面图

20. 薛汇东宅

薛汇东宅，位于无锡市原崇安区（现梁溪区）前西溪2号，建于1917年，为中西合璧式样建筑。现为某政府部门办公楼。

附 录／无锡传统历史建筑（部分）现场测绘图

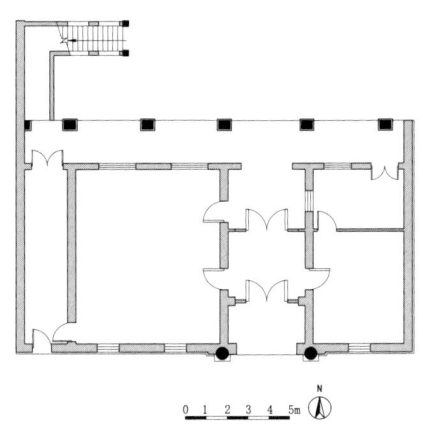

临街门楼一层平面图

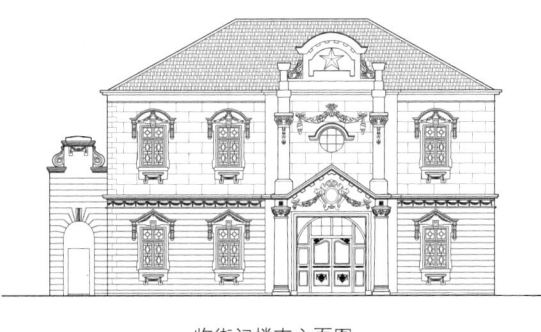

临街门楼南立面图

主楼南立面图

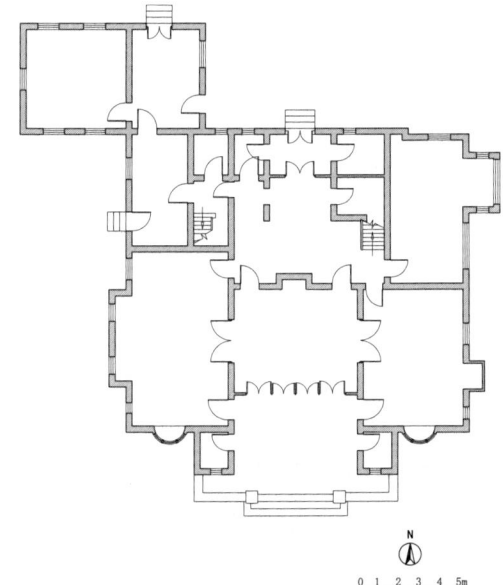

主楼一层平面图

主楼北立面图

21. 云薖园裘学楼

云薖园裘学楼，位于无锡市原崇安区（现梁溪区）长大弄5号，建于1926年，为中西合璧式样建筑。裘学楼是云薖园的主体建筑。

附 录／无锡传统历史建筑（部分）现场测绘图 291

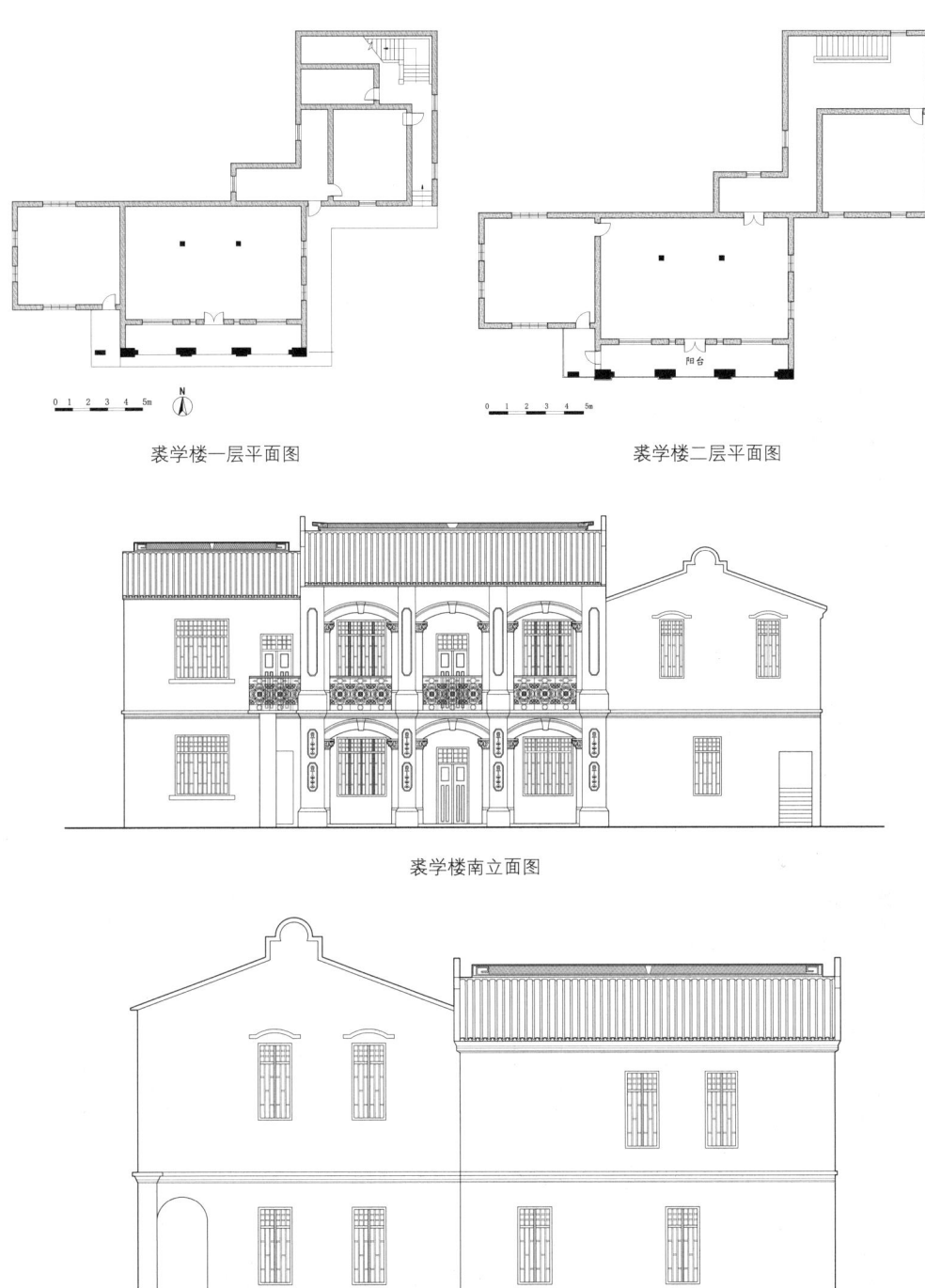

裘学楼一层平面图　　　　裘学楼二层平面图

裘学楼南立面图

裘学楼东立面图

22. 宗敬别墅（梅园）

宗敬别墅（梅园），位于无锡滨湖区梁溪西路卜家湾13号梅园内浒山南坡，建于1923年，为中西合璧式样别墅建筑，曾是荣氏兄弟招待重要宾客的场所。

附　录／无锡传统历史建筑（部分）现场测绘图

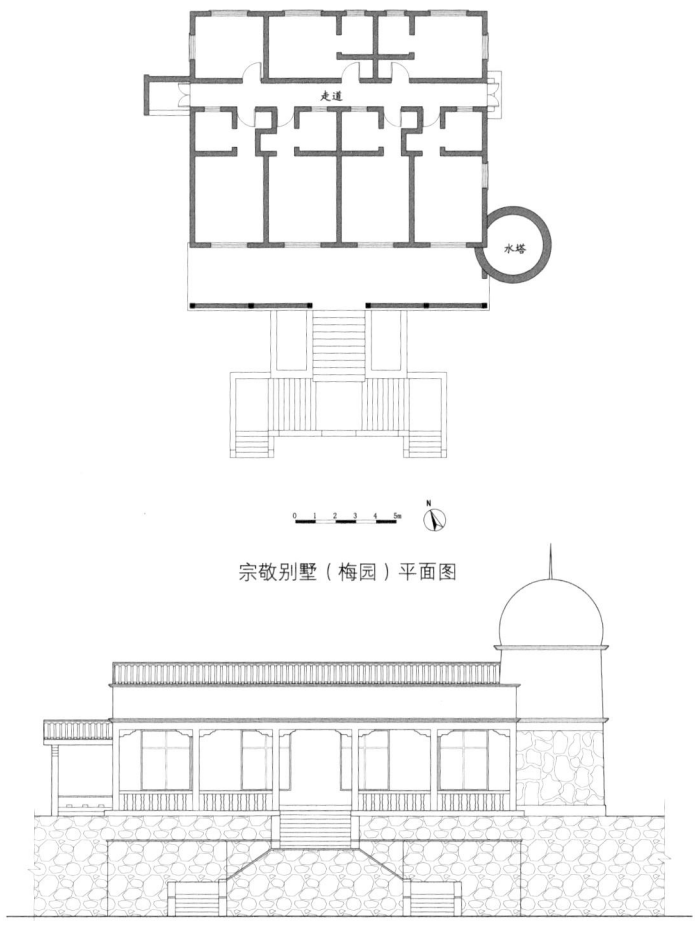

宗敬别墅（梅园）平面图

宗敬别墅（梅园）南立面图

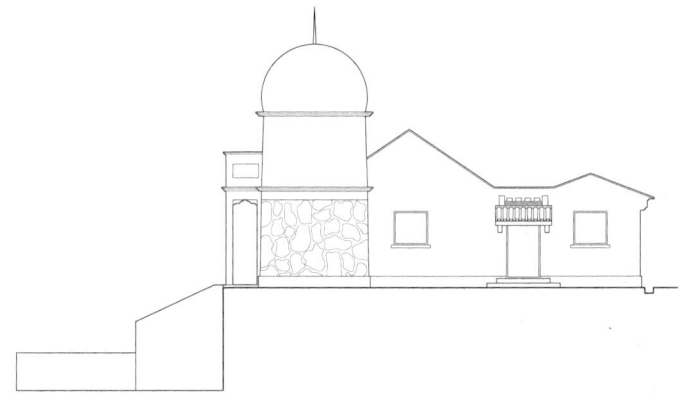

宗敬别墅（梅园）东立面图

23．宗敬别墅（锦园）

宗敬别墅（锦园），位于无锡市滨湖区小箕山锦园内，建于1929年左右，为仿西班牙式别墅建筑。现为无锡锦园国宾馆内接待用房。

附　录／无锡传统历史建筑（部分）现场测绘图

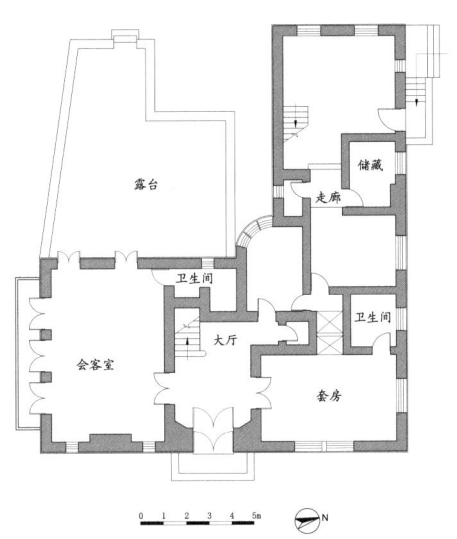

宗敬别墅（锦园）一层平面图

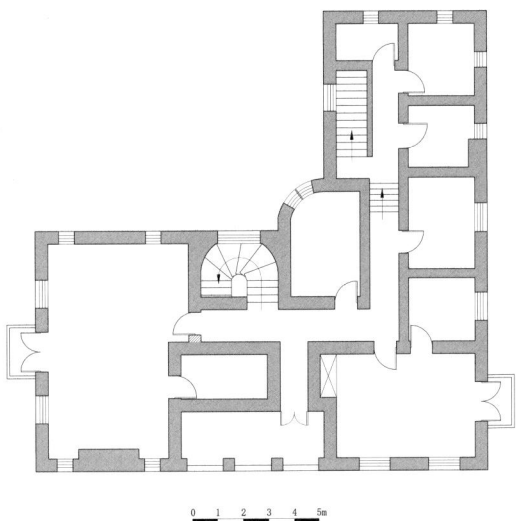

宗敬别墅（锦园）二层平面图

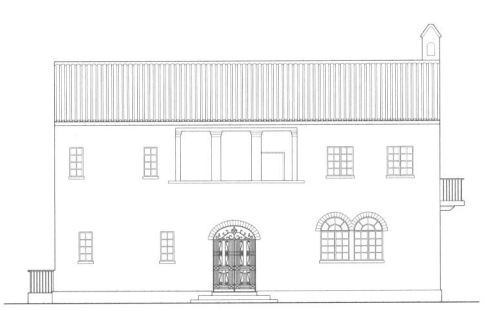

宗敬别墅（锦园）东立面图

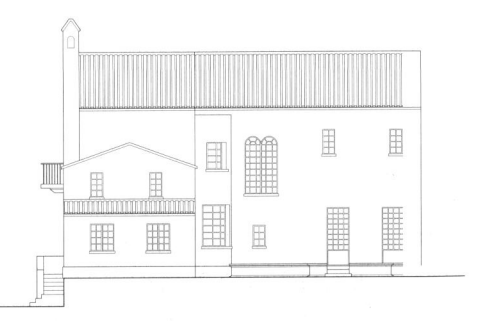

宗敬别墅（锦园）西立面图

宗敬别墅（锦园）南立面图

宗敬别墅（锦园）北立面图

24．颐安别业

颐安别业（今称景宣楼），位于无锡市滨湖区环湖路1号君来湖滨饭店内，由无锡近代实业家王禹卿之子王亢元于1936年作为其私家园林蠡园的休闲配套用房而建造，为仿殖民地式别墅建筑。

附　录／无锡传统历史建筑（部分）现场测绘图

颐安别业一层平面图　　　　　颐安别业二层平面图

颐安别业南立面图

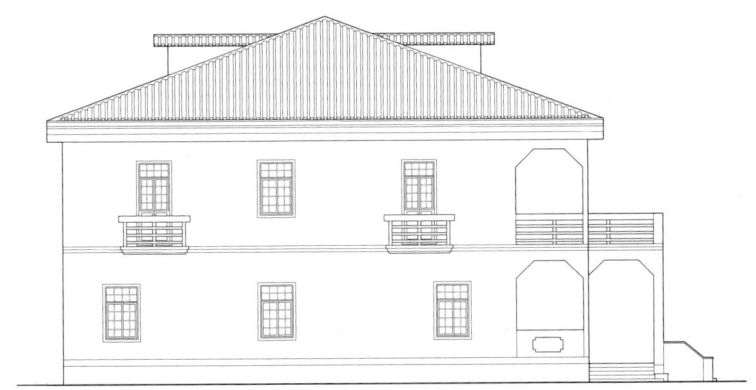

颐安别业西立面图

25. 齐眉居

齐眉居，位于无锡市原崇安区（现梁溪区）中山路177号，君来梁溪饭店内之3号楼，建于1932年，为仿法式别墅建筑，是王禹卿旧宅建筑群（现存三栋建筑）中之一，为王禹卿家眷居住使用。

附　录／无锡传统历史建筑（部分）现场测绘图

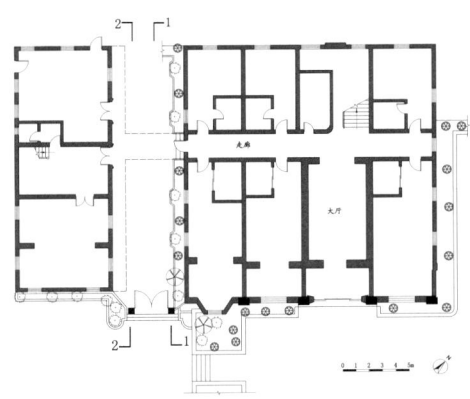

齐眉居一层平面图

齐眉居1-1剖面图

齐眉居东南立面图

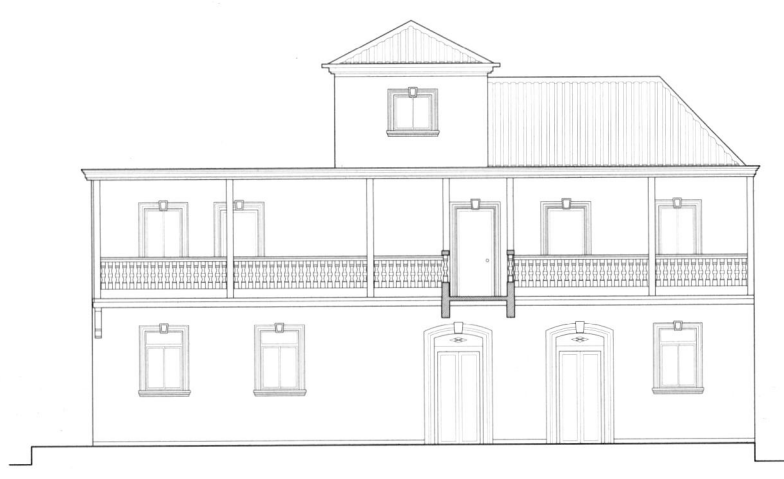

齐眉居2-2剖面图

26. 天香楼

天香楼，位于无锡市原崇安区（现梁溪区）中山路177号君来梁溪饭店内，建于1932~1933年，为仿英式别墅建筑，是王禹卿旧宅建筑群（现存三栋建筑）中之一，为王禹卿之侄王乐水旧宅。

附　录／无锡传统历史建筑（部分）现场测绘图　　301

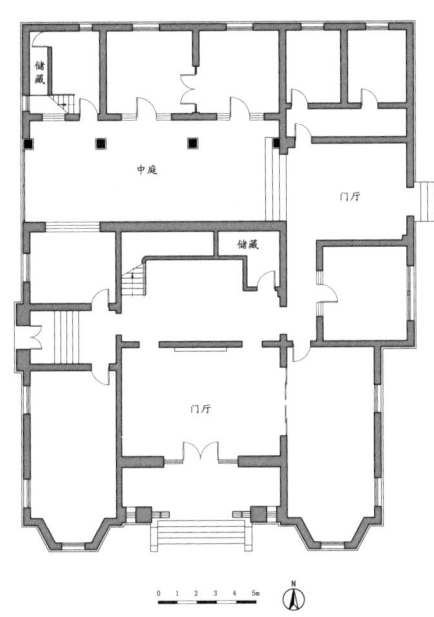

天香楼一层平面图

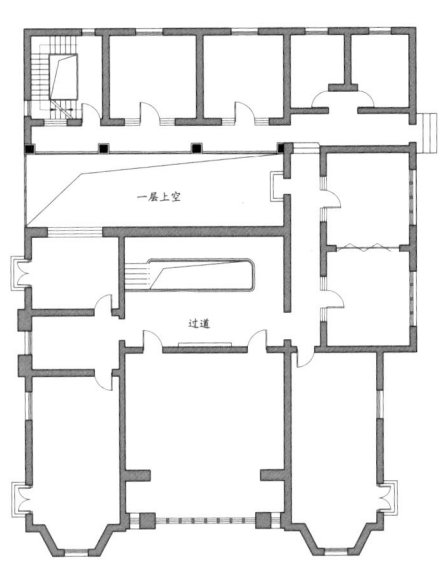

天香楼二层平面图

天香楼南立面图

天香楼东立面图

27. 春晖楼

春晖楼，位于无锡市原崇安区（现梁溪区）中山路177号君来梁溪饭店内，建于1936~1937年，为仿美式的中西合璧式建筑，是王禹卿旧宅建筑群（现存三栋建筑）中之一，为王禹卿胞兄王尧臣旧宅。

附 录／无锡传统历史建筑（部分）现场测绘图

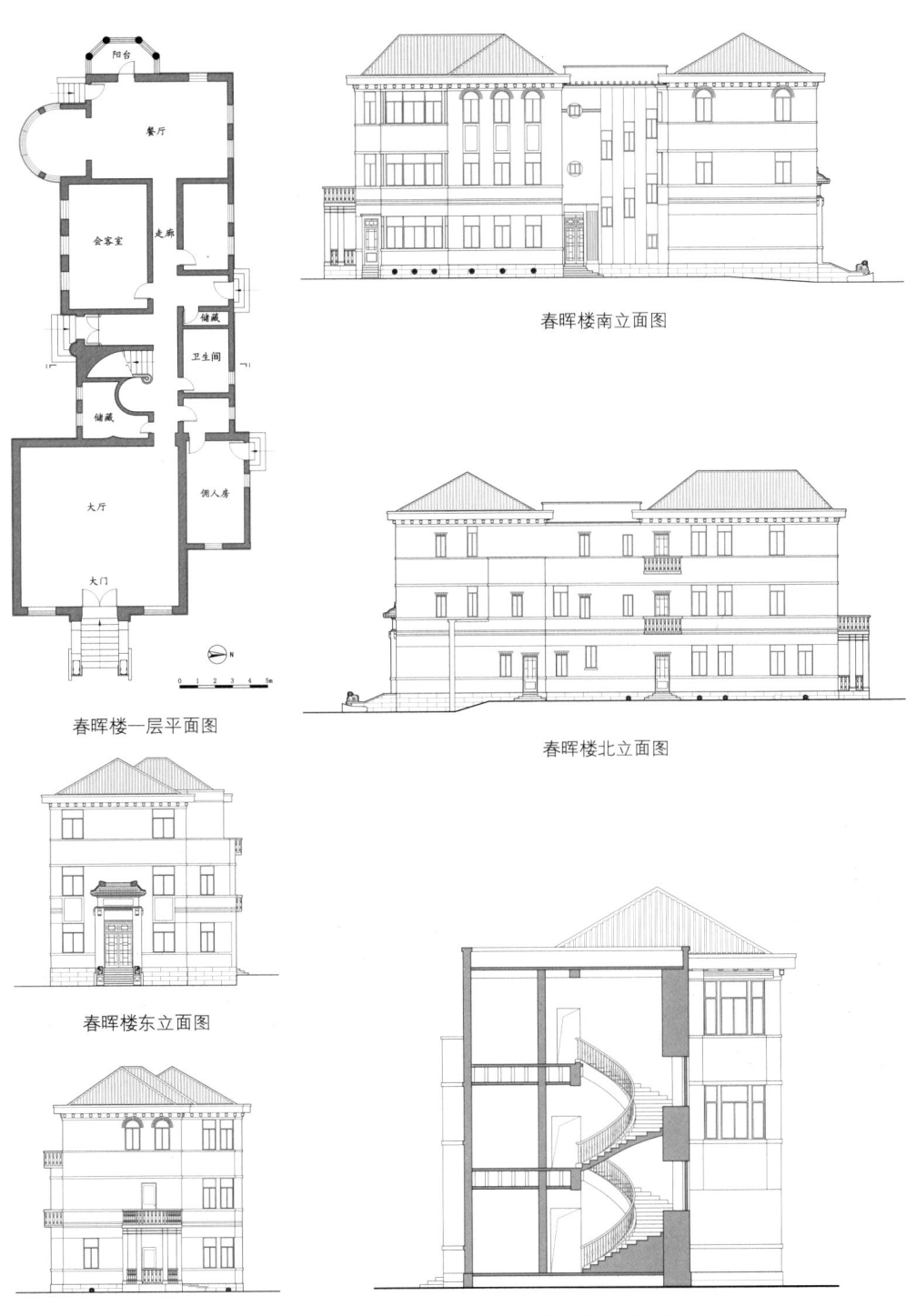

28. 湖山别墅

　　湖山别墅（今称颐安别业），位于无锡市滨湖区环湖路1号君来湖滨饭店内，由无锡近代实业家王禹卿之子王亢元于1936年作为其私家园林蠡园的休闲配套用房而建造，为仿西班牙式别墅建筑。

附 录／无锡传统历史建筑（部分）现场测绘图

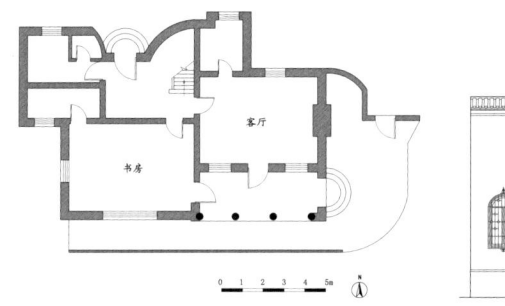

湖山别墅一层平面图

湖山别墅南立面图

湖山别墅北立面图

湖山别墅东立面图

29. 茹经堂

茹经堂,位于无锡市滨湖区大浮宝界桥堍琴山南麓,为国立交通大学和无锡国学专修学校师生和薛明剑等,为纪念两校校长、国学大师唐文治七十寿辰所建纪念别墅,于1934年动工,1935年落成,为中国传统式样建筑,1984年政府拨款重修。

附 录／无锡传统历史建筑（部分）现场测绘图

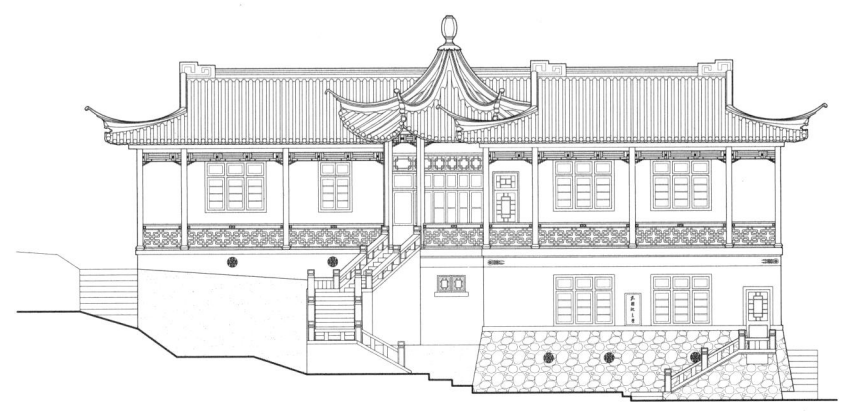

茹经堂西立面图

茹经堂南立面图

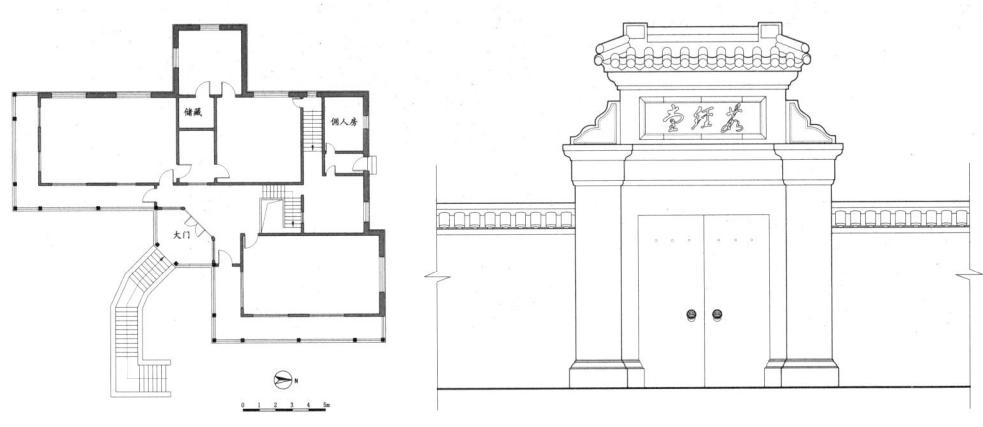

茹经堂一层平面图　　　　　　茹经堂门头正立面

30. 张闻天旧居

张闻天旧居，位于无锡市原崇安区（现梁溪区）学前街西侧汤巷45号，建于20世纪30年代，为西式花园洋房式建筑。现为张闻天旧居纪念馆。

附　录／无锡传统历史建筑（部分）现场测绘图

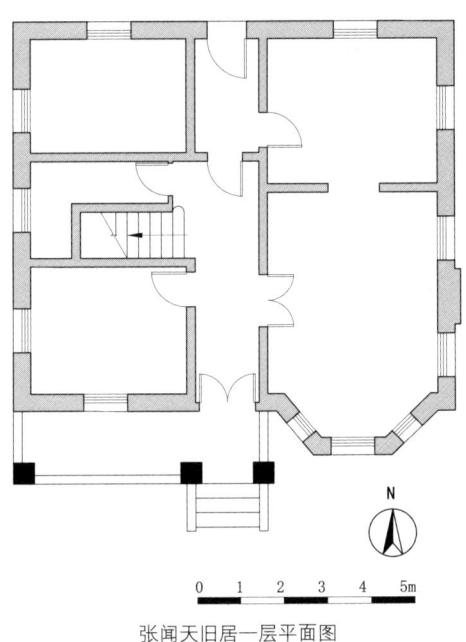

张闻天旧居一层平面图

张闻天旧居二层平面图

张闻天旧居南立面图

张闻天旧居东立面图

31. 缪公馆

缪公馆，位于无锡市原崇安区（现梁溪区）新生路7号，建于1930年，为中西合璧式样的花园洋房，由无锡本土建筑师江应麟设计。

附　录／无锡传统历史建筑（部分）现场测绘图　　311

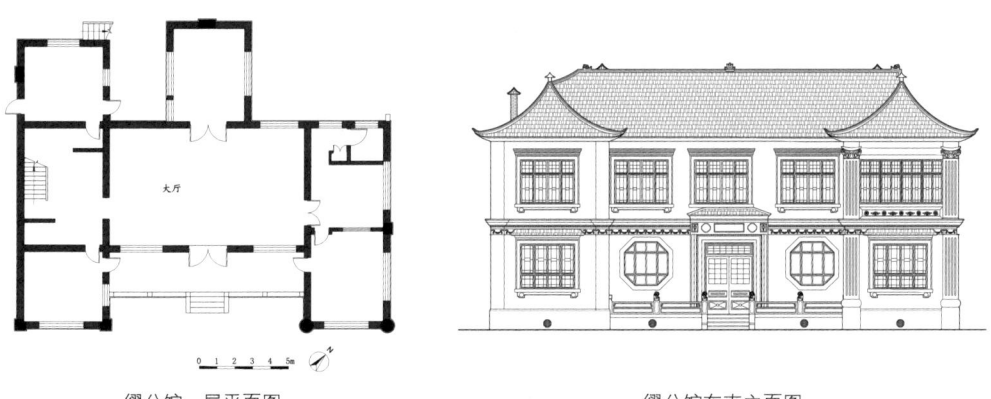

缪公馆一层平面图　　　　　　　　　缪公馆东南立面图

缪公馆西北立面图

缪公馆东北立面图

32. 陈氏旧宅

陈氏旧宅，位于无锡市原崇安区（现梁溪区）德兴巷32号，建于民国时期，为西式花园洋房式建筑。

附　录／无锡传统历史建筑（部分）现场测绘图

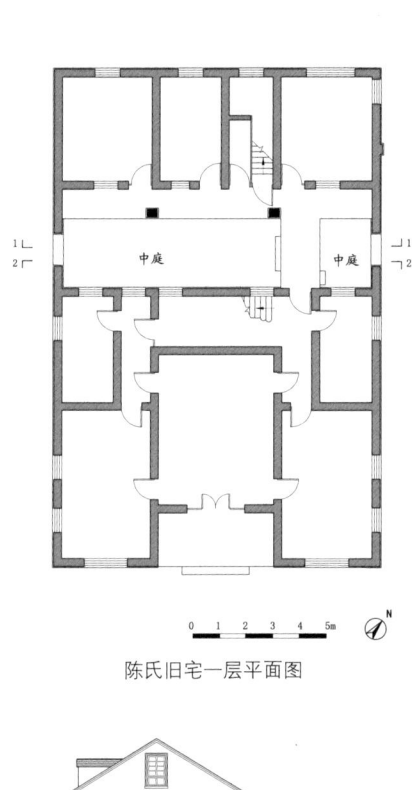

陈氏旧宅一层平面图

陈氏旧宅2-2剖立面图

陈氏旧宅西南立面图

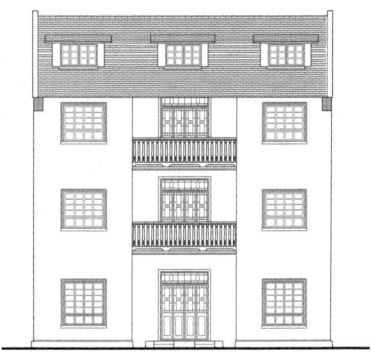

陈氏旧宅西北立面图

陈氏旧宅1-1剖立面图

陈氏旧宅东南立面图

33. 陈大明宅

陈大明宅,位于无锡原崇安区(现梁溪区)东门万寿里3号和6号,建于1918年,为中西合璧式样建筑。

附　录／无锡传统历史建筑（部分）现场测绘图　　　　　　　　　　　　　　　　　　　　　　　　　　315

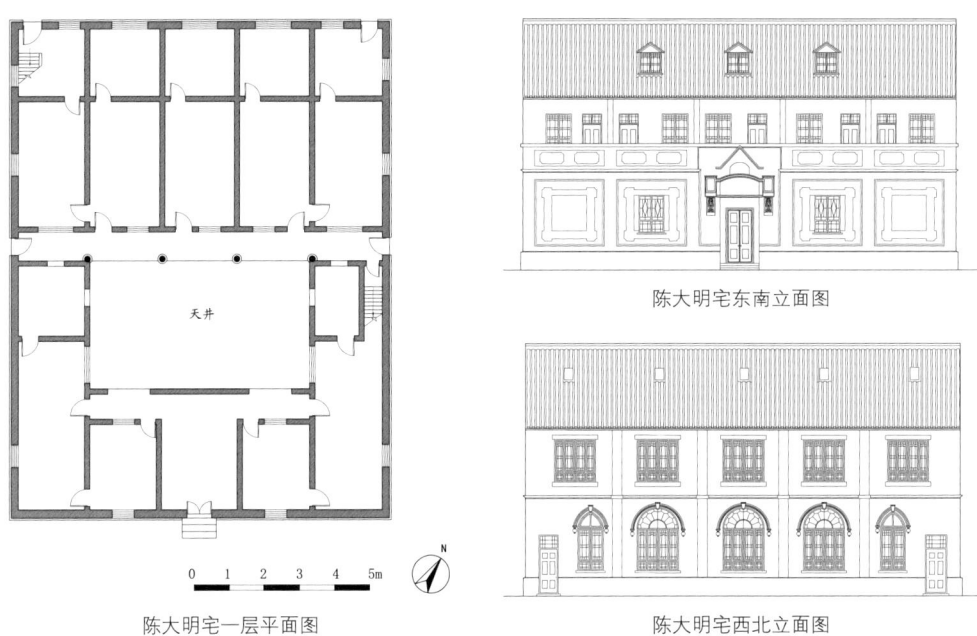

陈大明宅一层平面图

陈大明宅东南立面图

陈大明宅西北立面图

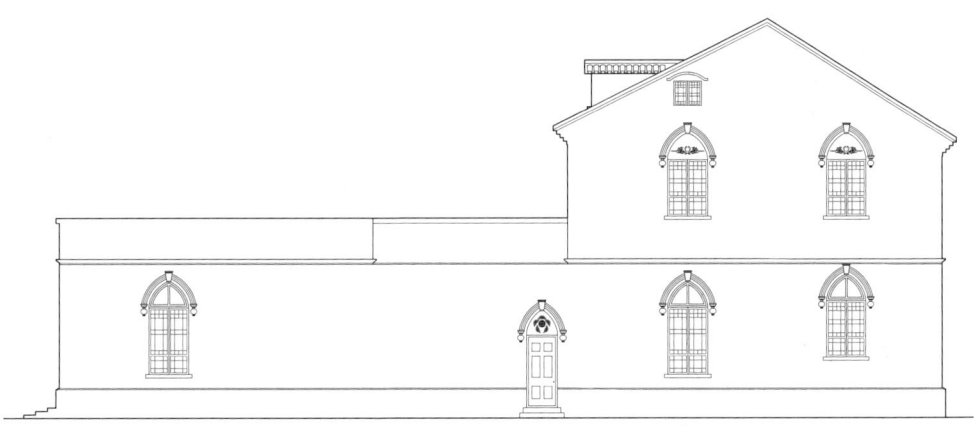

陈大明宅东北立面图

34. 荣巷东浜57号住宅

东浜57号住宅,位于无锡市滨湖区荣巷东浜57号,建于民国时期,为无锡本土式样建筑。

附　录／无锡传统历史建筑（部分）现场测绘图

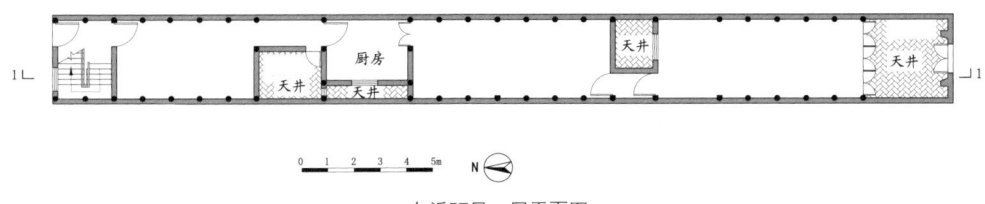

东浜57号一层平面图

东浜57号二层平面图

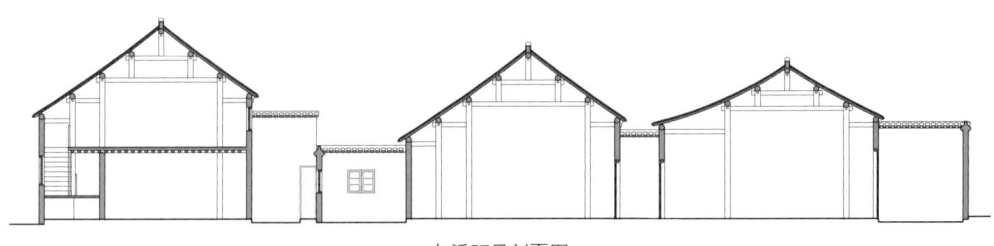

东浜57号剖面图

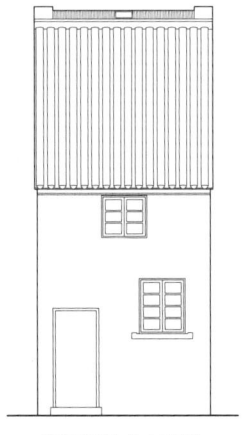

东浜57号北立面图

35. 荣泉生宅

荣泉生宅,位于无锡市滨湖区荣巷西浜72号,建于清末民初,为中西合璧式样建筑。

附　录／无锡传统历史建筑（部分）现场测绘图

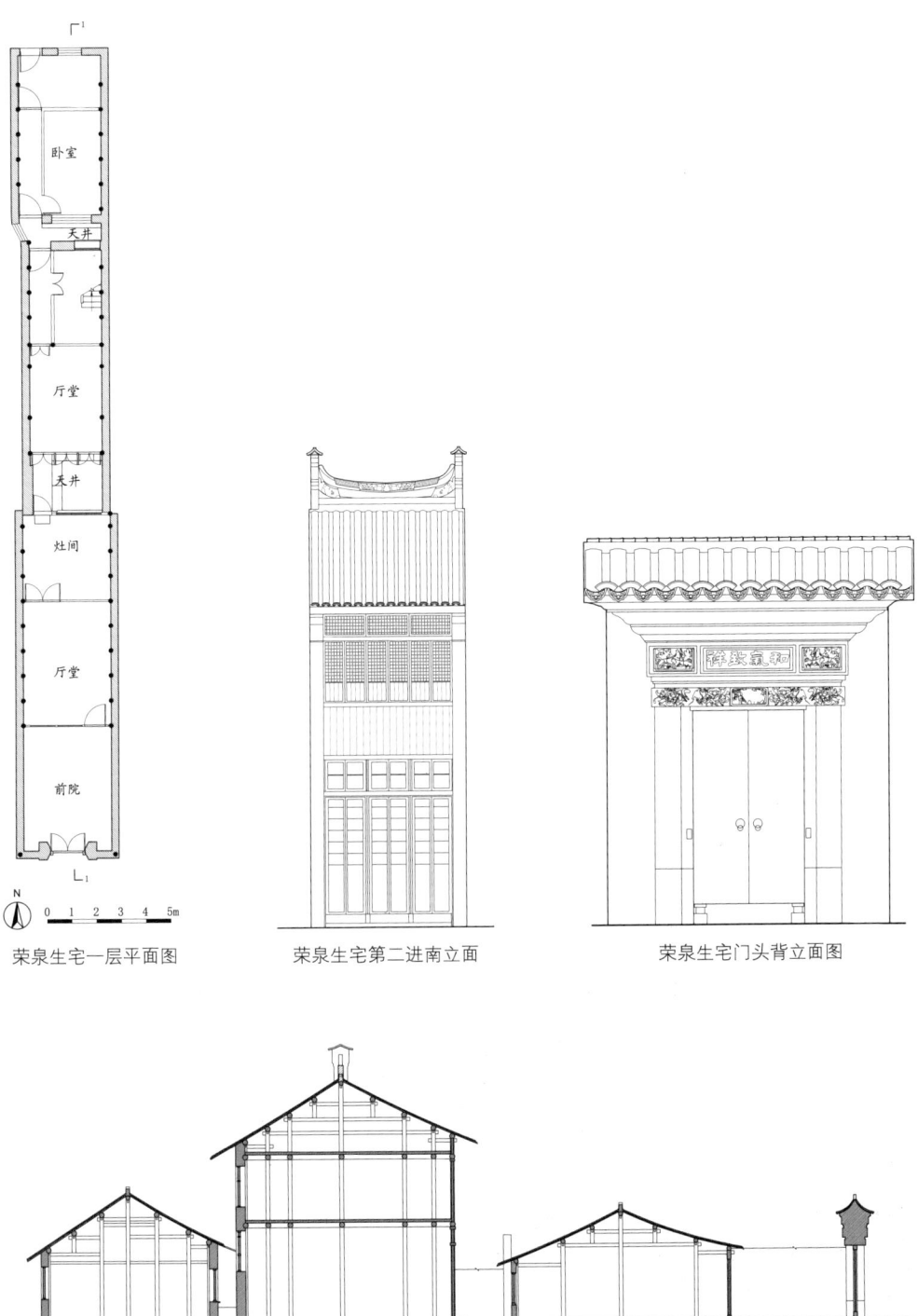

荣泉生宅一层平面图　　荣泉生宅第二进南立面　　荣泉生宅门头背立面图

荣泉生宅1-1剖面图

36. 华绎之旧宅

华绎之旧宅，位于无锡市锡山区荡口古镇学海路34号，建于1924年，为仿美式别墅风格建筑，由无锡本土建筑师江应麟设计。

附　录／无锡传统历史建筑（部分）现场测绘图　　321

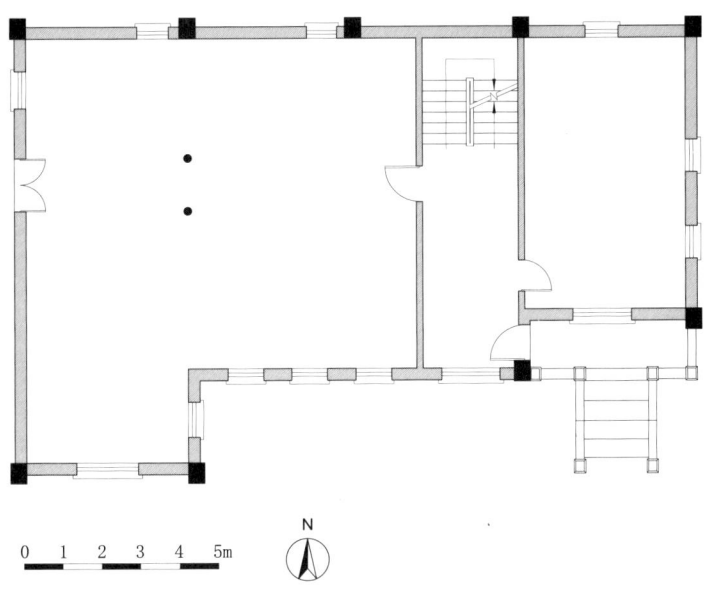

华绎之旧宅一层平面图

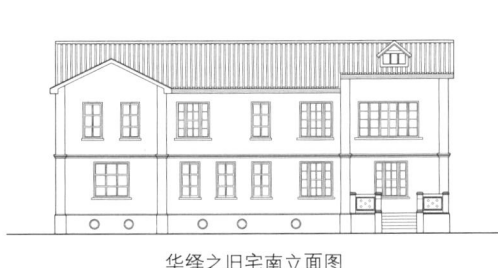

华绎之旧宅南立面图　　　　　　　　华绎之旧宅东立面图

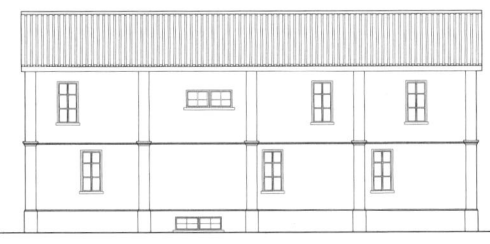

华绎之旧宅北立面图　　　　　　　　华绎之旧宅西立面图

参考文献

学术著作：

[1] 郑大华. 中国文化发展史——民国卷 [M]. 济南：山东教育出版社，2013.

[2] 罗检秋等. 中国文化发展史——晚清卷 [M]. 济南：山东教育出版社，2013.

[3] 毛佩琪等. 中国文化发展史——明清卷 [M]. 济南：山东教育出版社，2013.

[4] 宗菊如等. 无锡通史 [M]. 南京：江苏人民出版社，2003.

[5] 过伟敏，史明. 建筑艺术遗产保护与利用 [M]. 南昌：江西美术出版社，2006.

[6] 侯幼彬著. 中国建筑美学 [M]. 哈尔滨：黑龙江科学技术出版社，1997.

[7] 楼庆西. 中国古建筑二十讲 [M]. 北京：生活·读书·新知三联书店，2001.

[8] 刘敦桢. 中国古代建筑史 [M]. 北京：中国建筑工业出版社，1980.

[9] 罗哲文. 中国古代建筑（修订本）[M]. 上海：上海古籍出版社，2001.

[10] 傅熹年. 古代中国城市规划建筑群布局及建筑设计方法研究 [M]. 中国建筑工业出版社，2001.

[11] 潘谷西主编. 中国建筑史（第6版）[M]. 北京：中国建筑工业出版社，2009.

[12] 陆元鼎. 中国民居建筑 [M]. 广州：华南理工大学出版社，2003.

[13] 孙大章. 中国古代建筑史（第五卷）清代建筑 [M]. 北京：中国建筑工业出版社，2009.

[14] 李诫. 营造法式 [M]. 北京：中国建筑工业出版社，2006.

[15] 姚承祖. 营造法原 [M]. 北京：中国建筑工业出版社，1986.

[16] 梁思成. 中国建筑史 [M]. 北京市：生活·读书·新知三联书店，2011.

[17] 梁思成. 图像中国建筑史 [M]. 北京：中国建筑工业出版社，1991.

[18] 刘致平. 中国建筑类型及结构 [M]. 北京：中国建筑工业出版社，2000.

[19] 李允鉌. 华夏意匠：中国古典建筑设计原理分析 [M]. 天津：天津大学出版，2005.

[20] 刘致平，王其明. 中国居住建筑简史——城市、住宅、园林 [M]. 北京：中国建筑工业出版社，2000.

[21] 陈植. 造园学概论 [M]. 北京：中国建筑工业出版社，2009.

[22] 计成原著，陈植注释. 园冶 [M]. 北京：中国建筑工业出版社，1988.

[23] 周维权. 中国古典园林史 [M]. 北京：清华大学出版社，1990.

[24] 杨鸿勋. 江南园林论 [M]. 北京：中国建筑工业出版社，2011.

[25] 汪菊渊. 中国古代园林史 [M]. 北京：中国建筑工业出版社，2012.

参考文献

[26] 童寯. 江南园林志[M]. 北京：中国建筑工业出版社，1984.
[27] 彭一刚. 中国古典园林分析[M]. 北京：中国建筑工业出版社，1986.
[28] 张家骥. 中国造园论[M]. 太原：山西人民出版社，2003.
[29] 王其钧. 图说中国园林设计[M]. 北京：中国水利水电出版社，2007.
[30] 佟裕哲. 中国景园建筑图解[M]. 北京：中国建筑工业出版社，2001.
[31] 姜椿芳，梅益. 中国大百科全书——建筑、园林、城市规划[M]. 北京：中国大百科全书出版社，1992.
[32] 刘先觉. 中国近现代建筑艺术. 武汉：湖北教育出版社，2004.
[33] 赖德霖. 中国近代建筑史研究[M]. 北京：清华大学出版社，2007.
[34] 邓庆坦. 图解中国近代建筑史[M]. 武汉：华中科技大学出版社，2009.
[35] 李学通. 近代中国的西式建筑[M]. 北京：人民文学出版社，2006.
[36] 杨秉德，蔡萌. 中国近代建筑史话[M]. 北京：机械工业出版社，2004.
[37] 杨秉德. 中国近代城市与建筑：1840～1949[M]. 北京：中国建筑工业出版社，1993.
[38] 杨秉德. 中国近代中西建筑文化交融史[M]. 武汉：湖北教育出版社，2002.
[39] 王绍周. 中国近代建筑图录[M]. 上海：上海科学技术出版，1989.
[40] 朱钧珍. 中国近代园林史上[M]. 北京：中国建筑工业出版社，2012.
[41] 罗小未. 外国建筑历史图说[M]. 上海：同济大学出版社，1986.
[42] 吴焕加. 20世纪西方建筑史[M]. 郑州：河南科学技术出版社，1998.
[43] 刘先觉，王昕. 江苏近代建筑[M]. 南京：江苏科学技术出版社，2008.
[44] 楼庆西. 中国传统建筑装饰[M]. 北京：中国建筑工业出版社. 1999.
[45] 陆元鼎，陆琦. 中国民居装饰装修艺术[M]. 上海：上海科学技术出版社，1992.
[46] 彭长歆. 现代性·地方性——岭南城市与建筑的近代转型[M]. 上海：同济大学出版社，2012.
[47] 梁思成著. 中国建筑艺术图集，第七集柱础简说[M] 天津：百花文艺出版社，1999.
[48] 刘托等. 苏州香山帮建筑营造技艺[M]. 合肥：安徽科学技术出版社，2013.
[49] 程建军. 开平碉楼——中西合璧的侨乡文化景观[M]. 北京：中国建筑工业出版社，2007.
[50] 刘森林. 中华装饰——传统民居装饰意匠[M]. 上海：上海大学出版社，2004.
[51] 张复合. 图说北京近代建筑史[M]. 北京：清华大学出版社，2008.
[52] 娄承浩，薛顺生. 老上海石库门[M]. 上海：同济大学出版社，2004.
[53] 芦原义信. 外部空间设计[M]. 北京：中国建筑工业出版社，1985：3.
[54] 彭一刚. 建筑空间组合论[M]. 北京：中国建筑工业出版社，1998.
[55] 武进. 中国城市形态：结构、特征及其演变[M]. 南京：江苏科学技术出版社，1990.
[56] 沙永杰. "西化"的历程——中日建筑近代化过程比较研究[M]. 上海：上海科学技术出版社，2001.
[57] 汪晓茜. 大匠筑迹——民国时代的南京职业建筑师[M]. 南京：东南大学出版社，2014.
[58] 阮仪三. 江南古镇[M]. 上海：上海画报出版社，1998.

［59］中国建筑技术发展中心建筑历史研究所. 浙江民居［M］. 北京：中国建筑工业出版社，2013.

［60］苏州市房产管理局. 苏州古民居［M］. 上海：同济大学出版社，2005.

［61］段进. 城镇空间解析——太湖流域古镇空间结构与形态［M］. 北京：中国建筑工业出版社，2002.

［62］毛兵. 中国传统建筑空间修辞［M］. 北京：中国建筑工业出版社，2010.

［63］段进. 空间研究［M］. 南京：东南大学出版社，2016.

［64］阮仪三. 江南古典私家园林［M］. 南京：译林出版社，2012.

［65］陈薇. 走在运河线上——大运河沿线历史城市与建筑研究（上、下）. 北京：中国工业建筑出版社，2013.

［66］王鹤鸣，王澄. 中国祠堂通论［M］. 上海：上海古籍出版社，2013.

［67］李秋香. 宗祠［M］. 北京：生活·读书·新知三联书店出版，2006.

［68］王赓唐等. 无锡近代经济史［M］. 北京：学苑出版社，1993.

［69］茅家琦，李祖法. 无锡近代经济发展史论［M］. 北京：企业管理出版社，1988.

［70］王赓唐，冯炬. 无锡史话［M］. 南京：江苏古籍出版社出版，1988.

［71］无锡市地方志编纂委员会. 无锡市志（第一、二、三、四册）［M］. 南京：江苏人民出版社，1995.

［72］黄胜平，郑晓奇. 江南文史钩沉［M］. 兰州：甘肃人民出版社. 2003.

［73］徐茂明. 江南士绅与江南社会1368-1911年［M］. 北京：商务印书馆，2004.

［74］茅家琦等. 横看成岭侧成峰——长江下游城市近代化的轨迹［M］. 南京：江苏人民出版社，1993.

［75］汪春劼. 地方治理变迁——基于20世纪无锡的分析［M］. 北京：社会科学文献出版社，2012.

［76］钱江. 无锡辛亥百年［M］. 苏州：苏州大学出版社，2011.

［77］贺云翱. 无锡人与中国近现代化［M］. 南京：南京大学出版社，2011.

［78］虞晓波. 比较与审视——"南通模式"与"无锡模式"研究［M］. 合肥：安徽教育出版社，2001.

［79］黄胜平，汤可可. 吴地文脉渊源［M］. 北京：中国社会出版社，2007.

［80］无锡市政协文史委等. 瑰宝生辉——无锡近代工商文物［M］. 苏州：古吴轩出版社，2009.

［81］无锡市政协文史委等. 无锡旧影［M］. 苏州：古吴轩出版社，2005.

［82］严克勤. 发现无锡（上、下）［M］. 上海：上海三联书店出版社，2010.

［83］郁有满. 郁有满地方史研究文集［M］. 哈尔滨：哈尔滨出版社，2010.

［84］荣敬本等. 梁溪荣氏家族史［M］. 北京：中央编译出版社，1995.

［85］龚近贤. 锡山旧闻——民国邑报博采［M］. 上海：上海辞书出版社，2011.

［86］无锡市史志办. 薛明剑文集（上、下）［M］. 北京：当代中国出版社，2005.

[87] 江苏省无锡市政协文史委. 无锡文史资料[M]. 北京：中国社会出版社，2001.
[88] 赵永良等. 无锡望族与名人传记[M]. 哈尔滨：黑龙江人民出版社，2003.
[89] 无锡市史志办等. 梁溪屐痕——无锡近代风土游览著作辑录[M]. 北京：方志出版社，2006.
[90] 无锡县志编纂委员会. 无锡县志[M]. 上海：上海社会科学院出版社，1994.
[91] 无锡经济委员会等. 无锡县志[M]. 上海：上海人民出版社，1990.
[92] 刘健华. 崇安名胜史话[M]. 济南：山东画报出版社，2006.
[93] 刘健华. 小娄巷历史街区[M]. 苏州：古吴轩出版社，2008.
[94] 刘健华. 崇安街巷[M]. 苏州：古吴轩出版社，2008.
[95] 刘霞. 清明桥历史文化街. 北京：中国文史出版社，2007.
[96] 夏泉生等. 无锡惠山祠堂群[M]. 长春：时代文艺出版社，2003.
[97] 吴惠良. 惠山古镇祠堂建筑图录[M]. 上海：上海科学技术出版社，2004.
[98] 王渊远等. 商界奇才王禹卿[M]. 上海：上海科学技术文献出版社，2011.
[99] 江苏省地方志编纂委员会. 江苏省志（39）风景园林志[M]. 南京：江苏古籍出版社，2000.
[100] 常荣初. 无锡园林志（上、中、下）[M]. 南京：凤凰出版社，2013.
[101] 顾一群. 无锡山水[M]. 南京：凤凰出版社，2009.
[102] 无锡市史志办公室. 梁溪古园[M]. 北京：方志出版社，2007.
[103] 吴惠良等. 无锡风景园林[M]. 苏州：古吴轩出版社，2007.
[104] 沙无垢. 惠山园林[M]. 苏州：古吴轩出版社，2003.
[105] 朱震峻等. 锡惠名胜区[M]. 苏州：古吴轩出版社，2007.
[106] 沙无垢等. 太湖鼋头渚风景区[M]. 苏州：古吴轩出版社，2010.
[107] 沙无垢等. 梅园横山风景区[M]. 苏州：古吴轩出版社，2010.
[108] 沈福煦. 中国建筑简史[M]. 上海：上海人民美术出版社，2007.
[109] 无锡市地方志编纂委员会编. 无锡市志[M]. 第二册. 南京：江苏人民出版社，1995.
[110] 月生. 中国祥瑞象征图说[M]. 王仲涛译. 北京：人民美术出版社，2004.
[111] 曹可凡，宋路霞. 蠡园惊梦[M]. 上海：上海交通大学出版社，2015.

内部资料/期刊/博士学位论文：

[1] 无锡市地方志编纂委员会. 无锡近百年经济概览[G]. 1986.
[2] 江苏省政协文史委等. 无锡城市建设[G]. 1996.
[3] 江苏省政协文史委等（朱邦华主编）. 无锡民国史话[G]. 2000.
[4] 政协江苏省无锡市委员会文史委. 无锡文史资料：第2辑[G]. 1981.
[5] 政协江苏省无锡市委员会文史委. 无锡文史资料：第4辑[G]. 1981.
[6] 政协江苏省无锡市委员会文史委. 无锡文史资料：第5辑[G]. 1981.
[7] 政协江苏省无锡市委员会文史委. 无锡文史资料：第11辑[G]. 1981.

［8］政协江苏省无锡市委员会文史委. 无锡文史资料：第19辑［G］. 1983.
［9］政协江苏省无锡市委员会文史委. 无锡文史资料：第20辑［G］. 1983.
［10］无锡市规划设计院，无锡市政协学习文史委员会. 薛福成——清朝改革维新的思想家、外交家［G］. 2001.
［11］无锡地方志编纂委员会办公室等. 锡地方资料汇编（第一辑）［G］. 1982.
［12］无锡地方志编纂委员会办公室等. 无锡地方资料汇编（第二辑）［G］. 1984.
［13］无锡地方志编纂委员会办公室等. 无锡地方资料汇编（第四辑）［G］. 1985.
［14］无锡市北塘区方志办. 北塘区志［G］. 1991.
［15］钟贞，过伟敏. 无锡传统街区中西合璧建筑细部分析［J］. 江南大学学报（人文社会科学版），2007（01）.
［16］邱冰，过伟敏. 无锡地区20世纪二三十年代"中西合璧"建筑特征的解析［J］. 城市发展研究，2004（01）.
［17］过伟敏，王珊. 无锡传统街区建筑入口门楣装饰特征［J］. 南京艺术学院学报，2004（02）.
［18］史明. 无锡近代工商建筑的基本类型［J］. 工业建筑，2013（12）.
［19］黄茂如. 无锡杜鹃花栽培史［J］. 无锡史志，1989（01）.
［20］杨秉德. 早期西方建筑对中国近代建筑产生影响的三条渠道［J］. 华中建筑，2005（01）.
［21］张复合. 中国近代建筑史"自立"时期之概略［J］. 建筑学报，1996（11）.
［22］夏刚草. 薛福成故居的历史原貌及其建筑特色［J］. 无锡博文，2001（01）.
［23］吴钰，过伟敏. 无为与有为——惠山祠堂建筑群布局特色及营建思想初探［J］. 室内设计与装修，2006（06）.
［24］刘庭风. 缺少批评的孩子：中国近代园林［J］. 中国园林杂志，2000（05）.
［25］刘庭风. 民国园林特征［J］. 建筑师，2005（01）.
［26］史明，魏娜等. 无锡传统民居屋脊的基本造型与变化［J］. 江南大学学报（人文社会科学版），2005（01）.
［27］罗晶. 南通近代"中西合璧"建筑式样的产生与演变［D］. 无锡：江南大学，2013.
［28］刘佳. 镇江近代建筑形态及其演变研究［D］. 无锡：江南大学，2012.
［29］王昕. 江苏近代建筑文化研究［D］. 南京：东南大学，2006.
［30］阴帅可. 明清江南宅园兴造艺术研究［D］. 北京：北京林业大学，2011.

后 记

与无锡传统历史建筑研究结下不解之缘，始于21世纪的初年。当时我刚从建筑设计一线调动到江南大学，在设计学院环境艺术设计系担任教师，亲眼目睹国内众多城市在"一年一个样，三年大变样"的城市建设热潮中，历史街区、传统历史建筑被不断新建的房地产楼盘所吞噬，城市的记忆不断消退，具有数千年历史的城市顷刻间丧失了厚重感。无锡亦难幸免。作为一名建筑与环境设计专业的教师，在感到十分惋惜与无奈的同时，觉得应该从自己专业的角度做些工作。于是在繁忙的教学之余，同系里的同仁组成研究团队，开启了江南地区城市传统历史建筑保护与再生的研究工作。在对无锡的旧街区与传统历史建筑进行几乎是地毯式调研的同时，非常难得，以此为内容申报了一个软课题，幸获无锡市建设科技计划项目的支持。在积累数年后，作为副主编出版了《建筑艺术遗产保护与利用》（江西美术出版社，2006年），该书从理论方法到个案分析，再到实验性设计，以无锡为例进行了一系列的研究和探索。次年，《建筑艺术遗产保护与利用》荣获了江苏省第十届哲学社会科学优秀成果二等奖。此次获得较高等级的学术奖项，一方面，证实了我们关于传统历史建筑保护与再生的研究学术成果有重要的学术理论价值与应用价值，获得了学界同行的认可与政府的褒奖，说明我们的研究方向与研究内容走的路子是对的；另一方面，给了我们极大的鼓励并坚定了继续进行研究的信心。总之，《建筑艺术遗产保护与利用》为我对无锡传统历史建筑进行更为深入的专项研究奠定了重要的基础。

无锡地处长江三角洲腹地，北靠长江，南倚太湖，在沪宁铁路的中间位置，交通十分便利，地理位置十分优越。自古以来无锡经济一直较为发达，被喻为"太湖明珠"。目前无锡亦是中国少数进入"万亿GDP俱乐部"的地级市。但外界对无锡的认知，尚停留在其发达的经济与优美的自然环境上，如在某航空公司目的地城市宣传片中，对无锡介绍的关键词仅是"鱼米之乡"、"太湖明珠"。其实，无锡有着三千年的建城史的记载，五千年的人类生活史的考古发掘实证，可谓历史悠久，人文荟萃，文化资源丰厚。在历史上，无锡是吴文化的发源地、近代民族工商业的发祥地以及苏南模式的诞生地，亦是闻名中外的江南水乡的重要组成。无锡因保存有大量的近代工业遗产和保护成效较为显著，2006年国家文物局在无锡召开首届中国工业遗产保护论坛，并通过了我国首个倡导工业遗产保护的纲领性文件——《无锡建议》。尽管由于种种历史原因，无锡直至2007年才被列为国家历史文化名城，但其因独特的历史与发展模式，至今仍留存有一批包括农耕时期的无锡本土式样建筑、近代工业文明时期的中西合璧式样建筑等不同式样的建筑以及包括近代宅园、近代工商建筑、祠堂建筑等不同类型的建筑在内的珍贵的传统历史建筑遗产。另外，亦留存有相对完整、各自特色较为明显的小娄巷、荣巷、清名桥和惠山等历史街区。这些传统历史建筑与历史街区遗存，笔者认为至少有两点是十分重要的，亦是有一定普适性价值的。一是通过无锡留存的历史街区可以看到江南水乡城镇从早期单一的水衍型生长到后来水衍型与陆衍型两者并存来完成街区的发育轨迹；二是透过不同式样的无锡传统历史建筑可以看出，在近代工业文明影响下建筑建造在理念、方式、表达乃至组织等方面变革的路径。研究无锡的传统历史建筑，是对江苏地区乃至中国传统建筑研究体系的重要补充。然而，无锡的传统历史建筑始终未能跻身于"中国传统建筑"研究的热潮中。基于对无锡传统历史建筑的重要学术价值和现实意义的认识，我们需要有所担当与付出。

进行无锡传统历史建筑的专项研究，既有前述从建筑学与设计学结合的角度为无锡悠久的文化历史，尤其是厚重的建筑文化"正名"，为优秀传统历史建筑文化的当代保护与传承提供依据等考量，亦有日趋成熟的建筑艺术遗产保护与再生研究团队内部的研究工作分工的缘故，同时亦因笔者自20世纪80年代末从东南大学建筑学专业毕业后，曾先后在无锡市建筑设计研究院、无锡市规划局和无锡市规划设计院从事建筑设计、规划管理以及设计管理工作，直至到江南大学设计学院从事建筑与景观设计教学和研究工作这样的人生经历。除去在南京读书的四年，自幼生活在无锡的我，亲眼目睹了无锡城市面貌相对稳定与急剧变化的不同阶段。作为一名亲历者，我对无锡，尤其是城市建设的历史还是比较熟悉的，亦有一定的获取有关研究文献与资料的便利。当然，更为重要的是，笔者希望通过对无锡传统历史建筑进行比较系统的抛砖引玉式的专项研究，能够为同类研究与相近研究提供一定的研究基础以及方法论上的借鉴。

通过近十余年对无锡传统历史建筑的前期研究积累，时至今日方正式出版《无锡传统历史建筑》。本书以无锡城区中的传统历史街区、近代中西合璧建筑、近代宅园等为主体的建筑遗产作为研究对象。选择这些目标建筑作为研究对象，一是希望能够比较全面地反映无锡从明末以来到近代时期建筑发展的脉络以及期间无锡地区最具有地域特色的建筑与建筑类型，二是囿于可查证的建筑实物与文献资料的局限，其中既有近代时期诸多战乱的多次焚毁、"文化大革命"的破坏以及改革开放后亦有许多传统历史建筑因建设需要被拆除等缘故，目前无锡地区可考的建造年代最早的传统历史建筑实物建于明末（大多经过复原修复）。《无锡传统历史建筑》在广泛的田野调查、实地测绘和文献

后　记

研究的基础上，基于历史的史实，以共时性与历时性结合的方式，分别对上述建筑遗产的物质形态特征进行了整理归纳，并对其特征的形成过程及其演变进行了较为充分的分析和探讨，同时总结了社会、经济、文化等非物质形态因素对物质形态特征及其形成、演化的作用和影响。另外，还专门分析与总结了无锡传统建筑建造技艺与装饰特征。总之，《无锡传统历史建筑》力图还原明以来无锡建筑的基本面貌与发展轨迹。

《无锡传统历史建筑》的正式出版，首先要感谢江南大学设计学院的领导对学术研究成果出版工作的支持。感谢中国建筑工业出版社的领导和编辑对学术研究的挚爱和提携。感谢以过伟敏教授为首的建筑艺术遗产保护与再生研究团队同仁对本书的结构与写作体系等方面所提出的许多中肯而宝贵的建议。感谢原无锡市园林局局长吴惠良先生在我考证惠山古镇祠堂群原真性过程中所提供的许多宝贵的意见和建议，感谢原无锡市城建档案馆馆长张振强先生所提供的部分珍贵的历史建筑图文信息，感谢我的好友原崇安区建设局的肖燕女士所提供的关于小娄巷的相关图文资料以及无锡市建设、规划、园林管理相关部门领导在调研过程中给予的相关支持和大力帮助，亦感谢我的研究生杨亚、宋春苑、蔡思穗、王瑛琦等对相关内容进行的初步研究，上述种种均为本书的最终写作提供了重要的基础。此外，还要感谢我的研究生曹莉莉、李绮雯、杨伟昊、牛彧男、刘政通、唐湉、赵安琪、万子曦以及团队的研究生徐晓娴、刘宝艳、王玉华、张光珠等冒着酷暑和危险对许多现存传统历史建筑遗存不辞辛苦的实地测绘，感谢团队成员罗晶对其测绘工作的悉心指导，感谢团队早期的研究生王珊、邱冰、魏娜等以及我的研究生于杨、于海陶、刘唯书、刘茂源、张涵、金星可、陈秋瑾、王晨、蹇宇珊等为本书绘制了部分精美的图片。同时亦要感谢所有参考文献的作者，其相关研究成果为本书的研究工作开拓了视野，并丰富了本书写作的内容。个别图片亦引自于参考文献，在此表示由衷的谢意。本书中所涉及的图片和表格未注明出处者，均为作者及上述研究生所摄或绘制。

本书的研究工作得到了江苏省社科基金项目《无锡历史街区建筑艺术遗产保护研究》（12LSB005）、江苏省高校哲学社会科学研究重点项目《江苏城市传统建筑艺术遗产发掘保护与传承策略》（2011ZDIXM046）和《江苏近代外来建筑式样本土化及其谱系研究》（2018SJZDI146）的支持，并得到了江南大学产品创意与文化研究中心、中央高校基本科研业务费专项资金（2019JDZD02）的专项资助。

因本人研究水平有限，文中不当之处在所难免，恳请广大读者批评与指正。

史明

己亥年春记于梁溪河畔